生主義的經濟建設，第四節民生主義的比較研究。

第五章哲學思想，內分四節：第一節 國父哲學思想概說，第二節宇宙論，第三節人生論，第四節認識論（以知行學說爲範圍）。

第六章結論，內分三節：第一節 國父思想的時代意義，第二節 國父思想與復國建國，第三節國父思想與世界前途。

本書除變更一二字外，均照上述講授大綱所訂目錄撰著。

新講授大綱於六十三年十月頒發，部令以試教一學年，然後照教。此一年中，論者以爲民族主義中之如何恢復民族主義？如何恢復民族地位？及民生主義中之平均地權，耕者有其田，節制資本等皆未列入，難使讀者得窺三民主義全貌；但本書已將以上各重要問題，分別插入於有關章節內，如平均地權與耕者有其田，已插入於民生思想章農業與工業並重之內，節制資本已插入於公有財產與私有財產並存之內，餘在各章載明。其他有關資料，如不能編入正文者，多予以「附錄」。

本書照部頒講授大綱撰著，原無優點或特點可言，惟有數事不得不申明者：⑴本書照教部規定撰就，並非一家之言，故立論力求其平穩，說明力求其一般化，不立異鳴高，不左右偏袒，以利多數人教學與研究；⑵爲使讀者查閱方便，各段參考書多括於引文之後，不另作註，祇是將重要參考書目，列於第六章結論之後；⑶本書所用六號字排印者，皆爲註解或補充說明，與參考書目無關；⑷本書附錄甚多，用同正文之五號字排印，僅比正文低兩字，請讀者特予注意。

本書第一章第一節一、 基於人類理性的要求， 第二節二、 國父逝世後的世局變化；第二章第二節一、倫理本質的民族學說，二、 民族國家的國家結構，四、 民族平等的文化理想；第四章第二節一、以

自序

當教育部初次頒發　國父思想講授大綱之前，三民書局劉振强先生，再三邀約撰著有關大學用書，辭不獲已，應允成之。適値講授大綱於民國五十六年十月頒下，略加修正，卽與相符，於五十七年一月發行問世，可謂符合講授大綱最早之「國父思想」。迄今已印至多版，承各大專教師採用，同學諸君購閱，銷行相當普遍，殊爲欣感！

後教育部接納各方建議，修正原有講授大綱，各次座談，原已參加，惟恐劉先生邀我再作馮婦，故心而不告。六十三年春間劉先生獲知其事，果來邀約，初以精力不及辭之。經一再堅請，礙於情誼，勉力試撰。

新修正大綱計分六章如下：

第一章導論，內分三節：第一節　國父思想形成的基礎及其背景，第二節　國父思想的淵源及其理論體系，第三節　國父思想的發展。

第二章民族思想，內分四節：第一節民族問題與民族主義，第二節民族主義的一般理論，第三節民族主義的文化建設，第四節民族主義的比較研究。

第三章民權思想，內分五節：第一節民權問題與民權主義，第二節民權主義的一般理論，第三節民權主義的政治制度，第四節民權主義的政治建設，第五節民權主義的比較研究。

第四章民生思想，內分四節：第一節民生問題與民生主義，第二節民生主義的一般理論，第三節民

國家圖書館出版品預行編目資料

國父思想新論／周世輔著. --三增訂初版. --臺北市：三民，民88

面；　公分

ISBN 957-14-0094-7（平裝）

1. 國父思想

005

網際網路位址　http://www.sanmin.com.tw

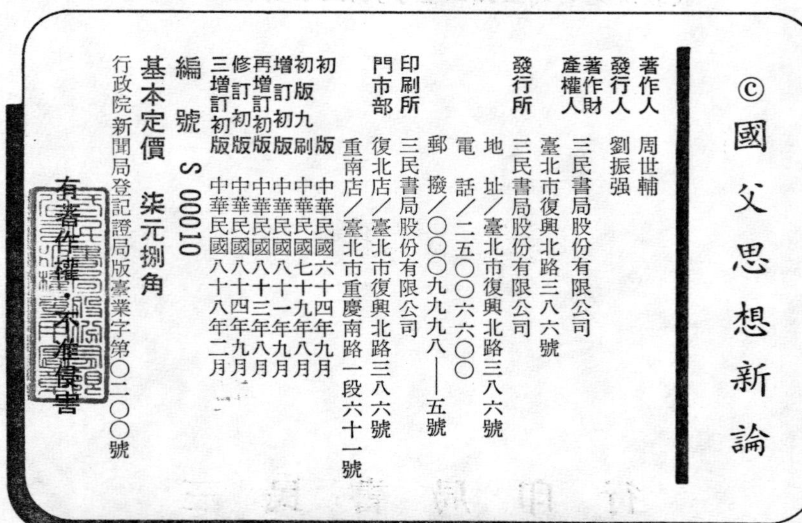
© 國父思想新論

著作人　周世輔
發行人　劉振强
著作財產權人　三民書局股份有限公司
臺北市復興北路三八六號
發行所　三民書局股份有限公司
地址／臺北市復興北路三八六號
電話／二五〇〇六六〇〇
郵撥／〇〇〇九九九八——五號
印刷所　三民書局股份有限公司
門市部　復北店／臺北市復興北路三八六號
重南店／臺北市重慶南路一段六十一號
初版　中華民國六十四年九月
初版九刷　中華民國七十九年八月
增訂初版　中華民國八十一年九月
再增訂初版　中華民國八十三年八月
修訂初版　中華民國八十四年九月
三增訂初版　中華民國八十八年二月
編號　S 00010
基本定價　柒元捌角
行政院新聞局登記證局版臺業字第〇二〇〇號

ISBN 957-14-0094-7（平裝）

國父思想新論

周世輔　著

學歷：國立暨南大學文學士
韓國東國大學名譽哲學博士
經歷：國立湖南大學教授
國立中興大學教授
國立臺灣師範大學教授
國立政治大學暨三民主義研究所教授

三民書局印行

養民爲目的的經濟理論，五、均富——民生主義的眞諦；第五章第一節一、國父哲學思想的科學基礎等，皆係最新標題，現就個人所允撰著，容他日發現較佳參考書籍，再加補充。

國父思想，涵蓋深廣，著者窮數十年之力，尚難完全溯本尋源，獲窺全貌；況本講授大綱所列目錄，除國父遺教外，另有三民主義與其他主義之比較，三民主義建設之成就，俄匪理論與政策以及上述各項新標題，涉及範圍極泛；加以修正大綱初頒，草創摸索，難免有瑕，尚祈讀者指教。

本講授大綱曾引下列三項要求：

(1)與現代學術相結合；

(2)與反共國策相結合；

(3)與國家建設相結合。

本書對於(2)(3)兩項，自問已達原意，惟對(1)項，恐較前書（三民書局出版之國父思想）爲少。原因是本書爲新目錄所囿及字數所限，未能多論相關之中西學說，如讀者有心，可參閱前書作一比較。又著者對同一問題不能表示兩種意見（發現新見例外），故本書對各項問題之看法，部分與前書相同，特此說明。

本書承曹博士與仁，政大三民主義研究所洪泉湖、曲鴻煜、吳玉麟、黃郁昌、談遠平、王傳燾、張建國諸同學整理資料，特此誌謝。舍弟文湘，搜羅資料查閱初稿，費時最多。次兒玉山，鼎力校閱並潤飾全書，備極辛勞。次女明英，三兒陽山，亦皆參加繕校，附誌於此。

周世輔

中華民國六十四年八月
序於國立政治大學

國父思想新論 目錄

第二章　民族思想

第五章　哲學思想

國父思想新論

周世輔　著

第一章　導　論

本導論要研究：㈠國父思想形成的基礎及其時代背景，㈡國父思想的淵源及其理論體系和內容概要，㈢國父思想的發展等。

第一節　國父思想形成的基礎及其背景

本節討論：㈠國父思想與人類理性的要求，㈡國父思想的時代背景，內分：⑴適乎世界潮流的趨向，⑵合乎中國環境的需要。

壹、基於人類理性的要求

要討論　國父思想與人類理性的要求，先要問何謂理性？理性與人類有何關係？理性與人性進化有何關係？最後才談到　國父思想與人類理性的要求。

㈠何謂理性——西洋人所講的理性，主要是對經驗而言。講到智識的起源，西洋哲學分為兩派：一派為理性論(Rationalism)，認為智識起源於先天；一派為經驗論(Empiricism)，認為智識起源於後天。故理性論又稱先天論，經驗論又稱後天論。

所謂起源於先天的「智識」，又可分爲智識之知與道德之知兩種。

荀子曰：「人生而有知。」朱熹曰：「蓋人心之靈，莫不有知。」主要是就智識方面的先天之知而言。孟子所講的良知，乃偏於道德方面的先天之知。他說：「不慮而知者其良知也。孩提之童，無不知愛其親也；及其長也，無不知敬其兄也。親親仁也，敬長義也。」這是就仁義之知而言，可見孟子所講的良知乃偏於道德之知。後來王陽明提倡致良知，謂良知卽天理，良知卽善，良知卽惻隱之心，…都是偏於先天的道德之知。

人因爲具有先天的道德之知，故知是非，知善惡，便秉有先天的道德。

詩云：「天生蒸民，有物有則，民之秉彝，好是懿德。」大學云：「明明德」，程明道發明「天理」，理學家多講「明天理去人欲」。這裏所謂「懿德」，「明德」，「天理」，都是就先天道德言。孟子道性善，謂人具有四善端。又說：「仁義禮智，非由外鑠（以火銷金爲鑠）我者也，我固有之矣。」也是說仁義禮智四善端，乃先天所具的道德，正是指理性中的道德之知而言。

(二) 理性與人類進化——就人類來講，理性是一種進化的產品。亞里斯多德謂「人是有理性的動物」，他認爲物質祇有「存在」；植物有「存在」，還有「生機」；動物有「存在」，有「生機」，還有「知覺」；人有「存在」，有「生機」，有「知覺」，還有「理性」，故理性爲人的特點。我們亦可以補充的說禽獸祇有獸性，沒有人所具有的理性。

荀子說：「水火有氣而無生，草木有生而無知，禽獸有知而無義，人有氣有生有知，亦且有義，故最爲天下貴也。」（王制篇）這裏所說人是知義的動物，與亞里斯多德說的人是有理性的動物相似。

荀子接着認爲人「力不若牛，走不若馬，而牛馬爲人用何也？曰：『人能群也。』人何以能群？

曰：『分。』（知分之意）分何以能行？曰：「義。」（知義之意）故義以分則和（能分工則能合作之意），和則一，一則多力，多力則彊，彊則勝物。」故牛馬能爲人使，萬物能爲人用。

荀子主性惡，主力學（見勸學篇），早已被人列爲重視後天智識的經驗論；但他亦說過：「人生而有知，知而有志（指記憶言）。」又說：「心生而有知。」（解蔽篇）連前知義、知分來講，可見他亦是一位重視先天智識的理性論者。

陳大齊先生認爲，荀子將天生之知（理性）列於「性」之外，故主性惡（單以獸性爲性）；孟子將天生之知（理性）列於「性」之內，故主性善（全以理性爲性）。這種見解，非常合理。

孟子說：「是非之心，智也。」他將這是非之心的「智」，與仁義禮並列於性之內，作爲四善端，全是就理性而言。故孟子的人性論，乃以理性爲範圍。理性較獸性是進了一步，孟子的性善說，比較是進化的人性論。

國父說：「……人類由動物之有智識，能互助者進化而成；當其蒙昧，力不如獅虎牛馬，走不如犬兔，潛不如鱗介，飛不如諸禽，而猶能自保者，能互助，故能合弱以禦强；有智識，故能趨利而避害也。」（大光年刊發刊詞）有智識，能趨利避害，指的先天的智識之知；能互助，能合弱禦强，指的是先天的道德之知。這與荀子所說的人能群，人能知義、知分，大致一樣，都是說人是具有理性的，比飛禽走獸進化。

國父又說：「人類初生之時，亦與禽獸無異，再經幾許萬年（指進化言），而始長成人性，而人類之進化，於是乎起源。此時期之進化，則與物種進化之原則不同，物種以競爭爲原則，人類則以互助爲原則。社會國家者互助之體也，道德仁義者互助之用也。」並說人類向於互助之原則，以求達進化之目的一世界大同。（孫文學說）這裏所謂「初生之時亦與禽獸無異」，即是說彼時的人只具有獸性；所謂「而始長成人性」，即是說此時的人才具有理性；所謂「以互助為原則」及「道德仁義者互助之用也」，既合荀子所說的「人能群」，亦合孟子所說的人性中具有四端——仁義禮智。

國父講人性進化時曾說：「人類本來是獸，所以帶有多少獸性，人性很少。我們要人類進步，是在造成高尙人格；要人類有高尙人格，就在減少獸性，增多人性。沒有獸性，自然不至於作惡。……依進化的道理推測起來，人是由動物進化而成，既成人形，當從人形更進化而入神聖。是故欲造成人格，必然消滅獸性，發生神性。」（國民要以人格救國）這是說人的進化，當由獸性進於人性，再進於神性，以達到天人合一或天人一體的境界。

蔣總統在「中國經濟學說」中這樣說：「人有求生之欲，與一般生物相同；而人有能思之心，則為人性之特質。書經說：『人為萬物之靈』，即指能思之心與由此心所發生的思慮與理性作用而言。」即是說人可以運用思慮與理性以指導其求生的活動，而與一般動物不同。又說：「人之所以為人者，在其能合群。人沒有一般動物所有的爪牙，而人可以戰勝一般動物，獨有優美的生活，是由於人有合群之性。人所以能合群而不爭不亂，又由於人有思慮與理性作用，以發展人群的組織。」　蔣總統這段主張，與亞里斯多德、荀子以及　國父的見解非常相近，道出了理性與人類進化的關係。

（三）國父思想與人類理性的要求——國父既重視理性及其與人類進化的關係，所以他的著作與演講，在在合乎人類理性的要求。

㈠三民主義：三民主義乃包含着自由、平等、博愛，自由與平等固為政治上人性進化之要求，而博愛與仁愛更是理性的發展。　蔣總統說：「儒家注重理性，故其學說之本源為仁愛。」（中國經濟學說）

(二)權能區分與五權憲法：專制政治違反了理性，暴民政治戕害了理性，權能區分學說救二者之窮，一方面人民有四種政權，另一方面政府有五種治權（五權憲法），最合乎人類理性的要求。

(三)道德觀與人生觀：國父最重視八德、三達德及互助，服務與成仁取義的人生觀。孟子認爲仁義禮智四端爲理性的，是一種先天道德，國父所重視的忠孝仁愛信義和平及智仁勇，包含着孟子的四端，都可列於先天的德性，亦合乎人類理性的要求。

(四)民生史觀與民生哲學：民生史觀提倡經濟利益相調和，以經濟利益相調和爲社會進化的原因；唯物史觀提倡階級鬪爭，以階級鬪爭爲社會進化的原因，前者合乎理性，後者陷於獸性。

戴季陶先生說：「民生（求生存）爲宇宙大德之表現，仁愛是民生哲學的基礎。」易云：「宇宙之大德曰生，聖人之大寶曰位，何以守位曰仁。」淸儒戴東原說：「仁者生生之德也。」民生哲學以生生之德——仁愛爲基礎，也就是以理性（先天道德）爲基礎。

(五)大同主義：國父愛寫禮運篇大同段，以大同主義爲三民主義之終極目標，以互助爲人類進化的原則。此互助產生於人性，卽發源於理性，而世界大同爲人類共同的願望，亦合乎人類理性的要求。

(六)由人性到神性：國父講國民要以人格救國時說，要減少獸性，發展人性，發生神性，以達到天人一體的境界（見前引）。這裡所謂「發展人性」，就是發展理性，所謂「發生神性」，就是要使人類的理性昇華。

孫文學說結論中說：「事有順乎天理，應乎人情，適乎世界之潮流，合乎人群之需要，而爲先知先覺者所決志行之，則斷無不成者也，此革命維新與邦建國等事業是也。」我們亦可以說整個 國父思想是順乎天理，應乎人情，適乎世界潮流，合乎人群需要的，再歸納一句，就是合乎人類理性的要求。

貳、適乎世界潮流的趨向（三民主義在世界方面的時代背景）

國父思想範圍甚廣，而以三民主義、五權憲法爲主。此三民主義與五權憲法，就時代背景言，旣合乎世界潮流，亦合乎中國國情。國父自云：「余之革命主義內容賅括言之，三民主義、五權憲法是已。苟明夫世界之趨勢，與中國之情狀者，則余之主張實爲必要，而且可行也。」（見中國革命史）這是說三民主義，五權憲法，乃合乎世界之趨勢與中國之情狀，故爲必要而且可行之主張。

國父又云：「所以我們革命，要知道所用的主義是不是適當，是不是合乎正軌，非先把歐美革命的歷史原原本本來研究清楚不爲功。人民要澈底明白我們的三民主義是不是的的確確有好處，是不是合乎國情，要能够信仰我們的三民主義始終不變，也非把歐美革命的歷史原原本本研究淸楚不爲功。」（民權主義第三講）。

我們研究歐美的革命歷史，知道三民主義有其來源。國父在民報發刊詞中說：「予維歐美之進化，凡以三大主義：曰民族，曰民權，曰民生。羅馬之亡，民族主義興，而歐美各國以獨立。洎自帝其國，威行專制，在下者不堪其苦，則民權主義起。十八世紀之末，十九世紀之初，專制仆而立憲政體殖焉。世界開化，人智益蒸，物質發舒，百年銳於千載，經濟問題，繼政治問題之後，則民生主義躍躍然動。二十世紀不得不爲民生主義之擅場時代也」。以下就世界潮流與民族、民權、民生三主義之關係，分別論之。

(一)民族主義與世界潮流的趨向——講到民族主義的世界背景，國父自東羅馬帝國滅亡談起。國父民報發刊詞中所稱「羅馬之亡，民族主義興。」這是說，自西元一四五三年東羅馬帝國崩潰後，歐洲各國，解脫羅馬帝國之羈絆，漸次獨立起來，產生了方言和民族文學，形成了民族國家，發生了民族意識與民族主義。　國父在手著文言文三民主義稱：「夫民族主義之起源甚遠，而發達於十九世紀，盛行於二十世紀。」接著他列擧左列七國的民族獨立與民族解放以爲之證明：

㈠日爾曼脫離拿破崙之羈絆（十八世紀之末，十九世紀之初），亦稱德意志民族復興運動。

㈡希臘離土耳其而獨立（一八二九年）。

㈢義大利離奧地利以統一（一八六一年）。

（以上是第一次世界大戰以前的，以下是大戰以後的。）

㈣芬蘭離俄而獨立（一九一七年）。

㈤波蘭乘機而光復（一九一八年）。

㈥捷克斯拉夫離奧而建國（一九一九年）。

㈦南斯拉夫離奧而合邦於塞爾維亞（一九一九年）。

以上七項，原見文言文三民主義，詳後面註一—註七。此外，我們還可補充說到：

㈠瑞士本爲日爾曼、義大利、法蘭西三國共建之聯邦共和國，十四世紀，奧地利公欲收爲私有，瑞士人趨而反對，屢敗奧兵，於一六四八年獨立。後爲拿破崙征服，一八一五年維也納會議，各國決定承認瑞士爲永久局外中立國。

㈡美國於一七七六年離英而獨立，建立多種族之聯邦共和國，「自放黑奴之後，則吸收數百萬非洲之黑種，而同化之，成爲世界最進步、最偉大、最富强之民族。」（文言文三民主義）

㈢第一次大戰後，凱末爾將軍革命成功，土耳其掀起復興運動。國勢爲之復振（自一八二一年希臘叛離，繼之發生俄土戰爭，及巴爾幹四次戰爭，土耳其在歐、非領土喪失殆盡，國勢漸弱。）

㈣就東方言，日本原受西方列強之壓迫，自一八六七年明治天皇卽位後，廢幕府，修內政，定憲法，立國會，由是而復興，史稱明治維新。

以上各項是就事跡言，爲我　國父提倡民族主義的外國時代背景。換言之，外國有很多民族統一，民族解放，民族復興運動，引起了　國父決心在中國推行民族主義。

（二）民權主義與世界潮流的趨向——　國父在民報發刊詞說：「羅馬之亡，民族主義興，而歐洲各國以獨立。洎自帝其國，威行專制，在下者不堪其苦，則民權主義起，十八世紀之末，十九世紀之初，專制仆而立憲政體殖焉。」茲就演講本三民主義與手著本文言文三民主義　國父所述者，分別列舉民權發展經過如下：

㈠英國：　國父說：「講到民權的起源，本來發生於英國。」（民權主義第四講）按英國於一六四九年革命黨魁克林威爾（Oliver Cromwell, 1699-1658）掀起民權革命，將英王查理判死刑，實行共和。一六六〇年發生復辟運動，一六八九年通過權利法案，是爲不流血的光榮革命，自此以後建立了內閣制的君主立憲政體。

㈡美國：一七七五年美國人因反抗英國而發動獨立戰爭，經八年苦戰，一七七六年七月四日發表「獨立宣言」，於一七八三年獲得勝利，乃採用孟德斯鳩的主張而建立三權分立的民主共和政體。

㈢法國：一七八九年法國發生大革命，一七九七年國民會議通過「人權宣言」，一八四八年再發動二月革命，建立與美國相似的三權分立的共和政制。

㈣瑞士：瑞士的民權發展，最爲　國父所贊賞。他說：「近來瑞士的人民，除了選擧外，還有創制權和複決權。」

此外，法國大革命之後，歐洲各國接着實行民主政治，以及日本明治維新，實行君主立憲，都給國父提倡民權主義以莫大影響。

（三）民生主義與世界潮流的趨向—— 國父在民報發刊詞講民權運動時說：「世界開化，人智益蒸，物質發舒，百年銳於千載，經濟問題，繼政治問題之後，則民生主義躍躍然動，二十世紀不得不爲民生主義之擅場時代也。」現在自工業革命談起，說明民生主義的時代背景。

㈠工業革命：何謂工業革命？ 國父的答覆是：「機器代手工而生產，泰西學者所謂工業革命者也。」（文言文三民主義）一七三三年，英人凱（Kay）發明了飛梭，裝在手織機上，跟着英國人發明幾種紡紗機。一七六九年瓦特（Jams Watt）改良蒸汽機成功，然後將蒸汽機放置在紡紗機及其他機器上，到了一八二五年工業革命的工作便告完成。

㈡社會問題：工業革命後，生產大量增加，因爲要設置工廠，資本便集中起來，故產生了資本家；另一方面，機器代替了人工，工人失業增加；加以資本家操縱工業，爭取利潤，減少工人工資，於是形成「富者愈富，貧者愈貧」，引起了嚴重的社會問題，醞釀着社會革命。（見附錄一）

㈢社會革命運動：十九世紀最初提倡社會主義的要推法國的聖西門（St. Simon, 1760-1825）、傅利葉（Charles. Furier 1772-1837）英國的奧文（Rebert owrn 1771-1818），聖西門是社會主義的首倡者，呼籲社會人士改善貧苦大衆的生活。傅利葉、奧文則是社會改革家，爲勞工利益而奮鬥。俄國方面的無政府社會主義者則有蒲魯東、巴枯寗及克魯泡特金（Peter Kropotkin），他們都爲社會主義運動家。

英國研究社會主義的重要社團費邊社（Fabian Society）成立於一八八四年。一八九二年英國獨立勞工黨成立，一九〇六年改爲工黨，推行溫和的社會主義（費邊主義）。一八七一年三月十八日巴黎公社成立，雖至五月二十日爲凡爾賽政府軍所攻滅，但在法國政治上已是有名的社會主義運動。以後德、義等國都有社會主義運動發生。

一八四八年，馬克思、恩格斯發表共產主義者宣言，經過第一國際、第二國際，各國社會黨分激烈派及溫和派，至一九一七年，俄國布爾希維克黨奉共產主義的招牌，發動了十月革命，並於一九一八年成立第三國際，向各國推行共產社會主義。

國父於倫敦被難後，在英國圖書館研究，並與朝野賢豪接談，知社會主義運動亦將在中國流行，遂產生了民生主義思想，以防患於未然。

國父在文言文三民主義中稱：「歐美自政治革命而後，人人有自由平等，各得肆力於工商事業，經濟進步，機器發明，而生產之力爲之大增，得有土地及資本之優勢者，悉成暴富，而無土地及資本之人，則轉因之謀食日艱，由是富者愈富，貧者益貧，則貧富之階級日分，而民生之問題起矣。此問題在歐美今日，愈演愈烈，循此而往，非至發生社會之大革命不止也。俄國已發其端，德國又見告矣，英美諸國將恐不免也。惟中國之於社會革命也。則尚未種其因，如能思患預防，先爲徙薪曲突之謀，則此一度之革命，洵可免除也。此民生主義之所以不得不行也。中國之行民生主義，即所以消弭社會革命於未然也。」

附錄一　國父論社會革命與工業革命

夫社會革命之因，何從而來也？曰從機器發明而來也。歐美自機器發明而後，萬般工業，皆用機器代之。夫用機器以羈勒自然之力，如汽力、電力、以代人工，本可減省人之勞力，應爲造福於人間，而何以反生出社會之痛苦？所以然者，則機器之發明而施用於工業也，乃突如其來，而社會之舊組織，一時不能爲之變更，亦不知爲之變更，故無從應付也。爲資本家者，只知機器之爲利，而不恤社會之被其害也。今試以織（疑漏一「布」字）業言之，當昔用人工以織，布每人日織不過一丈，使有資本家，日僱千人爲之織，日出千丈之布，其所給工值，假設爲每人一元，此一元之工值，當與織工獨立自織之價值相若也。倘所差太甚，則織工必不願受資主之僱，而必自織其布也。蓋以人工作業之時，則工人容易自行獨立以營業，而資主不能爲之壟斷也。惟一旦以機器代人工，則生產至少可加十倍，前以千人日祇出布千丈，今則用百人而出布千丈矣。倘使暢銷如故也，則用手工生產之時，資主當僱千人，曰給工資千元，乃能出千丈之布。今用機器生產，則布仍爲千丈也，而工則減去九百人，祇用百人而已足。此百人之工值，若仍其舊也，則資主前費千元者，今費百元已足矣。或更有甚者，則前用手工業生產之時，工人能退而自營其業，不專靠資主之僱以謀生活也，惟今失業之九百人，若退而自營其業，則彼手工之生產，必不及機器生產價值之廉，是工人萬不能（疑漏一「與」字）資主競爭，則惟有仰給資主以爲生活，資主所需一百之工，則有千人砓（砓疑係「貶」之誤）價以爭僱，前之工值一元者，今或半元而已有受僱者矣。由此觀之，用手工生產之時，所出千丈之布，工人日所得工值爲千元。資主日獲之利亦設爲千元。今用機器生產，所出布千丈，工人所得之值不過百元，甚或至五十元，而資主今之獲利，每日增加九百元，至九百五十元矣。如是則工人形立（形立疑係「立形」之誤）困苦，其不遷徙流離，則必坐以待斃而已。倘若銷場擴大，則資主所傭，仍不減千人，工資如故也，而機器之生產，則人加十倍，前之每日出布千丈者，今可出布萬丈，而資主每日之利則九千元。倘市場更增，資主能僱用萬人者，則日能獲利九萬元，而工人亦不過日獲一元而已。一家如是，家家如是。一業如是，業業如是。市場愈大，機器愈精，則資本家之勢力愈宏厚，而工人則生產愈多，而工值愈微，此機器代手工而生產，泰西學者所謂工業革命者也。（文言文三民主義）這裏講出工業革命後，社會問題產生之原因。

註一　日爾曼之脫離拿破崙羈絆：是說西元十八世紀末，十九世紀初，日爾曼民族（German）分崩離析，小的王、公、侯國達數百之多，中以位居東北之普魯士（Prusia）及以神聖羅馬帝國（Holy Roman Empire）自居的奧地利（Austria）最強，當拿破崙（Napolon Bonaparte）東征時，除普魯士及奧地利曾強烈反抗外，其餘各小的王、公、侯國均表歡迎。一八一〇年，拿破崙率軍與英、俄、普魯士、奧地利聯軍戰於來比錫（Leipzig），結果大敗。法國的勢力自此退出了日爾曼民族的圈子，日爾曼民族統一工作的要角遂由普魯士擔任。

註二　希利尼之離土耳其而獨立：希利尼（Hellense國父在文言文三民主義中原譯希利尼，下同）今譯希臘，為歐洲文化之發源地。羅馬帝國（Roman Empire）於西元前一四六年滅希臘。西元二八六年羅馬帝國東西二分，希臘屬東羅馬帝國（Byzantium Empire），十四、五世紀，土耳其人崛起，匈牙利貴族（Hungarian Leadership）率領十字軍攻打信奉回教的土耳其人，結果在一四〇〇年反喪失了保加利亞（Balgaria）及希臘。一八二九年，希臘人得英、法、俄之助，脫離土耳其而獨立。

註三　以大利之排奧地利以統一：以大利（Italy）今通譯義大利。自西羅馬帝國（Rome Empire）亡後，義大利半島已不復一統。拿破崙入義大利半島，引起了民族思想，一八一五年，維也納會議（The Congress of Vienna），將倫巴底（Lonbardy）及威尼夏（Venetia）割與奧國，更激起了義大利人的民族意識。後來以薩丁尼亞（Sardinia）為骨幹完成了民族統一。一八五九年戰勝奧國，收回倫巴底。一八六一年成立了義大利王國（Kingdom of Italy）。又乘法、奧與普魯士交戰之際，於一八六六年併吞了威尼夏，一八七〇年併吞羅馬，便完成了統一。

註四　芬蘭離俄而獨立：一八〇八年，瑞典（Sweden）與俄國交戰，俄勝，一八一〇年，瑞典割芬蘭（Finland）於俄。一九一七年十二月六日芬蘭乘俄國革命之際，宣布獨立。

註五 波蘭乘機而光復：波蘭 (Poland) 於一七七二、一七九三、一七九五等年遭俄、普、奧三國，共同瓜分三次。一九一八年十一月三日宣布獨立。

註六 捷克士拉夫叛奧而建國：捷克士拉夫 (Czchoslavakia) 原屬奧匈帝國，後得英、美、法、義之助，於一九一八年十月二日宣布獨立。一九一九年，九月十日奧國加以承認。

註七 查哥士拉夫離奧而合邦於塞爾維亞：查哥士拉夫 (Yogcslavia) 又稱南斯拉夫，於一九一八年十月二十九日宣布獨立，乃由塞爾維亞 (Servia)、克羅西安 (Croatian)、斯洛伐尼安 (Slovenian) 合組而成。一九一九年九月十日奧國承認查哥士拉夫之獨立。

叁、合乎中國環境的需要（三民主義在中國方面的時代背景）

蔣總統說：「三民主義不是憑空造出來的，有中國的環境作背景。因爲要適合中國的環境，故纔發現這個千古不磨的三民主義。」故三民主義既合乎世界潮流，亦合乎中國需要。國父說：「以在此二十世紀的時代，世界文明進步的潮流，已達於民生主義也，而中國則尚在異族專制之下，則民族主義之革命，以驅逐異族，與民權主義之革命，以推翻專制，已爲勢所不能免者也。然我民族、民權之革命時機，適逢此世界民生革命之潮流，此民生革命又所不能避也。以其既不能免，而又不能避之三大革命，已乘世界之進化潮流催迫而至，我不革命而甘於淪亡，爲天然之淘汰則已；如其不然，則曷不爲一勞永逸之舉，以一度之革命，而達此三進化之階級也。」（文言文三民主義）玆就民族主義、民權主義及民生主義與中國環境之需要，分別論之。

（一）民族主義與中國環境的需要——自滿清入主中華之後，二百六十餘年，運用種種方法，壓迫與奴役人民，引起人民不斷的反抗；又因列强相繼侵略，割地賠款，陷國家於次殖民地位；加以洪秀全民族革命運動失敗，人民鬱抑莫訴，遂激發了 國父的民族主義。

㈠滿淸的箝制與壓迫：滿淸入關後，實行暴力統治，如「揚州十日，嘉定三屠」，使人民痛恨無已。 國父說：「淸廷常圖自保，以安反側，防民之法加密，漢滿之界尤嚴。其施政之策，務以滅絕漢種愛國之心，以刀鋸繩忠義，以利祿誘奸邪。」（支那保全分割合論）故或大興文字獄，或開科取士，高壓政策與懷柔政策先後施用，無非要箝制人民行動，控制人民思想。

㈡民族革命運動：當淸兵入關之初，先有史可法，鄭成功之抵抗，繼有三藩之反叛，以後有洪門會之反淸復明運動，臺灣方面亦有朱一貴，林爽文之反滿。道光三十年洪秀全在金田村起義，光復東南半壁，定都南京，率因內訌而被曾國藩所打敗，人民爲之惋惜， 國父幼時愛聽洪揚故事，以洪秀全第二自命，卽孕育了民族革命之精神。

㈢帝國主義之侵略：滿淸閉關自守，不求進步。自鴉片戰爭以後，割地賠款，喪權辱國，幾無以自保。「蠶食鯨吞，已見效於接踵，爪分豆剖，實堪慮於目前」。（興中會宣言）。人民認爲如此昏庸政府，實無存在之必要。 國父乃於中法戰敗之年，下定決心，推翻滿淸政府。

（二）民權主義與中國社會的需要—— 國父提倡民權主義，對內而言，有兩個因素：一爲專制政體，必須打倒；二爲貪汚腐化之政治，必須革除。

㈠專制政體必須推翻： 國父幼時赴檀香山，看到美國民主政治，非常合理。後又覺察世界情勢，知民權主義是一種不可抵抗的潮流。他說：「世界潮流，由神權流到君權，由君權流到民權。現在到了民權時代沒有方法可以抵抗。」（民權主義第一講）而滿淸政府抱着「寧贈朋友，不送家奴」之頑固態度，墨守「專制」，不顧及民意。「無論爲朝廷之事，爲國家之事，爲國民之事，甚至爲地方之事，百姓無發言或與聞之權。」（倫敦被難記）故 國父於興中會誓詞中主張於「驅除韃虜，恢復中華」之後，「要建立合衆政府」，實行民主政制，推翻專制政體。

㈡貪汚政治必須革除：滿淸政府，貪婪成風，賣官鬻爵，賄賂公行。單就乾隆時期的和珅講，他的家產被沒收時「竟達八萬萬兩，比當時全國二十年歲收的半額還多。」（見蕭一山著淸史）其他貪汚案件，不勝枚擧。 國父說「將來民族革命實行後，現在惡劣政治，固可一掃而盡，還有惡劣政治的根本，不可不去。」（三民主義與中國民族之前途。） 國父爲了從根本上剷除貪汚政治，乃決心建立合衆政府。

㈢民生主義與中國社會的需要——中國爲什麼要實行民生主義，就對內而言：一因民不聊生，二因要反抗帝國主義的經濟侵略。

㈠民生困難需要解決：上李鴻章書有云：「方今伏莽時聞，災荒頻現。完善之地，已形覓食之難；凶祲之區，難免流離之禍。是豐年不免於凍餒，而荒歲必至於死亡。」又興中會宣言亦云：「盜賊橫行，饑饉交集，哀鴻遍野，民不聊生。」 國父爲了要發展國民生計，改良人民生活，解救民生困難，乃提倡民生主義。

㈡經濟侵略應予抗拒： 國父在民族主義中講過列强對於我國經濟壓迫，非常厲害。 蔣總統在中國之命運中講到不平等條約的經濟影響時說：「我們中國經濟，受了不平等條約這種影響，所以造成了國不自保，而民不聊生的危機。」 國父在民生主義中亦講這種侵略情形，乃主張採用保護政策，以維護民族工業。

第二節　國父思想的淵源及其理論體系

本節要研究下列三問題：⑴國父思想的淵源，分中國、西洋及創見三方面。⑵國父思想的理論體系，以蔣總統著三民主義之體系及其實行程系作依據。⑶國父思想的內容概要等。

壹、國父思想的淵源

國父在中國革命史中說：「余之謀中國革命，其所持主義，有因襲吾國固有之思想者，有規撫歐洲之學說事蹟者，有吾所獨見而創獲者。」蔣總統在總理遺教概要中也說：「總理的遺教，是淵源於中國固有的政治與倫理哲學之正統思想，而同時參酌中國的國情以擷取歐美社會科學和政治制度之精華，再加以自己所獨見創造的許多眞理所融鑄之整個的完美的思想體系。」因此，我們在論述國父思想的淵源時，應分下列三方面言之：⑴有關吾國固有之思想者；⑵有關歐美學說事蹟者；⑶有關國父的獨見而創獲者。

(一)有關吾國固有之思想者——我國固有的思想，影響於國父的民族思想、民權思想、民生思想與哲學思想，而足以作爲國父思想淵源的，可分述如下：

㈠與國父民族思想有關者：內可分爲：⑴攘夷思想，⑵大同主義，⑶固有道德，⑷王道主義，⑸濟弱扶傾，⑹固有智識，⑺和平主義。

⑴攘夷思想　孔子著春秋，嚴夷夏之防；公羊傳有內諸夏而外夷狄之主張。管仲相桓公，覇諸侯，一匡天下，尊王攘夷。都是重視民族主義。

(2)大同主義 禮運篇講天下爲公、世界大同，這是孔子所嚮往的理想政治境界與社會境界，也是 國父的民族主義的理想。

(3)固有道德 中華民族立國於東亞，屢經變亂，危而復安，亡而復存，仍能生存發展的道理，就是靠民族的固有道德：忠孝、仁愛、信義、和平等。（註一）

(4)王道主義 中國傳統政治，以王道爲中心。儒家別王覇，即主張重王輕覇。對於四夷，不威之以武力，而感之以王道。所以孔子說：「遠人不服，則修文德以來之。」孟子更講王道主義。如說「保民而王」，「以德服人者中心悅而誠服也。」這種王道文化影響到 國父論民族與國家的區別，以及講民族平等，民族同化等思想。

(5)濟弱扶傾 孔子著春秋，反對强凌弱，衆暴寡。禮記樂記中亦有同樣主張。中庸講「興滅國，繼絕世」，齊桓公實行「濟弱扶傾」。（註二）這些都可以視爲 國父「濟弱扶傾」政策的思想淵源。

(6)民族固有智識 國父在民族主義中所講的恢復民族固有智識，即指大學八目（格物、致知、誠意、正心、修身、齊家、治國、平天下）而言。

(7)和平主義 漢元帝時，賈捐之主張放棄海南島（珠崖），不予征討， 國父在民族主義中，曾稱許爲最早的和平主義。墨子的反侵略（非攻）運動，與 國父的和平主義亦有關。

此外，明太祖與洪秀全的民族思想，會黨的反淸復明思想，都給予 國父莫大的影響。民族主義與吾國固有文化思想，關係至爲密切，故 國父自云：「余之民族主義，特就先民所遺留者，發揚而光大之，並改良其缺點。」（中國革命史）所謂改良其缺點，大致是就下列各事而言：(一)對內主張中國境內各民族一律平等，而且對滿淸亦不以復仇爲事；(二)對外拋棄勤遠略的侵略政策與帝國主義，而提倡扶弱抑强與濟弱扶傾；㈢放棄閉關主義與夜郎自大的作風，㈣迎頭趕上西洋科學與吸收世界文化，而發揚光大之，以期共躋於大同。

㈡與　國父民權思想有關者：計分：⑴湯武革命，⑵共和政體，⑶民本主義，⑷伊、周訓政，⑸考、監制度，⑹賢能政治，⑺權能區分等。

⑴湯武革命　湯伐桀，武王伐紂，孟子認爲不是弑君，只是誅「一夫」（獨夫），這實含有民主革命的思想。管子、荀子書中亦有同樣的見解。

⑵共和政體　堯舜的禪讓政治，不但爲孔子所稱述，　國父也說：「我國數千年歷史之中，最善政體，莫如堯舜。」（演講：黨爭乃代流血之爭）他認爲堯舜名爲君權，實乃民權。又說：「蓋堯舜之世，亦爲今日之共和政體，公天下於民。」（同上）可見　國父是很讚賞這種公天下的堯舜共和政體，又周代的周召共和，雖稱貴族共和，但與　國父所提倡之民主共和，亦不無相通之處。

⑶民本主義　中國古時的政治，一向是重視人民的。所以大學上說：「民之所好好之，民之所惡惡之」。書經上也有「民爲邦本，本固邦寧」，「天視自我民視，天聽自我民聽」的古訓。孟子更是主張「民爲貴，社稷次之，君爲輕」。這種民本思想，　國父在民權主義中曾予以讚美。

⑷伊、周訓政　成湯之孫太甲不能修德，伊尹勸戒無效，乃放之於桐，自行攝政，三年之後，太甲悔悟，乃始迎回歸政。再者，周武王崩，成王年幼，周公攝政，管叔、蔡叔製造謠言，謂周公將不利於成王，周公爲了避謠，乃居東三年，王悟，迎周公歸。　國父創訓政時期，卽本伊、周之精神，作訓民之工作。

⑸考、監制度　考試與監察兩權之行使，在中國政治上已形成制度，而爲外國之所無。所以

國父說：「此彈劾權（監察權）及考試權，實爲我國之優點。吾人採用外國良法，對本國優點，亦殊不可輕棄。」（演講：採用五權憲法之必要）

(6)賢能政治　禮運篇大同段稱：「大道之行也，天下爲公，選賢與能。」孟子主張「賢者在位，能者在職」。

(7)權能區分　諸葛亮輔阿斗，阿斗有權，諸葛亮有能，　國父引此作權能區分學說的例證。

此外吾國古代的先民自由歌，影響　國父的論自由。吾國古代的五等爵位（公侯伯子男），影響國父的論平等。

㈢與國父民生思想有關者：計有：(1)養民思想，(2)均產主義，(3)井田制度等。

(1)養民思想（厚生思想）　書經說：「政在養民，………正德利用厚生」，可作民生主義的思想淵源。管子更具體的說：「治國之道，必先富民。」「衣食足則知榮辱，倉廩實則知禮節」。孔子主張「足食」與先富後教。降至孟子，他更主張必「使民養生喪死無憾」，乃爲王道之始。這些思想，正是「民生主義，是以養民爲目的」的思想淵源。

(2)均產主義　孔子說：「不患寡，而患不均」，曾爲　國父引而論平均地權。（見文言文三民主義）管子、孟子都提倡均地主義，管子說：「地不平均調和，政不可正也。」孟子提倡「均田制祿」，反對「井地不均」。

(3)井田制度　中國最早的土地制度，就是周朝的井田制度。這種制度的最大特點，就是既可做到「耕者有其田」，又可防止兼併。　國父自認爲平均地權，乃師井田制之遺意。（見文言文三民主義）。

(4)王田制與均田制　國父認爲王莽想行的井田方法(卽王田制)，王安石的新法，都是民生主義的事實。(打破舊思想要用三民主義)又如北魏所行的均田制，亦與平均地權防止土地集中有關。

(5)國營事業　管子提倡「官山海」，以興漁鹽之利，桑弘羊提倡公賣制度，都可作爲　國父提倡國營事業的前奏。

(6)王道仁政　孟子認爲賢君制民之產，必以滿足食、衣、住、用爲目的，與民生主義的實施辦法完全相符。並說：「養生喪死無憾，王道之始也。」成湯「子惠困窮」，是中國最早的社會救濟。文王發政施仁，必先鰥寡孤獨，他還善養老，都是仁政的表現。

(7)大同社會　禮運篇大同段的經濟思想，社會思想，乃是　國父民生主義的目的。

此外像洪秀全所訂的經濟制度，亦與民生主義有關。

(四)與　國父哲學思想有關者：可分：(1)倫理思想，(2)道德思想，(3)太極思想，(4)以大事小說，(5)互助思想，(6)知行學說，(7)厚生思想等。

(1)倫理思想　倫理思想，實爲儒家的根本思想，亦與墨家有關。儒家所提倡智仁勇、忠孝仁愛信義以及「和爲貴」等倫理哲學，墨子所提倡的「兼愛」「非攻」「貴義」等，均可以作爲　國父提倡三達德、八德的思想淵源。而韓愈說「博愛之謂仁」(見原道)，則爲　國父所引用。

(2)道統思想　中國的道統思想，指黃帝及堯、舜、禹、湯、文武、周公、孔子、孟子，一脈相傳的正統思想而言，　國父的革命，「就是繼承這個正統思想來發揚光大的。」(見三民主義之體系及其實行程序)

(3)太極思想　易經所謂「太極生兩儀」這個太極，就是指宇宙本體而言。　國父雖未說出「本體」一詞，但他所用的「太極」，亦含有「最初」、「元始」、「起源」、「來源」的意義。例如他說：「元始之時，太極動而生電子，電子凝而成元素，元素合而成物質，物質聚而成地球，此宇宙進化之第一時期也。」（孫文學說）這種宇宙萬物起源論，就是淵源於易經上的太極思想。

⑷以大事小說　孟子講王道，講到「以大事小」，　國父提倡服務的人生觀，便主張「以巧事拙」。

⑸互助思想　孟子講「出入相友，守望相助」，墨子提倡「兼相愛」「交相利」。這與　國父提倡互助道德與互助進化論不無關係。

⑹行而不知說與知難行易說　孔子的「民可使由之」說，及孟子的「終身由之而不知其道」說，可視爲知難行易學說的理論基礎。

⑺民生中心論（利用厚生說）　國父講民生史觀時說「民生」是政治的中心，這句民生中心說的話乃受了中國古代重視「利用厚生」的政治思想的影響。

(二)有關歐美學說事蹟者——歐美學說事蹟影響　國父的民族思想、民權思想、民生思想及哲學思想者，可分別列舉如下：

㈠與　國父民族思想有關者：內分：⑴民族主義，⑵反帝思想，⑶民族自決，⑷世界主義，㈤人口學說。

⑴民族主義　東羅馬帝國滅亡後，歐洲各國產生方言與民族文學，民族戰爭，組成民族國家，因而產生了民族思想，故　國父說：「羅馬帝國亡，民族主義興。」

⑵反帝思想（反侵略思想）　西方民族國家興起之後，有的竟變成侵略的帝國主義，於是世界

上形成了侵略的民族與被侵略的民族，各弱小民族遂醞釀成一種反帝思想。國父之主張中國民族自求解放，以及扶助弱小民族共同奮鬪，打倒帝國主義，卽受此反帝思想之影響。

⑶民族自決說　第一次世界大戰發生，美國總統威爾遜提出「民族自決」口號，國父認爲「這種民族自決之說，就是本黨的民族主義。」（見三民主義的具體辦法）

⑷世界主義　希臘斯多噶派（Stoics）倡世界主義，羅馬時代更爲盛行，近代西方人士多提倡世界主義或國際主義。這類世界主義，國父常在民族主義中講到。

⑸人口學說　馬爾薩斯的人口論，認爲人口增加，按照幾何級數進行（一、二、四、八），糧食增加，按照算術級數進行（一、二、三、四），故主張節育，國父則認爲在中國不然，乃在民族主義中倡人口壓迫說。

㈡與國父民權思想有關者：內含：⑴自由主義，⑵三權分立說，⑶全民政治等。

⑴自由主義　彌勒（John Stuart Mill 亦譯彌兒或穆勒）曾著自由論，其所下自由的定義，曾爲國父所引用。洛克提倡個人自由，保護個人利益，重視人民權利。與國父提倡民權主義亦有關係。

⑵三權分立說　洛克的「政府論兩篇」，已有分權原則的創立，至孟德斯鳩著「法意」一書，更確定了立法、行政、司法三權分立的政治制度。國父則據此三權分立之原則，而進一步主張五權分立。

⑶天賦人權說　盧梭著「民約論」，提倡天賦人權與天賦平等，反對君主專制，提倡民主主義。國父雖反對其天賦人權說，却接受了其民主思想。

⑷「全民政治」　威爾確斯（Wilcox）著「全民政治」，提倡直接民權，這與國父提倡「全民

政治」有直接關係。

(5)三權分立說的補救學說　孟德斯鳩所倡的「三權分立」說，有許多學者認爲要加以補救。例如美國學者巴直（Burgess）著「自由與政府」，讚賞中國的彈劾權是自由與政府中間的一種最良善的調和方法。美國哥倫比亞大學教授喜斯羅（Cecil）著「自由」一書，主張在三權之外，加一彈劾權，成爲四權並立。以及美國學者丁韙良（William Alexandar Parsons Martin）主張用考試方法，以防選舉的流弊。以上三人，對於　國父提倡五權憲法，亦均給予相當的啓示。

㈢與　國父民生思想有關者：內有：(1)社會主義，(2)自然科學思想，(3)土地單一稅等。

(1)社會主義　國父在民生主義第一講中說：「民生主義就是社會主義。」在民生主義第二講中又說：「民生主義究竟是什麼東西呢？民生主義就是社會主義。」可見　國父的民生主義與西方社會主義的關係是很密切的。例如：聖西門、巴枯甯等倡社會主義，　國父則以民生主義代替社會主義。英國韋伯夫婦等組織費邊社，推行溫和的社會主義（費邊主義），　國父的民生主義，大致與費邊主義同其趨向。吾人如詳細研究　國父的「社會主義之派別及批評」一文，更可瞭解民生主義多淵源於西方的社會主義思想。

(2)自然科學思想　國父幼年出國，長期接受科學教育，故對科學的體認甚深，其上李鴻章書的開頭就說：「文……幼嘗遊學外洋，於泰西之語言文字、政治禮俗，與夫天算輿地之學，格物化學之理，皆略有所窺。」可見他早就與實證科學接觸了。　蔣總統說：「民生主義的本質爲科學。」可知民生主義與實證科學的關係。

(3)土地單一稅　美國亨利佐治（Henry George 或譯卓爾基亨利，亨利喬治）著「進步與貧困」，主張土地單一稅，認爲土地應爲社會所公有， 國父因之而倡土地國有與平均地權。

⑷國家社會主義　俾斯麥推行國家社會主義，一面實施大企業國營，一面注重勞工福利，以防止資本主義之弊害，故向爲 國父所推崇。例如他在「民生主義與國家社會主義」演講中便說：「德國丕斯麥反對社會主義，提倡國家社會主義，…此兄弟提倡國家社會主義之微意也。」由此可見 國父提倡國營實業的主張，實與俾斯麥的國家社會主義有關。

又李士特（Friedrich List 1789-1846）主張以國家的基礎，建設鐵路與運河。與 國父著的實業計畫，用國家力量發展實業，主旨相同。

⑸土地增值稅　約翰彌勒（John Stuart Mill 1808-1873）主張對全國土地一律加以估價，對其現值予以免稅，將來增值，則收增值稅，地主反對則照價收買，此與 國父的「平均地權」關係甚密。

此外，第一次世界大戰時，各國實施運輸交通收歸公有；英國首創合作社與配給制；歐美各國實行累進直接稅與社會安全制度等等；澳洲等地實施土地改革。以上各項，都與民生主義的實施辦法有關。

㈣與 國父哲學思想有關者：內中包括：⑴進化論，⑵社會史觀，⑶生元有知說，⑷博愛主義，⑸星雲假說等。

⑴進化論　十九世紀後半期，達爾文氏著「物種來由」一書，提倡進化論， 國父也主張進化論，這只須看「孫文學說」第四章便可瞭然。不過 國父對於達爾文的進化論，仍然是有選擇的吸收。克魯泡特金（Kxopotkin）較達爾文小三十三歲，其所著「互助論」，頗受 國父贊揚。例如在談到人類之進化原則時， 國父提出「互助」；在談到以實業計畫解決世界三大問題時，又說：「後達爾文而起之哲學家所發明人類進化之主動力在於互助，不在於競爭。」（見「實業計畫」結論）可見 國父對

克氏的互助論是有所參考的。

⑵社會史觀　威廉氏曾著「社會史觀」，批判唯物史觀。威廉認爲物質不是歷史的重心，社會問題才是歷史的重心。國父吸收其理論，在民生主義中批評馬克思主義。雖然國父民生史觀的思想形成於威廉的社會史觀發表之前，但民生史觀思想體系的完成，則顯與社會史觀有關。

⑶生元有知說　孫文學說中所講的生元論，以法國圭哇里學說爲依據。國父認爲自圭哇里發明生元有知說之後，哲學方面，心理學方面，進化論方面都大有進步。

⑷博愛主義　國父提倡博愛，是受了基督教義的影響，又自稱他所提倡的博愛主義與西洋社會主義有關。

⑸星雲假說　康德發明星雲假說，國父在民權主義中引之以論地球的進化。如說：「照進化哲學的道理講，地球本來是氣體，和太陽是一體的。始初太陽和氣體都是在空中成一團星雲。」

㈢有關自己的獨見與創獲者——這裡要先說明的是，所謂創見或獨見與創獲，乃含有對各種學說思想之推陳出新而言，或融會貫通之後另有新見而言，不是就「無中生有」，或空穴來風而言。知此而後可以談國父的獨見與創獲。

㈠有關民族思想者：⑴民族主義基礎說，⑵新八德說，⑶人口壓迫論，⑷次殖民地等。

⑴以民族主義作世界主義的基礎　國父認爲世界主義必須以民族主義做基礎，才不致流於空泛，或流於變相的帝國主義、變相的侵略主義。爲了說明這個道理，國父還在民族主義第四講裏舉出一個呂宋苦力買彩票的故事，他比喻彩票是世界主義，竹槓是民族主義，苦力中了頭彩，就丟掉謀生的竹槓，好比我們被世界主義所誘惑，便要丟去民族主義一樣。

⑵新八德說　忠孝仁愛信義和平雖爲固有道德，但將此八個德目聯合起來，稱爲八德，乃　國父的特見。就舊八德（孝悌忠信禮義廉耻）言，這可稱爲新八德。

⑶濟弱扶傾說　國父的特見是被外人壓迫時，要反抗侵略，打倒帝國主義；恢復民族地位之後，不侵略他人，不作帝國主義。相反的，要「濟弱扶傾」，這「濟弱扶傾」四字，雖可找出淵源，但仍可列爲創見。

⑷人口壓迫說　國父曾對劉成禺先生說：「政治壓迫與經濟壓迫，他人或已談到，人口壓迫爲我的特見。」他在民族主義第一講中，便提出「人口壓迫」的問題，謂近百年來，列强人口均成倍數增加，而我國人口則一直沒有增加，如此下去，則百年後，中國民族將變成少數民族，會有亡國滅種之憂。

⑸次殖民地說　「殖民地」是一個通行的名詞，但「次殖民地」這個名詞乃爲　國父所倡。

㈡有關民權思想者：⑴革命民權，⑵權能區分，⑶五權憲法，⑷均權制度，⑸眞平等說等。

⑴革命民權　國父一面批評盧梭的天賦人權說沒有歷史事實做根據，一面提出「革命民權」的理論，認爲民權是時勢和潮流所造就出來的，是經過革命後才能獲得的，所以決不輕授此權於反對民國之人，使得藉以破壞民國。

⑵權能區分　國父在民權主義第五講中指出歐美的學者對於「如何改變人民對政府的態度」沒有解決的辦法，因此，他便提出「權能區分」的主張，將政權（權）交給人民，將治權（能）交給政府，如此便可做到「人民有權」「政府有能」。

⑶五權憲法　國父認爲歐美的三權憲法還是很不完備，乃創五權憲法，以歐美的行政權、立

法權、司法權，加上中國的考試權和監察權，連成一個完整的五權憲法制度。

(4)均權制度　國父鑒於中外歷史上中央集權與地方分權，各有弊端，且又針對我國幅員廣大，各地情勢不同，爲期中央與地方之間的關係，調節得宜，乃倡均權制度。

(5)眞平等說　國父不主張形式化的「假平等」，而提倡「以服務爲目的」的「眞平等」，也就是說人人應有平等的發展機會。能如此，則人類雖有天生聰明才智的不平等，但由於其服務的道德心發達，必可使之平等，這才是眞平等。

(三)有關民生思想者：(1)平均地權，(2)耕者有其田，(3)節制資本，(4)實業計畫，(5)社會價值論等。

(1)平均地權　國父根據中國社會實際情形，參考社會主義諸家學說，而創立平均地權的理論(包含耕者有其田及土地國有)，其辦法如「地主自報地價」、「照價納稅」、「照價收買」與「漲價歸公」等，均係　國父融貫西洋各家學說之精華而提出的。

(2)實行耕者有其田　運用和平方法，將地主土地轉移爲耕者所有，這是　國父的創見。

(3)節制資本　國父爲了防止歐美資本家所產生的流弊，乃倡節制私人資本，以防止資本過度集中，而造成資本家壟斷國計民生的現象。這在中國是思患預防之計。

(4)實業計畫　國父於民國八年著「實業計畫」，以爲發達國資本的具體實施。另名「國際共同發展中國實業書」，希望西方以第一次大戰後之機器與人才援華。就「援外」與「援華」言，較馬歇爾計畫與杜魯門第四點計畫都早，可惜當時西方沒有人了解這個偉大的意義。

(5)社會價值論　國父因反駁馬克思的剩餘價值論，而創立社會價值論。認爲產品的剩餘價值，不僅是決定於勞動者的剩餘價值，且亦決定於社會，是有用分子之共同努力的結果。此外，錢幣革命，亦為　國父劃時代的特見。

㈣有關哲學思想者：⑴心物合一論，⑵民生史觀，⑶知難行易說，⑷社會互助論，⑸革命人生觀。

⑴心物合一論　國父對於心物問題的看法既不偏於唯心，也不偏於唯物，而主張心物二者本合為一，不可分離。這種主張，經　蔣總統核定為心物合一論。

⑵民生史觀　國父在民生主義第一講中，從批判唯物史觀的錯誤而倡出一種民生史觀的見解，認為人類求生存（民生），才是社會進化的原因。也就是說，民生才是歷史的重心。

⑶知難行易說　國父為了破除國人心理上的大敵——「知之匪艱，行之惟艱」說，並鼓勵國人實踐力行，乃創「知難行易」學說。這是　國父在哲學思想上一大專著。

⑷人類互助的進化論（或稱社會互助論）　達爾文提倡生存競爭論，克魯泡特金提倡生存互助論，　國父說：「物種進化以競爭為原則，人類進化則以互助為原則。」這可稱為社會互助論。與民生主義中的經濟利益調和說，是異名同義的。

⑸革命的人生觀　蔣總統把　國父「以吾人數十年必死之生命，立國家億萬年不朽之根基」這一段話（詳軍人精神教育），名之為革命的人生觀。

貳、國父思想的理論體系

民國二十八年五月七日，　蔣總統在重慶中央訓練團黨政班講「三民主義之體系及其實行程序」，把三民主義的原理和內容，以及實現主義所必需的革命方略，乃至達成最終目的所必經的國民革命程序，講解得極為詳細。並擬定一個「三民主義之體系及其實行程序表」（見附圖），提綱挈領的表明了國父思想的理論體系：

三民主義之體系及其實行程序表

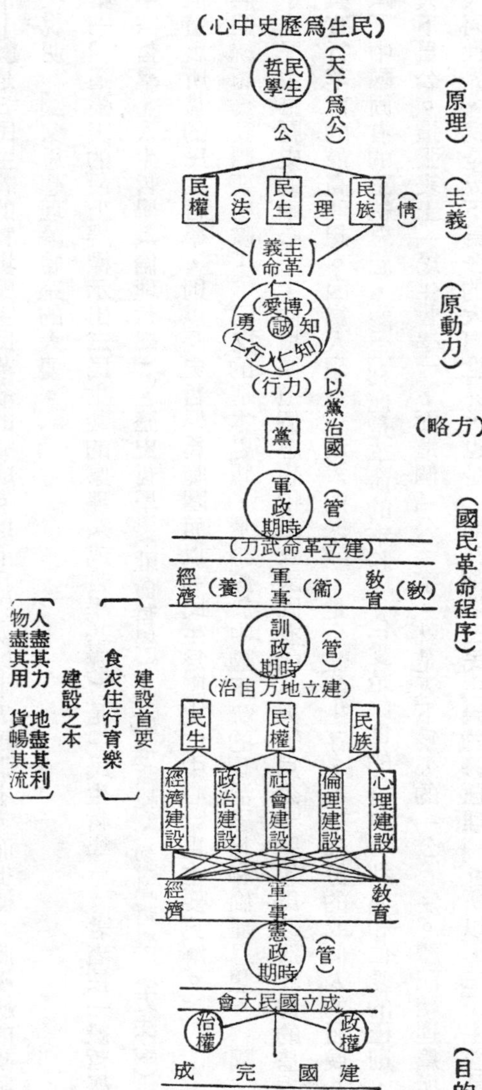

這一張表大體上分爲六部分：㈠是三民主義的原理——就是　國父思想的出發點，亦就是三民主義的哲學基礎；㈡是主義的本身；㈢是革命的原動力；㈣是革命的方略；㈤是革命實行的程序；㈥最後的目的——就是三民主義的實現與國民革命的完成。以下我們就以本表爲張本，而根據　蔣總統的講詞，來逐次說明　國父思想理論體系的大要。

第一、這張表的最上端標示出三民主義的原理（或哲學基礎）是「民生哲學」。著者按一般哲學原包括宇宙哲學、人生哲學（倫理哲學）、歷史哲學（社會哲學）、政治哲學、認識哲學（方法論）等等，但這裏所講的民生哲學，則以歷史哲學爲範圍而以「民生爲歷史的中心」爲主要見解。

蔣總統認爲我們要明瞭，　國父的基本思想，是淵源於中國正統的政治思想和倫理思想。　國父既確定了「民生爲歷史的中心」，便根據這個思想指出我國固有的「天下爲公」思想爲改造社會的基本法則，與實行革命的最高理想。因爲人類生存最大的保障，是全體的生存，不在部份的或個人的發展。國父繼承了中國固有的正統思想，認定利他是革命的本務，仁愛是救世的基石，利他和仁愛的極則，無過於天下爲公。這張表上「民生哲學」下面這個「公」字。就是天下爲公的「公」字。禮記禮運篇所描述的大同世界，就是天下爲公的大同世界，也是　國父創造三民主義的終極理想。所以，三民主義是以我國固有的「天下爲公」的倫理思想與政治思想做基礎的。

第二、以上說明三民主義的哲學基礎，由於這個基礎作出發點，分別觀察中國和世界問題的各方面，求得一個圓滿的解決生存問題的理論。於是　國父遂創制了最完美又最切實的三民主義。其中民族主義，在求中國民族乃至世界各民族的國際地位平等，它是發乎情的；民權主義，在求各個國民的政治地位平等，它是合乎法的；民生主義，在求各個國民的經濟地位平等，它是本乎理的。

這民族、民權、民生三者構成了整個的三民主義，我們要全部信奉，不能取其一而捨其他，因爲三民主義的三個主義是有「連環性」的，由三個主義連環構成一個整體的三民主義，因此，三民主義並不是三個支離破碎的主義的偶然會合而已。這是我們研究主義時應該特別注意的。

第三、國父以民生哲學做基礎，並且以「公」字爲出發點，創造了三民主義。但僅僅有了主義，沒有革命的實際行動，就只是一種學說，而不能發生救國救世的力量，所以我們必須明白國父的三民主義是爲實行革命而作的。這張表上，主義下面，接着提出「革命」兩個字，就是說：我們不但要研究主義，還要實行革命，唯有努力革命以貫澈主義，才是眞正信仰三民主義。但是革命的事業，國父常說是「驚天動地的非常事業」，我們要擔負非常的革命事業，先要有一種革命的原動力，我們革命的原動力是什麼，這張表上列得很清楚，分開來說：就是智、仁、勇三個字；合攏來說：就是一個「誠」字。

智是「知仁」，以先知覺後知，以先覺覺後覺，也就是中庸上所說的「博學、審問、愼思、明辨」的工夫。仁是「博愛」，在倫理方面推演出來，就是「忠、孝、仁、愛、信、義、和、平」八德；在實行方面舉其實質，就是以「天下爲公」的三民主義。勇是「篤行」，就是勇於「行仁」，不懼橫暴。所以說「智者不惑，仁者不憂，勇者不懼」。這智、仁、勇三達德，是革命精神之所由發生，亦革命事業之所由成就；而歸結其總的原動力，則是中庸上所說的「所以行之者一也」的「誠」字。

本來「誠」之一字，有幾種含義：所謂「誠則明矣」，就是說無誠不智，所謂「成己成物」，就是說誠通於仁；所謂「至誠無息」，就是說唯誠乃勇。至於整個的「誠」字的意義，則是「擇善固執，貫澈始終」的意思。因爲惟有誠乃能盡己之性，盡人之性，盡物之性；唯有誠乃爲物之始終，乃能一往無前，貫徹到底；唯有誠乃能創造，能奮鬥，能犧牲。一切革命先烈之決心成仁，純然是出乎一片至誠，所以說誠是革命的原動力。

有了這個誠字，和智、仁、勇三個字做革命的原動力，我們還要能够「力行」。關於「力行」的道理， 國父講得很多，例如「孫文學說」的創作，其主要用意就是在闡明「知難行易」的道理，並啓示我們革命要「力行」。 蔣總統更根據 國父遺教，發表了一篇「行的道理」，認爲我們革命不患其不成，只患其不能力行。而我們行的目的，就是在行仁，也就是在實行三民主義。

第四、明瞭了我們革命原動力的內容和力行的意義以後，我們就要問「力行」從那裏開始着手？蔣總統認爲依據我們革命的方略，就要有一個「黨」。 國父創導革命，便以組黨爲入手。因爲「黨」是團結同志，實行革命的總機關，一切革命力量，革命行動，都需要從這個機關裏放射出來。在革命建國時期當中，障礙亟待掃除，民衆尙待喚起；國民既不能全體參加革命救國的事業，而他們的利益不能不有以保障，他們的幸福不能不爲之顧全，乃至整個國家民族的安危不能不有所策畫，所以一切要由黨來負責，所謂「以黨治國」，「以黨建國」，其意義卽以黨來管理一切，由黨來負起責任。黨並不是爲黨員利益而存在，乃是爲國民利益而存在，爲實行革命而存在，所以我們要完成革命，不可不鞏固黨的基礎，充實黨的力量。

第五、 蔣總統認爲明白了以上各節後，我們就要切實認識什麽是實行國民革命的程序。 國父把建國的程序分爲三個時期：

(一)建國第一時期，卽軍政時期，要行軍法之治。其最基本的工作，是建立革命武力，以掃蕩革命的一切障礙。這裏所謂的武力，實包括軍事（衞）、教育（教）和經濟（養）三者。

(二)建國第二時期，卽訓政時期，要行約法之治。其主要工作，是開始實行地方自治，依照民族主義、民權主義與民生主義之需要，推行心理、倫理、社會、政治、經濟等五種建設。這五種建設就是建立地方自治的中心工作。但同時仍是以教育、經濟、軍事三者爲基礎，緊接着軍政時期革命武力的建設，來促成現代化國家的實現。而且，這五種建設是彼此相互關聯，互爲因果的。

㈢建國第三時期，卽憲政時期，要行憲法之治。訓政工作完畢之後，要制定憲法，成立國民大會、選擧政府，完全依照五權憲法與建國大綱的規定，政權爲全國人民所共有，治權爲政府五院所分有，試行五院之治，建國大功於焉告成。

第六、我們若能遵照 國父所訂定的革命建國程序，逐步實施，則必能達到三民主義「以建民國」的初步目標。然後，再聯合世界上以平等待我之民族，共同奮鬥，則終必亦能達成三民主義「以進大同」的最高目的，實現「世界大同」的最高理想。

總之，蔣總統認爲整個 國父思想是以「民生哲學」爲其基本原理，以基於「公」的民族主義，民權主義和民生主義爲其主義，而實行主義（革命）的原動力在於以「誠」爲中心的智、仁、勇三達德，至於革命的方略便是力行，組黨。最後，經由國民革命的軍政、訓政、憲政三個程序，達到「以建民國」、「以進大同」的最後目的。這便是 國父思想的理論體系。

叁、國父思想內容概要（重要著述）

國父思想的內容，廣義來說，應該包括 國父一生所著之三民主義、五權憲法、革命方略，乃至其所發布之宣言、文告、規約、專著、演講、函電、談話、雜著等等，但其中最重要而具代表性的，厥爲「三民主義十六講」、「上李鴻章書」、「孫文學說」、「實業計畫」、「民權初步」、「建國大綱」、

「軍人精神教育」及「地方自治開始實行法」等，而　蔣總統的「民生主義育樂兩篇補述」則為三民主義的補充，故亦應一併列入　國父思想的範圍之內。

(一)三民主義十六講（或稱演講本三民主義）——民國十三年，　國父在廣州廣東高等師範學校演講三民主義，自是年一月廿七日起至八月廿四日止，每週講一次，計已講民族主義六講、民權主義六講、民生主義四講，此三民主義十六講即為　國父思想之最重要內容。現略述其大要於後。

民族主義共六講，第一講首先解釋主義、三民主義、民族主義的意義，其次說明民族的構成因素、民族與國家的區別，接着便以列强為例，說明中國人口沒有增加，而列强人口却迅速增加，這實在是中國民族的危機。第二講指出中國民族目前正受到列强天然力與人為力的壓迫，也卽受到列强政治力、經濟力和人口力的壓迫，並舉出具體事例和統計數字來證明這些壓迫的嚴重性。第三講指出民族主義是國家圖發達和種族圖生存的寶貝，並說明我國民族主義消失的原因，在於會黨被人利用，被異族征服（滿淸的統治）、受世界主義的影響等，繼而强調民族主義是世界主義的基礎，用彩票與竹槓的故事來比喻世界主義與民族主義的關係。第四講談到帝國主義，說明列强所鼓吹的世界主義，專以欺騙弱小民族為能事，所以它乃是變相的帝國主義，變相的侵略主義。最後並指出中國民族愛好和平，和平是中國民族的大道德，也是世界主義的眞精神。第五講指示了恢復民族主義的方法，其法有二：一曰能知，二曰合群；並談到抵抗外侮的方法。第六講提出恢復民族地位，要以恢復民族精神為前提，其方法是：㈠恢復固有道德，㈡恢復固有智識，㈢恢復固有能力，㈣學習歐美長處。　國父强調中國强盛之後，要對世界人類負一責任，那就是「濟弱扶傾」。

民權主義也有六講，第一講首先解釋民權的定義、民權的作用、民權的演進等，並敍述歐美民權革命的經過，進而提出中國革命採行民權之理由在於：一爲順應世界潮流，二爲縮短國內戰爭。第二講說明歐洲革命爭自由的原因，是因爲受專制的痛苦太深，而中國人民一向有充分的自由，中國人民所受的痛苦亦只是間接的民生疾苦而已，所以中國革命不提倡爭自由（個人自由），而提倡爭取國家自由，實行三民主義。第三講講到平等的理論，國父認爲不平等可分爲自然的不平等與人爲的不平等，平等也可分爲眞平等與假平等，我們革命便是要消除人爲的不平等，而達到眞平等。其次，提到平等的精義，在使先知先覺，後知後覺與不知不覺三種人相調和，發揮服務的道德心，爲國家社會做最大的服務。最後說明歐美古代社會極不平等，故彼等革命要爭平等，中國革命則要實行三民主義，因爲三民主義能實行，才有眞正的平等與自由。第四講則敍述民權發展的歷史與趨勢，民權的發展，自英國清教徒革命後，歷經美國、法國等幾次革命而普及於全世界，成爲現代的世界潮流。但民權在其發展過程中，也曾遭到幾次挫折。至於民權發展的趨勢，則爲直接民權、全民政治。第五講講權能區分，是國父在政治學理上的一大發明，他認爲西方民主國家中有一個矛盾，就是人民與政府的關係。人民希望政府有能，來爲人民辦事，但是又怕政府有能之後，變爲專制，壓迫人民，所以又往往對政府多所束縛。若長此下去，則人民與政府之關係，終無改善之一日，於是國父便提出了權能區分的方法，使政府具有充分的能，人民具有充分的權，如此，便可以解決上述的問題，並舉例證明權與能必須分開的道理。第六講繼續說明政權與治權的畫分，政權卽人民權，包括選擧權、罷免權、創制權與複決權，應屬之人民；治權卽政府權，包括行政權、立法權，司法權、考試權與監察權，應屬之政府，如此，則政府既有充分之「能」爲人民服務，而人民也有充分之「權」來管制政府，既能實現萬能政府，亦不足以造成專制。

民生主義計有四講，第一講比較民生主義與社會主義，首先解釋民生就是人民的生活，社會的生存，國民的生計，群衆的生命便是。接着敍述社會問題的發生，社會主義的範圍，以及用民生主義代替社會主義的理由。在比較了民生主義與社會主義的異同之後，國父更以相當多的篇幅來批評馬克斯主義。他認爲馬克斯的唯物史觀、階級鬥爭論、盈餘價值說等理論都是錯誤的，民生史觀、社會互助（經濟利益相調和）論、社會價值論等理論才是正確不移的眞理。第二講便提出了民生主義的辦法，最重要的卽爲平均地權與節制資本，實行平均地權的辦法爲地主自報地價，政府照價收稅或收買，漲價歸公。節制資本不但要消極的節制私人資本，更要積極的發達國家資本。最後說明了民生主義的目的，在於國家爲人民所共有，政治爲人民所共管，利益爲人民所共享，造成人人安樂的大同世界。第三講講吃飯問題，首先强調吃飯問題的重要性，其次便提出改良中國農業的方法，在土地制度方面要實施耕者有其田政策；在生產方法方面要注意並改良機器問題、肥料問題、換種問題、除害問題、製造問題、運輸問題及防災問題。第四講講穿衣問題，首先闡明衣服之進化與作用，其次談到衣服的原料如絲、麻、棉、毛等的改良問題，再提及如何保護本國工業，最後，則認爲要解決民生問題，只有實行民生主義。

(二) 上李鴻章陳救國大計書——民國紀元前十八年（淸光緒二十年，西元一八九四年）國父針對當時的政治社會情勢，向在朝的李鴻章提出治國、强國之道，期借李氏之權位，將此治國强國之道付之實現，以盡革淸廷之積弊，而致國家於富强之域。

在這篇文章中，國父提出了治國的四大綱領，卽：人能盡其才，地能盡其利，物能盡其用，貨能暢其流。這四大綱領不僅是當時謀國者所應注重之治國要項，亦爲今日政府所應追求之目標。

所謂人能盡其才者，在「敎養有道，鼓勵以方，任使得法也。」「敎養有道，則天無枉生之才；鼓勵以方，則野無鬱抑之士，任使得法，則朝無倖進之徒。斯三者不失其序，則人能盡其才矣。」

所謂地能盡其利者，在「農政有官，農務有學，耕耨有器也。」「農政有官，則百姓勤；農務有學，則樹畜精；耕耨有器，則人力省。此三者我國所當仿效以收其地利也。」

所謂物能盡其用者，在「窮理日精，機器日巧，不作無益以害有益也。」「窮理日精，則物用呈，機器日巧，則成物多，不作無益，則物力節，是亦開源節流之一大端也。」

所謂貨能暢其流者，在「關卡之無阻難，保商之有善法，多輪船鐵道之載運也。」「無關卡之阻難，則商賈願出於其市；有保商善法，則殷富亦樂於貿遷；多輪船鐵路之載運，則貨物之盤費輕，如此而貨有不暢其流者乎？貨流既暢，財源自足矣。」

所以，國父在上李鴻章書中結論說：「夫人能盡其才，則百事興；地能盡其利，則民食足；物能盡其用，則材力豐；貨能暢其流，則財源裕」。故曰「此四者富强之大經，治國之大本也。」

(三) 孫文學說——孫文學說起草於民國七年，完成於民國八年，全書共分八章。國父在本書中，曾從各方面說明「知難行易」之眞理。

第一章以飲食爲證，從飲食之品質，飲食之作用，飲食之消化以及糧食之生產、分配、防飢等問題，證明知難行易。

第二章以用錢爲證，從錢幣的定義、起源，錢幣、契劵之作用各方面，證明世人只能用錢而不知錢之爲用，是亦知難行易之一證。

第三章以作文爲證，從文字之功用、起源上說明知難行易，並舉中國文人只能作文章，而不能知文理文法之學爲例，證明知難而行易。

第四章以七事爲證，卽從建屋、造船、築城、開河、電學、化學、進化七方面舉具體事實以證明知難而行易。

第五章「知行總論」，首先檢討王陽明知行合一學說。其次，國父認爲中國積弱衰敗之原因，實「知之非艱，行之惟艱」之謬說有以致之。復次，更從心性方面，知行進化三時期，人群三系等，分別論證知難行易心理。在心性方面，國父舉孟子之說，（孟子盡心章曰：「行之而不著焉，習矣而不察焉，終身由之而不知其道者，衆矣。」）以證明「知難行易」在心性方面也可實行。在知行進化三時期方面，國父以爲世界人類之進化，當分爲三時期：第一期由草昧進文明，爲不知而行之時期；第二期由文明再進文明，爲行而後知之時期；第三期爲科學發明以後，爲知而後行之時期。在人群三系方面，國父以爲人類可分三系：其一爲先知先覺者，爲創造發明；其二爲後知後覺者，爲倣效推行；其三爲不知不覺者，爲竭力樂成。若有先知先覺者之創造發明，而無後知後覺者之倣效推行與不知不覺者之竭力樂成，則一切事物皆無由成也。

第六章「能知必能行」，闡明革命建設之不行，乃誤於黨人以爲知易行難所致，並舉例說明訓政工作與宣誓典禮之必要，然黨人却皆不知之，亦可見知難行易道理的正確。

第七章「不知亦能行」，謂「不知而行」乃人類進化必要之門徑，中國若能本「不知亦能行」之精神而致力於「行」，則必能一躍而致於隆盛。

第八章「有志竟成」，則舉十次革命經過，以證明知難而行易。

（四）**實業計畫**——實業計畫一書一名「國際共同發展中國實業計畫書」。原爲英文，民國九年譯成中文，分期發表於「建設雜誌」，民國十年成書。在此「實業計畫」書中，國父指出我國爲世界大國，資源豐富，但多未開發，故主張歡迎外人到中國投資，實行國際合作，開發富源。

實業計畫共分六大計畫，依照其總綱規定，中心工作共有下列十項（或稱十大綱領或稱十大目標）：（一）開發交通，擬修鐵路十萬英里，碎石路一百萬英里。修濬新舊運河，疏導長江黃河及其他河流湖泊，以利交通，而興水利。增設電報電話線路，構成郵電網。（二）開闢商港，在沿海北中南部各建設一大洋港口及其他漁港商港。（三）在鐵路中心及終點並商港地，設新式市街，各具公用設備。（四）水電的發達。（五）設治鐵製鋼並造士敏土之大工廠，以供上列各項之需。（六）發展礦業。（七）發展農業。（八）與辦蒙古新疆的水利，以便灌溉。（九）於中國北部及中部建造森林，以調和氣候雨量，而免水旱天災。（十）移民於東北、蒙古、新疆、青海、西藏。

六大計畫中，第一計畫是以北方大港爲中心，開發中國北部富源。第二計畫是以東方大港爲中心，開發中國中部富源。第三計畫是以南方大港爲中心，開發中國南部富源。第四計畫完全是發展鐵路的計畫。第五計畫在述明日常生活必需且使生活安適之工業，卽食衣住行及印刷工業等五種。第六計畫則完全是談發展礦業。 國父在自序裡告訴我們：「此書爲實業計畫之大方針，爲國家經濟之大政策」，「此後中國存亡之關鍵，則在此實業發展之一事」。我們應該仔細的研讀。

（五）民權初步——本書成於民國六年，是 國父關於社會建設的第一部典範。 蔣總統說：「民權初步是專講集會議事種種法則的經典，其直接目的在使一般國民能够熟諳這些法則，以習練初步民權的運用，其間接的目的，則在藉此養成一般國民重秩序，守紀律，有組織的習性，從而團結人心，增强民力，造成有組織的現代社會。」（三民主義之體系及其實行程序）這就是民權初步的重要意義。

民權初步共分五卷二十章一百五十八節。首卷論集會，詳述臨時集會之組織法，永久社會之成立法，議事之秩序及額數，會員之權利義務等問題。卷二論動議，討論，停止討論之動議，表決，表決之復議等問題。卷三是講的修正案，論修正之性質與效力，修正之方法，及修正案之例外事件。卷四在動議之順序部份，論述附屬動議之順序，散會與擱置動議，延期動議，付委動議，委員及其報告。卷五論述權宜及秩序問題。國父稱民權初步這本書，好像軍隊的操典和化學的公式一樣，並不是瀏覽誦讀之書，乃習練演試之書。所以我們研究民權初步，不是瀏覽閱讀求其了解而已，一定要實地演習，訓練我們開會議事的方法，養成組織的能力與重秩序守紀律的精神，以達到團結人心，增强民力之目的。

附錄：「會議規範」要點

內政部於民國四十三年五月十九日公布試行，五十四年七月廿日正式公布施行的「會議規範」，可謂爲「民權初步」的具體化、條文化。該規範共有條文一百條，分「開會」、「主席」、「出席人列席人及代表人」、「發言」、「動議」、「討論」、「修正案」、「表決」、「付委及委員會」、「復議及重提」、「權宜問題、秩序問題及申訴」、「選舉」、「其他」等十三項，內容比較簡明，實爲研究議學（或民權初步）者必讀之書籍。

（六）建國大綱——建國大綱於民國十三年四月十二日公布，全文共二十五條，爲實行三民主義的方法與步驟，是政治建設的具體方案，一切政治建設以建國大綱爲基礎，所以非常重要。

國父在「制定建國大綱宣言」中說：「建國大綱第一條至第五條，宣布革命之主義及內容。第五條以下，則爲實行之方法與步驟。其在六、七兩條，標明軍政時期之宗旨，務掃除反革命之勢力，宣傳革命之主義。其在第八條以至第十八條，標明訓政時期之宗旨，務指導國民從事於革命建設之進行，先以縣爲自治之單位，於一縣之內，努力除舊布新，以深植人民權力基本，然後擴而充之，以及於省。如是則所謂自治，始爲眞正之人民自治，異於託自治之名，以行其割據之實者。而地方自治已成，則國家組織始臻完密，人民亦可本其地方上之政治訓練以與聞國政矣。其在第十九條以下，則由訓政遞嬗於憲政所必備之條件與程序。總括言之，則建國大綱者，以掃除障礙爲開始，以完成建設爲依歸，所謂本末先後，秩然不紊者也。」這便是建國大綱的大要。

（七）軍人精神教育——本文是 國父於民國十一年一月在桂林對滇贛粵軍演講的講辭，內容共分五課，第一課講精神教育的概論，說明精神教育之要旨，精神之定義和軍人之精神。第二課是講智，智卽有聰明，有見識之謂，其根本須合乎道義；宇宙之範圍，皆爲智之範圍，其來源包括天生、力學與經驗三者。至於軍人之智，則在乎別是非、明利害、識時勢、知彼己。第三課講仁，仁卽博愛，其種類有救世、救人、救國三種，宗教家捨身救世，慈善家樂善好施，愛國志士爲國犧牲，其性質皆爲博愛。至於軍人之仁，其目的則在實行三民主義，以成救國救民之仁。第四課講勇，勇卽不怕之謂。勇之種類有發狂之勇、血氣之勇與無知之勇，是皆小勇，惟成仁取義，方爲大勇。軍人之勇，在於長技能、明生死，如此方能鼓其勇氣，以從事於革命事業，爲革命軍人。第五課講決心，欲發揮光大軍人精神之智仁勇三要素，必須要有決心。吾人從事革命事業，非成功，卽成仁。成功則造出莊嚴華麗之國家，成仁則共殉吾黨光輝之主義，均有無量之價值與光榮。這部書是 國父指示我們修養革命人格最精要、最有系統的遺教。

（八）地方自治開始實行法——地方自治開始實行法撰於民國九年，爲 國父指示我們應如何來辦理自治的具體規範。文中首先指示地方自治，當以一縣爲充分之區城，如不得一縣，則聯合數村而附有縱橫二三十里之田野者，亦可爲一試辦區域。其志向當以實行民權、民生兩主義爲目的。

其次，地方自治開始時，應試辦下列六事：（一）清戶口；（二）立機關；（三）定地價；（四）

修道路；(五)墾荒地；(六)設學校。

以上自治開始之六事，若能辦之有成效，則當逐漸推廣及於他事。此後之要事爲地方自治團體所應辦者，有農業合作、工業合作、交易合作，銀行合作，保險合作等事，此外更有對於自治區域以外之運輸交易，當由自治機關設專局以經營之。

最後 國父指出，地方自治團體，不止爲一政治組織，亦爲一經濟組織。近日文明各國政府之職務，已漸由政治而兼及於經濟矣。中國古代之政治，亦講究「教養兼施」，故 國父主張吾人應「取法乎上，順應世界之潮流」，速辦地方自治，以謀全國人民之幸福。

(九)民生主義育樂兩篇補述——　蔣總統於民國四十二年十一月十四日發表了「民生主義育樂兩篇補述」一文，這是三民主義的補充。

蔣總統說：「民國十三年， 總理在廣州講演三民主義。民族主義六講，民權主義六講，都已講完，民生主義只講了四講，第一講是講民生主義的原理，第二講是講平均地權和節制資本兩個辦法，第三講以下， 總理預定要講民生四大需要，食衣住行。但是他只講了食與衣兩節，就沒有再講下去了。住與行兩大問題和解決的辦法，從實業計畫裏可以看出一個輪廓，做我們研究的基礎。但是我們從 總理在民國十三年以前關於民生主義的演講和論著裏，可以看出民生問題，除食衣住行之外，還有育和樂，……所以我們如果不把育樂這兩個問題，和食衣住行這四個問題，一併提出研究，就不能概括 總理的民生主義的全部精神與目的之所在。」(序言)

蔣總統又說：「我們在這反共抗俄戰爭中，要恢復中國國家爲自由獨立的民主國家，必須有計畫，有步驟，重建中國社會爲自由安全的社會，來做這獨立民主的國家的基礎。所以民生主義的社會政策之

研究和確立，刻不容緩。而育樂兩篇的補充，也就成爲重要的工作了。」（序言）

所以，民生主義育樂兩篇的補述，不但是爲了要完全民生主義的內容，而且也是爲了要建立一個自由安全的社會。也正因爲如此， 蔣總統的這篇補述，才必須列入「國父思想」的範圍。

育樂兩篇補述，分別討論育和樂的問題。育的問題，包括生育問題、養育問題和教育問題。在生育問題方面， 蔣總統主張「鄉村與城市人口均衡發展」、「人口數量方面的增加與品質方面的提高並重」等。對於養育問題方面， 蔣總統則指示我們應從兒童、疾病殘廢、鰥寡孤獨、老年及喪葬等問題，分別考察其癥結所在，而提出其解決方法。對於教育問題方面， 蔣總統陳指過去教育的缺點，在於升學主義、形式主義和孤立主義，並指出今後解決教育問題的方法。

樂的問題，包括心理的康樂與身體的康樂。所謂康樂，應注意下列四點：一爲身心的平衡；二爲情感與理智的和諧；三爲城市的健康；四爲閑暇與娛樂。而要增進國民康樂，首先要注意康樂的環境，其次要同時解決心理康樂與身體康樂上的問題，也卽要從改進音樂、戲劇、電影等，以增進國民的精神娛樂。從訓練射擊、駕駛、國術等，以培養國民的康樂技能。

最後， 蔣總統在結論中指出，民生主義的最高理想爲世界大同，民生主義的建設，乃是從小康進入大同的階梯，我們革命建國的事業，要踏着這個階梯向前邁進。

第三節　國父思想的發展

本節論　國父思想的發展，計分⑴國父思想的演進，⑵國父逝世後世局的變化，⑶　蔣總統對於國父思想的闡揚三項。

壹、國父思想的演進

關於　國父思想的演進，可從民族、民權、民生及哲學思想四方面來研究。

(一)民族思想之演進——第一時期為推翻滿清。第二時期為合漢、滿、回、藏為一家，實行種族同化，對滿清不以復仇為事。第三時期為對內中國境內各民族一律平等；對外抵抗強權侵略，取消不平等條約，中國民族自求解放。第四時期為聯合以平等待我之民族，並扶助全世界各弱小民族，打倒帝國主義、濟弱扶傾，以求各民族一律平等，完成大同之治。

第一時期：

①國父十一歲愛聽洪楊故事，以洪秀全第二自命，因而啓發了民族思想。

②中法戰敗之年，　國父立下了傾覆清廷的志願。

③與中會成立於一八九四年，即以驅除韃虜，恢復中華為誓詞。同盟會（一九〇五年）所宣佈之四大綱，仍以此兩句為前二綱。

第二時期：

④國父於民元即宣布對滿清不以復仇為事，要使漢、滿、蒙、藏合為一家。又在手著本文言文三民主義中指出民族主義之消極目的為傾覆滿清，其積極目的為「漢族當犧牲其血統、歷史、與夫自尊自大之名稱，而與滿、蒙、回、藏之人民，相見以誠，合一爐而治之。」

民元大總統宣言對內行政方針第一項即為「民族之統一」，又民元同盟會及民元國民黨政綱都有「勵行種族之同化」之一項。

第三時期：

⑤民族主義本以打破種族上之不平等為目的。民國成立後，軍閥受帝國主義之卵翼，割據稱雄，影響統一，國父乃決志打倒帝國主義，取消不平等條約。民國十二年中國國民黨政綱中，主張「改正條約」，十三年政綱，更明言取消「不平等條約」。

第四時期：

⑥建國大綱第三條規定對內扶植弱小民族，對外抗禦侵略強權，並修改各國條約。又第一次全國代表大會宣言云：「民族主義有兩方面之意義：一則中國民族自求解放，一則中國境內各民族一律平等。」

⑦演講本三民主義中，指出人口、政治、經濟三大壓迫之後，要團結四萬萬同胞，實行扶弱抑強，「對于弱小民族要扶持他，對于世界列強要抵抗他。」並主張於民族地位恢復以後，要「濟弱扶傾」，要以固有的和平道德做基礎，完成大同之治。

⑧國父在遺囑中，主張聯合世界以平等待我之民族，共同奮鬥；又主張廢除不平等條約。

（二）民權思想之演進——第一個時期為推翻君主專制，建立合衆政府。第二個時期為提倡訓政、五權憲法。第三個時期為主張地方自治，護法、北伐，打倒軍閥，建設完全民國。第四個時期提倡權能區分，直接民權，全民政治，革命民權。

第一時期：

①國父幼時一再赴檀香山，對於美國式的民主政治，頗有良好印象。乙酉（一八八五年）立志傾覆清廷，同時要建立民國。民權主義思想由是而奠基。

②一八九四年興中會成立，其入會誓詞除「驅除韃虜，恢復中華」外，還要「創立合衆政府」。

第二時期：

③一九〇四年訂立的致公堂宗旨及一九〇五年同盟會所宣布的四大綱，都有「建立民國」一項。而民報所標明之六大主義（卽六大主張），其第二項卽爲「建設共和政體」。又民報與新民報論戰的主要題目之一，卽爲「民主共和勝於君主立憲」。

④同盟會曾規定建國程序的三時期：第一期爲軍法之治，第二期爲約法之治，第三期爲憲法之治。換言之，第一期爲軍政時期，第二期爲訓政時期，第三期爲憲政時期。

⑤國父在民報週年紀念日，講三民主義與中國民族之前途，旣講到三民主義，亦講到五權憲法。

第三時期：

⑥民元同盟會所宣布之九條政綱中，第一條爲完成行政統一，促進地方自治。民元國民黨五條政綱中第二條爲「發展地方自治」。可見　國父對於地方自治之提出，爲時甚早。民九著地方自治開始實行法，則詳言各種應做工作。

⑦民三中華革命黨四條政綱中，第一條爲推翻專制政府，第二條爲建設完全民國。這裡以討伐袁世凱爲目標，亦是以後打倒軍閥的張本。民六護法運動及後來北伐，仍以此二條爲宗旨。

第四時期：

⑧民三中華革命黨成立，其規定國民權利，卽含有「革命民權」之意。民十三中國國民黨第一次全國代表大會宣言，對於革命民權的意義，更有詳細之說明。

⑨建設雜誌創刊後曾論及全民政治，主張實行選舉、罷免、創制、複決四權。民八手著文言文三民主義曾提到四種政權。民十一　國父講中華民國建設之基礎，講到直接民權與間接民權，全民政治，五

權分立等。民十三演講本三民主義對於權能區分、全民政治，言之更爲詳細。

(三) **民生思想之演進**——第一時期主張平均地權與土地國有，及耕者有其田。第二時期主張實行社會政策，節制私人資本，發展國營事業，卽發達國家資本，同時注意解決食衣住行等民生問題。第三時期提出限田政策，工業民主制。第四時期詳論節制私人資本、平均地權辦法及耕者有其田之理由，並批判馬克思主義。此外，則爲育樂兩篇的補述。

第一時期：

①國父於倫敦蒙難後，完成了三民主義思想，也就是民生主義思想之創立。

②一九〇四年及一九〇五年所提出的平均地權，卽爲民生主義的第一個方法。以後平均地權與土地國有兩名詞常混合運用，民報六大主張第三項卽爲「土地國有」。又民報與新民報論戰，亦以土地國有爲主題。

③一九〇七年　國父曾說，不耕者不得有尺寸土地（章太炎語）。又民元　國父與袁世凱談話，曾主張耕者有其田。

第二時期：

④就政綱言，民元同盟會僅列「採用國家社會政策」爲政綱，又民元國民黨僅列「採用民生政策」爲政綱。因爲國人不知實行民生主義之重要，故　國父於此時到處宣傳民生主義，尤其是平均地權之方法。

⑤民元國父講三民主義四大綱，其一爲資本，他說：「國民須自謀生活，以免受富豪之挾制」，此卽含有節制資本之意。又講民生主義之眞義時，亦「反對少數人佔經濟勢力壟斷社會財富」。

⑥民八　國父手著文言文三民主義，討論平均地權之方法，資本主義之弊害，鐵路海運收歸公有之必要等。

⑦民元至民八似較重視發達國家資本，卽只重視國家社會主義之措施。一次大戰結束，　國父卽發表國際共同發展中國實業計畫書（簡稱實業計畫），可以說這段時期，特重發展國營事業。並在實業計畫中講衣、食、住、行等工業。（民生主義中亦講到）

第三時期：

⑧民十二中國國民黨政綱經濟項中：（甲）規定平均地權的辦法，並提到限田政策。（乙）規定鐵路、鑛山、森林、水利及其他大規模之工商業國營，並提倡工業民主制。民十三政綱對於提倡平均地權與國營事業都有提及，但並未超過上列範圍。

第四時期：

⑨民十三發表之演講本三民主義，除詳述平均地權之辦法外，對於節制私人資本，解決食、衣等問題，亦提出許多辦法，並批評馬克思主義。又民十四發表之建國大綱則以建設之首要在民生，對於食、衣、住、行特別重視。

⑩民十三年八月　國父在廣州農民運動講習所，始詳講「耕者有其田」。同年講演三民主義時，在講食的問題中，亦講到耕者有其田。

此外，民國四十二年　蔣總統發表民生主義育樂兩篇補述，詳述解決育樂問題的辦法。

（四）哲學思想之演進——第一時期所重視的爲政治哲學與達爾文進化哲學；第二時期爲知行學說（知難行易說）與人類互助論；第三時期爲三達德、民生史觀、服務道德觀與人生觀及心物合一論。

第一時期：

①據林百克先生在「國父傳記中指出，國父最早要推翻滿淸，以「天命靡常」作宣傳。良以滿淸以爲他們佔據神州，是奉天之命的，故　國父說「天命靡常」，其意思是說天命無常，江山可以隨時易主。可見　國父最早的哲學思想，表現在政治哲學方面。

②進化論可視爲科學，但　國父則視爲哲學。他幼時「雅癖達爾文學說」，可知進化哲學也是　國父研究最早的。

第二時期：

③民國八年　國父倡立知難行易學說，書名孫文學說，這是純哲學的書籍。書中以人類互助論評達爾文的競爭論。

第三時期：

④在道德哲學方面，　國父於民十一講軍人精神教育時，提倡三達德，民十三講民族主義時，提倡八德。

⑤國父於民十在軍人精神教育中講到心物本合爲一，後來黨內取名爲心物合一論。

⑥在人生觀方面，　國父於民十講軍人精神教育時，講及成仁取義的人生觀（亦稱革命的人生觀），民十三講民權主義時，提倡服務道德與服務的人生觀。講民生主義時，於駁斥唯物史觀中創立民生史觀。

貳、國父逝世後世局的變化

國父於民國十四年（一九二五年）三月十二日逝世，半世紀來，國內外時局變化甚大，玆分別述說如左：

（一）**國際方面**——國際變化與中國革命有關者包括：

㈠德義日戰敗：一九三三年一月希特勒主政德國，一九三五年宣布凡爾賽限制德國軍備條約無效。一九三六年三月德軍佔領萊因河。一九三七年三月併吞奧國。九月慕尼黑會議，肢解捷克斯拉夫。一九三九年三月希特勒迫波蘭交還但澤。八月德蘇訂立不侵犯條約，九月一日德蘇瓜分波蘭。二次大戰開始。一九四一年六月德軍入巴黎，一九四一年四月德軍攻俄。攻至史達林格勒敗退。一九三五年五月義大利侵佔衣索比亞，國聯無力制裁。一九三九年四月莫索里尼征阿爾巴尼亞。一九三六年十一月，德義日成立共同聯盟，造成軸心組織。一九三九年四月，西班牙佛朗哥加入德義日同盟。一九四一年四月，日俄成立中立條約。十月日軍突擊珍珠港，美國對日宣戰，德義對美宣戰。一九四三年，德軍在北非受挫。義大利投降，並轉過來對德宣戰。一九四四年聯軍自法國諾曼第登陸，直入淪陷的巴黎。一九四五年德國投降聯軍。是年九月六日及九日美軍以原子彈轟炸廣島、長崎，日本提出投降。

㈡蘇俄的擴張：一九三九年第二次世界大戰發生，事先訂有德俄互不侵犯條約，一九四一年六月德軍毀約攻俄，進逼史達林格勒。一九四三年俄得美國援助解圍，史達林宣布解散第三國際以討好盟軍。一九四七年又成立共黨情報局，代替第三國際。一九四八年南斯拉夫狄托脫離情報局，一九五六年該局解散。是年匈牙利革命，希能解脫蘇俄羈絆，俄竟出兵干涉。一九五五年俄與東歐七國成立華沙公約，對抗北大西洋公約。一九六八年捷克發生自由化運動，俄又出兵干涉。如今東歐鐵幕內國家，許多民族不能獨立自由。（見附錄一）至於俄帝與蘇俄侵華事實，更是一言難盡。（見附錄二）所以，我們稱蘇俄爲帝國主義。

被侵略地區	被侵時期	人口	被侵面積(平方公里)	備考
波蘭東部	一九三九	三、八〇〇、〇〇〇	一八一、五八〇	併入俄帝版圖
芬蘭領土一部	一九三九	六〇〇、〇〇〇	四五、三六四	併入俄帝版圖
波羅的海三小國	一九四〇	六、〇三〇、〇〇〇	一七五、五五九	併入俄帝版圖
羅馬尼亞兩個省	一九四〇	三七、〇〇〇、〇〇〇	五五、三四一	併入俄帝版圖
唐努烏梁海	一九四一	七〇、〇〇〇	一六八、四二一	併入俄帝版圖
捷克一個省	一九四五	七三〇、〇〇〇	一二、七四七	併入俄帝版圖
東普魯士一個省	一九四六	一、一八七、〇〇〇	一一、八四二	併入俄帝版圖
南庫頁島及千島列島	一九四六	五〇〇、〇〇〇	四六、九八二	併入俄帝版圖
阿爾巴尼亞	一九四四	一、一七五、〇〇〇	二八、七四八	爲俄帝所控制
保加利亞	一九四四	七、一六〇、〇〇〇	一一〇、八四二	爲俄帝所控制
東德	一九四五	一八、〇〇〇、〇〇〇	一〇七、六六九	爲俄帝所控制
羅馬尼亞	一九四五	一五、八七三、〇〇〇	二三七、五〇二	爲俄帝所控制
外蒙古	一九四五	一、〇〇〇、〇〇〇	一、五三一、〇〇〇	爲俄帝所控制
匈牙利	一九四七	九、六〇〇、〇〇〇	九三、〇一一	爲俄帝所控制
波蘭	一九四七	二六、五〇〇、〇〇〇	三一一、七〇七	爲俄帝所控制
捷克	一九四八	一二、三四〇、〇〇〇	一二七、八二七	爲俄帝所控制
北韓	一九五一	九、〇〇〇、〇〇〇	一二七、二〇六	爲俄帝所控制
越南北部	一九五四	七二、〇〇〇、〇〇〇	一九九、四八二	爲俄帝所控制

附錄一：自第二次世界大戰結束以後，西方各大國正無力他顧，祇迅速進行着全面復員，同時民心又熱烈傾向和平之際，俄帝便乘機擴張，整軍經武，採用滲透和顛覆的新策略，尤是其實行僞裝的和冒牌的自由主義，（如所謂獨立、解放、新民主、新自由、愛國主義、和民族統一戰線等美麗名詞都被其利用）使亞非兩洲的民族，常受其蒙混和欺騙，初則侵佔東歐各小國，繼則利用匪共侵略中國大陸、北韓、及北越，最近更及於越南、高棉（一九七五年五月），儼然爲新的共產帝國。玆將第二次世界大戰以後，全世界被赤色俄帝所侵佔之地區，列表如上。（越南、高棉未列入）

從上表中所列舉的事實看來，我們便可以澈底的明白蘇俄是一個十足的新帝國主義者，並且這一新的帝國主義者比較舊的帝國主義者，無論在實質上和手段上，都要來得更毒辣兇狠，亦更狡猾詭詐！誠如新加坡前任首席部長馬歇爾最近所說：「共產主義是整個世界殖民地主義最爲惡毒之型式。」（詳見林桂圃著三民主義精論）

附錄二：俄國革命之後，蘇俄政府於民國九年宣布撤廢帝俄在中國的特權，但民國十年俄軍卽侵入外蒙，成立了其東方第一個傀儡『蒙古人民共和國』。九一八以後，俄國表面同情中國抗日，而實際上於民國二十四年，不顧中俄條約的責任，出賣中東路於僞『滿洲國』。民國三十年，又與日本訂立『中立協定』鼓勵日本的南進。三十三年更悍然將我唐努烏梁海倂入俄帝的版圖。到了第二次大戰接近最後勝利的階段，俄帝竟依其帝俄傳統的要求，提出對日參戰的條件，要挾美英成立雅爾達密約。後來對日宣戰不過六天而日本投降，乃侵佔我國東北，拒不撤兵，掠奪我東北工業設備，阻礙我政府接受主權，且嗾使朱毛共匪進入東北。截至民國三十四年爲止，帝俄與俄帝先後侵奪我中國領土共計有五百八十八萬三千八百方公里以上，幾乎佔了我國固有領土三分之一的面積，

在歷史上，實爲我中國惟一的世仇和大敵。（蔣總統著：「反共抗俄基本論」第二章）

㈢美國的姑息：一九三一年三月羅斯福繼任總統，實行「新政」，於珍珠港事變後對日宣戰。羅逝世後，杜魯門繼任，以聯合國名義援韓，並派第七艦隊巡邏臺灣海峽，以防共匪蠢動。一九五二年森豪當選總統，停止韓戰。一九六〇年甘迺迪當政，宣布「新境界」講詞。次年逼俄撤退古巴飛彈，號稱「猪灣事件」。一九六三年遇刺後，詹森繼任總統，揭櫫接近民生主義的「大社會」（向貧窮進軍，以期改善人民生活），派飛機轟炸北越，升高了越戰。以上各總統對內實施接近民生主義之社會政策，對外實行反共與圍堵之外交政策。

一九六八年尼克森任美國總統，任用季辛吉爲國務卿，一反過去外交政策，對於毛共匪黨採取姑息態度，一再拉攏，對於蘇俄亦主張以談判代對抗。尼克森於一九七二年親赴大陸訪匪，發表「上海談話」，美匪兩方又互設聯絡辦事處，雖一再聲明不出賣自由中國，但亞洲原有反共防線，即爲之鬆懈，繼之日本與共匪建交，越南、高棉亦陷於共黨之手。

㈣北約組織鬆弛：一九四七年，美國宣布馬歇爾援歐計畫，一九五〇年，北大西洋軍事同盟成立。一九五二年，歐洲防務協定簽字，含有對抗共產集團之意。一九六六年，戴高樂宣布法國退出北約軍盟。一九七三年中東戰事再起，阿拉伯國家以石油作武器，要挾各國，美國與北歐各國共同反對，歐洲參加共同市場各國多不響應。加以尼克森訪匪，各國亦紛紛與俄共或毛共打交道，因此北約組織鬆懈，歐洲原有之反共陣線未能穩固。

㈤韓戰爆發與停止：韓國自一九一〇年起，即爲日本屬地。開羅會議，蔣委員長提議戰後准許韓國獨立。二次大戰結束後脫離日本，以北緯三十八度爲界，北爲北韓，由俄軍佔領；南爲南韓，由美軍佔領，建立大韓民國。美俄撤軍後，北韓於一九五〇年六月間，突擊南韓，不久，共匪派軍助戰。聯合國派駐日美佔領軍司令麥克阿瑟率軍入南韓。於北韓及毛共攻至釜山時，以火海戰術壓制人海戰術，並自仁川登陸，收回漢城。越過卅八度。一九五二年艾森豪當選美總統，主張結束韓戰，於一九五三年七月廿七日訂立停戰協定。北韓處心積慮，仍日圖南侵。

㈥越戰延續與失利：自奠邊府法軍投降，日內瓦十九國遠東和平會議畫分南北越，南越成立共和國，吳廷琰爲總統。一九六〇年，「南越民族解放戰線」成立，擴大戰亂。一九六四年越南政變，吳廷琰被刺死，楊文明成立執政團。一九六四年八月東京灣事件發生，美國轟炸北越。一九六七年，阮文紹、阮高祺當選越南正副總統，繼續與共黨作戰。一九七〇年美國主張越戰越南化，美軍退出，勉强越南與越共簽訂停戰協定。北越與越共則明和暗戰，繼續南侵，美國無力援助，至一九七五年四月西貢失陷。

另一方面，高棉於一九七〇年發生龍諾革命，施亞努流亡北平。一九七五年以美援不繼，龍諾出國，高棉先越南淪陷。

㈦俄匪互罵與外侵：一九六五年蘇俄召開世界共黨大會，毛共匪黨拒絕參加。一九六六年全蘇維埃大會中俄共攻擊毛共，自此双方互罵，俄指毛共爲教條主義，毛共指俄爲修正主義，亦常發生邊界小衝突，但對外赤化世界之目標完全一致。

㈧中東戰爭與石油問題：一九七二年埃及軍隊攻以色列陣地，以軍用奇兵越過蘇伊士運河，深入埃及腹地，美國及聯合國要求双方停戰，一九七四年完成隔軍協定。中東各國對美禁運石油並提高油價，季辛吉進行穿梭外交。

表一　第二次世界大戰後被壓迫民族國家獨立成功表

國別	人口	面積（平方公里）	獨立時期	舊屬何國
敘利亞	三、五三五、○○○	一八一、三三七	一九四四	法國
黎巴嫩	一、三五三、○○○	一○、四○○	一九四四	法國
非律賓	二二、○二三、○○○	二九九、四○四	一九四六	美國
約旦	一、五○○、○○○	一二七、二○六	一九四六	英國
印度	三七二、○○○、○○○	三、二八八、二五一	一九四七	英國
巴基斯坦	八○、○○○、○○○	九四三、六九九	一九四七	英國
以色列	一、六八八、○○○	二○、六七八	一九四八	英國
緬甸	一九、二四二、○○○	六七七、九二四	一九四八	英國
錫蘭	八、二○○、○○○	六五、六○七	一九四八	英國
韓國	二一、六八七、○○○	九三、六三四	一九四八	日本
越南	一○、○○○、○○○	一三○、一一八	一九四九	法國
寮國	一、二六○、○○○	二三六、八○○	一九四九	法國
高棉	三、八六○、○○○	一三九、○○○	一九四九	法國
印尼	八○、○○○、○○○	一、四九一、五六四	一九四九	荷蘭
厄利特里亞（與亞比阿亞尼亞結爲聯邦）	一、○八○、○○○	一二四、○○○	一九五二	意大利
法屬印度（與印度合併）	三六○、○○○	五○一、○○○	一九五四	法國
蘇丹	八、八二○、○○○	二、五○五、七○○	一九五六	英國

(九)美國外交轉變：一九七五年美國鑒於棉、越相繼失敗，歐、亞各國不相信美國承諾。福特總統為挽回信用，一再宣布履行與盟邦之條約義務，對中、日、韓協防，尤言誓不退縮。

(十)民族獨立運動：二次大戰後許多民族獲得解放，成立獨立國家。（見上頁表一）單就非洲言，增加更速。（見表二）

表二　非洲國家獨立成功表

國家名稱	獨立年別	獨立以前
阿爾及利亞	1962	法國屬地
波茨華納	1966	英國屬地
蒲隆地	1962	比利時託管
喀麥隆	1960	法國託管
中非	1960	法國屬地
查德	1960	法國屬地
剛果（布市）	1960	法國屬地
達荷美	1960	法國屬地
埃及	1922	英國保護國
赤道幾內亞	1968	西班牙屬地
衣索比亞	（約公元前1491年）	意大利佔領
迦彭	1960	法國保護國
甘比亞	1965	英國屬地
迦納	1957	英國屬地
幾內亞	1958	法國屬地
象牙海岸	1960	法國屬地
肯亞	1963	英國屬地
賴索托	1966	英國屬地
賴比瑞亞	1847	美國黑奴所建
利比亞	1951	聯合國託管
馬拉加西	1960	法國屬地
馬拉威	1964	英國保護地
馬利	1960	法國屬地
茅利塔尼亞	1960	法國保護國
模利求斯	1968	英國殖民地
摩洛哥	1956	法國保護國
尼日	1960	法國屬地
尼日利亞	1960	英國屬地
盧安達	1962	比利時託管
塞內加爾	1960	法國屬地
獅子山	1961	英國保護地
索馬利亞	1960	英義屬地
南非	1910	英國屬地
蘇丹	1955	英埃共管
史瓦濟蘭	1968	英國保護地
坦桑尼亞	1961(63)	英國統治
多哥	1960	聯合國託管
突尼西亞	1956	法國屬地
烏干達	1962	英國保護國
上伏塔	1960	法國屬地
薩伊	1960	比利時屬地
尚比亞	1964	英國保護國
莫三鼻克	1975	葡萄牙屬地

從上表看來，我們便可以看出近代民族獨立運動的澎湃和舊日殖民主義的沒落，無疑地乃是近代世界民族潮流的顯著趨勢之一。

蔣總統說：「從十九世紀末葉以來，民族主義的潮流，已日益大壯的在各地澎湃着，從沒有任何的力量，可以壓制，就是以前被統治幾乎視若固然的地區，也以前仆後繼的精神發生了革命，否則，奧匈帝國不會崩潰，奧托曼帝國不會瓦解，大英帝國也不會甘心放棄他皇冠上最大寶石的印度，以及緬甸錫蘭等地區。」這上面一段話誠屬至理名言，從十九世紀到二十世紀，以迄現在，舊的殖民主義確已日趨沒落而無可能再行抬頭。（詳見林桂圃著三民主義精論）

此外，葡萄牙新政府於一九七四年四月宣布，允許其非洲六處殖民地獨立，畿內亞－比索、莫三鼻給、安哥拉、綠角群島、聖圖美島與太子島，其獨立於一九七五年完成。

㈩民權的阻礙與發展：國父逝世後，直接民權通行於世，如西班牙於一九三一年，希臘於一九二七年，日本於一九四六年，法國於一九四六年，都在所訂憲法中，採取全部的或局部的直接民權。又英國於一九六四年在直布羅陀舉行直接投票，決定仍然隸英。於一九七五年舉行直接投票，不退出歐洲共同市場。法國戴高樂於制定第五共和憲法後，多次舉行直接投票，首先投票決定准許阿及利亞獨立，最後投票決定自己下台。雖然，國父逝世後，法西斯主義盛極一時，妨害民權主義的發展，共產極權主義和軍人政變亦常為民權主義的障礙。但法西斯主義如德、義與日本軍閥，已隨二次大戰而消滅。各國軍人政變後，亦多於執政相當時期卽舉行普選。相信將來共產極權主義亦必為民主潮流所淘汰。至於近五十年來由專制政體變為民主政體的，計有埃及、希臘等國。

㈪福利政治流行：前面已講到的羅斯福推行「新政」，已含有發達國家資本之措施。詹森總統之「大社會」，亦含有向貧窮進軍解決民生問題之意。一九二四年英工黨第一次組閣、試行費邊社會主義，以後斷續組閣多次，實行過大企業國營、公醫制、公費制（教育）及其他社會保險，紐西蘭、澳洲受其影響，推行社會安全制度，尤有優良成績，所謂由搖籃（或稱由母腹）到墳墓，生活均有保障，這些都與我們的民生主義有關。祇是引為遺憾的是俄共，尤其是毛共鮮顧人民生活，祇知剝削聚斂，以致民生問題陷於絕境，這種引起人民怨恨違反經濟潮流的政權，必難久存。

綜上所述，可知五十年來的國際局勢，先爲共產主義國家與法西斯主義國家，以利害關係，訂立蘇德互不侵犯條約，掀起了第二次世界大戰；繼爲同盟國家（英、法、美）對付軸心國（德、義、日、西），赢得了勝利，並挽救了蘇俄的厄運。再次爲民主自由國家（美、英、法、中、日等）圍堵共產集權政體（俄共、中共等），穩定了東西人心。又次爲俄共與毛共因爭領導權而互罵，尼克森與季辛吉誤以爲可收漁人之利，一面聯匪，一面訪俄，「以談判代替對抗」，攪亂了東西反共陣線，以致各國紛紛媚匪容俄，敵我不分。俄共與毛共利用此一機會，一面敷衍談和，一面嗾使越共與棉共大舉侵越侵棉，致有中南半島之大失敗，使東西盟國對美失掉信心。一九七五年五月以後，福特總統爲了挽回信用，曾遠赴歐洲，强調對歐洲北約盟邦，保證實踐援助諾言；又對亞洲盟邦屢次聲明遵守條約承諾，尤其是對於日、韓、中、菲。同時美國國會姑息主義之風亦稍抑。若果美國全面覺醒，外交政策轉變，對抗共黨國家之擴張，仍然大有可爲。

另一方面，民族獨立運動，在非、亞、中東、南美各國，風起雲湧；民權雖然受到極權主義與軍人政變之影響，仍然向前推進，爲不可遏止之世界潮流；至於近乎民生主義之福利政治與社會安全制度，更是在世界各國發展無已。由此看來，「二十世紀，是三民主義的世紀。」是無可懷疑的事情。

（二）國內方面——國父逝世後，迄今五十年間，國內情勢變化亦多，玆述其要點如下：

㈠東征北伐：民國十四年　國父逝世之時，正是國民革命軍東征之際，　蔣總統率軍於十月十四日攻克惠州，不久統一了廣東。

十五年三月廣西李宗仁、黃紹竑通電依歸國民政府、兩廣宣告統一。

十五年七月九日國民革命軍誓師北伐，十六年三月二十三日克復南京，十七年十二月二十九日，張學良、張作相，萬福麟等通電宣布奉、吉、黑、熱四省改懸青天白日旗，服從國民政府，全國統一。

㈡中共暴動與共赴國難：自民國十三年中國國民黨宣布聯容共後，中共即包藏禍心，妄想奪取政權，國民革命軍打到武漢後，共匪製造寗漢分裂。十六年四月十二日南京方面宣布清黨。七月十五日武漢方面亦宣布清共，自此寗漢合作。共匪先後在南昌、湖南暴動失敗，後佔據井崗山及瑞金，經國軍五次圍剿，毛匪澤東率殘部竄入延安。西安事變後，共軍願接受編制，歸國軍指揮。

㈢日軍侵華與投降：二十年九月十八日，日軍攻瀋陽，先後强佔東北四省，國聯無力制止。二十六年七月七日日軍進攻盧溝橋，蔣委員長宣布全面抗日。八月十三日日軍攻上海，我軍奮力抵抗達三月之久。我國當時決定實行焦土政策，游擊戰術，進行長期抗戰，使敵人深陷泥沼。一九四一年珍珠港事變後，我國宣布與日本及德國宣戰。卅一年一月四日盟軍推擧　蔣委員長爲中國戰區（包括緬越）最高統帥。卅一年四月我軍深入緬甸，協助英緬作戰，打敗了日軍。中國戰場方面亦先後獲得了台兒莊、湘北、雪峯山、獨山多次勝利。卅四年八月十四日日本宣布無條件投降。九月九日在南京擧行受降典禮。

蔣委員長宣布「以德報怨」，無條件遣還俘虜及僑民。

㈣中共叛亂：自二十六年共匪表面接受國民政府及軍事委員會指揮，共同抗日，實際上乃擴充實力，强佔地盤，游擊中央軍，避免與日軍正面作戰。抗戰勝利後，得蘇俄卵翼，先接收東北武器，並進踞察、綏、山東、河北等地，實行全面叛亂，蘇俄則藉故違約阻我接收東北。羅斯福總統派馬歇爾進行調處，組協商會議。共匪利用打打談談之機會，乘國軍遵令停戰，而肆行攻擊。美國亦發表白皮書，落井下石，致國軍節節失利，政府不得已乃撤退來台，力圖復興。

㈤廢除不平等條約：國父素以廢除不平等條約為一生奮鬥之目標。卅一年十月十日美英同時通知我國，立卽放棄在華治外法權，卽廢除不平等條約，卅二年一月十一日分別在華盛頓、重慶簽立平等新約。巴西、比利時、挪威、古巴、加拿大、瑞士、荷蘭等國相繼重訂平等新約。百年枷鎖，一旦解除，從此我國亦躋身四强。

㈥實施憲政：三十五年十一月十五日國民大會在南京召開制憲大會，於三十六年一月一日公布中華民國憲法，同年十二月二十五日實施。三十七年三月廿九日行憲國民大會在南京開會，選舉　蔣公中正為總統，李宗仁為副總統。成立五院，憲政告成。

㈦蔣總統復行視事：三十八年十二月政府撤退來台之時，因李宗仁已托詞赴美，領導無人，群請蔣總統復行視事，　蔣總統俯順輿情，乃於卅九年三月一日復任總統職，八月改造中國國民黨，加强軍隊及黨政幹部訓練，遵行三民主義，政治力行革新。

㈧土地改革：卅八年四月十二日台灣實行「三七五」限租（減租），不久實行公地放領，四十二年頒布實施耕者有其田條例，開始實行四年經濟計畫。四十六年十月海陸軍戰士舉行授田典禮。五十三年頒布實施都市平均地權條例。六十二年，行政院長蔣經國提出五年內完成九大建設案，後增為十大建設。

㈨實行民選：三十九年臺灣省頒布地方自治條例，省市（縣）長及省市（縣）議員民選。四十三年三月廿二日國民大會選舉　蔣公為二任總統，陳誠為副總統。六十一年三月廿一日國民大會選舉　蔣中正連任五屆總統，　嚴家淦連任副總統。五十五年三月第一屆國民大會第四次會議通過創制、罷免兩權行使法。在此以前臺灣已有實行罷免權，以罷免鄉長的實例。

㈠推行九年義教：民國五十七年推行九年義務教育，並提高大中教育水準。五十八年推行中華文化復興運動。

㈡金門大捷與砲戰：政府來臺後，加强金門防務，共匪於三十八年十月，妄想佔領金門，大擧向古寧頭進攻，我軍迎頭痛擊，殲匪兩萬餘，號稱金門大捷。四十七年八月廿三日共匪大規模轟炸金門，砲彈數萬發，我軍反擊獲勝。

㈢美軍協防：四十年二月一日聯合國大會通過，譴責中共爲侵略者。二月九日中美兩國以換文方式成立「聯防互助協定」。四月二十五日中美兩國發表「軍事援華顧問團」換文。四十三年十二月中美兩國簽訂「共同防禦條約」並設協防臺灣司令部。四十四年三月艾森總統宣布美國決定協防金門馬祖。

㈢農耕隊援外：五十一年四月我國與非洲十一國家展開農業技術合作，先後派農耕隊，醫療隊赴各國服務，越南等國亦在其內，深受各國歡迎。並設班代訓農技人員。

㈣義士與匪機來歸：四十九年一月十二日匪機米格機一架飛落宜蘭投誠。五十年九月匪空軍邵希彥、高佑宗駕機抵韓，由韓返國，五十一年三月三日共匪少尉劉承司駕米格機投奔自由。同年五月大陸人民不堪共匪暴虐，大量逃至香港，是爲「五月難民潮」。政府撥米千噸救濟，並設法接運來台。以後大陸義民自香港或自他處來歸者甚衆，政府一一妥爲安置。越南失陷，越僑及越南難民亦有不少來台安居。

㈤蔣總統逝世，人民更趨團結：蔣總統不幸於民國六十四年四月五日與世長辭，海內外國民聞之，如喪考妣，於瞻仰遺容及沿路拜祭時哭之慟，人數達數百萬，可謂空前未有，中外人士咸爲感動。由此更加强了團結，增進了反共復國之信心與決心。

總之，政府遷台後，十年生聚，十年教訓，土地改革收效，地方自治成功，國防充實，教育發達，經濟日趨繁榮，國民生活改善，與共匪統治下之大陸比較，實有天壤之別。今後我們更當恪遵 蔣總統遺囑，實踐三民主義，收復大陸國土，復興民族文化，堅守民主陣容，以慰 國父與 蔣總統在天之靈！

叁、蔣總統對 國父思想的闡揚

蔣總統對於 國父遺訓，闡揚甚多，現就三民主義與哲學思想加以分述：

(一)三民主義方面——蔣總統對於三民主義的闡揚，範圍甚廣，玆就下列各項論之。

㈠三民主義的本質（民國四十一年七月七日在夏令講習會講）：本講詞就三民主義與毛匪共產主義之優劣加以比較，特別標出：

⑴民族主義的本質爲倫理，

⑵民權主義的本質爲民主，

⑶民生主義的本質爲科學。

以後中山樓文告（等於中華文化復興運動宣言），指出中華文化的基礎亦爲倫理、民主、科學，故闡揚三民主義卽與復興中華文化有關。

㈡總理遺教六講（民國二十四年九月十四日在峨嵋訓練團講）：從四大建設以闡揚三民主義：

⑴從心理建設方面，闡揚「知難行易」、「軍人精神教育」的原理。

⑵從物質建設方面，闡揚「實業計畫」、「國民經濟建設運動」的意義。

(3)從社會建設方面，闡揚「民權初步」的目的。

(4)從狹義的政治建設方面，闡揚「建國大綱」，「地方自治開始實行法」及「五權憲法」之理想制度。

就思想淵源言， 蔣總統指出，「總理的遺教，是淵源於中國固有的政治與倫理哲學之正統思想，而同時參酌中國的國情以擷取歐美社會科學和政治制度之精華，再加以自己所獨見創造的許多眞理所融鑄之整個的完美的思想體系」。就遺教的偉大言， 蔣總統認爲 總理遺教一方面是崇高博大的學問，一方面又是切實可行的方案。全部遺教所講的都是做人立業，治國平天下之高明悠久而又易知易行的要道。

就三民主義與四大建設關係言，孫文學說，實業計畫，民權初步，建國大綱等等可說都不過是實現三民主義之具體方略。再就三民主義的內容分析起來，我們可以大概的說：民族主義爲心理與政治建設的原則；民權主義爲政治與社會建設的原則；民生主義則爲政治與物質建設的原則。綜而言之：三民主義卽爲統攝心理、物質、政治、社會四大建設，以完成國家建設，卽整個國民革命之最高指導原則。

㈢三民主義之體系及其實行程序（民國二十八年五月七日講）：其內容爲：

(1)三民主義的哲學基礎爲民生哲學。

(2)總理繼承了中國的正統思想，並認「利他是革命的本務，仁愛是救世的基本」。

(3)民族主義本乎情，民權主義本乎法，民生主義本乎理。

(4)革命的原動力，分開說是智、仁、勇三個字，合攏說就是一個「誠」字。

⑸闡述軍政、訓政、憲政三時期；在訓政時期中，講到五大建設：㈠心理建設，㈡倫理建設，㈢社會建設，㈣政治建設，㈤經濟建設。就是從四大建設的心理建設中，把倫理建設提出來，改爲五大建設。

⑹結論中談到「人」「地」「事」「物」「時」的重要，及「管」「教」「養」「衞」應同時並重的原則。

按「總理遺教六講」對於四大建設講得最詳細；本講詞對於三民主義的體系，講得最精確。

㈣民生主義育樂兩篇補述（民國四十一年十一月十二日發表）：對於下列多項敍述甚詳：

⑴補述育樂兩篇的目的，在於完成民生主義的內容和建立自由安全的社會。

⑵解決生育、養育、教育問題的具體方法。

⑶解決樂的問題的具體方法。

⑷建立大同社會的條件和目的。（另詳社會安全與生活自由）

㈤建國運動（民國二十六年七月十八在廬山訓練團講）：本講詞發表於抗戰建國初期，其要點爲：

⑴建國的目的是要建設三民主義的新中國；實現民族獨立，民權平等，民生自由。

⑵建設之首要在民生，民生之首要在日常生活之解決。解決民生的方法，是要以生產爲主，同時注意分配平均。

⑶建國三要素——精神、物質、行動、必須從推行新生活（精神）、國民經濟建設（物質）及勞動服務（行動）的三種社會運動着手。

⑷建國工作的入手方法：㈠推行地方自治，㈡培養國民能力。

除此以外，如單就民族、民權、民生主義有關者，計有：

㈠與闡揚民權主義及政治思想有關者，計有：中國之命運，政治的道理，行政的道理——行政三聯制，五大建設等。

㈡與闡揚民生主義及經濟建設有關者，計有：中國經濟學說，土地國有的要義，國民經濟建設運動之意義及其實施等。

㈢與闡揚民族主義及反共抗俄有關者，計有：反共抗俄的工作要領和努力方向、反共抗俄基本論、民族正氣，軍人魂等。

㈣與心理建設及教育有關者，計有：新生活運動綱要，加緊精神總動員，整理文化遺產與改進民族習性等。

(二) 哲學方面——蔣總統自稱：「假設有記者要我寫履歷，我將這樣寫下：我是一個研究哲學的人。」（見日記）著者認為 蔣總統哲學言論，多是特意與直接講著的， 國父哲學言論，則有一部分是直接而特意的（如知難行易學說），有一部分是間接的與無意之間說出來的（如心物本合為一說）。

蔣總統的哲學言論，有的寫自己的獨特見解，有的是闡揚 國父的見解，現就後者分篇提出來。

㈠自述研究革命哲學的經過的階段（民國二十一年五月十六日在南京中央軍校講）：內中有下列幾點與闡國父哲學思想有關：

⑴融會知難行易與知行合一 認為王陽明「知行合一」的「致良知」學說，與 總理「知難行易」學說，不惟不相反，而且相成。陽明知行合一之知，是就天生的道德之知（良知）而言， 國父

所講的知，是就科學之知而言，其爲知的本體不同，而行是一致的。

(2)力避弱肉强食說　蔣總統曾說，他有一天將達爾文的「弱肉强食、優勝劣敗」八字，請國父書寫，國父把它擱起來，過了幾天，另書「大道之行，天下爲公」一聯，並先給一些暗示，然後告以「大學」和「中庸」以及天下爲公的道理。這裡在事實上說明了國父不肯把弱肉强食說用之於人類。（人類進化不以競爭爲原則，應以互助爲原則。）

㈡革命哲學的重要（民國二十一年五月二十三日在南京中央軍校講）：內中講到：

(1)知難行易與民族復興　知難行易哲學是中國的新民族哲學，要中國的國家民族復興，就先要恢復中國固有民族道德，尤其要實行知難行易的革命哲學。

(2)知難行易的淵源　蔣總統認爲「知行合一」與「知難行易」皆淵源於大學之道。

㈢哲學與教育對於青年的關係（民國卅年對三民主義青年團幹事會與監察會聯席會議講）。內中曾講到：

(1)要國家復興，先復興哲學。

(2)總理主義與學說是集中國文化之大成，是淵源於民族哲學的傳授。

(3)要建立哲學獨立的體系，必以　總理學說爲中心。

(4)以民生哲學與力行哲學做基礎，啓示青年正確的途徑。

㈣行的道理（民國二十八年三月十五日講）：此講詞乃繼知難行易學說而闡明行的意義，行的目的，行的法則及行的精神。

㈤總理知難行易學說與陽明知行合一哲學之綜合研究（民國三十九年七月三十日在革命實踐研究

院講）。內中以融會　國父與陽明學說爲中心。

㈥總理遺教六講（二十四年九月在峨嵋軍訓團講）哲學部分：內中闡揚了下列幾點：

⑴闡揚了　總理遺教的思想淵源。

⑵發揮了　總理遺教的內容，以四大建設（心理、物質、政治、社會建設）說明　國父思想的偉大。其中社會建設指出了民生哲學的要義。

㈦三民主義之體系及其實行程序（民國二十八年五月七日在黨政訓練團講）哲學部分：其要點有下列各項：

⑴製了一個精闢的三民主義體系表，以民生哲學爲主腦。

⑵革命的原動力爲智仁勇與誠。（詳前理論體系項）。

㈧反共抗俄基本論第五章（民國四十一年發表）：本章標題爲三民主義的哲學觀點，內中所述及的：

⑴人性的長成　闡揚　國父的互助的人性論。

⑵行的宇宙　闡揚　國父的進化的宇宙論。

⑶共匪罪惡的來源　繼　國父之意批評階級鬥爭論。

⑷革命的人生觀　指出　國父軍人精神教育中的人生觀爲革命的人生觀。

⑸智仁勇誠　補充說明了三達德與革命的關係。

⑹物質與精神　繼　國父的心物本合爲一說，而認爲民生哲學是心物並存的，唯物論不合新科學。

(7)論民生史觀　既駁斥馬克思的階級鬥爭論，又闡發了國父的民生中心論，更補充了歷史進化的條件說。

(九)革命教育的基礎（民國四十三年在陽明山莊講）：本講詞另一標題爲「革命哲學入門」，下面幾項是其要點：

(1)指出了哲學的定義和目的。

(2)就哲學、兵學、科學的關係論哲學的重要。

(3)貫通陽明哲學與「知難行易」學說，主張以陽明哲學輔益「知難行易」。

此外，「革命的心法——誠」，「軍人精神教育釋要」等，對於國父的哲學思想亦有所發揮。

以上各項，闡揚了國父哲學思想中的道德觀、人生觀、進化論、尤其是民生史觀與心物合一論。惟關於心物合一論的主張，散見於「爲學辦事與做人的基本要道」、「青年爲學與立業之道」等。

本章小結

本書共分六章：第一章導論，第二章民族思想，第三章民權思想，第四章民生思想，第五章哲學思想，第六章結論。

本章（導論）已講過：

第一節　國父思想形成的基礎及其背景——內分：(1)基於人類理性的要求，說明了理性的意義及國父思想與人類理性的關係。(2)適乎世界潮流，卽國父思想在國際方面的時代背景。(3)合乎中國環境的需要，卽國父思想在中國方面的時代背景。

第二節　國父思想的淵源及其理論體系——內有：(1)思想淵源，這裏要補充說明的是，時代背景與思想淵源，本不易畫分，本書則以各種運動和事蹟，作爲時代背景的資料；以各種學說和主張，作爲思想淵源的資料。⑵理論體系，以 蔣總統所著「三民主義之體系及其實行程序」爲藍本，加以研述，不採其他見解。⑶ 國父遺教內容概述，是就三民主義、五權憲法等分項摘要叙述。

第三節 國父思想的發展——計有：⑴國父思想的演進，就民族、民權、民生、哲學思想四方面分述。⑵ 國父逝世後世局的變化，分國際、國內兩方面，結論中指出其與三民主義的關係。⑶ 蔣總統有關 國父思想的闡揚，分三民主義與哲學思想兩項。

導論中的要點如上，下面則分章研究：㈠民族思想，㈡民權思想，㈢民生思想，㈣哲學想想，㈤結論。

註一 有人以仁愛思想做爲國父民族思想的淵源，我們這裏易以固有道德，蓋道德中包括仁愛思想。

註二 千字文稱：「齊桓匡合，濟弱扶傾。」可知管仲相桓公，九合諸侯，一匡天下，曾實行「濟弱扶傾」。國父幼年曾讀千字文，故講民族主義時，卽提倡「濟弱扶傾。」

第二章　民族思想

本章討論下列四個問題：一爲民族問題與民族主義，二爲民族主義的一般理論，三爲民族主義與文化建設，四爲民族主義之比較。

第一節　民族問題與民族主義

本節要討論的是：⑴民族問題的根源，⑵殖民帝國主義的擴張，⑶共產帝國主義的侵略。並附錄民族主義與帝國主義。

壹、民族問題的根源

這裡我們要講到：⑴民族紛爭的來源，⑵我國的民族問題。

㈠民族紛爭的根源——二十世紀人類，面臨著三大問題，曰民族、民權、民生。此三大問題，並非始自今日，而是自歐洲文藝復興之後，卽已存在。西元前二十七年，渥大維（octavius）戰勝了其他政敵，接受了元老院的「奧古斯都」（Augustus）封號，建立了羅馬帝國。及中世紀末，羅馬帝國式微，方言文學興起，各民族對於自己的歷史、文化有了認識，也由此認識而產生了信仰，於是被壓迫的民族才有以共同血統、語言和共同歷史文化爲原則，結成民族國家，這種民族國家思想，後來就演變成了民族主義。民族主義和以大帝國名義征服並統治其他民族的帝國主義是不相容的，它要反抗帝國主義的征服與統治，求得民族的自由與國家的獨立，於是就起了民族紛爭。所以國父說：「羅馬之亡，民族主義興，而歐美各國以獨立。」（民報發刊詞）。到了十八世紀的產業革命，更促使了殖民運動的發展。歐洲的一些新興民族國家，爲了經濟上和政治上的理由，乃用政治的、經濟的及軍事的手段，進行侵略，這些原來反對帝國主義的國家，本身至此竟也成了帝國主義者，於是被壓迫民族又掀起了民族革命，反對這些殖民帝國主義的侵略，以解決自己民族的問題。由此可知，沒有帝國主義就沒有民族壓迫，沒有民族壓迫也就沒有民族革命，民族問題的根源，就在於帝國主義的侵略。

(二) 我國的民族問題——此處要研討：⑴過去的民族危機，⑵現今的民族問題。

㈠過去的民族危機：我們中華民族過去的危機，究竟在什麼地方呢？ 國父於民國十三年講演三民主義時指出了下列三種壓迫：⑴人口（天然力）壓迫⑵政治壓迫⑶經濟壓迫。 國父警告我們說：「此後中國的民族，同時受天然力，政治力，和經濟力三種壓迫，便覺得中國民族生存的地位非常危險。」

1.人口壓迫　國父曾對劉成禺先生說：「政治壓迫與經濟壓迫，他人或已談到，人口壓迫爲我的特見。」民族主義第一講中稱：「我們現在把世界人口的增加率，拿來比較比較：近百年之內，在美國增加十倍，英國增加三倍，日本也是三倍，俄國是四倍，德國是兩倍半，法國是四分之一。」「從前有一位美國公使，叫做『樂克里耳』，到中國各處調查，說中國的人口最多不過三萬萬。我們的人口到底有多少呢？在乾隆的時候，已經有了四萬萬，若照美國公使調查則已減少四分之一，就說現在還是四萬萬，……」人口不增加有什麼危險呢？ 國父說：「到一百年以後，如果我們的人口不增加，他們的人口增加到很多，他們使用多數來征服少數，一定要吞併中國，到了那個時候，中國不但是失去主權，要亡國。中國人並且要被他們民族所消化，還要滅種。」（民族主義第一講）

2.政治壓迫　政治壓迫也叫政治侵略，其侵略「有兩種手段：一是兵力，一是外交。」國父認爲列强用兵力隨時可以亡中國，「世界上無論那一個强國都可以亡中國，中國到今還能够存在的理由，不是中國自身有力可以抵抗，是由於列强都想亡中國，彼此都來窺伺，彼此不肯相讓，各國在中國的勢力，成了平衡狀態，所以中國還可以存在。」他們如用外交力量，「祇要用一張紙和一枝筆，彼此妥協，便可以亡中國。至於用妥協的方法，祇要各國外交官坐在一處，各人簽一個字，便可以亡中國，如果英、法、美、日幾個强國，一朝妥協之後，中國也要滅亡。」（見民族主義第五講）所以中國此時是「國際中最低下的地位，人爲刀俎，我爲魚肉，我們的地位在此時最爲危險。」（見民族主義第一講）這是就民國十三年的情形而說的，也是 國父用心至苦的警惕語。以後我們自知發憤圖强，整軍經武，與日本打了八年仗，還沒有失敗，反使日本無條件投降，這是 國父警惕的效果，也是提倡民族主義，振起民族精神的效果。

3.經濟壓迫　經濟壓迫亦可叫經濟侵略。其侵略的方法，可分爲多種，如以低價進入洋貨（實行關稅協定，不讓我國行保護稅），吸收原料，在中國開設銀行，發行紙幣，吸取低利存款，以高利貸放，辦理國際滙兌，利用航行權，取得出入口運費，在租界及割讓地收取各種賦稅、地租，操縱地價，利用權勢作特種營業（如設南滿鐵路公司等），進行投機事業（如樹膠的投機，馬克的投機等）。此外，尚有戰敗賠款，（如甲午賠款於日本者二萬萬五千萬兩，庚子賠款於各國者九萬萬兩）尚有藩屬之利益之被剝削，僑民之利益之被剝削，更是屈指難數。列强對華的經濟壓迫，據 國父當時的估計，每年損失在十二萬萬元以上。他警告我們說：「此每年十二萬萬元之大損失，如果無法挽救，以後只有年年加多，斷沒有自然減少之理。所以今日中國已經到了民窮財盡之地位了，若不挽救，必至受經濟之壓迫，國父講完了三種壓迫之後說：「我們同時受這三種力的壓迫，如果再沒有辦法，無論中國領土是怎麼樣大，人口是怎麼樣多，百年之後，一定要亡國滅種的，……因爲中國幾千年以來，從沒有受過這三個力量一齊來壓迫的。故爲中國民族的前途着想，就應該設一個什麼方法，去打消這三個力量。」用什麼方法來打消呢？就是要振起民族精神，防止人口銳減，加强政治建設與經濟發展，以求自力更生，後來居上。換言之，就是要求三民主義之實現。目前我國之所以能自由獨立，而沒有這三種壓迫，就是因爲我們能在臺灣實行三民主義。

(二)現今的民族問題：以上所講的三種壓迫，是我中華民族在民國肇造前後的民族危機。今天，這些危機是不是消除或緩和呢？事實正相反，自共匪竊據大陸以來，中華民族所面臨的危機，較之任何時期都嚴重。誠如　蔣總統所說：「今天的中華民族情勢，其危機遠超過於五十年前的當時……。我們堂堂中華青年，如果再不及時興起，則亡國滅種的悲劇，就在你們的面前。」（民國四十年青年節告全國青年書）現就人口、政治、經濟、文化四方面來說明我國現今的民族危機。

1.人口方面　國父當年所說的人口壓迫，是天然淘汰的力量，共匪竊國後則以人爲的力量，肆意屠殺同胞，有計畫的毀滅我民族。據統計，自民國三十八年迄今，在共匪清算鬥爭之下直接被屠殺的同胞，已超過六千六百多萬，至於遭迫害而自殺、餓死的，更難以計數。一些不願與共匪合作，或共匪認爲「成分不純淨」的份子，更被共匪送去「參軍」，在它侵略的戰爭中充當礮灰。其視人命如草芥的作爲，是任何一個中國人都無法容忍的。

2.政治方面　二十多年來，匪僞政權由所謂「四個階級聯合專政」而共產黨一黨專政，更進而毛匪個人獨裁，實行其無法無天的暴力統治，大陸同胞在它的奴役和壓迫下，不但失去了一切自由（沒有言論自由，也沒有不言論自由）和政治權利，並且終日生活於恐懼之中。我國「以民爲本」的政治制度，悉遭破壞。

3.經濟方面　共匪僞政權僭立後，卽以暴力沒收了地主土地和資本家財產，改變了生產制度與方式，實行其所謂共產，結果是「全國人民共歸於盡」的「共慘」。共匪壓榨人民的勞力，剝削人民的血汗，以供少數幹部揮霍，更不顧人民的生活而發展核子武器，及打腫臉充胖式的「援助」各地共黨，發動侵略。這些人禍，加上接連不斷的天災，使得大陸各地時常發生饑荒，經濟日益蕭條，人民衣食短缺，生活常臨絕境。

貳、殖民帝國主義的擴張

這裏我們要講到：⑴帝國主義的意義，⑵殖民帝國主義的擴張，⑶殖民帝國主義的沒落。

㈠帝國主義的意義——何謂帝國主義？因人因時而有不同的看法，現在就國父的看法，列寧的曲解，及我們今天應有的看法加以比較。

㈠國父的看法：什麼是帝國主義？國父的答覆是：「用政治力去侵略別國的主義，卽中國所謂勤遠略。這種侵略政策，現在名爲帝國主義。」（民族主義第四講）我們的文化進步甚早，政治思想甚高，到了漢代就有反對走帝國主義的老路，其中最有名的「棄珠崖議」，就是漢元帝時賈捐之所提。賈氏以爲海南島（珠崖）人民，「欲與聲敎則治之，不欲與者不必治也。」這就是反對用政治和軍事的力量，去侵略弱小民族的明證。

㈡列寧的曲解：列寧著有「帝國主義論」，他從資本主義出發，去下帝國主義的定義，認爲帝國主義是資本主義發展的最後階段。他認爲資本主義發展到了最高峯，要向國外找原料，要向國外推銷商品，便要侵略弱小民族，把弱小民族的地區當做殖民地，便變成帝國主義了。列寧專就經濟侵略一例來下帝國主義的定義，過於武斷，其理論無法成立。按資本主義的發展興盛，乃是十八世紀中葉工業革命以後的事，卽論其發生，祇可溯源於十五六世紀的商業革命。而帝國主義早在羅馬時代就已經存在了，列寧自己也承認「建立在奴隸制度上的羅馬，曾進行殖民政策，實現帝國主義。」可見帝國主義先於資本主義而存在，而不是「資本主義發展的最後階段」。再者，帝國主義之所以爲帝國主義，在於「侵略」。如果不侵略，資本主義也不是帝國主義；如果侵略，社會主義也是帝國主義。故帝國主義與資本主義之間並無必然的因果關係。列寧所了解的只是一個時期一種型態的帝國主義，實屬以偏概全。

㈢帝國主義的種類和定義：列寧分帝國主義爲羅馬式的帝國主義、封建式的帝國主義、資本主義式的帝國主義，而視共產主義爲反帝國主義的先鋒。時至今日，我們對於列寧的看法要加以修正，而且要從史實上找出帝國主義的種類。

⑴羅馬式的帝國主義　採用軍事力量和外交力量。

⑵封建主義式的帝國主義　採用軍事力量和外交力量。

⑶資本主義式的帝國主義　採用經濟力量和政治力量。

⑷法西斯蒂式的帝國主義　採用軍事力量和特務力量。

⑸共產主義式的帝國主義（大斯拉夫主義或稱新殖民主義）　採用文化力量（思想戰）和特務力量及顚覆手段，有時亦用軍事力量。

從以上各種史實，我們對於帝國主義可以下一個新的定義，就是無論用軍事（武力）、政治（外交）、文化、經濟或特務力量去侵略其他國家，攫取殖民地的都叫帝國主義。從前列寧視西方資本主義國家爲帝國主義，現在大家視蘇俄爲帝國主義了。尤其是從中國被侵略的觀點來看，截至民國卅四年止，帝俄與俄帝先後侵奪我中國的領土，共計五百八十八萬三千八百方公里以上，幾乎佔了我國固有領土三分之一以上的面積。所以俄帝實爲中國的世仇和大敵。（詳反共抗俄基本論）

（二）殖民帝國主義的擴張——這裏論擴張的原因、方式與實際情形等。

㈠殖民帝國主義擴張的原因：近代帝國主義者向外擴張的原因，在各國都大致相同，總不外下列諸端：

⑴商人的願望　產業革命後，商人希望獲得殖民地爲他們的製品闢市場，同時也可以獲取原料，而且在本國的權力保護之下，可作開礦及其他種類的投資。這種經濟的動機，可說是引起帝國主義擴張的最大原因。

⑵國家主義者的願望　少數激烈的愛國者（國家主義者）爲使自己的國家增加更多的土地，提高國家的地位與聲望，乃主張對外侵略。這就是在近代的國家主義者往往實行軍國主義，最後終於轉變爲帝國主義的原因。

⑶某些區域之佔領，乃國防所必需的思想　例如日本的兼併朝鮮，即以本國的安全爲藉口。

⑷傳教精神的變質　有的殖民初基於使落後民族可以開化或基督教化的願望，不幸這一類的動機往往爲自私的貪慾所利用。例如比利時王利俄波爾德宣稱，他希望把基督教文明的幸福帶給中非洲在黑暗中的尼革羅人，而事實上他所帶給他們的是不幸與痛苦，而這種不幸與痛苦，却可以爲國王本人

及與國王相關的商人帶來大量的金錢。

㈡殖民帝國主義擴張的方式：殖民帝國主義擴張的方式有三：一為直截了當地控制其政治與領土，卽以之為「殖民地」；二為間接統治其地使變為保護地區；三為畫分由列强各享特殊利益的「勢力範圍」。擴張的手段則有軍事（武力）、政治（外交）、文化、經濟或特務等，種類不一而足，而且這些手段並不單獨行之，往往是兩種以上的綜合運用，以達其擴張的目的。

㈢殖民帝國主義擴張的情形：十九世紀末期和二十世紀初期，殖民帝國主義的興起，成為世界史上最顯著的事實。一八七〇至一九一四年間，可以稱為殖民帝國主義的時代。歐洲列强大事向外擴張，在短短的三十年間，歐人殖民帝國的擴建，超過了一千萬平方英里的面積和接近一億五千萬的人口，控制了全球五分之一的土地和十分之一的人口。

參與帝國主義活動最主要的國家有英、法、德、意、美諸國。如小小的比利時，其本身還是於一八三〇年才建立的「新」國，亦在非洲剛果地區取得了九十萬平方英里的土地，其歐洲的本土不過一萬一千七百七十五平方英里。俄國雖未從事海外拓殖（因無出海港），不過它在烏拉山脈以東及中東和遠東皆大事擴張，尤其是在波斯、印度、中國一帶。

在列强之中，擴張領土最多的是英國。國父在民族主義第四講說：「撒克遜人所擴充的領土，西到北美洲，東到澳洲、紐西蘭，南到非洲。所以說佔世界上領土最多的是撒克遜民族。」按過去有「英國無日落」之說，這話的意思是全球每日晝光所照之地，都有英國領土。此外，法國在非洲與安南建立了它的殖民地；德意志單是在非洲所佔有的土地，卽達一百萬平方英里；日本也曾併吞了臺灣，並在中國的滿州建立了它的勢力範圍，而且具有征服整個世界的野心；美國則於一八九八年美西戰爭後兼併了波多黎各與菲律賓，並使古巴成爲其保護國，同時美國又取得夏威夷，另取得薩摩亞群島的一部，均屬擴張的行動。

各國的競相擴張，乃造成了若干衝突和摩擦。除普、奧和普、法戰爭外，幾乎所有十九世紀的重大國際衝突，皆與歐洲以外的殖民競爭有關。在衝突和摩擦之外，各國間也有某些妥協和讓步，這又由兩種方式表現之：一爲「領土的瓜分」，如非洲卽曾遭英、法、德、比、西、葡、意等七國的瓜分；另一方式爲「勢力範圍」的畫定，如中國卽曾由英、法、日、德、俄五國在其領土內畫分勢力範圍，而淪於「次殖民地」的地位。

㈢殖民帝國主義的沒落——第一次世界大戰後，反對帝國主義與要求民族獨立自主，成爲全世界弱小民族一致的要求。潮流所至，除了存在於歐洲的民族問題，如波蘭、芬蘭、立陶宛、拉脫維亞、愛沙尼亞、南斯拉夫、捷克斯拉夫等都得到解決外，（其中立陶宛、拉脫維亞、愛沙尼亞三國，於二次戰中又爲俄國所併呑，而淪入鐵幕）在亞非二洲，埃及、波斯、阿富汗、伊拉克、敍利亞等國，也獲得了獨立，特別是曾被稱爲亞洲兩大病夫的中國和土耳其也掀起了民族復興運動。等到二次大戰後，亞非民族大都掙脫了帝國主義的枷鎖而成立新興國家。殖民帝國主義於此乃成爲一歷史名詞，但不幸國際共黨繼之而起，實行新的帝國主義的侵略，使得世界民族問題，更形複雜而嚴重。

叁、共產帝國主義的侵略

這裏要研究的是：⑴共產帝國主義的興起，⑵共產帝國主義的侵略，⑶我國反共抗俄的基本國策。

㈠共產帝國主義的興起——一九一七年十月，俄國的布爾雪維克黨人在彼得格勒武裝暴動，推翻了二月革命後所成立的克倫斯基政府而取得政權，領袖爲列寧等人。列寧取得政權後，對內實施無產階級專政，推行激烈的經濟改革與社會改革。對外爲了赤化世界，乃於一九一九年三月二日在莫斯科組織共產國際（第三國際），翌年召集第二次代表會，製訂「二十一條款」要求各國共黨成爲它的支部，必須忠實地執行其政策和決議，其中第十四條並規定各國共產黨必須保衞蘇俄祖國，遂使共產國際成了俄帝侵略擴張的工具。至一九四三年六月十日，史達林爲爭取西方國家的援助，宣告解散「第三國際」，但俄帝侵略的本質與策略，毫不改變，並且有增無已，日益猖獗。

民國十年，在第三國際的指使下，中國共產黨在上海成立。此實爲俄帝侵華的一重要工具，從此「中共」即成爲俄帝的應聲蟲與中華民族的家賊。及抗戰軍興，「中共」更進行襲擊國軍，打擊政府的工作，假借「抗日」之名，擴大其武裝叛亂力量。至抗戰結束，共匪得到俄帝的支持，乃全面叛亂。民國卅八年底，中國大陸全部淪陷，此誠爲二十世紀以來最大的悲劇。共匪竊據大陸後，對內實行共產集權暴政，殺害同胞，破壞民族歷史和文化，對外始則出賣國家民族，先爲蘇俄侵略世界的工具，繼而不斷在世界各地製造叛亂，進行滲透分化與顚覆的侵略政策。與蘇俄一樣成爲世界人類的禍害。

(二) 共產帝國主義的侵略——下面要硏究它的(1)侵略的方式與步驟，(2)侵略的實際情形。

(一)侵略的方式及步驟：西方硏究共產主義的一些學者，把共產帝國主義的建立，分爲七個方式：一是併吞鄰邦。二是設置傀儡政府。三是保留對方之獨立，而實際上使其唯命是從。四是脅迫所有共產集團國家，隨時隨事表示聯合陣線，以對付非共產世界。五是在非共產國家之中培植扶助共產黨，以擴大其帝國範圍。六是成立外圍組織做其「第五縱隊」。七是誘惑落後國家，脫離西方貿易關係而專與蘇俄來往。至於其侵略的步驟，則可分爲滲透、分化、顚覆及控制四步。儘管其在各地侵略的程度有所不同，其目標則是一致的，必須全面控制此一國家或地區，進而征服整個世界。

㈡侵略的實際情形：蘇俄是共產帝國主義的始祖。它在二次大戰期間即將波羅的海三小國—愛沙尼亞、立陶宛、拉脫維亞全部併入其版圖。部分領土被蘇俄納入版圖的，如東捷克、東普魯士北部、波蘭東部、芬蘭省份、羅馬尼亞省份，中國的唐努烏梁海地方等。其政權被俄共控制的，則有捷克、波蘭、匈牙利、保加利亞、東德等國。至於現之南北越、北韓與高棉，均為俄帝或共匪的傀儡。

共匪是蘇俄一手扶植成長的，而今其侵略氣焰與手段却更勝於俄帝。牠雖未直接併吞其他國家，却在世界各地製造叛亂，點燃戰火，並設置傀儡政府。韓戰因共匪的加入而擴大，越南、高棉的淪入魔掌，為共匪與俄共狼狽為奸所造成。此外，緬共的叛亂、菲共的猖獗、泰共的活動等，多由共匪所策動和接濟的。共匪的魔掌，還遠伸至南美及非洲等中小國家，許多自由民主國家內部也常有受其訓練的共產黨的非法活動。我們可以說，只要有共匪存在的一天，世界便無一日安寧。

三、反共抗俄的基本國策——下面我們要講到：⑴基本國策的由來，⑵反共抗俄戰爭的意義，⑶國民革命的性質與方略，⑷反共抗俄戰爭的前途等。

㈠基本國策的由來：俄國自伊凡三世建國以來，就是一個侵略國家，帝俄與俄帝對華更有一貫相繼的侵略傳統。從滿清初年尼布楚條約畫定中俄兩國疆界起，截至民國三十四年為止，帝俄與俄帝先後侵奪我國領土共計有五百八十八萬三千八百方公里以上，幾乎佔了我固有領土三分之一的面積，在歷史上，實為我中國首位的世仇大敵，這是前面已經談到的。我大陸河山的淪陷，蘇俄更應負絕大部分的主導責任。蘇俄侵略的本質既無法改變，抗俄也就成為必然的既定國策。

共匪由蘇俄的卵翼之下成長進而全面叛亂，竊據大陸後，實施共產暴政，殘殺同胞無數，破壞中華文化，摧毀家庭倫常，企圖斷我國家民族命脈，無論對民族歷史文化，對全國同胞而言，光復大陸剷除共產邪惡，均為我們責無旁貸的天職。

㈡反共抗俄戰爭的意義：蔣總統在「反共抗俄基本論」中說：「中國反共抗俄戰爭，不僅為了爭取民族的生存，恢復國家的領土，保障四億五千萬同胞（按：民國四十一年語）的生命和自由而戰；並且是為亞洲安全，世界和平，與全人類文化進步而戰。如果中國反共抗俄戰爭的失敗，就是中華民族五千年歷史的中斷，亞洲安全與世界和平的毀滅，而人類文化亦將退到一個黑暗時代。若是中國反共抗俄戰爭的成功，就是中華民族的復興，東西文化的融和，亞洲與世界和平安全的建立。中國存亡，亞洲安危，與人類禍福皆在此一舉。」以上這段話對反共抗俄的意義，說得非常明白。

㈢國民革命的性質與方略：下面研究國民革命的性質、方略與前途。

⑴國民革命的性質　三民主義是國民革命的指導原理，國民革命含有民族革命、政治革命和經濟革命的三種共同性質。蔣總統說：「民族主義是要建立民族的自信力，把國家和民族的地位扶植起來，脫離帝國主義的壓迫，造成一個政治和經濟完全自由獨立的國家。民權主義是要建設人民的權利，尤其要建設在政治上經濟上立於被壓迫地位的農工階級的權利，來解決民生問題。我們可以說，國民革命最初的動因，和最後的目的，都是在於民生。換一句話說：我們要實現三民主義，必須確立民族主義為基礎，憑藉民權主義的力量，達到民生主義的目的。中國的民生問題，必須中國國家先得到獨立自由，而後中國國民方能使用自己的政治力量來解決。」（反共抗俄基本論第四章）國民革命包含着三種革命，三民主義即為此三種革命的指導原理。

⑵國民革命的方略　蔣總統對國民革命的方略有很明白的指示：

甲、由破壞到建設　革命是非常的事業，有非常的破壞，亦有非常的建設，破壞不過是革命的手段，建設才是革命的目的。　蔣總統認爲建國之時，我們國民革命的方略是由非常的破壞到非常的建設，孫文學說第六章說：「予之於革命建設也，本世界進化的潮流，循革命已行之先例，鑑其利弊得失，思之稔熟，籌之有素，而後訂爲革命方略。規定革命進行之時期有三：第一軍政時期，第二訓政時期，第三憲政時期。第一爲破壞時期，第二爲過渡時期，第三爲建設完成時期。……革命有非常之破壞，有此非常之破壞，則不可無非常之建設，是革命之破壞與革命之建設，必相輔而行。」又說：「建國大綱規定的三個時期，由軍政轉爲訓政而進入憲政，就是國民革命由破壞到建設的步驟。」（同上）更是强調革命的目的是建設，不是破壞。

乙、兩個戰略的鬪爭　蔣總統說指出，共產國際交給朱毛匪徒的戰略原則，是從階級鬪爭，特別是從農村鬪爭中製造武裝暴動的力量來破壞社會，顚覆國家。但在我們革命的方略上，革命的破壞止於軍事、政治的範圍。而經濟社會問題，則在革命建設階段中來求整個的解決。「因此從國民革命的方略上看起來，我們民生主義所以反對階級鬪爭的手段，而採取互助合作，和平建設的方法，是更容易了解的了。」（同上）　我們相信合乎人性進化的「社會互助」，一定戰勝違反人類進化而開倒車的「階級鬪爭」。

㈣反共抗俄戰爭的前途：　蔣總統在分析了敵我的形勢之後，得到了一個結論，那就是：侵略必敗，漢奸必亡，而我反共抗俄的戰爭必定勝利成功。「反共抗俄戰爭的必勝，並不是建築在敵人自己崩潰的上面。惟有民主國家能够警惕於俄共流毒的可怖，能够了解於這種反共抗俄態勢的形成，加緊民主陣線間的組織和團結，那才能加速這共同敵人的失敗和滅亡。」（反共抗俄基本論第七章）近年來由於美國姑息主義盛行，「以談判代替對抗」與「和解政策」甚囂塵上；但自越南、高棉相繼在「和解政策」之下失陷以來，美國人對於自已的失策與上當，有所警惕，其姑息主義在國會亦稍行歛跡，福特總統對於歐洲及東南亞的承諾（指協助反共言），亦信誓旦旦地表示絕不食言。若果能如　蔣總統所言，「警惕於俄共的可怖，…加緊民主陣線間的組織和團結」，這共同敵人必定從速失敗和滅亡。

肆、民族主義的提出

㈠民族主義發生的時代背景——每一種主義的發生，均有其存在的時代背景。三民主義思想的發生，有兩種因素：一爲世界潮流所至，一爲中國環境所需。乃　國父「順應世界之潮流，體察中國之環境」而創立的。關於民族主義發生的時代背景，前面已經詳言。

㈡民族主義的提出——三民主義中最早發生的是民族思想。　國父最初於中法戰爭之時，決志傾覆滿淸，卽以民族主義做號召，此可由興中會宣言中見之：「近之辱國喪師，强藩壓境；堂堂華夏，不齒於鄰邦。文物冠裳，被輕於異族；有志之士，能無撫膺！……乃以庸奴誤國，荼毒蒼生，一蹶不興，如斯之極。」興中會誓詞稱：「驅除韃虜，恢復中華，建立合衆政府」，其中一、二兩句，卽代表民族主義或民族革命。至於「民族主義」一詞的出現，當始自民國前八年的「手訂致公堂新章」，該文說：「原夫致公堂之設，由來已久，本愛國保種之心，立興漢復仇之志，聯盟結義，聲應氣求，民族義賴之而昌…。」

民族主義的提出，其最初意義只是對內的，那就是推翻滿淸，使「國內各民族一律平等」，民族平等之目的在結合一個强大的中華民族的國族團體。　國父說：「國內各民族得平等之結合，以組織自由

統一的中華民國，…國民黨之民族主義所要求者卽在於此。」（中國國民黨第一次全國代表大會宣言）

民國建立後，國父見「滿淸之宰割政策，已爲國民運動所摧毀，而列強之帝國主義則包圍如故，瓜分之說，變爲共管，易言之，武力的掠奪，變爲經濟的壓迫而已。」因此，「國民黨之民族主義，其目的在使中國民族自由獨立於世界。」（中國國民黨第一次全國代表大會宣言）於是，此時的民族主義的意義，乃變爲對外的，卽「中國民族自求解放」，要達此一目的就必須打倒帝國主義，取消不平等條約，求得中華民族國際地位的平等。

民族獨立，民族平等（兼及內外）的目標達成後，是否民族主義的目的卽已達成？國父並不以完全恢復中國在世界上的平等地位爲滿足，他還希望中國能努力促進世界大同的實現。他說：「中國如果強盛起來，我們不但是要恢復民族的地位，還要對於世界負一個大責任，…我們要先決定一種政策，要濟弱扶傾，才是盡我們民族的天職。我們對於弱小民族要扶持他，對於世界的列強要抵抗他。」（民族主義第六講）因此，「世界大同」才是民族主義的最後理想，要達成此一理想，則須聯合全世界弱小民族共同對帝國主義者做有組織的奮鬪，使被壓迫民族全體解放。

上面所述民族主義發展的經過，本已在國父思想（三民主義）的演進中已經談到，這裏因有部頒標題，故再予以說明。至於與此標題有關之世界民族主義之產生，（自羅馬滅亡，民族主義興），前已談過，則不重述。

附錄一　民族主義與帝國主義

㈠歐洲民族與帝國主義及世界戰爭：歐洲民族往往視弱肉強食爲天演公例，視強權卽公理，重視霸道，忽視王道，故常常走向帝國主義，而引起世界戰爭。國父說：「歐洲民族都染了這種主義（指帝國主義）所以常常發生戰爭，幾乎每十年中必有一小戰，每百年中必有一大戰。其中最大的戰爭，就是前幾年的歐戰（第一次世界大戰），這次戰爭可以叫做世界的大戰爭。何以叫做世界的大戰爭呢？因爲這次戰爭擴充，影響到全世界，各國人民都捲入漩渦之中。」（民族主義四講）

第一次世界大戰爲什麼會發生呢？第一是帝國主義（列强）互爭雄長，第二是要解決殖民地問題。國父指出，這次大戰爭所以構成的原因，一是撒克遜民族和條頓民族互爭海上的霸權。因爲德國近年來强盛，海軍逐漸擴張，成世界上第二海權的强國，英國要自己的海軍獨霸全球，所以要打破第二海權的德國。英德兩國都想在海上爭霸權，所以便引起戰爭。二是各國爭領土。東歐有一個弱國叫土耳其（卽突厥）。土耳其百年以來世人都說他是近東病夫，因爲內政不修明，皇帝很專制，變成了很衰弱的國家。歐洲各國都要把他瓜分，百餘年來不解決。歐洲各國要解決這個問題，所以發生戰爭，故歐戰的原因，第一是白種人互爭雄長，第二是解決世界的問題。

㈡第一次世界大戰是帝國主義的戰爭：歐戰起後，「在戰爭之頭一、二年，都是德、奧二國獲勝，法國的巴黎和英國的海峽都幾乎被德、奧二國軍隊攻入，條頓民族便以爲英國必亡。英國人便十分憂慮，見得美國的民族是和他們相同，於是拿撒克遜民族的關係去煽動美國。美國見得和自己相同民族的英國，將要被異族的德國滅亡，也不免物傷其類，所以加入戰爭去幫助英國，維持撒克遜人的生存。」（國父語，民族主義第四講）可見第一次世界大戰本可視爲民族主義的戰爭，撒克遜民族與條頓民族的民族戰爭。但他們的民族主義已走向帝國主義，所以仍叫帝國主義的戰爭。

㈢帝國主義不容許民族自決：歐戰發生之初，各弱小民族認爲是帝國主義的戰爭，都存觀望態度，不願捲入漩渦，美國威爾遜總統爲了引起弱小民族的興趣，便大聲疾呼，提出十四點宣言，並强調「民族自決」，他說將來消滅德國的强權，世界各弱小民族，都有自由自主的機會。這種主張，馬上被世界各弱小民族所歡迎。「所以印度雖然被英國滅了，普通人民是反對英國的，但是有好多小民族，聽見威爾遜說這回戰爭是爲弱小民族爭自由的，他們便很喜歡去幫英國打仗。安南雖然是被法國滅了，平日人民痛恨法國的專制，但當歐戰時仍幫法國去打仗，也是因爲聽到威爾遜的主張是公道的原故。他若歐洲的弱小民族像波蘭、捷克斯拉夫、羅馬尼亞，一齊加入協商國去打同盟國的原因，也是因爲聽見了威爾遜所主張的『民族自決』那一說。」（民族主義第四講）如果沒有威爾遜的號召，世界各弱小民族不會參加協商國這一面去打德國的，可見民族自決這個口號，是多麼感人，多麼爲弱小民族所歡迎。

威爾遜的主張如能實現，眞乃弱小民族之福，也是世界人類之幸。不幸的是，當戰爭進行的時候，英國、法國都贊成「民族自決」這個富有號召性的主張，可是等到德國被打敗了，英國、法國和意大利覺得威爾遜所主張的民族開放，和帝國主義利益的衝突太大，所以到要和議的時候，便用種種方法騙去威爾遜的主張，弄到和議結局所定出的條件，最不公平。世界上的弱小民族不但不能自決，不但不能自由，並且以後所受的壓迫，比從前更要厲害。」

(四)民族主義是帝國主義的喪鐘：巴黎和會雖不容許「民族自決」，很多殖民地雖仍無法解放，但各弱小民族卻自求解放，要求「民族自決」，如　國父所說：「安南、緬甸、爪哇（印尼）、印度、南洋羣島以及土耳其、波斯（伊朗）、阿富汗、埃及與夫歐洲幾的十個弱小民族，都大大的覺悟，……不約而同，自己去實行民族自決。」所以第一次世界大戰，尤其是第二次世界大戰以後，各弱小民族紛紛獨立，民族解放之怒潮，洶湧澎湃，無法遏止。　國父認爲自羅馬帝國亡，民族主義興，此一偉大潮流，到了十九世紀，更無人可以阻擋，於是提倡民族主義，積極方面，一則求中國民族之國際地位平等（自求解放），二則求世界各民族之國際地位平等（世界各被壓迫民族全體解放）；消極方面打倒帝國主義，打破民族間的不平。所以帝國主義是民族主義的死敵，民族主義是帝國主義的喪鐘。

第二節　民族主義的一般理論

壹、倫理本質的民族學說

關於倫理本質的民族學說，就 國父遺教言，是一個新的標題，這裏以下列各項爲研究的範圍：⑴民族主義的本質與倫理，⑵恢復民族地位的方法與倫理，⑶民族主義的政策與倫理，⑷民族主義的目標與倫理。

（一）**民族主義的本質與倫理**——民族的本質是倫理這個名詞，是 蔣總統所提出。他在三民主義的本質一文中，對於倫理有關的問題，如倫理的含義，天性與種性是倫理的根源，以及民族本質是倫理等，都有詳明的提示。

㈠倫理的含義：什麼是倫理呢？ 蔣總統解釋說：「倫理照中國文字的本義說，『倫』就是類，『理』就是紋理，引伸爲一切有組織、有脈絡可尋的條理，是說明人對人的關係。這中間包括分子對群體的關係，分子與分子間相互的關係，亦卽是個人對於家庭、鄰里、社會、國家和世界人類應該怎麼樣。闡明他各種關係上正當的態度，訴之於人的理性而定出行爲的標準。」並强調「倫理哲學，從一個人的修身推到親親，再從親親而推到睦姻任卹，推到仁民愛物。」孟子所說：「親親而仁民，仁民而愛物。」便是這種倫理思想發揚的高度表現。

㈡民族主義的本質爲倫理：蔣總統用倫理來代表民族雄厚的基礎，爲什麼這樣說呢？因爲倫理的根源是天性與種性。蔣總統引證國父的遺訓，來說明這個道理。「總理說：『民族思想，是根於天性。』又說：『民族主義，却不必要什麼研究纔會曉得的，譬如一個人，見着父母，決不會把他當作路人，也決不會把路人當作父母。民族主義也是這樣，這是從種性發出來的。人人都是一樣。』總理在這裡所指的『天性』、『種性』、換言之就是倫理的「根源」，亦就是民族的基礎。」孟子說：「不學而能者，其良能也。不慮而知者其良知也。孩提之童，無不知愛其親也。」故愛自己父母是發於良知，推而論之，愛自己的民族也發於良知，卽發於種性或天性，故可說良知是倫理的根源，倫理是民族的基礎。蔣總統復指出，倫理確是民族主義的出發點，而實行民族主義也正是倫理高度發揚的極致的表現。因此我們的民族主義就是要建立一個完全基於倫理的國族，以使全民族繁榮，民族獨立和民族自由，所以我們今日如要召回我們民族靈魂，提振我們民族精神，恢復我們民族的自信心，就要以倫理爲出發點，來啓發一般國民的父子之親，兄弟之愛，推而至於鄰里鄉土之情和民族國家之愛，以提醒國民對國、對家、對人（對民衆）對己的責任。這是說要以良知爲根源，擴愛推仁，以盡我們對民族的責任。

蔣總統又說：「我們民族主義的基礎是以仁愛爲中心的道德，這道德的力量，就是從家庭愛、到國家愛、民族愛的倫理之中，在在都能具體的表現發揚出來的。這是我們中華民族立足亞洲，屢經喪亂，仍能生存和發展的基本力量。我們認爲民族的形成，雖有其他物質各種的條件，但是我們民族倫理的力量，實大於一切物質力量的總和。這偉大力量的根源，就是民族精神。而民族精神又以倫理道德爲其骨幹。」（反共抗俄基本論）這裏的話，可作民族主義的本質爲倫理的一種補充說明。

㈢共產主義是反倫理的：共匪破壞固有倫理，已達慘極人寰的地步。誠如　蔣總統所說：「它在『工人無祖國』的口號之下，早就把我們五千年來固有的民族倫理思想，毀棄到一乾二淨。」「它用『婚姻法』以造成禽獸的社會，來破壞我們民族的根基。」以「坦白」的烟幕，來進行陰毒的脅迫，來子控其父、弟控其兄、女訟其母、夫婦互相監視、家人視同寇仇；並用『丢包袱』的思想，來拆散所有的家庭；用『一杯水』的口號，（這是專爲匪幹便其淫污婦人，事過卽了的口號，亦卽所謂一杯水主義）來撕毀每一個人的廉恥。」它根本就泯沒了人性，更無所謂倫理。

共匪能不能完全根絕人性，完全破壞固有倫理呢？這是絕不可能的。爲什麼呢？　蔣總統加以解釋說：「人性是越在這種悲慘的境況之下，越會懷念着仁愛，越會眷慕着家國的。在獸性猙獰恐怖的當中，越會覺得人性的淨潔可愛，越會企望着人性的援手。愛是永遠不會爲恨所掩蓋的，而且只有愛，終可以使恨歸於消滅！」愛是偉大的，是根於天性的。蔣總統表示，所以我們今日必要想方法先來恢復民族主義，這方法就是要使大陸苦難的同胞，獲得我們民族愛的呼喚、同胞愛的照耀，更要用愛去使他們覺醒，用愛去使他們堅定，用愛去使他們團結，讓愛去交流，讓愛來凝固，讓愛結成整個民族的一體，讓愛去衝開怨憤萬丈的堤岸，去洗盡萬惡朱毛的毒氛，這就是我們的民族精神的力量，也就是我們的民族倫理道德極高度的發揮。

每個人愛家庭，愛社會，愛民族國家，都是發於良知。王陽明說：「良知卽天理」。「良知是個是非之心。」「良知卽善。」又說：「知善知惡是良知。」故良知能明天理，能知善惡，能辯是非。不是壓力或訓練所能消滅的。蔣總統說得好：「無論如何否定倫理和道德的人，當他獨居深念或疾病痛苦的時候，只要他有一線良知發現，那他的天性還是要表露出來的。所以就是最狠惡的匪幹，也不能不說它沒有偶然良知發現的時候。卽是它再否定倫理，倫理也一定仍舊會隱現於胸臆之間的，只要他遇着了良知天性的啓示，民族大義的鞭策，那它還是要憬然大悟的。因而我們不但要以仁愛去喚醒同胞，也要同時以倫理去啓導匪幹的悔悟，只有這樣纔可促成朱毛奸匪的整個的崩潰。」

（二）恢復民族地位的方法與倫理——倫理的實踐，便是一種道德行爲。國父在民族主義第六講指出恢復民族地位的方法中，將恢復民族固有道德列爲首要，並論及下列各項：

㈠何以要恢復固有道德：道德與國家富强，關係非常密切。國父說：「蓋欲造神聖莊嚴之國，必有優美高尙之民，以無良民質，則無良政治，無良政治，則無良國家。」（中國同盟會爲團結同志宣言）這是以高尙的道德，爲中國立國的精神基礎。又說：「要維持民族和國家的長久地位，還有道德問題。有了很好的道德，國家才能長治久安。」「從前中國民族的道德，因爲比外國民族的道德高尙得多，所以在宋朝，一次亡國到外來的蒙古人，後來蒙古人還是被中國人所同化；在明朝，二次亡國到外來的滿洲人，後來滿洲人也是被中國人所同化。因爲我們民族的道德高尙，故國家雖亡，民族還能够存在，不但是自己的民族能够存在，並且有力量能够同化外來的民族。所以窮本極源，我們現在要恢復民族的地位，除了大家聯合起來做成一個國族團體以外；就要把固有的舊道德先恢復起來。有了固有的道德，然後固有的民族地位，才可以圖恢復。」（民族主義第六講）這裏講到了道德與民族興亡的關係，下面還要講到歡迎新文化，要不要廢棄舊道德。

㈡反對廢棄舊道德：自五四救國運動發生之後，與起了一種新文化運動。陳獨秀、胡適、吳虞等便是這一派的代表。他們以吸收西洋文化的民主、科學爲號召，以打倒孔家店，破壞舊宗教、舊禮教爲對象。反對復古，主張摧毀固有文化，提倡全盤西化爲主旨。陳獨秀於民國八年，在新青年雜誌發表「新青年罪案之答辯書」一文，說明他們要擁護德先生（Democracy）與賽先生（Science），便不得不反對舊宗教，舊禮法云云。自此以後，一唱百和，以破壞固有文化固有道德爲新奇與時髦，這種逆流，伴隨民十，中國共產黨之產生，以至毛匪在大陸的整風與文化革命，一直激盪不已，可謂中國文化史上之大不幸。

國父對於「五四」後的新文化運動，就其新思想部份言，比較贊成；就其排斥舊道德部份言，則表示反對。他在民族主義第六講稱：「現在受外來民族的壓迫，侵入了新文化，那些新文化的勢力，此刻橫行中國，一般醉心新文化的人，便排斥舊道德，以爲有了新文化，便可以不要舊道德。不知道我們固有的東西，如果是好的，當然是要保存，不好的才可以放棄。」在新文化橫行於中國的高潮中，一般時髦學者都提倡排斥舊道德，唯　國父獨排衆議，主張恢復民族的固有道德。

㈢提倡恢復民族固有道德：中國的舊道德甚多，儒墨道法各家的主張亦很不一致，有人以「孝悌忠信禮義廉恥」爲八德，這可以稱爲舊八德。國父所提倡的恢復民族固有道德，乃是融貫各家道德思想，另提倡一種新八德，卽「忠孝仁愛信義和平。」他說：「講到中國固有道德，中國人至今不能忘記的，首是忠孝、次是仁愛、其次是信義，其次是和平。」並對八德有新的詮釋：

1.忠孝　忠字含義有三：一是忠於國與民，二是忠於君，三是忠於事。現在是民主時代，忠於君固然不可以，忠於國與忠於民，則是天經地義之事。國父指出，我們做一件事，總要始終不渝，做到成功，如果做不成功，就是把性命去犧牲，亦所不惜，這便是忠。又說：「我們在民國之內，照道理上說，還是要盡忠，不忠於君，要忠於國，要忠於民，要爲四萬萬人効忠，比較爲一人効忠，自然是高尙得多，故忠字的好道德，還是要保存。」

「講到孝字，我們中國尤爲特長，尤其比各國進步得多。孝經所講的孝字，幾乎無所不包，無所不至，現在世界中最文明的國家，講到孝字，還沒有像中國講到這麼完全；所以孝字更是不能不要的。國民在民國之內，要能夠把忠孝二字講到極點，國家才自然可以强盛。」按忠孝是儒家的傳統道德哲學，國父認爲這兩個德目並無時間性，至今仍應加以提倡。

2.仁愛　仁愛也是中國的好道德。國父說：「古時講愛字的莫過於墨子，墨子所講的兼愛，與耶穌所講的博愛是一樣的。古時在政治一方面所講愛的道理，有所謂愛民如子，有所謂仁民愛物，無論對於甚麼事，都是用愛字去包括；所以古人對於仁愛，究是怎樣實行，便可以知道。中外交通之後，一般人便以爲中國人所講的仁愛，不及外國人；因爲外國人在中國設立學校，開辦醫院，來教育中國人，救濟中國人，都是爲實行仁愛的。照這樣實行，一方面講起來，仁愛的好道德，中國現在遠不如外國；中國所以不如的原故，不過是中國人對於仁愛沒有外國人那樣實行，但是仁愛還是中國的舊道德。我國要學外國，只要學他們那樣實行，把仁愛恢復起來，再去發揚光大，便是中國固有的精神。」

3.信義　中國人最講信義，所謂「一諾千金」、「見義勇爲」，就是這種道德的精神表現。國父說：「講到信義，中國古時對於隣國和對於朋友，都是講信的。依我看來，就信字一方面的道德，中國人實在比外國人好得多，在甚麼地方可以看得出來呢？在商業的交易上，便可以看得出，中國人交易，沒有甚麼契約，只要彼此口頭說一句話，便有很大的信用；比方外國人和中國人訂一批貨，彼此不必立合同，只要記入帳簿，便算了事。」

至於講到義字，中國在很强盛的時代也沒有完全去滅人國家，「比方從前的高麗，名義上是中國的藩屬，實在是一個獨立國家；就是在二十年前，高麗還是獨立的，到了近來一二十年，高麗才失去自由。」「中國强了幾千年而高麗猶在，日本强了不過二十年，便把高麗滅了，由此便可見日本的信義不如中國，中國所講的信義，比外國要進步得多。」他以高麗的歷史爲例，說明中國最講信義，遠非他國可比。

4. 和平　國父認爲中國更有了一種好道德，是愛和平。現在世界上的國家民族，只有中國是講和平，外國都是講戰爭，主張帝國主義去滅他人的國家。近年因爲經過許多大戰，殘殺太大，才主張免去戰爭，開了好幾次和平會議，……但是這些會議，各國人公開去講和平，是因爲怕戰爭，出於勉强而然，不是出於一般國民的天性。中國人幾十年酷愛和平都是出於天性，論到個人便是謙讓，論到政治便說不嗜殺人者能一之，和外國人便有大大的不同。」（以上所引　國父說均見民族主義第六講）

這裏還要講到一點，就是　國父論恢復民族地位的方法時，不但提及恢復民族固有道德，也要恢復民族固有智識，這裏所指的固有智識，乃指大學的「格物、致知、誠意、正心、修身、齊家、治國、平天下」而言。內中「誠意、正心、修身」亦是講究「道德修養」，與倫理有其密切關係。

(三) 民族主義的政策與倫理——如果泛論民族主義的政策（簡稱民族政策），牽涉甚廣，這裏專談　國父的反帝政策與濟弱扶傾。

(一) 反帝政策：所謂反帝政策，亦可稱爲反侵略政策。孔子著「春秋」，反對「强凌弱，衆暴寡」；墨子提倡兼愛非攻，如止楚攻宋，都可稱爲反侵略政策。

西洋却有一套鼓吹或歌頌戰爭或侵略的思想。希臘哲學家赫拉克里特說：「戰爭爲萬事之父，萬物之王。」西諺有云：「天地一戰場，人生一惡鬥。」自達爾文提倡「優勝劣敗，適者生存，不適者滅亡」的生存競爭論後，民族優勝論者，乃據此高唱優秀民族應該統治劣等民族，於是帝國主義者運用軍事、政治、經濟的各種手段去侵略其他民族，發生許多强凌弱、衆暴寡的民族戰爭。克魯泡特金著「互助論」一書，在其序文中亦認爲達爾文主義是窮兵黷武者的護身符。國父反對以達爾文的競爭論用之於人類，亦反對帝國主義的侵略戰爭。

何謂帝國主義？國父說：「用政治力去侵略別國的主義，即中國所謂勸遠略；這種侵略政策，現在名爲帝國主義。」「歐洲民族染了這種主義，所以常常發生戰爭（指侵略戰與反侵略戰而言）。」第一次世界大戰後的巴黎和會，帝國主義騙走威爾遜的「民族自決」，爲國父所痛恨。（詳民族主義第四講）國父在國際主張扶助弱小民族，打倒帝國主義，在國內主張打倒帝國主義的侵華，廢除不等條約。强調民族主義在求「世界人類各族平等，一種族不能爲他種族所壓迫。」（要改造新國家當實行三民主義）故民族主義在積極方面要求各民族地位平等，消極方面在「掃除種族間的不平」。（民國十年知難行易講詞）戴季陶先生於民國十四年在其所著民生哲學系統表中，將「世界被壓迫民族全體解放」，列爲民族主義的重要項目之一，亦可視爲一種反帝的民族政策。

㈡濟弱扶傾：歐洲許多民族强盛後，便侵略別的民族，變成帝國主義；我們的民族地位恢復以後，不可再走帝國主義的老路。國父說：「中國如果强盛起來，我們不但要恢復民族的地位，還要對於世界負一個大責任。……所以我們要先決定一種政策，要濟弱扶傾，才是盡我們的天職，我們對於弱小民族要扶持他，對於世界列强要抵抗他。如果全國人民都立定這個志願，中國民族才可以發達。」這種濟弱扶傾的民族政策，就中國來說，是有各家學說思想作理論根據的，例如管子的重視「存亡國，繼絕世。」中庸的主張「繼絕世，擧廢國，治亂持危。」論語的提倡「興滅國，繼絕世」，墨子的鼓吹「兼愛」與「非攻」，都可做爲「濟弱扶傾」民族政策的理論根據。

以上兩種政策，都與道德有密切關係，如反帝政策（反侵略政策），是提倡人道正義，反對侵略强權，內中包含中國人的「打抱不平」的精神，以及和平主義、兼愛主義（及互助主義）的精神。「濟弱扶傾」則是一種博愛道德，王道主義及服務的人生觀，以大事小，以巧事拙的精神。

四、民族主義的目標與倫理：民族主義的目的本可分爲多項，這裏專談大同主義，或稱世界大同。禮記禮運篇載：「大道之行也，天下爲公……。」國父繼承這種思想，將這和平性的世界主義，列爲民族主義的最後目標。民族主義第六講說：「我們民族主義的目的，在完成大同之治，我們要將來能够治國平天下，便先要恢復民族主義和民族地位，用固有的道德和平做基礎，去統一世界，成一個大同之治，這便是我們四萬萬人的大責任。諸君都是四萬萬人的一份子，都應該擔負這個責任，便是我們民族的眞精神！」林森先生解釋說：「所謂固有道德，就是忠孝仁愛信義和平，這固然是中華民族的好道德，而和平則更是中華民族特別愛好的道德，也就是民族主義的基本精神。」（民族主義精義）

單就禮運篇「大同」段而言，即充滿了高度的倫理觀念。

(1)所謂「大道之行也，天下爲公。選賢與能，講信修睦。」包含着高度的公而無私，賢能政治與信義外交。

(2)所謂「故人不獨親其親，子其子；使老有所終，壯有所用，幼有所長，鰥寡孤獨廢疾者皆有所養。」包含着「親親而仁民」，敬老慈幼，養護鰥寡孤獨疲癃殘疾的仁政，亦可說就是「博施濟衆」的德政。

⑶所謂「男有分，女有歸」這個「分」字有二解：一「分」爲「職分」之「分」，即分類任職，無有失業或懶惰之人，男外女內，各安其業，各守其德；二「分」可釋爲「婚」，即「男有婚，女有歸」「內無怨女，外無曠夫。」（孟子語）「士無邪行，女無淫事。」（管子語），兩性道德高尙，社會秩序安寧，沒有淫亂之風，强暴之事。

⑷所謂「貨惡其棄於地也，不必藏於己；力惡其不出於身也，不必爲己。」是一種疏財仗義捨己爲群的利他主義，與服務人生觀的圓滿表現。

從以上各項看來，可知大同社會是一種倫理發展到最高度的社會，亦是以倫理爲本質的民族主義之終極目標。

貳、民族國家的國家結構

此處先說明民族國家的意義，然後再敍述　國父有關民族國家的主張，如民族國家與民族自決，民族國家與民族同化，以及民族自決與民族同化等。

㈠民族國家的意義——前面我們已經講到了民族與倫理的關係，現在要說明什麼是民族國家。民族國家（National State）的意義，最簡單的說，是由一個民族單獨地組織一個國家，可以叫做民族的國家。這是近代民族主義思想萌發與民族獨立運動產生以後才有的觀念和主張。

國家的構成要素之一是人民，國家內的人民必有其血統遺傳與生活文化的特性，也就是國家內的人民必有其民族性，不過在近代民族主義運動尙未普遍開展之前，沒有受到人們特別地注意罷。近代民族主義萌芽於十五世紀中葉的歐洲，　國父說：「余維歐美之進化，凡以三大主義：曰民族、曰民權、曰民生，羅馬之亡，民族主義與，而歐美各國以獨立。」（民報發刊詞）羅馬於西元前二十七年建立帝國以後，到西元三九五年，分爲東西兩部。西元五世紀前後屬於東日爾曼族的哥德人，漸漸滲入西羅馬帝國，西羅馬帝國曾經利用他們保衞疆土，對抗匈奴人，在西元四七六年，東日爾曼的民族領袖 Odovacar 篡奪了西羅馬末帝的帝位，後者乃告滅亡，歐洲大陸上乃有東哥德、西哥德、勃根第、法蘭西等王國的建立，但還沒有民族主義的觀念。各蠻族的王國，以所征服的土地做爲諸侯的釆邑，形成了封建制度，歷史也進入了中世紀。再到西元一四五三年，都於君士坦丁堡的東羅馬帝國又被土爾其人建立的鄂托曼帝國所滅亡，於是中世紀也告一結束。在這個期間先後，歐洲大陸上許多疆域與今日大致相同的國家開始形成。近代民族意識產生於十字軍東征，而十字軍東征的結果，刺激了商業的發達與中產階級的興起，資本勢力開始雄厚，由於操縱金融，也有了政治地位，這些新興的商業資本勢力，要求剷除封建割據，冀有統一的國家以有助於商業的更加發展，於是資助了民族王國的產生，民族主義也隨之發生。但是建立民族國家的普遍要求却還要延遲到法國大革命以後；法國的大革命不僅在政治上造成了重大的影響，其後拿破崙稱帝並進而企圖征服其歐洲隣國的戰爭，也促進了近代德意志與意大利的統一。依照民族本身的意願，在其所生存的領域內建立其自己國家的民族國家運動，才開始被世界所承認。而民族國家發展成爲世界各民族建立國家的通則，則要等到第二次世界大戰結束，亞非各殖民地人民的民族自決與民族獨立運動來完成。

民族國家的運動自十九世紀湧起以後，至二十世紀，仍然方興未艾，它是民族主義在近代最具體的要求與表現，這是以民族自決爲途徑，民族獨立爲目標的一項普及全球的偉大運動。

（二）民族國家與民族自決——民族國家的實現以民族自決爲途徑。所謂民族自決（Self-determination of Nations）是指一個具有共同語言、文化、歷史傳統與意識形態的人民，有依其本身意願來組織他們自己的政府，建立由他們自己統治的政府之權。我們說過，這種民族自決運動，在十九世紀的歐洲開始盛行以後，歷經二次世界大戰，普遍於世界每一角落，導致亞非若干新興國家的獨立。民族自決的結果，是使國家統治的疆域與其民族生存的領域互相吻合，這就是民族國家。

符合於民族國家要求的民族自決口號，在第一次大戰期間，由美國總統威爾遜提出，但戰後於巴黎和會上，並沒有能够實現。　國父指出：「歐戰的原因，第一是白種人互爭雄長，第二是解決世界的問題，……當戰爭時，有一個大言論，最被人歡迎的，是美國威爾遜所主張的民族自決，因爲德國用武力壓迫歐洲協商國的民族，威爾遜主張打滅德國的强權，令世界上各弱小民族，以後都有自主的機會，於是這種主張，便被世界所歡迎。……當時威爾遜主張，維持世界的和平，提出了十四條，其中最要緊的是讓各民族自決。當戰事未分勝負的時候，美國、法國都很贊成，到了戰勝之後開和議的時候，英國、法國、意大利覺得威爾遜所主張的民族開放，和帝國主義的衝突太大，所以到要和議的時候，使用種種方法，騙去威爾遜的主張，弄到和議結局所定出的條件，最不公平，世界上的弱小民族不但不能自決，不但不能自由，並且以後所受的壓迫，比從前更要厲害。」（民族主義第四講）我國受美國慫恿，於民國六年八月對德奧宣戰，原也希望在戰後能收回德國在我山東省之特權。民國七年十一月，歐洲大戰結束，德國與協約各國簽訂休戰條約，民國八年元月，協約國在巴黎開會，討論和約條款及一切善後問題時，我國與會代表所提山東問題，竟因英、法等國坦護日本的結果，未得解決。我國代表雖然未於對德和約上簽字，但德國在山東省特權卻轉入日本手中，終於導致民國十七年五月革命軍北伐途經濟南之時，發生日軍攻我兵營殺我外交員的慘案。可證列强任何信諾與保證，皆爲基於其本身利益的一時宜傳之術，國際間如何有道義之可言！尋求民族自決，達到內以促全國民族之進化，外以謀世界民族之平等（中國國民黨宣言）的要求，端賴民族的自我團結與奮鬥。

(三) 民族國家與民族同化——中國實現民族國家的途徑，與近代其他民族或國家有所不同。歐、亞、非等國家在近代建立其民族國家的方法，是經由民族自決的要求而達於民族獨立的目的。尤其兩次大戰後若干新興獨立的國家，乃是被統治與壓迫的民族對其統治與壓迫者的一種脫離運動，但是中國民族國家的形成，却是古老時代就已開始而逐漸長成的，不完全基於現代民族自決的要求。因爲兩次大戰後獨立的新民族國家，乃是在異國（也是異族）統治下已經亡國的民族，經過奮鬥而恢復了他們的國家，中國近代雖備受列强壓迫，締結了若干不平等條約，但中國仍然是一個國家，不是託管地，更非屬於他國版圖。因此，中國固然要求民族自決，其主要目的乃在恢復中國在國際間的平等，廢除不平等條約，而不是要擺脫一個宗主國來獨立建立自己民族的國家。中國早已是一個統一的國家，且有數千年傳統文化與悠長歷史，祇是近代以來，國勢衰弱，受侮於列强。國父說：「中國自秦漢而後，都是一個民族造成一個國家。」（民族主義第一講）所以中國自秦漢以後就已經是一種民族國家的形態，雖在歷史上有多次外族的入侵，但一方面入侵的外族與中原的民族乃是文化的分歧而非種族上的差異，與英、法等國之與亞、非殖民地被其壓迫民族間的區別，顯然不同；一方面入侵的外族均迅速地同化於中原民族之內，無害於我們民族國家的存在。於是我們應該明白，中國之建立民族國家的途徑，不單是要求民族自決，更主要的是實行民族同化。國父曾說「漢族當犧牲其歷史、文化與夫自尊自大之心理，與滿、蒙、回、藏諸民族，相見以誠，合於一爐而冶之，以造成一中華民族之新主義。如美利堅之合黑白數十種之人民，而冶成一世界之冠之美利堅民族主義，斯爲積極之目的也。」（手著本三民主義）即爲主張實行再進一步的民族同化，以加强中國民族國家的性質。

中國在歷史上，早已是一個不斷融和與同化的民族國家，封建制度早已廢除，國家在秦漢之世，便已統一，版圖較爲固定而明確，政治與社會制度也已經畫一，文化力量深入各地，血統的混合使國家之內並無種族的差異與歧視。

蔣總統在中國之命運一書中指出，就民族成長的歷史來說，我們中華民族是多數宗族融和而成的。融和於中華民族的宗族，歷代都有增加，但融和的動力，是文化而不是武力，融和的方法是同化而不是征服。在三千年前，我們黃河、長江、黑龍江、珠江諸流域，有多數宗族分佈於其間。自五帝以後，文字記載較多，宗族的組織，更斑斑可考。四海之內，各地的宗族若非同源於一個始祖，卽是相結以累世的婚姻。詩經上說：「文王孫子，本支百世」，就是說同一血統的大小宗支。詩經上又說：「豈伊異人，昆弟甥舅」，就是說宗族之間，血統相維之外，還有婚姻的聯屬。古代中國的民族就是這樣構成的。這裡所講的宗族，是指國內各民族或各宗支而言。

蔣總統又指出，正因爲融和的動力是文化而不是武力，融和的方法是同化而不是征服，故各族自然而然化除民族界限而歸於一體。如蒙古，由周代的玁狁，秦漢的匈奴，已開內附與同化之端。自此以後，突厥之在初唐，契丹之在晚唐與兩宋，蒙古之在明清，皆迭有內附與同化的歷史。新疆則春秋時代，秦國稱霸西戎，繼之以漢代之通西域。唐代之定天山，而成之以元清兩代的開拓。這兩個區域，歸化中國期間，皆綿亙至二千餘年之久。西藏則自吐蕃改宗佛教，內向隋唐以來，元代則隸於宣政院，清代則隸於理藩院，其同化亦超過一千三百年以上。至於東北，則比其他邊區之內向更早，肅愼的內附，始於周代，漢族的開發，盛於兩漢，中經隋唐宋元明，都是漢族與東胡共存的區域。迄於淸代，則農工商業的經營，更全賴漢族的努力，卽滿族亦同化於中華民族之中。因此，能維繫中華民族五千年歷史於不墜，而成爲世界人口最多的國家。卽就領土論，亦居世界之亞。所以我們要效法美國合白、黃、黑、紅多種之人民，而冶成一大中華民族主義。

（四）民族自決與民族同化——從上面的研究，我們可以知道，由民族自決、民族解放而成立的單一民族的國家，固可叫民族國家；由各種族各宗支融和或同化而造成的國家，亦可叫民族國家。現在要問民族自決與民族同化有沒有衝突呢？

有人說，民族同化，可分爲强迫性的同化與自願性的同化兩種：如日本佔領臺灣時，强迫人民說日語，改日本式的姓名，這是强迫同化。著者不贊成這種分法，祇認爲自願性的同化才算同化，强迫性的同化應叫民族侵略或民族壓迫，不能叫民族同化。因爲同化是文化性的，不是武力的。凡用武力强人從其所好，那就是「征服」，不可叫同化。如現在錫金被印度併爲一省，還能稱爲同化嗎？

明白了同化的意義之後，我們再推論民族自決。所謂民族自決，應重視「自動」兩個字，倘果含有「被動」或「强迫」性，那就不能算民族自決。如我國外蒙古被蘇俄挾制而宣布獨立，還能算得「自決」嗎？

此處我們可以答覆一個問題，就是 國父一面提倡民族自決，一面提倡民族同化，並無衝突之處。因爲民族同化是文化的融和，不是武力的征服；是自願的，不是勉强的。在民族自決的原則下，實行民族同化，是並不矛盾的。如夏威夷、阿拉斯加之參加美利堅合衆國，乃是自願的，不是勉强的。故中國國民黨第一次全國代表大會宣言稱：「國民黨敢鄭重宣言承認中國內各民族之自決權，於反對帝國主義及軍閥之革命獲得勝利後，當組織自由統一之（各民族自由聯合的）中華民國。」所謂自由聯合乃指自願同化而言，像中國歷代各民族（或稱各宗支）的融和，皆是自動的同化。

自願自動的同化能做得到嗎？著者的答覆是肯定的。誠如 國父所說，中華民族是最具同化力的（詳文言文三民主義）。猶太人不是不易被人同化的嗎？在歐洲各國的野心家常以打擊猶太人爲號召去籠絡民心，其中以希特勒爲最。可是有一部分猶太人住在我國開封，就被中國人所同化了。他們除每年有某種猶太人的紀念外，幾乎忘記了他們不是中國人。

現在臺灣山地同胞也是一個很好的例子。過去日據時代，山胞再接再厲的反抗日人統治，流血犧牲，名震中外。自政府光復臺灣後，對山地同胞予以各種優待（另詳民族主義與文化建設的成就），他們便不分畛域了。將來我們返回大陸去，對於各邊疆民族（或稱宗支）應在交通、工商業、農礦業、文教、衞生醫療各方面予以妥善照顧與優待，使他們自動自願融和而成一大中華民族，小則如瑞士，大則如美國一樣。

叁、質量並重的人口理論

一個民族，人口數量的多寡，品質的優劣，甚至其分布狀況等，無一不與此一民族之存亡及盛衰有極密切的關係。因此，要談民族主義，就必須討論人口問題。 國父在民族主義第一講就談到了人口問題。

國父曾對馬爾薩斯的人口理論加以批評，因此，我們先介紹馬爾薩斯的人口論，其次講 國父、蔣總統與孫科先生的看法，最後論中國現行人口政策。

（一）馬爾薩斯的人口論——馬爾薩斯（Thomas Robert Malthus 1766-1834）爲英國著名經濟學

家，於一七九八年發表人口論，其後經過五次修正，一八〇三年馬氏加入其批評者的答覆而成爲一書。他的主要論點是：人口的增長率大於土地的生產力，人口如果未受到遏止，是以幾何級數增長的，而食物的增加僅爲算術級數。戰爭、饑饉和疾病在防止人口過分增長方面是部分有效的，但人口的增長仍爲無可避免。他認爲，窮人是他們自己貧窮的製造者—因爲他們生育太多。貧窮和痛苦在此情形下，無可避免。卽使通過平均財富的法案，也只能短期奏效，不久之後，貧窮會仍一如從前；惟有減低生育，才是可行的辦法。因此他主張抑制人口的增加，抑制的力量有兩種，一爲積極抑制，又稱自然的抑制，如天災、人禍；一爲預防抑制，或稱人爲的抑制，如遲婚、貞潔等。

世人對馬氏學說的批評頗不一致。有贊成的，有反對的，也有部分接受的。馬爾薩斯人口論的最大誤謬，在於把他的人口理論置於純生物學的基礎之上，把人類看同一般生物一樣。人類雖爲生物的一種，但人爲萬物之靈，非普通生物可比，故人口的增殖率除受生物學上一般原則所支配外，還受許多非生物的力量所影響，如各種社會制度（包括家庭制度，社會組織和職業分工等）、宗教信仰、道德倫理觀念，以及科學知識等，均與人口的增減發生密切關係。這些非生物的力量中的任一個一經變動，人口的增殖率亦必隨之變動，因此人口的增殖率決非如馬爾薩斯所想像的那樣迅速。馬爾薩斯的人口論可說是一種悲觀主義的論調。

(二)　國父對中國人口問題的看法——下面分爲：(1)對馬爾薩斯人口論的批評，(2)對於人口壓迫的看法。

(一)對馬爾薩斯人口論的批評：　國父對於馬爾薩斯的人口論有什麼批評呢？民族主義第一講稱：「百年前有一個英國的學者，叫做馬爾薩斯。他因爲憂慮世界上的人口太多，供給的物產有限，主張減少人口，曾創立一種學說，謂：『人口增加是幾何級數，物產增加是算學級數。』法國人因爲講究快樂，剛合他們的心理，便極歡迎馬氏的學說，主張男子不負家累，女子不要生育。他們所用減少人口的方法，不但是用種種自然方法，並且用許多人爲的方法。⋯因爲馬爾薩斯的學說宣傳到法國之後，很被人歡迎，人民都實行減少人口，所以弄到今日受人少的痛苦，都是因爲中了馬爾薩斯學說的毒。中國現在的新青年，也有被馬爾薩斯學說所染，主張減少人口的；殊不知法國已經知道了減少人口的痛苦，現在施行新政策，是提倡增加人口，保存民族，想法國的民族和世界上的民族，永久並存。」這是以法國獎勵人口政策，來警惕我們自己。

(二) 國父對中國人口問題的主張：國父於民國十三年講演三民主義時，指出了中華民族的危險，乃在於受到列强的三大壓迫，而人口(天然力)壓迫卽爲其中之一。國父曾對劉成禺先生說：「政治壓迫與經濟壓迫，他人或已談到，人口壓迫爲我的特見。」民族主義第一講中稱：「我們現在把世界人口的增加率，拿來比較比較；近百年之內，在美國增加十倍，英國增加三倍，日本也是三倍，俄國是四倍，德國是兩倍半，法國是四分之一。」列强人口均大量增加，中國又如何？國父根據樂克里耳(W. W. Rochlill 1854-1914 美國人，曾任駐華公使)到中國各處調查的結果，認爲近百年來中國的人口沒有增加。因此國父說：「用各國人口的增加數，和中國的人口來比較，我覺得毛骨聳然！」因爲「自古以來，民族之所以興亡，由於人口增減的原因很多，此爲天然淘汰。」近百年來，美、英、日、俄、德、法各國的人口都增加了很多，而中國的人口却沒有增加。如此繼續下去，「到百年之後，如果我們的人口不增加，他們的人口增加到很多，他們便用多數來征服少數，一定要併呑中國。」國父並指出中國從前兩次亡於異族（一次亡於元，一次亡於淸），「都是亡於少數民族，不是亡於多數民族。」

所以蒙古民族和滿洲民族不但不能消滅中國民族，反被中國民族所同化。但是「現在列强民族的情形。便和從前大不相同。一百年以來，列强人口增加到很多，像英國、俄國的人口，增加三四倍，美國增加十倍。…由此推測，到百年之後，我們的人口便變成了少數，列强的人口便變成了多數。」　國父認爲這種情形，非常危險，因爲「單以天然進化力來推論，中國人口便可以滅亡。」

不論中國民族是否眞有受天然淘汰的危險，但　國父當年講民族主義時提出這一項警告，其用意顯然是非常正確的，因爲任何國家的民族主義者莫不以人口衆多爲民族生存的條件之一，也莫不以人口減少爲一種危險的現象。依　國父之意，由於中國的人口近百年來都沒有增加，和列强人口增加很多的情形比較起來，中國民族是很危險的，爲了避免將來遭受「天然淘汰」的命運，必須增加生育人口，以與世界各國保持適度的比例。

(三) 蔣總統對中國人口問題的主張——　蔣總統在民生主義育樂兩篇補述中對我國的人口問題有極爲詳盡與剴切的指示；可分爲：(1)評馬爾薩斯的人口論，(2)論中國人口問題，(3)論光復大陸後的人口政策。

(一)評馬爾薩斯人口論——　蔣總統說：「其實，馬爾薩斯的學說是與歷史的事實不符的。據人口問題專家的估計，三百年來全世界人口只增了四倍，可見人口的增加並不是幾何的比率。並且近代農業技術的進步，使糧食的產量能夠很快的增加，…糧食的增加也不是算術的比率。」他又指出：「馬爾薩斯把國民的生育問題當做純粹生物學問題來看待，又把人口問題當做簡單經濟問題來看待。」「把人口問題當作純粹生物學的問題和簡單的經濟問題來研究，得不到正確的結論。」

(二)論中國人口問題——　蔣總統說：「馬爾薩斯學說既被歷史事實所推翻，我們便不能根據他的人口原理，斷定中國人口是太多了。」特別是朱毛匪共竊據大陸後，肆行屠殺，製造饑餓，參加侵略戰爭，並輸送人口到邊疆去做奴工，想把中國人口減少到半數，「大家至此應該可以了解 總理耳提面命的對我們要受侵略者人口壓迫的警告，而且今天已得到事實的證明了。」 蔣總統更進一步指出：「重新建設中華民國爲獨立自由的現代國家，人口的問題不但要量的增加，並且要質的提高。」至於提高人口品質的方法， 蔣總統認爲，首先要從營養，衞生和教育中提高人口的品質。提高人口品質的意義何在？ 蔣總統一語道破：「我們知道，健全的人口，纔是偉大的力量。」所以我們今天談人口問題應質量並重。

(三)論光復大陸後的人口政策——對於光復後的人口政策， 蔣總統說指出，我們光復大陸，重整河山，一定要依據 國父手訂實業計畫的精神，確立國家建設計畫。在這個計畫裏，應採取下列的人口政策：

①依實業計畫之精神，使全國經濟平均發展，全國人口均衡分布。

②工業礦業及漁牧事業，依各地資源分佈的實況，使其發展；各地人口之分佈應使其適於資源的開發與利用。

③城市與鄉村均衡發展，以做到城市鄉村化，鄉村城市化。每一家庭都得到充分的空間和健康環境。

(四)孫科先生對人口政策的意見——孫科先生於民國五十五年在家庭計畫協會講演，其大意的謂：國父在民族主義中講中國受到列強人口力的壓迫，乃當時的環境確實如此，時至今日，已很少有以人口壓迫來侵略他國的，相反的，無論在落後地區或文明國家，提倡節育乃爲一致的趨勢。自由中國在臺灣亦不應容許人口過度的膨脹。因此，孫科先生是贊成目前在臺灣提倡節育的。

(五) 我國現行人口政策——行政院於五十八年五月間公布了「中華民國人口政策綱領」。其前言卽指出了訂定人口政策綱領之目的，乃「爲求人口品質之提高，人口之合理成長，國民健康之增進，與國民家庭生活之和樂。」內中亦顯示出我國人口政策的兩大原則，一爲人口品質之提高，二爲人口(數量)之合理成長。因此，我國現行的人口政策，是質量並重的。

在人口品質方面，綱領中除首先揭櫫「實施優生、保健，增進國民身心健康，並維護家庭制度」的原則外，更於第五款明定：「辦理婚前健康檢查，以防止患有惡性遺傳，傳染惡疾或遺傳性精神病者之傳播。」這項規定，卽基於優生學的原理而來，在歐美各國早已實施。

在人口數量方面，綱領中首先規定：「國民得依其自由意願，實行家庭計畫。」實行家庭計畫的目的，在消極方面固然是使健康不佳，家境貧困，或子女過多者，自願得以節育，在積極方面亦使無子女者獲得生育之機會，使全國人口數量，眞正做到適當之增加。

於此乃有兩個問題。第一，目前臺灣地區推行家庭計畫，有偏重節育之傾向，此是否與 國父增加人口的主張相違背？我們都知道，臺灣僅是我中華民國之一省，此時此地，在未收復大陸以前，爲求人口的質量並重，爲求經濟生活的進步，爲求人口與土地面積的適應，採取適當的節育，乃必須的權宜之計，何況節育只是求得復興基地人口的「適當增加」，並不是「減少人口」，與 國父躭憂人口減少是兩件事；再者， 國父所說的乃整個中華民族，臺灣一省在戰時人口的調節，並非整個中華民族長遠之計，將來一旦反攻大陸，臺灣也就無須節育了。第二個問題是： 國父當年講人口問題時，是否也主張「質量並重」？ 國父在談到增加人口的主要方法時，曾主張應改善人民經濟生活，恢復固有的民族的道德知能，以提高民族品質，足見 國父主張的人口政策也可以說是質量並重的。

肆、民族平等的文化理想

(一)文化的意義與範圍——凡屬人類個人或團體在物質和精神生活中，動和靜的表現，概可稱為文化。我們經常把文藝、美術、音樂、戲劇、舞蹈，乃至一切有關大衆傳播的工具，例如報紙、雜誌、廣播、電視之類，叫做文化事業，這是狹義的觀點。廣義的文化，申言之，就是人類所有的典章制度、學術思想、生活方式、衣食住行、政治組織、經濟事業、教育、軍事、宗教、學說等，皆可說是文化。又「文化」與「自然」相對，凡未經過人工或與人類行為發生關係的，如天然的山岳河流，屬於「自然」，凡經過人工或人類行為發生過關係的如大禹所疏之九河，應列於「文化」。

易經裏說:「觀乎人文，可以化成天下」，將「文」與「化」分開來，各有各的涵義，合成「文化」一辭，就更有其特殊的屬性。文就是指人文現象，指人類的生活各面，例如男女有別，長幼有序，又如男女結為夫婦，組織家庭，由家庭而社會而國家，此皆為人文的現象。當我們明悉人際關係和人羣關係後，又能揭櫫一種高境界的理想，並研究出一套完備的理論與制度，朝着一種理想去實行，以期「化成天下」，即治國平天下。所以我們中國人論文化時，認為只是做到獨善其身，自己有一種涵養，或者能接受與被動適應某一種較高水準的生活方式，尚嫌不足。它一定要能發揚光大，要能增進人體全體的生活，創造宇宙繼起的生命，才算是文化的最高境界。

(二)文化的類別——普通講文化類別的，多講到物質文化與精神文化，中國文化與西洋文化等，我們這裏專講王道文化與霸道文化。

國父在日本講大亞洲主義，論及東西文化之別時，曾舉王道文化和霸道文化。

王道文化與霸道文化有何不同呢？ 國父解釋說：「歐洲近百年是什麼文化呢？是科學的文化，是注重功利的文化。這種文化應用到人類社會，只見物質文明，只有飛機炸彈，只有洋槍大砲，專是一種武力的文化。歐洲人近有專用這種武力的文化來壓迫我們亞洲，所以我們亞洲便不能進步。這種專用武力壓迫人的文化，用我們中國的古話說就是『行霸道』，所以歐洲的文化是霸道的文化。」我們亞洲人對於霸道文化有何態度呢？是不是也擁護霸道文化呢？ 國父接着說：「但是我們東洋向來輕視霸道的文化，還有一種文化，好過霸道的文化，這種文化的本質，是仁義道德。用這種仁義道德的文化，是感化人，不是壓迫人，是要人懷德，不是要人畏威。這種要人懷德的文化，我們中國的古話就是『行王道』。所以亞洲的文化，就是王道的文化。」 國父生平重視王道文化，不重視霸道文化，其所提倡的「扶弱抑强」與「濟弱扶傾」，就是重王道輕霸道，反對帝國主義和侵略主義。

霸道文化用武力征服其他民族，「非心服也，力不贍也。」當然不能長治久安，「像英國征服了埃及，滅了印度，就是英國强盛，埃及、印度還是時時刻刻要脫離英國，時時刻刻做獨立的運動。……假若英國一時衰弱，埃及、印度不要等到五年，他們馬上就要推翻英國政府，來恢復自己的獨立地位。」果然不出 國父所料，這兩個民族於第二次世界大戰之後，便獨立了。 國父並特別强調現在世界文化的潮流，霸道文化應該服從王道文化。因此又說：「所以現在世界文化的潮流，就是在英國美國有少數人提倡仁義道德，至於在其他各野蠻之邦，也是有這種提倡。由此可見西方之功利强權的文化，便要服從東方之仁義道德的文化。這便是霸道要服從王道，這便是世界的文化，日趨於光明。」後來，美國之允許菲律賓獨立，法國之允許安南獨立，英國之讓緬甸、印度自主，都是亞洲文化領導歐洲文化的結果。

推而論之，王道文化可說是平等的文化，霸道文化可說是不平等的文化，後者應向前者低頭，國父認為霸道王化應該服從王道文化。

(三) 中西民族平等問題的理論與事實——中西學者政治家以及專制獨裁者等，對民族應否平等，各有主張，在事實上亦有不同的措施和表現。

所謂民族平等問題，可分對內對外兩方面：對內是說一個國家內的各民族應不應平等；對外是說世界各民族應不應平等。

(一)西方：希臘古代有奴隸制度。凡戰勝國往往將戰敗國(多為異族）的俘虜作為奴隸，可以買賣。故希臘有自由民與奴隸之分，奴隸從事各種勞役，自由民不做「勞力」工作，可以有閒作藝術、哲學各種活動。故唯物史觀者稱希臘社會為奴隸社會，有奴隸和主人（自由民）的階級鬥爭。並說這種階級鬥爭的結果，主人階級垮了，便進到封建社會(包括羅馬及中古)。其實奴隸在羅馬時期還存在，還有過幾次奴隸大暴亂的戰爭。

柏拉圖著理想國，把社會分為三個階層：第一層為哲人（治國），第二層為軍人（捍衞國土），第三層為平民。內含有不平等的思想在內。

亞歷山大(Alexander)繼其父王腓力普(Philip)而東征西剿，建立了馬其頓帝國，對所征服的弱小民族，不給予平等待遇。同樣，凱撒(Caesar)大帝建立了羅馬大帝國，亦不以平等地位給予所征服的民族。

羅馬法律，固名傳今古，但在帝政時代曾分法律為兩大系統：一為管理享有公民權的「民法」(Civil

Law)；一爲管理無公民權的「民族法」(Law of peoples)。大約義大利半島的人民都享有公民權，其他地區(或稱其他民族)很少享有公民權。這是法律的不平等，亦是民族間的不平等文化。當時，斯多噶派的學者反對這種不平等的法律，他們認爲人們生而平等，任何人都應享有政府不能干擾侵犯的基本權利，社會上之所以有貧苦與奴隸的存在，實由災害與私有財產所造成。因此，他們主張法律應保護弱者，即可說人民應在法律之前平等，推而言之，各被征服的弱小民族的人民亦應享受平等待遇。

基督教以博愛主義救世，以平等眼光對待各民族。傳入羅馬後，初遭反抗與迫害，繼被東羅馬大帝承認爲國教，由是宗教的平等思想與法律的平等思想都流行於社會。

前面曾經講到，自東羅馬帝國滅亡後，各民族由產生方言文學而產生民族意識與民族國家，以至形成民族主義，民族平等的思想，由是而加强。不幸的是，各民族國家由民族主義而逐漸擴張爲侵略主義與帝國主義，到處侵略弱小民族，爭取殖民地，民族間的不平等又日益加深。第一次世界大戰發生，威爾遜總統有鑒於各弱小民族漠不關心，特提倡「民族自決」，使民族平等文化露了一線曙光。另一方面列寧看到了這樣現象，便提倡「扶助弱小民族打倒帝國主義」，以爭取「民族自決」與「民族平等」的謊言相號召，對內騙取俄國國內弱小民族的幫助以推翻「沙皇」；對外騙取東方弱小民族及其他地區弱小民族的上鈎，以期打倒資本帝國主義。世人當初不知他們的「民族自決」與「民族平等」是內含毒素的糖衣，今日東歐闖入鐵幕的各民族，始嘗到蘇俄帝國主義不平等待遇的苦果。此外，莫索里尼、希特勒當權之後，向外肆行侵略，民族平等的一線曙光，爲之掃除清淨。希特勒還把世界民族分爲劣等和優等，而以優等自居。

幸而在第二次大戰後，亞、非各洲弱小民族紛紛獨立，民族平等的呼聲，幾乎使窮兵黷武者不敢出兵欺負弱小。在亞洲首先提倡反帝反侵略與濟弱扶傾的 國父，當可含笑於九泉。

㈡中國：我國古代固有討伐四夷的戰爭，但多爲「抵抗其武力，而不施以武力」。（蔣總統語）帝堯「協和萬邦」含有對各民族以平等相待之意，否則不能稱爲「協和」。成湯伐有苗，未能克服，乃自動退兵，用文德去感化，七旬之後，有苗來服，這是不恃武力征服之明證。又「東面而征西夷怨，南面而征北狄怨」，可見成湯對於四夷的人民，是給予平等待遇的，否則爲什麼還歡迎他來討伐呢？

孔子著春秋，固有尊王攘夷之意，但公羊傳張三世，講到太平世，便說「遠近大小若一」，即各民族一律平等。禮運篇講大同主義，主張「天下爲公」。「大學」在齊家治國之後，要「平天下」，所謂「平」即含有「平等」之義。中庸講「厚往而薄來，嘉善而務不能」，不僅「平等」而已，且有「優遇」之意。管子與墨子書中，均有此項優待四隣或四夷之主張，可見都深藏「民族平等」之主意。趙武靈王改馬胡服，亦有「民族平等」與「文化交流」之見解與風度。

漢代與匈奴固免不了戰爭，但「和親」爲一大外交政策。賈捐之上漢元帝的「棄珠崖對」中有云：「不欲與者，不强治也。」不强加統治，既可稱和平主義，也可稱對海南島給予民族平等的待遇。

唐代開疆闢土，不免有邊疆之戰，但對於胡人，未嘗不予重用，如玄宗以安祿山（胡人）爲平盧范陽河東節度使，即爲一例。又唐代對於外國學生，莫不給予優遇，可見並不輕視異族。

明太祖恢復中華，統治全國之後，有幾道詔文，更具有民族平等的思想。

其一：洪武三年以平定沙漠，頒詔海外諸國稱：「自古爲天下主者，視天地所覆載，日月所照臨，若遠、若近，生人之類，莫不欲其安土而樂生。…前年攻取元都，四方底定，占城、安南、高麗諸國、俱來朝貢，…朕倣前代帝王治理天下，惟欲中外人民各得其所。至於番僻在遠方，未悉朕意，故遣使往諭，咸使聞知。」洪武七年又詔占城、暹羅、西洋瑣里等新附國土，不必煩貢。這種以平等待異族之寬大胸懷，較之西方帝國主義，實有天壤之別。

其二，洪武三年諭稱：「四方諸侯皆阻山隔海，僻在一隅，得其國不足以供給，得其民不足以使令，…吾恐後世子孫倚中國富强，無故興兵，致傷人命，切記不可。」如果不是太祖這樣寬大態度，我國可能已將南洋變為殖民地了。尤其是鄭和七下南洋，曾到印尼、印度等地，祇是敦睦存謝而已，毫無領土野心。

國父提倡民族主義，乃繼承先民所遺留者而加以發揚光大，內中特別重視民族平等思想。以下我們要詳加研述。

（四）國父民族平等的文化理想—— 國父認為三民主義能促進中國之國際地位平等，政治地位平等，經濟地位平等。所謂中國之國際地位平等或中國之自由獨立，就是民族主義的初步目的。「中國革命史」中稱：「對於世界諸民族，務保持吾民族之獨立，發揚吾國固有之文化，且吸收世界之文化而光大之，以期與諸民族並驅於世界，以馴致於大同」。所以世界大同是民族主義的終極目的。

進而言之，民族主義對內的目的，在求中國境內各民族一律平等，對外中國民族自求解放，即求中國之自由獨立，對國際求世界各國之國際地位平等。自另方面看，對國內言，各民族一律平等，而不為他族所壓迫；就對外言，所謂中國民族自求解放，即應打倒帝國主義，解除不平等條約的束縛；就對國際言，打破各民族間的不平，世界各被壓迫民族全體解放。

甲、就對內對外的目的言—中國國民黨第一次全國代表大會宣言有云：「民族主義有兩方面之意義：一則中國民族自求解放，二則中國境內各民族一律平等。」這兩個意義，可視之對內對外的兩個目的。單就對中國言，所謂中國民族自求解放，就是求中國之自由獨立，就是對外爭平等。

建國大綱第四條載：「其三為民族。故對國內之弱小民族政府當扶植之，使之能自治；對於國外强權侵略，政府當抵禦之。」亦可視為對內對外的兩個目的。就對國內言，要扶助各少數民族，使之自治，而平等相處；就對外言，所謂抵禦强權，就是要打倒帝國主義，求中國之國際地位平等。

乙、就對國際的目的言— 國父是主張世界上各民族一律平等，各弱小民族一律解放。國父說：「民族主義卽是掃除種族的不平。」（民國十年十二月講知難行易）戴季陶先生認為 國父所主張的被壓迫民族的聯合，在理論上，並不限於亞洲，是包括全世界的弱小民族而言。戴先生又在民生哲學系統表中之民族主義項下列了三條：⑴中國民族自求解放，⑵中國境內各民族一律平等，⑶世界被壓迫民族全體解放。後來三民主義研究者在戴先生的三條之外，又加了一條⑷世界各民族一律平等。戴先生所增第三條是就對國際而言，是消極的；其他研究者所增第四條是積極的。詳細點說，民族主義之目的，消極方面，中國民族自求解放，世界各被壓迫民族全體解放，不讓世界上有一半奴役，一半主人；積極方面，中國境內各民族一律平等，世界各民族一律平等，不讓世界上有不平等的現象存在。這是王道主義的平等思想，也是 國父民族平等的文化理想。

第三節 民族主義的比較研究

本節要說明四個問題：民族主義與國家主義的比較，民族主義與世界主義的比較，對共產國際主義的批判，民族主義的優越性和可行性。

壹、民族主義與國家主義的比較

要研究民族主義與國家主義，先要明白兩者的定義，然後再比較其相同點與相異點。

（一）民族主義與國家主義的定義——民族與國家在英文中同是「Nation」，民族主義與國家主義在英文中亦同是「Nationalism」。所以在名詞上，常相混淆。其實，民族與國家不同，民族主義與國家主義，更有區別，應分別說明其定義。

㈠何謂民族主義：什麼是民族主義呢？可說是民族意識的精神表現，民族意識形成之後，便可發揮强烈的作用，逐漸演變發展爲民族主義。國父說：「何謂主義（疑係何謂民族主義之誤）？即民族之正義之精神也。」（文言本三民主義）又說：「民族主義是國家圖發達種族圖生存的寶貝。」（民族主義第三講）又說：「甚麼是民族主義呢？就是要中國和外國平等的主義，要中國和英國、法國、美國那些强盛國家都是一律平等的主義。」（女子要明白三民主義）又說：「民族主義卽世界人類各種族平等，一種族不爲他種族所壓制。」（要改造新國家當實行三民主義）以上這些話，已把民族主義的含義，說得非常明白。

㈡何謂國家主義：國家主義的意義，乃以國家的性質是有機體，認爲國家是目的，個人的一切均應屬於國家。世界百科全書（World Book Encyclopedia）族國主義（Nationalism）條載：「族國主義（國家主義）乃是一種信仰，認爲一己的國度，係世界上最好的國度，……應當奮發圖强，俾能獨行其是，而不與其他任何國度維持密切的關係。在其最優狀態時，族國主義祇是對於一己的國家，抱持一種健全的驕傲。其在最劣狀態時，族國主義可使一個族國虐待其他弱小族國。」（引自浦薛鳳著現代西洋政治思潮，一七二頁）。這一定義，確能說明西方國家主義的特性。

㈢民族與國家的區別：民族主義與國家主義有何區別？國父說：「簡單的分別，民族是由於天然力造成的，國家是用武力造成的。用中國的政治歷史來證明，中國人說，王道是順乎自然，換一句話說，自然力便是王道，用王道造成的團體，便是民族。武力就是霸道，用霸道造成的團體，便是國家。」又說：「一個團體，由於王道自然力結合而成的是民族，由於霸道人爲力結合而成的是國家。」（民族主義第一講）這裡所講的「民族是由於天然力造成的，國家是用武力造成的」兩句話，亦可視爲民族主義與國家主義的最大區別。

(二) 民族主義與國家主義相同點——民族主義與國家主義雖有區別，但異中有同，擇其重要者，計有下列三項：

(一)恢復民族自信力：恢復民族自信力，是民族與國家主義者的共同主義。非希特是國家主義者的代表，他在告德意志國民書中說：「我想在新敎育上，站在整個德國人立場上，使全德國人民都根據共同的國難，去鼓勵他們激發他們。」這是以敎育方法，激發德國人民的民族自信力。又說：「我這講演的目的，主要是想向被人打得粉碎的國民心中，吹進去勇氣和希望，在沉痛悲哀之中，宣傳之以喜悅，藉此與以自信心與自尊心，而使能將艱苦的難關，安然度過。」這種民族精神敎育講詞，對德意志民族復興與統一，發生巨大的影響力量。

民族主義亦主張要恢復民族自信心，國父說：「中國人從經過了義和團之後，完全失掉了自信力。一般人的心理，總是信仰外國，不敢信仰自己，無論甚麼事，以爲要自己去做成，單獨來發明，是不可能的。」（民族主義第三講）蔣總統亦特別强調要恢復民族地位，先要恢復民族自信力。他說：「要使敎育發生效果，就要切實奉行　總理的主義，要以　總理遺敎中所說的最重要的一句話，即『恢復民族的自信力』來作敎育的原動力，……纔可以解除國難，達到建國救國的目的。」（救國敎育訓詞）

㈡同是愛國主義：大凡國家主義者，都是救國主義者，意大利馬志尼曾對工人說：「沒有國家，你們就沒有名義，沒有證物，沒有發言權，各民族也不承認你們做同胞，你們就成了人類中的私生子。」（馬志尼著「人的義務」）非希特的愛國熱忱，更溢於言表，他說：「有了祖國，然後在自己心中，使天地有形無形的一切，相互交錯而做成一個眞確堅實的天國，像這類人，才能說他愛國。他們爲使這種可貴的公器，毫無損壞的傳於子孫起見，甚至能不惜灑其最後一滴之血液而奮戰。」（告德意志國民書）馬基維尼認爲：「惡行有益於保持國家，亦可爲之，不應怕何種責罵。」他們頌揚國家的神聖尊嚴，皆出於愛國心；愛國心乃是根源於人類的天性，仁人志士爲愛國而捐軀，百世流芳。

民族主義更是主張愛國。國父自稱三民主義是救國主義，民族主義在求國際地位平等。曾說：「國家生存之要素，爲人民、土地、主權。故苟有害於此三者，可以抗之也。」（中國存亡問題）又說：「以吾人數十年必死之生命，立國家億萬年不死之根基。」（軍人精神教育）這種愛國主義的主張，與國家主義的言論，若合符節。

㈢提倡富國强兵：國家主義者認爲要完成國家的獨立與統一，先要富國强兵。如非希特在「閉關貿易國家」一文中，卽主張國家極度的干涉與通盤的統制國民經濟，以求國家的富强。又說：「祖國愛和國家愛，除維持國內的秩序，保護人民的財產、生命、自由、治安等目的之外，更有一個高尙目的，對此高尙目的，國家才整軍備武，建設國防。」（告德意志國民書）其他國家主義者，亦莫不主張富國强兵之道。

國父提倡民族主義，同樣主張富國强兵。興中會之設，專爲聯絡中外有志華人，講求富强之學，以振興中華。（香港興中會宣言）當中華民國建立後，懷有國防不固之憂，他說：「現在以國防不固，至今俄在北滿及蒙古橫行，日本在南滿洲橫行，英國在西藏橫行。若我國兵力能保護邊圉，斷無此等事實。」（報界應鼓吹借債修築鐵路——民元九月在北京報界歡迎會講。）蔣總統强調實業計畫一書，充分表現了民生與國防合一的精神。民生在養民，國防在保民，實現養民保民，須走富國强兵之路。與國家主義者的主張，亦屬相同。

㈢民族主義與國家主義相異點——講過民族主義與國家主義相同後，再講兩者的相異，兩者有那些不同呢？計有左列各點：

㈠民族平等與種族歧視：國家主義者都有種族歧視的觀念，認爲白種人是最優秀民族，德國人尤認白種人中以條頓民族爲最優。如有英國血統轉入德國籍的張伯倫（Hou-Stom Stewart Chamberlain）便描寫典型的條頓人是：「神采光輝的大眼睛，金黃麗色的長頭髮，高大的身軀，平均的肌肉，高貴的表情。」希特勒在「我的奮鬪」一書上說：「一個有創造文明的能力的種族，才是更高級文化的創造者呢！世界上說不定有幾百種形式的國家，但是假若保存文化的亞利安族滅亡以後，世界上絕不會有現代這些高等國家的文化。」他們都有民族優秀感，自認是創造世界文化的主人，對其他民族甚表歧視。

民族主義沒有種族歧視的觀念，並主張民族互助與民族平等。國父說：「民族主義有兩方面之意義，一則中國民族自求解放，二則中國境內各民族一律平等。」（中國國民黨第一次全國代表大會宣言）又說：「民族主義，卽世界人類各族平等，一種族絕不能爲他種族所壓制。」（改造新國家當實行三民主義）又在遺囑中以民族平等規勉國人：「其目的在求中國之自由平等，及聯合世界弱小民族，共同奮鬪！」這種民族平等精神，遠勝於國家主義的種族歧視。

㈡和平主義與侵略政策：國家主義多頌揚武力的侵略政策，如屈賚乞克說：「歷史中再三再四，多次證明：能使一個民族進而成爲一個民族國家者，乃是戰爭。」（屈著政治學）法西斯主義者讚揚武力與戰爭，則更達於極點，墨索里尼說：「雖然文字是很美麗的東西，但是來福鎗、機關鎗、軍艦、飛機、與大礮却是更美麗得多哩！」（Joad, Cuide to the Philosophy of Morals and Politics, P. 638—639）又說：「法西斯主義，……不但認爲永久的和平不可能，並且認爲不必要。……只有戰爭纔能使人類的能力達到高度的緊張，纔能使一個勇敢的民族得到高貴的光榮。」（法西斯主義之社會及政治原理）這種軍國主義的侵略政策，與和平主義的民族主義，完全相反。

中國自古是愛好和平民族，遠在漢朝時代，便已抛棄武力的侵略政策。如賈捐之的棄珠崖議中所說：「欲與聲敎則治之，不欲與，則不治也。」卽主張與國內各民族要和平相處。國父說：「各國人共同去講和平，是因爲怕戰爭，出於勉强而然的，不是出於一般國民的天性，中國人幾千年酷愛和平，都是出於天性，論到個人，便重謙讓，論到政治，便說不嗜殺人者能一之，和外國人便有大大的不同。……這種好道德，不但要保存，並且還要發揚光大。」（民族主義第五講）又說：「中國更有一種極好的道德，是愛和平。現在世界上的國家和民族，只有中國是講和平，外國都是講戰爭，主張帝國主義去滅人的國家。」（民族主義第六講）和平是民族主義的眞精神，人類要實行眞正的和平，惟有弘揚三民主義於世界，貫徹民族主義的和平理想。

㈢大同世界與征服世界：國家主義者常主張在國家强盛之後，使對外發動征服世界的侵略戰爭。希特勒說：「假若德國也和其他民族一樣，歷來就有種種團結的觀念時，則德意志帝國已早成了今日世界的主人了，世界的歷史也許就另走了一條道路。」（Hitler Mein Kampf, Part, II Chap. II。）墨索里尼更明白地指出：「因爲在法西斯主義者看來，帝國的生長或國家的擴張，是國家活力的表現；

不然就是國家衰徵的象徵。」(Joad, Guide to the Philorophy of Morale and Politics, P. 658。)希特勒鼓勵大家發揮那種「更野蠻的意志力」(the more savage will-power)，墨索里尼竭力稱讚「征服的意志」(the will to conquer)，國家主義之侵略政策，使其走上帝國主義之途，而以征服世界爲最後目的。

大同思想係出自禮記禮運篇——「大道之行也，天下爲公，……是謂大同。」這是我國古代最崇高的政治與倫理思想。國父繼承此種傳統的大同思想，並加以發揚光大。他說：「我們要將能够治國平天下，便先要恢復民族主義和民族地位，用固有的道德和平做基礎，去統一世界，成一個大同之治。」民族主義中又說：「我五大種族皆愛和平，重人道，若能擴充其自由平等博愛之主義於世界人類，則大同盛軌，豈難致乎?」「五族協力以謀全世界全人類之利益」。民族主義的大同世界，是以道德和平做基礎，保障其他民族利益，扶助弱小民族，互助合作的精神，同躋於世界大同。這種民族主義的大同思想，與國家主義的征服世界主張，完全背道相馳。

貳、民族主義與世界主義的比較

這裡先講世界主義的意義，次講民族主義與世界主義作一對比研究。

(一)世界主義的意義——世界主義(Cosmopolitism)是指「天下一家」、「四海皆兄弟也」的一種理想，也可以說是泯除種族與國家的界線，求世界人類共進於「天下一家」的一種主張。國父曾說世界主義就是中國古代所講的天下主義，就是中國過去不分夷狄華夏的主張。韋氏大辭典解釋，「世界主義是一種意見傾向，其特點在於沒有狹隘的國家忠貞，在文化或藝術的結構方面，放棄鄉土地方偏見，一心一意慕化他國他地。」大英百科全書則說：「世界主義者，屬於一種世界公民，他的同情、關心和文化不限於自己的人種與國家。」其實，世界主義的派別很多，但就政治性質來歸納，可分爲和平的世界主義與侵略的世界主義兩種。

㈠和平性的世界主義：十八世紀初，歐洲各國之間戰爭頻繁，若干學者主張世界和平，提出和平的世界主義，要實現「國際聯治」的理想，避免國際間的爭鬪。如法國的聖比萊 (Charles-Irennes de Saint Plerle) 於一七二九年發表「永安和平計畫綱要」，主張歐洲同盟和建立同盟軍。德國的康德 (Immanwc Kant) 著「永久之和平」一書中，提出一切常備軍應在相當期間後完全廢除，國際法之成立，應以一切自由國家之聯合爲其基礎等主張。到了十九世紀初，英國的邊沁，創國際主義 (Internati-nalism)，提出和平方案，主張縮減軍備，放棄殖民地，設置仲裁法庭，排斥祕密外交等。以上三人，是和平的世界主義的權威學者，可以代表該派的重要主張。

就中國來說，世界主義發生很早，國父說：「世界主義，就是中國二千多年前所講的平天下主義。」(民族主義第四講) 如墨子主張「兼愛」與「非攻」，論語顏淵第十二篇子夏云：「四海之內皆兄弟也。」又如宋朝張載所云：「民吾同胞，物吾與也。」王陽明視「天下爲一家，中國爲一人。」這都有世界主義的精神。亦是主張世界大一統，人類爲一體。尤其禮運篇的大同主義，主張「大道之行也，天下爲公，選賢與能，講信修睦……。」更代表了和平性的世界主義。

㈡侵略性的世界主義：侵略性的世界主義，就是帝國主義。國父的解釋是：「用政治力去侵略別國的主義，卽中國所謂勤遠略。這種侵略政策，現在名爲帝國主義。」(民族主義第四講) 如再按其侵略性質而言，又可分爲羅馬帝國式的世界主義，資本主義式的世界主義，共產主義式的世界主義與法西斯式的世界主義等。

1.羅馬帝國式的世界主義　羅馬帝國用武力打天下，統治了很多國家，便提倡世界主義，要人家服從他的武力征服和法律控制。其法律對於異邦或異民族是不平等的，卽含有民族歧視。

2.資本主義式的世界主義　資本主義發達的結果，旣要向他國尋找原料，又要向他國推銷商品，故提倡世界自由，要求各國撤銷關稅壁壘，以便採用經濟或政治力量，去侵略別的國家。國父說：「世界上的國家，拿帝國主義把人征服了，要想保全他的特殊地位，總想站在萬國之上，做全世界的主人翁，便提倡世界主義，要全世界都服從。」（民族主義第三講）這裏所講的帝國主義，便包含了資本主義式的世界主義。

3.共產主義式的世界主義　馬克斯提倡國際共產主義，反對民族主義，主張「工人無祖國」。列寧等召集社會主義者開會於斯德哥爾摩，成立第三國際（共產國際），其總部設於莫斯科，爲指揮世界共產黨的司令台。它以階級鬬爭爲手段，以赤化世界爲目的。在第二次世界大戰末期，史達林雖然宣布取消之，轉而提倡民族自決，口口聲聲反對帝國主義，反對侵略主義，然而事實上他們是要以共產主義式的國際主義取代資本主義式的世界主義；要將資本主義的殖民地轉變爲蘇俄共產主義的附庸。故在本質上共產主義式的世界主義仍是帝國主義，或稱新殖民主義，赤色帝國主義。

4.法西斯主義式的世界主義　法西斯本爲意大利墨索里尼所首倡，其最初的組織，名爲「法西斯鬬爭者」，以國家主義爲政治號召。及其執政後，對內實行獨裁統治，用暴力消滅其反對者，否認社會鬬爭的事實，不准許有工會組織及工人罷工，并强調國家至上，採取保守政策，排斥一切外來文化；對外提倡擴張主義，以武力作外交後盾，侵略弱小國家民族。如對阿比西尼亞用兵，師出無名，强行占領。

後來希特勒在德國組織納粹黨（Nazi）對內亦實行獨裁，對外亦實行擴張，侵略波、捷、法、比等國領土，其危害國際安全與和平，與資本主義式和共產主義式的世界主義，所行略同。所以法西斯式的世界主義，亦是變相的帝國主義。

(二)和平性的世界主義與民族主義——單就世界主義言，多主張丢掉民族主義。國父說：「現在的英國和以前的俄國、德國與及中國現在提倡新文化的新青年，都贊成這種主義，反對民族主義。我常聽見許多新青年說：『國民黨的三民主義，不合現在世界的新潮流，現在世界上最新最好的主義是世界主義』」。本來，這裏所引「現在的英國，和以前的俄國和德國」所提倡的世界主義乃是資本主義式或羅馬帝國式的世界主義，可是中國青年却誤認爲是和平性的世界主義。卽就和平性的世界主義而論，亦不能丢掉民族主義。國父繼稱：「究竟世界主義是好是不好呢？如果這個主義是好的，爲甚麼中國一經亡國，民族主義就要消滅呢？」（民族主義第三講）論中華民族主義喪失的原因，他爲了說明世界主義與民族主義的關係，講了一個香港碼頭工人，把呂宋彩票裝入竹槓之內，聽到中彩，以爲發大財了，便把竹槓抛入大海。不知竹槓抛棄了，大獎亦付闕如。如果丢掉民族主義去講世界主義，與碼頭工人丢掉藏彩票的竹槓還想中彩票一樣的可笑。

國父認爲先要恢復民族自由平等地位後，才可講世界主義，絕不可先丢掉民族主義，空喊世界主義。國父說：「我們要知道世界主義是從什麼地方發生出來的呢？是從民族主義發生出來的。我們要發達世界主義，先要把民族主義鞏固了才行，如果民族主義不能鞏固，世界主義也就不能發達。」這是說民族主義才是世界主義的基礎。國父對此分析得很透徹：「中國人的心理，向來不以打得爲然，以講打得就是野蠻，這種不講打的好道德，就是世界主義的眞精神。我們要保守這種好精神，擴充這種好精神，是用什麼做基礎呢？是用民族主義做基礎。……所以我們以後要講世界主義，一定要先講民族主義，所謂欲平其天下者先治其國，把從前失去了的民族主義，重新恢復起來；更要從而發揚光大之，然後再去談世界主義，乃有實際。」（同上）如單就和平性的世界主義言，世界主義是民族主義的目標，民族主義是世界主義的基礎。亦如胡漢民先生所說：「世界主義是民族主義的理想，民族主義是世界主義的實行」。這種和平性的世界主義，可以中國的大同主義爲代表，亦可說民族主義是大同主義的實行，大同主義是民族主義的理想，國父常寫「天下爲公」與禮運篇大同段原文，又常講大同主義，更可以看出大同主義是民族主義的終極理想或目的。

㈢ 侵略性的世界主義與民族主義——侵略性的世界主義與民族主義，祇有相反的主張，沒有相同的見解，有如水火之不能相容，氷炭之不能合於一爐。

㈠言行相違與言行一致：帝國主義多以世界主義爲招牌，來沖淡民族主義思想，以掩護侵略的本質。國父旣說：「世界上的國家（指列强言），拿帝國主義把人征服了，要想保全他們的特殊地位，做全世界的主人翁，便是提倡世界主義，要全世界都服從。」（三民主義第三講）又說：「列强因爲恐怕有了這種（民族）思想，所以便生出一種似是而非的道理，主張世界主義來煽惑我們，說世界的文明要進步，人類的眼光要遠大，民族主義過於狹隘，太不適宜，所以應該提倡世界主義。」（民族主義第四講）現代共產主義式的世界主義，更以「工人無祖國」、「階級利益重於民族利益」去引人入圈套，他們披着世界主義的外表，掩飾其侵略弱小民族的事實。這種世界主義的理論是騙人的謊言。我們以和平性的世界主義（大同主義）爲目的的民族主義，主張聯合以平等待我之民族共同奮鬥，扶助弱小民族打倒帝國主義，帝國主義打倒後，又推行濟弱扶傾政策，實行中國固有的和平主義。如抗戰期間，我國聲明對泰、越無領土野心，主張韓國獨立，戰後對日本以德報怨，不以復仇為事。又對非亞各新興國家給以技術服務（農耕隊與醫療隊），這種以世界大同為目的的民族主義，言行一致，理論與事實不相違背，可以放諸四海而皆準，行之百世而不悖。

㈠王道主義與霸道主義：中國自古重王輕霸。孟子對王與霸的解釋是：「以力假人者霸，以德行仁者王。」所謂「霸道」，就是用武力去征服其他民族。歐洲人注重功利主義，對外實行武力侵略，擴張領土，其所高唱的世界主義，既是變相的帝國主義，也就是霸道主義。

國父在民族主義中論民族與國家的區別時，曾說明民族是用王道力量造成的，不是霸道力量（武力）造成的。又民族主義要推行的扶弱抑強，濟弱扶傾，文化同化等政策，都屬於王道主義。因此可以說，侵略性的世界主義實行霸道主義，我們的民族主義則提倡王道主義，這是兩者的重要區別。

㈢侵略政策與反侵略政策：帝國主義的世界主義，包括羅馬帝國式的世界主義，資本主義式的世界主義，法西斯主義式的世界主義與共產主義式的世界主義，都具有侵略本質的特性。國父說：「至於歐洲人現在所講的世界主義，其實就是有強權無公理的主義，英國話所說的武力就是公理，就是以打得的為有道理。」「其實他們所主張的世界主義，就是變相帝國主義，與變相的侵略主義。」（民族主義第四講）民族主義則是反對帝國主義、打倒侵略主義。國父說：「對外的責任，要反抗帝國侵略主義，將世界受帝國主義所壓迫的人民，來聯絡一致，共同動作，互相扶助，將世界受壓迫的人民都來解放。」所以侵略與反侵略，更是民族主義與侵略的世界主義的顯著差別。

叁、對共產國際主義的批判

馬克斯於一八四八年在巴黎發表「共產主義宣言」，即提出「工人無祖國」的口號。列寧特別強調國家的消滅。他說：「按照馬克斯的意見，國家就是一種階級，一個階級支配的機構，一個階級壓迫另一個階級的工具。」他們認爲在資本主義社會中，進行階級鬥爭，推翻資本主義的社會，實現無產階級專政；由無產階級利用國家爲工具，以壓迫並消滅資本階級的存在，進於無階級的社會，於是國家的作用消失，國家的組織便逐漸萎謝。這是共產國際主義有關國家民族的重要主張。以下分論「工人無祖國」的錯誤，「民族自決」的騙局，「反侵略」的謊言。

(一)「工人無祖國」的錯誤——共產國際主義高唱「工人無祖國」口號，認爲「國家是一個階級壓迫另一個階級的工具」，視國家是一種「必要的罪惡」，主張「全世界無產階級聯合起來，打倒資產階級」，强烈地反對國家存在，重視階級權力。

馬克斯爲了擴大階級鬥爭成爲國際性的運動，强調階級意識要超過國家民族意識。一八七〇年普法戰起他便向德、法工人大聲疾呼，要求無產階級不要効忠其本國資產階級的政府參加戰鬥，結果各國工人無人理睬，紛紛投効本國軍隊，爲保衞國家而戰，終於導致共產第一國際（原名國際勞工協會，一八六四年由馬克思，巴枯寧等人於倫敦創立）在一八七六年宣告解散。其後於一八八九年由恩格斯在巴黎成立的第二國際（原名社會民主黨的無產者國際）於第一次大戰時，也號召各國工人拒絕參戰，可是各國無產者高呼「爲祖國而戰」，且與其敵國同一階級者，相見於戰場，浴血作戰，第二國際便因此瓦解。第二次世界大戰爆發，各國的情形，亦復如此，並沒有爲同一階級的利益，而與其所屬民族不同階級作戰，連俄帝共產集團內部，亦鬧民族獨立運動，狄托首發其難，反抗俄帝統治，東歐的各國共產政權，均在醞釀獨立運動，聲勢亦相當壯大。又當德軍攻至列甯格勒前後，斯達林亦號召人民爲祖國生存而戰。從歷史事實去觀察，民族意識是高於階級意識的，這證明「工人無祖國」是一種錯誤的理論，與事實完全不符。

(二)「民族自決」的騙局——列寧於一九〇三年提出「民族自決」口號，原爲煽動帝俄境內的少數民族，參加推翻沙皇統治而戰鬥。故於十月革命奪取政權後，便對少數民族加强控制，並展開階級鬥爭，實行階級領導，來維護無產階級專政的蘇維埃制度。因爲共黨的理論中，認爲國家與民族是代表資產階級的利益，要消滅資產階級，實現無產階級專政的國際主義，當然不容許民族存在。可見國際共黨的「民族自決」策略，與後來美國總統威爾遜的「民族自決」號召，完全不同。

列寧爲要掀起歐洲各國的殖民地和附屬國的民族革命，去替無產階級國際主義効命，同樣運用「民族自決」這個口號，主張一切壓迫及被壓迫民族的社會民主黨人，都應爲「民族自決」的原則而奮鬬，這是一種世界革命策略。史太林認爲此種革命策略目標是：「鞏固一種國家的無產階級專政，利用這個專政作支柱，以便推翻全世界的帝國主義。」

本來，「民族自決」和無產階級革命，原是兩種極端相反的思想與運動。共黨國際爲要進行世界革命，亦提出「民族自決」口號，主張對被壓迫民族與殖民地人民反抗帝國主義的鬪爭，予以協助，使無產階級革命與民族自決運動發生聯繫，并强調民族自決運動要依靠俄共的支援。列寧說得很坦白：「帝國主義列强，打着建立政治上獨立國家的幌子，來建立在經濟、財政和軍事方面都完全依賴於它們的國家。在目前國際形勢下，除建立各蘇維埃共和國聯盟以外，附屬國和弱小民族，別無生路。」可見共黨所高唱的「民族自決」，完全是一種騙局。其原始用意，並非贊助弱小民族獨立，祇是利用民族解放運動，進行其所謂無產階級革命，并誘使他們加入共產國際行列，以完成其建立所謂世界革命的目的而已。

（三）「反帝反侵略」的謊言——列寧從資本主義出發下帝國主義的定義，認爲帝國主義是資本主義的最後階段。認爲資本主義發展到了最高峯，要向國外找原料，要向國外推銷商品，便要侵略弱小民族，把弱小民族做殖民地，便變成帝國主義。蘇俄根據列寧所下的定義，指英美各國爲帝國主義，並以「反帝」相號召，其實本身就是帝國主義。自一九三九年到一九五五年，俄帝侵略他國領土達一千三百三十萬九千一百一十七平方公里。我們今天堅持反共抗俄鬪爭，就是要提倡民族主義以打倒這共產主義式的帝國主義。

列寧所提倡在東方「扶助弱小民族打倒帝國主義」的民族政策，乃是一種陰謀，其目的是：第一步在東方掀起民族革命運動，驅走歐美帝國主義，第二步由民族革命運動轉化爲所謂社會革命運動，使歐美的殖民地一變而爲蘇俄的附屬，甚至歸併其版圖。第二次大戰發生以後，東歐各國卽多被關入鐵幕。這與我　國父所提倡的反帝、反侵略的目的完全相反。如果　國父眼見俄帝這樣侵略中國與征服世界奴役人類毁滅人性，一定會號召全世界尤其是東方的弱小民族，一致起來打倒蘇俄帝國主義。

肆、民族主義的優越性與可行性

民族主義有何優越性？又有何可行性？也許見仁見智，說法不同。這裏所謂「優越性」，係指優於國家主義和世界主義而言；所謂「可行性」，是說民族主義的理論和政策，可以實行於中國，宏揚於世界。

（一）民族主義的優越性——先論優於國家主義，次論優於世界主義。

㈠優於國家主義：民族主義優於國家主義可自前述相異之點看出來，即是：

1. 國家主義者提倡種族歧視，視他國爲劣等民族，視自己爲優秀民族，引起其他民族的怨恨和反感。民族主義者提倡民族平等，爲世界各民族所歡迎。

2. 國家主義者實行侵略政策，迫害弱小民族；民族主義者實行和平主義，不欺弱小，「協和萬邦」。

3. 民族主義者以實現世界大同爲目的，國家主義者有征服世界之趨向。前者實行王道，使世人心悅而誠服；後者實行霸道，使世人望而生畏。

綜上三項，可知單對國家主義言，民族主義實有其優越性。

㈡優於世界主義：玆從民族主義優於資本主義式、共產主義式、法西斯主義式的侵略性世界主義作一比較。

1. 優於資本主義式的世界主義　資本主義的世界主義，多以經濟侵略爲先鋒，又用武力作外交後盾，對外奪取原料與商品銷售市場，實行征服殖民地的侵略政策。國父說：「他們想永遠維持這個壟斷的地位，再不准弱小民族復興，所以天天鼓吹世界主義。」（民族主義第四講）以和平性世界主義爲理想的民族主義是基於王道文化，主張仁義道德，用正義公理去感化人，對國內各民族一律平等，對外聯合世界弱小民族，共同奮鬥，打倒帝國主義，維護世界和平，這種以民族平等爲準則的民族主義，自然優於變相的帝國主義——資本主義式的世界主義。

2.優於共產主義式的世界主義　共產國際主義，雖亦高唱「民族自決」與「民族解放運動」，似含有民族主義的色彩。但是把「民族自決」當作策略來運用，卽利用「民族自決」的招牌，煽動弱小民族與殖民地民族，發動反資本主義的民族戰爭，并運用策略與陰謀，透過階級鬥爭，民族革命轉變爲所謂無產階級革命，直接控制其政權，成爲俄帝的附庸，亦是變相的帝國主義。民族主義以民族獨立爲本位，對國內各民族一律平等；對國外其他民族，和平相處，沒有領土野心，本於公理與正義的精神，扶助弱小民族的獨立與自由，共進於大同世界，實優於共產主義式的世界主義。

3.優於法西斯主義式的世界主義　法西斯主義者，自認是優秀民族，强調國家至上，左反共產主義，右反資本主義，對內實行極權政治，對外發動侵略戰爭。他們認爲優秀民族應該統治落後民族，弱小國家應該服從富强國家，鼓吹「强權卽公理」，這可說是軍國主義的帝國主義。民族主義是基於中國傳統的和平思想，　國父主張「用固有的道德和平做基礎，去統一世界，成一個大同之治，這是我們四萬萬人的大責任」。(民族主義第六講) 民族主義因爲主張世界和平，所以反對破壞和平的帝國主義。蔣總統說：「我們不許任何帝國主義者壓迫中國民族，也不贊成任何帝國主義者去壓迫任何弱小民族。中國民族起而革壓迫中國民族的帝國主義者之命，中國民族亦當聯合世界上以平等待我之民族，共同協力去幫助各弱小民族，求得獨立，求得自由。」(三民主義要旨與三民主義教育之重要) 說明主張和平的民族主義和主張戰爭的法西斯主義，完全處於敵對狀態，永無妥協可能。公理必定戰勝强權，民族主義更是優於法西斯主義式的世界主義。

(二)民族主義的可行性——民族主義既有至高至上理想，亦有易知易行的政策。如中西並顧的文化政策，濟弱扶傾的民族政策，以民族爲基礎的國際政策等，都是一種救國救世的實用主義。

㈠中西並顧的文化政策：國父對於中西文化是主張兼容並包的。他雖然反對利用科學以助長霸道主義惡燄，但不反對科學本身。國父在民族主義中所講恢復民族地位的四種方法，就表現了一種中西並顧的文化政策。所謂要恢復固有道德、智識和能力，是指發揚固有文化而言；所謂迎頭趕上西方科學，是指吸收西洋文化而言。這種既不偏於完全復古，亦不偏於全盤西化的文化政策，頗合乎中國的中庸之道，論理既爲可行，論事則已在進行。

日本的復興與富强，可以歸功於一面提倡固有的武士道精神，一面效法西洋科學文明。我們如能堅守國父的民族主義的文化政策，一定可以收到良好的效果。

㈡濟弱扶傾的民族政策：濟弱扶傾根源於我國「興滅國，繼絕世」的王道文化，主張扶助弱小民族、抵抗侵略强權，使世界各民族一律平等。國父說：「中國古時常講『濟弱扶傾』，因爲中國有了這個好政策，所以强了幾千年，安南、緬甸、高麗、暹羅那些小國，還能够保持獨立。」又說：「我們要決定一種政策，要濟弱扶傾，才是盡我們民族的天職。我們對於弱小民族要扶持他，對於世界的列强要抵抗他。」（民族主義第六講）這種「濟弱扶傾」的民族政策，在第二世界大戰後，首先爲美國國務卿馬歇爾所採用，他於一九四八年提交國會通過援外法案，以經濟實力援歐。杜魯門總統又於一九四九年宣布其第四點計畫，即以經濟和技術援助落後地區。如就軍事行動言，美國曾支持猶太民族建國，軍援希臘政府與共黨作戰，并參加韓戰與越戰，抵禦外來侵略。我國在抗戰期中，亦派軍遠征緬甸，與盟軍并肩作戰，政府遷台後，又組織農耕隊、醫療隊實行技術援外。可見「濟弱扶傾」政策，不僅可以見諸實行，而且已經行之有效。

㈢以民族爲基礎的國際政策：西洋人講世界主義，多排斥民族主義，認爲民族主義太狹隘，眼光不夠遠大，亦不能適合世界潮流，爲什麼會發生這種論調？因爲他們提倡世界主義，別有用心。國父說：「世界上的國家，拿帝國主義把人征服了，要想保全他的特殊地位，總想站在萬國之上，做全世界的主人翁，便提倡世界主義，要全世界都服從。」（民族主義第三講）在淸末民初的時代，我們是被壓迫民族，國家處境非常危險，那有資格講世界主義！民族主義第四講說：「我們是受屈民族，必先要我們民族自由平等的地位恢復起來之後，才配來講世界主義。」

國父又說：「我們以後要講世界主義，一定要先講民族主義，……把從前失去了的民族主義，從新恢復起來，更要從而發揚光大之，然後再去講世界主義，乃有實際。」（民族主義第二講）這樣以民族主義爲基礎的主張，現代亞、非新興國家都很贊成，因爲他們都是求民族獨立，再行參加各種國際組織。故國父的「民族基礎」說，已爲各新興國家所實際採行。

㈣反帝與廢約政策：國父的反帝政策，事實已在世界風行。第一世界大戰後，許多弱小民族實行民族自決運動，反對帝國主義統治。第二次世界大戰後，亞非許多民族都獲得獨立，建設國家。至國父在民國十二年卽主張廢除不平等條約，彼時有人認爲不可能，空喊口號而已。可是在第二次世界大戰期中，中國因堅苦對日作戰，博得世界贊譽，英、美、法等國自動宣佈放棄在華法外治權。從以上的例證，說明民族主義的各種政策，都是切實可行的。

本章小結

本章論民族思想共分四節如下：

第一節討論民族問題與民族主義，下分：⑴民族問題的根源，講到了世界民族紛爭的根源與民族主義興起的關係。⑵殖民帝國主義的擴張及其沒落情形。⑶共產帝國主義的興起及其侵略各國的經過與我國反共抗俄的國策和前途等。至於民族主義與帝國主義之不能並存的理由，則列為附錄一。

第二節討論民族主義的一般理論，內分：(1)倫理本質的民族學說，此為新標題，無舊例可以援用，暫以民族主義的本質、方法、政策、目標為範圍，分論其與倫理的關係。(2)民族國家的國家結構，此為一不易解釋的標題，因為如就狹義的「民族國家」講，國父並未有如此主張，但就廣義的「民族國家」言，則國父常主張各民族同化，造成自由聯合的大中華民族。故在本標題中先述民族國家的意義，把廣狹二義先行指出，然後論民族自決與民族同化對於組織廣義的「民族國家」的關係。(3)質量並重的人口政策，此標題本易尋找資料，但不易下一共同的結論，著者所言，乃以不反對現行人口政策為準，溯及孫科先生，蔣總統，國父對於人口的看法。(4)民族平等的文化理想，此亦為一個新標題，沒有舊例可以援用，暫以下列各項為內容：壹、文化的意義與範圍；貳、文化的類別（專述國父所論王道文化與霸道文化）；叁、中西民族平等問題的理論與事實；肆、國父民族平等的文化理想。

第三節研究民族主義與文化建設，原「課程講授大綱」標題為民族主義的文化建設，因見文化建設有廣狹兩義，就狹義言，民族主義的建設不便全稱為文化建設；又就廣義言，文化建設不一定僅含民族主義的建設。故將「的」改為「與」，以便將民族主義的建設與狹義的文化建設，同時論述。

本節計分二項：(1)民族與文化運動，此標題剛好與著者所改之本節總標題相符，計分為下列各點：壹、論民族復興運動，內中稍加擴大，先論恢復民族主義的方法（並論及中國民族主義喪失的原因），次論恢復民族地位的方法，再次論國民革命與民族復興運動之關係，又次論中華文化復興運動提倡之經過。

(2)本項原標題為民族主義的文化建設成就，著者亦將「的」字改為「與」字，（其理由如本節總標題所述）成爲民族主義與文化建設的成就。內分：⑴扶持山地同胞發展自治，⑵建立自主的外交與強大的國防武力，⑶推行文化復興運動，⑷長期發展科學。以上四項，前兩項可視爲民族主義的建設成就，後兩項可視爲文化建設的成就。此外，本還可以講到倫理建設等成就，爲免字數過多，故未叙述。

第四節研討論民族主義的比較研究，下分爲：⑴民族主義與國家主義的比較，包括兩者的定義，同點和異點。⑵民族主義與世界主義的比較，先述世界主義的種類，簡分爲和平性與侵畧性兩大類，然後視民族主義爲和平性世界主義的實行，和平性世界主義爲民族主義的理想，另將侵畧性的世界主義與民族主義的區別加以分析。⑶對共產國際主義的批判，原標題範圍嫌大，故加上共產兩字，下分：㈠工人無祖國的錯誤，㈡民族自決的騙局，㈢反帝反侵畧的謊言，其餘共產集權主義和階級鬥爭的錯誤另有批判，不在本項討論。⑷民族主義的優越性，一方面說明民族主義優於國家主義和侵畧性的世界主義；一方面說明民族主義的文化政策，民族政策，國際政策等的切實可行。

第三章　民權思想

本章將研討下列各項問題：一、民權問題與民權主義，二、民權主義一般理論，三、民權主義的政治制度，四、民權主義的政治建設，五、民權主義的比較研究。

第一節　民權問題與民權主義

本節首講民權問題的發生(註一)，次講歐美民主政治的缺點，再次講極權主義的反動，而以民權主義的提出殿其後。

壹、民權問題的發生

民權問題的發生與民權的來源這兩個題目，幾乎不易分開，這裏先談民權的來源，後談民權問題的發生，即由　國父講民權的來源，推論到民權問題的發生。

(一) **民權的來源**——盧梭提倡天賦人權，强調民權是天生的，與生俱來的；國父反對其說，認爲民權不是天生的，而是人爲奮鬥得來的，並將人類奮鬥分爲洪荒、神權、君權、民權四個時期：

㈠洪荒時代：洪荒時代，是人和獸相鬭的時代。國父說：「在那個時候，人類要圖生存，獸類也要圖生存，「人食獸，獸亦食人，彼此相競爭，遍地都是毒蛇猛獸。人類的四周都是禍害，所以人類要圖生存，便要去奮鬭。」人類如何去和獸類相鬭呢？「因爲當時民權沒有發生，人類去打那些毒蛇猛獸，各人都是用氣力，不是用權力，所以在那個時代，人同獸爭，是用氣力的時代。」這是說人類在洪荒時代，是人同獸爭，所用的是氣力，大家共心協力，去殺毒蛇猛獸。

中國在堯舜禹湯文武時代，還有人同獸爭的記載，孟子說：「當堯之時，天下猶未平，洪水橫流，氾濫於天下，草木暢茂，禽獸繁殖，五穀不登，禽獸逼人，獸蹄鳥跡之道，交於中國；堯獨憂之，擧舜而敷治焉。舜使益掌火，益烈山澤而焚之，禽獸逃匿。」又說：「周公驅虎豹犀象而遠之。」成湯出獵，網開三面，含有多驅少殺之意，說明人與獸爭，流傳至堯舜禹湯文武時期，尙有跡象可尋。

㈡神權時代：人類在洪荒時代戰勝了毒蛇猛獸後，生活獲得改善，生命趨於安全；但對水火風雷等天災，沒有辦法防備，極聰明的人用祈禱方法去避禍求福，於是進入了神權時代。國父說：「到了人同天爭的時代，專講打是不可能的，故當時人類感覺非常的困難，後來有聰明的人出來，替人民謀幸福，像大禹治水，替人民除去水患。有巢氏教民在樹上做居室，替人民謀避風雨的災害。自此以後，文化便逐漸發達，人民也逐漸團結起來。又因當時地廣人稀，覓食很容易，他們單獨的問題，只有天災，所以要和天爭。但是和天爭不比和獸爭，可以用氣力的，於是發生神權。極聰明的人，便提倡神道設教，用祈禱方法去避禍求福。……但是既同天爭，無法之中，是不得不用神權，擁戴一個很聰明的人做首領。好比現在非洲野蠻的酋長，他的職務，便專是祈禱，又像中國的蒙古西藏，都奉活佛做皇帝，都是以神爲治，所以古人說：『國之大事，在祀與戎。』說國家的大事，第一是祈禱，第二是打仗。」又說：「日本皇帝在幾百年以前，已經被武人推倒了，到六十年前，明治維新，推翻德川，恢復天皇，所以日本至今還是君權和神權並用。從前羅馬皇帝，也是一國的教主，羅馬亡了之後，皇帝被人推翻，政權也被奪去了，但教權仍然保存，各國人民仍然奉爲教主，好比中國的春秋時候，列國尊周一樣。」人類在人同天爭時代，以神道說教，用神權來統治人民，惟進入君權時代後，仍未完全擺脫神權思想，如日本的天皇，羅馬的教皇，西藏的活佛，至今仍然存在。

㈢君權時代：神權過去之後，有力的武人和政治家便把國家的權力奪過來，自稱皇帝，便發生君權。國父說：「由有歷史到現在，經過神權之後，便發生君權，有力的武人和大政治家把教皇的權力夠奪了，或者自立為教主，或者自稱為皇帝，於是由人同天爭的時代，變成人同人爭。到了人同人相爭，便覺得單靠宗教的信仰力，不能維持人類社會，不能夠和人競爭，必要修明政治，武力强盛，才可以和別人競爭。世界自有歷史以來，都是人同人爭，一半是用神權，一半是用君權。後來神權漸少，羅馬分裂以後，神權漸衰，君權漸盛。到了法王路易十四，便是君權極盛時代。他說：『皇帝和國家沒有分別，我是皇帝，所以我就是國家。』把國家甚麼大權都拿到自己手裡，專制到了極點，好比中國秦始皇一樣。」君權時代為什麼會變成專制政治？國父對此有所解說：「世界進化由野蠻而至文明，心性進化（按心性進化可釋為心靈進化或精神進化）由無知而至有知。天生聰明睿智先知先覺者，本以師導人群，贊佐化育，乃人每多原欲未化，私心難純，遂多擅用其聰明才智，以圖一己之私，而罔顧人群之利，役使群衆，有如牛馬，生殺予奪，威福自雄，蚩蚩之民，畏之如神明，奉命惟謹，不敢議其非者，由是履霜堅冰，積爲專制。」（文言文三民主義）由於君主專制一天厲害一天，弄到人民不能忍受，人民亦因科學發達，「知識日開，覺悟漸發」，知道君主專制的玄道，人民應該要反抗，於是發生了民權革命。

㈣民權時代：君權極盛之後，引起人民反抗，產生天賦人權，自由主義、民主主義等學說，人民奮袂而起，實行政治革命，社會便演進到民權時代，「在這個時代之中可以說是善人同惡人爭，公理與強權爭。到了這個時代，民權漸漸發達，所以叫做民權時代。」

按進化分析，概括的說：「第一個時期，是人同獸爭，不是用權，是用氣力，第二個時期，是人同天爭，是用神權，第三個時期，是人同人爭，國同國爭，這個民族同那個民族爭，是用君權。到了第四個時期，國內相爭，人民同君主相爭，在這個時代之中，可以說是善人同惡人爭，公理同強權爭。」因為民權是人民用來同君主相爭，使發生民權運動，叫做民權革命，革命的結果，得到民權，可見民權的來源，是由於人類的長期奮鬥和民權革命得來的，或者說，民權是時勢和潮流所造就出來的。（以上原文見民權主義第一講）

（二）民權問題的發生——由君權時期到民權時期的事實看來，可以看出民權問題的發生，計有下列三個原因：一為君主專制的壓迫，二為學者提倡民權學說，三為人民的覺醒。

㈠君主專制的壓迫：人類在初民時代，大家共同生活、工作與戰鬥，沒有君權與民權的紛爭。以後由初民政治進入神權政治，人民的生活與行動，便受到領導者的庇佑與干涉；至進入君權時代，這種干涉更是變本加厲，君主為鞏固其統治權力，就會妨害人民自由，有些君主暴虐無道，欺壓人民，把人民當作奴隸牛馬看待。如　國父所說法國路易十四的專制，好比中國的秦始皇一樣，君主專制一天厲害一天，弄得人民不能忍受。（民權主義第一講）　國父又說：「歐洲自羅馬分裂之後，羅馬的土地，被各國割據。當時各國用兵力，佔據一塊地方，大者稱王，小者稱侯，都是很專制的。人民受不過那種專制的痛苦，所以要發生革命。」（五權憲法講詞）這很明白地說明，民權問題的發生，是由於君主專制的壓迫，如一七八九年的法國革命，就是很好的例證。

㈡學者提倡民權學說：先知先覺的學者看見君主專制到了極點，人民不能忍受，產生了惻隱之心，便提倡民權學說，以反對君主專制。如洛克提倡人民自由，認爲政府權力來自人民委託，政府不可逆民行事，國家最後主權屬於人民。盧梭提倡天賦人權，以民權與生俱來，神聖不可侵犯。孟德斯鳩發明三權分立學說，主張將立法、司法、行政權各自獨立行使。這些民權學說，對民權革命發生重大影響，誠如　國父所說：「講到民權史，大家都知道法國有一位學者叫做盧梭，盧梭是歐洲主張極端民權的人，因爲他的民權思想，便發生法國革命。」（民權主義二講）又說：「孟德斯鳩發明了三權分立的學說之後，不久就發生美國的革命。美國革命成功，訂立憲法，是根據於孟氏三權分立的學說，用很嚴密底文字，成立一種成文憲法。」（五權憲法講法）可見學者提倡民權學說，與民權問題的發生，有其密切關係。

㈢人民的覺悟：文藝復興以後，人文主義與個人主義盛行，人民知道君主專制，壓迫人民，是沒有道理的，便起來反抗君權。　國父說：「到了那個時代，科學也一天發達一天，人的聰明也一天進步一天，於是生出了一種大覺悟，知道君主總攬大權，把國家和人民做他一個人的私產，供他一個人的快樂，人民受苦他不理會，人民到了不能忍受的時候，便一天覺悟一天，知道君主專制無道，人民應該要反抗，反抗就是革命，所以百餘年來，革命思潮非常發達，便發生民權革命。」又說：「究竟爲什麼要反對君權，一定要用民權嗎？因爲近來文明很進步。人類的知識很發達，發生了大覺悟。好比我們在做小孩子的時候，便要父母提携，但到了成人謀生的時候，便不能依靠父母，必要自己獨立。」（民權主義第一講）人民的大覺悟，加上先知先覺者的宣傳，兩者會合，便滙成一股不可抗拒的力量，爆發了民權革命，最顯著的例子，就是英國與法國的民權革命。十七世紀英國發生了革命，民黨領袖格林威爾將軍，將英皇查理士第一交法庭判處死刑；跟着法國發生大革命，他國亦多爭民權。「於是十八世紀之末，以至此二十世紀之初，百餘年來，皆君權與民權爭競之時代。從此民權日發達，君權削亡。」（文

言文三民主義)

貳、歐美民主政治的缺點

歐美的民主政治，經過二百多年的實踐後，它所具有的優點，固然很多，但其缺點亦不少，計有：⑴放任自由與暴民政治，⑵代議政治的缺點，⑶造成政府無能。

(一) 放任自由與暴民政治——歐洲當初的民權革命，爲爭自由，把自由當作第二生命，等到革命成功，人民從專制政治壓迫下解放出來，各人都把自由的領域擴大，爲所欲爲，目無法紀，羅蘭夫人曾說：「自由！自由！多少罪惡假汝之名以行。」 國父亦有相同看法：「從前歐洲在民權萌芽的時代，便主張爭自由，到了目的已達，各人都擴充自己的自由，由於自由太過，便發生許多流弊。」(民權主義第二講) 自由太過會發生什麼流弊呢？關於這個答案是多方面的。如分散民族團結，妨害國家自由，阻礙他人合理的自由發展，破壞社會正常的秩序，造成暴民政治等是。其中尤以暴民政治最爲可怕，法國革命成功後，提倡個人的放任自由，便發生這樣的政治悲劇！ 國父說：「因爲法國人民，當時拿充分的民權去做頭一次的試驗，全國人民都不敢說民衆沒有智識，沒有能力，如果有人敢說那些話，大家便說他是反革命，馬上就要上斷頭臺。所以那個時候，便成暴民政治，弄得無政府，社會極爲恐慌，人人朝不保夕，就是眞革命黨，也有時因爲一言不愼，和大家的意見不對，便要受死刑。」又說：「像法國革命時候，人民拿到充分的自由，便不要領袖，把許多有智識有本事的領袖都殺死了，只剩得一般暴徒，那般暴徒，對於事物的觀察，既不明瞭，又復容易被人利用，全國人民既沒有好耳目，所以發生一件事，人民都不知道誰是誰非，只要有人鼓動，便一致去盲從附和，像這樣的現象，是很危險的。」(民權主義第四講)因此,提倡人民放任自由的結果,不但未能得到自由的幸福,反而貽禍於無窮。以後各國的民權運動不免取法國革命的慘痛教訓,不再鼓吹放任自由,雖未發生暴民政治,但自由可能產生的其他流弊,仍未革除。

(二) 代議政治的缺點——歐美所行代議制度的民主政治,確有不可否認的優點,所以現今各民主國都在採用。其實這種制度缺點甚多:⑴人民沒有充分民權,⑵議會流於專制,⑶議員素質參差不齊。

㈠人民沒有充分民權:代議制度所行的民權,人民祇有一個選舉權,當選舉投票之前,候選人以尊重民意爲號召,表面看起來,人民似有國家主人翁的派頭,但投下神聖一票後,便再無權過問政治,一切都由當選議員全權代議。誠如 國父所說:「人民在政治上是佔什麼地位呢?得到了多少民權呢?就最近一百多年來所得的結果,不過是一種選舉權和被選舉權。人民被選舉成議員之後,在議會中可以管國事,凡是國家的大事,都要由議會通過,才能執行,如果在議會沒有通過,便不能執行,這種政體,叫做代議政體。但是成立了這種代議政體以後,民權是否算得充分發達呢?在代議政府沒有成立之先,歐美人民爭民權,以爲得到了代議政體,便算是無上的民權。」(民權主義第四講)又說:「從前沒有充分民權的時候,人民選舉了官吏議員之後,便不能再問,這種民權是間接民權,間接民權就是代議政體,用代議士去管理政府,人民不能直接去管理政府。」(民權主義第六講)代議政體所行的民權是間接民權,人民沒有充分的權力可以過問政治,這是民主政治的一大諷刺。

㈡議會流於專制:現行代議制度之下,議會有無限權力去管理政府,無須顧及民意,議員往往爲本身利益,違反民意行事。 國父說:「根據國家機關者,其始藉人民選舉以獲取其資格,其繼則悍然違反人民之意思以行事，而人民亦莫如之何。」（中華民國建設之基礎講詞）不僅人民對議員行事，無可奈何，卽政府對議會專權，亦祇有俯首聽命，美國有位憲法學者戴雷，認為「英國的國會，除了不能將男變女外，其他一切事情他都可以做到。」　國父亦有同感，他說：「當時英國雖然是把政權分開了，好像三權分立一樣，但是後來因政黨發達，漸漸變化，到了現在，並不是行三權政治，實在是一權政治。英國現在的政治制度，是國會獨裁，實行議會政治，所謂以黨治國的政黨政治。」（五權憲法講詞）法國的情形更糟，因為它是多黨林立的國家，沒有一個大黨可以控制國會，議員勾心鬪角，各為私利打算，以倒閣為能事，所以法國內閣壽命最短，隨時有跨台的危險，有似中國人所謂的「五日京兆」。自第二次大戰後，戴高樂再度組閣，修改憲法，將國會權力削弱，政局始趨於安定。美國的國會，在尼克森、福特任總統時，為在野黨所控制，事事與政府為難，政府為應付國會干預，畏首畏尾，動輒得咎，很難有所作為。一九七五年四月間，福特提出的援助高棉與越南兩案，均為參衆兩院所擱置。英法美是民主政治的先進國家，國會的專制如此，使代議制度的民主政治，實在潛伏着重大危機。

㈢議員素質參差不齊：歐美代議士的資格與學識，漫無限制，有道德有學問的候選人，不一定當選，當選的代議士可能是不學無術之徒。　國父曾舉過一個具有博士學位的候選人，被一個不學無術的苦力所擊敗的故事，可作代議士素質低落的證明。以如此素質參差不齊的代議士勉任艱鉅，求其能滿足人民的期望，完成國會的任務，實在大有問題。

歐美代議制搬來中國實行後，更是流弊叢生。　國父很沉痛的說：「歐美人民從前以為爭到了代議政體，使算心滿意足。我們中國革命以後，是不是達到了代議政體呢？所得民權的利益究竟是怎麼樣呢？大家都知道現在（民十三）的代議士，都變成了猪仔議員，有錢就賣身，分贓貪利為全國人民所不齒。各國實行這種代議政體，都免不了流弊，不過傳到中國，流弊更是不堪聞問罷了。」（民權主義第四講）又說：「歐美代議政體的好處，中國一點都沒有學到，所學的壞處，都是十百倍，弄到國會議員，變成豬仔議員，汚穢腐敗是世界各國自古以來所沒有的。」（民權主義第六講）我國在民初，倣行代議制度，的確好處沒有學到，壞處則變本加厲，國會爲軍閥官僚政客所把持，政局陷於混亂不安狀態中。

㈢造成政府無能——民主政治的最大缺點，便是造成政府無能。民權越發達的國家，其政府無能的程度亦愈甚， 國父卽持這種看法：「在民權發達的國家，多數的政府，都是弄到無能的，民權不發達的國家，政府多是有能的，像前次所講近幾十年來，歐洲最有能的政府，就是德國俾士麥當權的政府，……其他各國主張民權的政府，沒有那一個可以叫做萬能政府。又有一位瑞士學者說：各國實行民權以後，政府的能力，便行退化。」（民權主義第五講）民權國家的政府何以無能呢？這與民主政治理論有其因果關係，先講政府無能的原因。

㈠政府無能的原因：造成政府無能的原因很多，如議會的專制、三權分立制度的流弊、議員素質的低落等是，尤以人民不信任政府爲其主因。良以十九世紀民權革命成功後，人民鑒於專制政府的雄威，記憶猶新，深恐政府能力太大，無法駕馭，重走專制復活的老路。 國父對此說得很明白：「到了民權時代，人民就是政府的原動力，爲什麼人民不願意政府的能力太大呢？因爲政府的力量過大，人民便不能管理政府，要被政府來壓迫，從前政府的壓迫太過，所受的痛苦太多，現在要免去那壓迫的痛苦，所以不能不防止政府的能力。」（民權主義第六講）正因爲人民要限止政府權力，政府便不敢管事太多，其結果必然陷於軟弱無能。

㈡政府無能的影響：西方學者鼓吹自由主義，認爲政府的干涉，愈少愈好，提倡一種「少爲政治」學說。國父說：「政府毫不能够做事，到了政府不能做事，國家雖然是有政府，便和無政府一樣。」（民權主義第五講）由於政府無能的結果，致使國家的根本大計時常變更，社會應興應革之事都無法舉辦，有許多急待的問題無法解決，甚至與民生有關的社會福利事業亦無法進行，造成政治上的危機四伏，弊端百出。尤其是國家當內憂外患發生的時候，政府更不敢採取斷然措施，因事制宜，把握機先，以致事後再圖補救，亡羊補牢，爲時已晚，每感事倍功半，得不償失，如第一、二次世界大戰，民主國家的挫折甚多，便是最痛苦的教訓。因此一般反對民主政治的政客和野心家，振振有詞，儘量的指摘和反對，甚至採取反民主的積極行動，如德、意的法西斯主義和蘇俄的馬列共產主義，就是反民主的，這使具有二百多年深厚歷史的民主政治的隄防，幾乎有被反動逆流所衝破的危險，可見政府無能所發生的影響，是何等的重大！

叁、極權主義的反動

民主政治實行二百多年後的結果，固有極其崇高的價值和不可磨滅的貢獻，但其所發生的流弊和缺點，亦爲無法掩飾的事實。「物極必反」，政制亦然，於是產生反民主的極權主義，如德、意的法西斯主義和蘇俄的馬列共產主義便是。前者雖已隨戰爭失敗而消滅，但其主義與制度的幽靈，仍然存在人間；後者則正在擴張其侵略政策，它的政治理論和制度，以推翻民主政治爲最後目標，對其謬論邪說，必須拔本塞源，評加批判。

（一）法西斯主義的專制——法西斯主義雖以反共爲政治號召，但其政治體制，却與共產主義的獨裁極其相似，同爲反民主的專制政治。擧其要點，計有下列各項：

㈠實行政治專制：德、意的法西斯主義者，都反對人民應當有自由平等的觀念和代表人民的議會，而主張絕對信仰領袖，實行政治專制。墨索里尼說：「法西斯主義反對民主政治，民主政治是一種荒謬的傳統思想，他們以政治平等爲名，而實行大家都不負責任之實。」希特勒亦持相同的觀點說：「我們這種運動的原理及組織，都是反對議會政治的，那就是說不論在原則上與組織上根本反對多數投票的辦法。因爲這種辦法，足以降低領袖的地位，使領袖變成只執行他人意見的人物了。我們這種運動，認爲事無巨細，都應當服從領袖的權威，領袖是負完全責任的。」甚至認爲希特勒的決定是金科玉律，如戈林將軍說：「正義與希特勒的意志，完全是一件事物。」狄垂赫主教亦說：「因爲希特勒是上帝給我們的，所以凡不遵從希特勒的人們就是罪惡的。」以上這些言論，都歌頌領袖萬能，認是上帝的化身，應當獨攬國家行政大權，不許人民過問政治，實行空前的極權主義，與君主專制政體，沒有什麼區別。

㈡反對自由與平等：自由與平等，是民主政治的金字招牌，誰都不敢碰它；而德、意等極權國家則視爲一種謬說，力加反對。他們在國內禁止人民的意志自由，干涉學術研究宗教信仰，取締法西斯黨外的其他政黨活動，解散社會各種社團組織，不容許個人主義的思想存在。墨索里尼說：「我堅決地主張人類永久不變的不平等，這種不平等是有利於人類社會的，絕對不能用普通選擧的機械方法而勉强使大家永遠平等。」他認爲這種天生不平等現象，有利於組織層層領導的政府。希特勒更是堅持這種觀點，他在「我的奮鬥」一書中說：「若想要更高等文化的發展，我們就必須有那些低級文化的人們存在。因爲只有他們纔能代替現代的生產工具，若無這種生產工具，那麼高等文化簡直就不可能在原始的社會裡。」他把低級文化者視爲生產工具，其主張較墨索里尼更爲偏激，但同爲反對以自由平等爲基礎的民主政治，則無二致。

㈢變相的貴族政治：法西斯主義的國家政體，在階級專政形式上，是一種新的貴族政治。他們反對人民主權論，認爲大多數國民都不懂民族利益，亦不讓人民有表示意見的權利，其所提倡的國家主權論，是假借國家之名，實行個人專制之實。其黨魁與幹部在國民總數中，屬於統治階級的少數，亦猶君主政治的貴族，屬於國民總數中的少數相同。至强調其領袖與幹部都是愛國者，如何盡職負責，謀求國家最大利益，才可代表國家的公共意志。羅寇對此有獨到的批評，他說：「法西斯主義不但有反對人民主權論的成見，而代之以國家主權，並且認定一般大衆根本不曉得什麼是社會的利益。以爲捨棄了個人的私利，而謀社會全體及歷史上的更高利益，是只有少數具有特別天才的人們，才可以作到的事。先天的禀賦與後天的教養，都是造成這少數領導者的重要成分。」（羅著法西斯主義的政治原理）這種以國家中特別階級的少數人，作爲永久的統治國家政治的階層，就是一種變相貴族政治的組織形態。

（二）共產主義的獨裁——馬克斯借用費爾巴赫（Feuerbach）的唯物論，剽竊黑格爾（Hegel）的辯證法，并採用德、法社會主義的政策，創立其所謂科學的社會主義，即以階級鬬爭爲主的共產主義。蘇俄、共匪與其他共產政權，都自稱奉行馬克斯主義。今以蘇俄與共匪暴政爲例，證明這種主義的滔天罪惡，爲人類帶來空前的劫難！下述：⑴階級鬥爭的謬誤與轉向，⑵無產階級專政的謊言，⑶與民爲敵的暴政。

㈠階級鬥爭的謬誤與轉向：馬克斯說：「一切的階級鬥爭，都是政治的鬥爭。」又與恩格斯同說：「至今的全部歷史都是一部階級鬥爭史。」他們用貼標籤的二分法，將每一個國家的人民，分爲資產與無產兩大階級，由階級間的利益衝突，不斷在時隱時顯的進行鬥爭，都以奪取國家政權爲最後鬥爭的目的。並預料資本發達與財富集中的結果，資本家愈來愈少，無產工人愈來愈多，將來無產階級革命必然成功。國父曾針對此指出，人類求生存是社會進化的原因，階級鬥爭是社會進化的時候所發生的一種病症，批評馬克斯倒因爲果，祇看到社會進化的毛病，沒有看到社會進化的原因，所以馬克斯只可說是一個社會病理家。（詳民生主義第一講）又資本主義發達的英美德法等國，共產主義等所進行的階級鬥爭，幷沒有產生實效，在工業落後的蘇俄，反而獲得僥倖成功，更證明馬克斯的預言，完全與事實相反。

何以要提倡階級鬥爭呢？就是要消滅貧富懸殊的階級，如果共產主義革命成功，社會階級消滅後，國家政體又將如何演變？馬克斯也有這樣的說詞：「這種專政（無產階級專政）只是消滅一切階級的一種過渡階段，最後是要達到一個自由平等的社會。」可是蘇俄革命已五十餘年，毛共竊據大陸亦二十多年，資產階級早已打倒，理應實行自由平等的民主政治。事實上階級鬥爭的箭頭，轉向清除異己的權力鬥爭！如一九二四年列寧死後，史太林鬥爭托洛斯基，一九五三年墨魯雪夫又展開對史大林的鞭屍運動，後來柯錫金等又鬥倒墨魯雪夫，其權力鬥爭的發展，始終是遵循後者否定前者的規律進行，永無休止。

毛匪更是師承俄共的鬥爭技倆，在竊據大陸後，便展開血腥的權力鬥爭。高崗首先遭殃，其後彭德懷、黃公畧、賀龍、陳毅、劉少奇、林彪等匪酋，均以反黨罪名鬥倒，「兔死狗烹」、「鳥盡弓藏」，一至於斯！林彪助桀爲虐，充任鬥爭劉少奇的劊子手，曾獲得親密戰友的稱譽，並在所謂「憲法」上規定是毛匪的繼承人，但事過境遷後，亦難逃一死。可見共產黨奪取了政權，資產階級被消滅，社會上沒有階級存在，不僅不能建設「一個自由平等的社會」；反而將階級鬥爭的箭頭，指向淸除異己的權力鬥爭。

㈡無產階級專政的謊言：共產主義向以代表無產階級利益的政黨自居，在進行與資產階級鬥爭期中，要實行無產階級專政。馬克斯說：「階級鬥爭必然要產生無產階級專政。」並强調階級鬥爭的目的，在建立「自由平等的社會。」列寧卽修正馬克斯此種觀點。他說：「專政的科學的概念，並不是別的，而正是無所限制的，不受任何法律，絕對不受任何規律所拘束的，直接憑藉於暴力的政權。」他解釋無產階級專政卽憑藉暴力的政權，「一針見血」，是共產黨最坦白的招供。

熊彼得揭穿了無產階級專政的魔術秘密。他說：「在共產主義運動中，從來就是由小資產階級，甚至資產階級的知識份子，扮演著頭牌的脚色。」（熊著資本主義、社會主義與民主政治）這話千眞萬確，馬克斯是小資產階級的智識份子，恩格斯更是屬於資產階級的成分，列寧、史達林、黑魯雪夫等俄酋，那一個是眞正無產階級的工人出身？共匪的歷任頭目，除向忠發（碼頭工人）外，像陳獨秀、瞿秋白、陳紹禹、張聞天、毛澤東、都是小資產階級的知識份子。他如高崗（土匪）、彭德懷（留德）、朱德（同上）、陳毅（資產階級）、劉少奇（俄國留學生）、周恩來（法國留學生）、林彪（黃埔軍校畢業）、賀龍（地主）等頭目，沒有一個是無產階級的工人，都是小資產階級的知識份子，他們爲爭奪國家政權，打起無產階級專政的招牌。

毛匪鼓吹「民主」有三種，第一種是舊民主主義，卽「資產階級專政的共和國」；第二種是新民主主義，卽「幾個階級專政的共和國」；第三種是最新民主主義，卽「無產階級專政的共和國」。把無產階級專政解釋爲最新民主主義，眞是欺人之談。蔣總統對此有獨到的批評。他說：「朱毛奸匪再根據上面這三種所謂民主主義，還指出了一個進化律，這進化律，就是『舊民主主義』資產階級專政的一定要被打倒，再遞嬗成爲『新民主主義』，由幾個所謂革命階級聯合專政。當這些革命階級再次第被革命的無產階級打倒以後，遞嬗下去，就成功了『最新民主主義』，由無產階級專政，也就是由共產黨一黨專政。這是毛匪所喊『最新民主主義』的最終結局。」「其實『無產階級』和『共產黨』也不能全體獲得其應有的權益，而其眞實得益的，最後只是其匪首獨夫一人而已。」（三民主義的本資）以上兩段話，說明無產階級專政是一種謊言，共產黨當家亦徒有虛名，實質上是黨酋獨裁的專制而已。

㈢與民爲敵的暴政：共產國家講「民主專政」，亦設有憲法與議會者，因爲反對立法、司法與行政分立，而把國家大權集中於共黨中央，它的憲法與議會，是站在統治者的立場頒布，用來管制人民，以史達林一九三六年憲法爲例，關於人民工作權利規定是：「蘇俄人民有工作的權利，卽依工作性質及而受工資的工作權利。」等於人民失業時，沒有要求工作的權利，在共產黨全面掌理生產工具的統制下，給誰工作，多少工作與工資若干？全由共黨決定，有何工作權利可言？其論及「自由權利」，要「符合勞動人民利益，並强化社會主義制度起見，蘇俄人民的言論自由，出版自由和集會自由，應爲法律所保障」。如何算是「符合」與「强化」？亦由共黨解釋，又有什麽自由可言！至僞憲法是共匪策略的法律化，公然訂出鎭壓和淸除異己分子的條款，剝奪地主和資本家政治權利的條款，僞議會分量僞一律實行「民主集中制」的條款，其醜惡的本質，較史達林憲法，暴露得更甚。

共匪所實行的暴政，較蘇俄的鐵幕統治，更是暗無天日。毛匪在奪取政權後，卽展開「土改」、「三反」、「五反」和「鎭壓反革命」等血腥鬥爭，用「秘密審判」、「公開審判」、「街頭審判」相結合的大屠殺，以及進行勞動造改的慢性屠殺各種殘酷手段，淸除異己份子，鬥爭知識份子，屠殺地主與資本家，改造反共的各階層人士，甚至提出減少「大陸上兩億以上的人口」計畫。這眞是大陸同胞空前浩刧！

肆、民權主義的提出

要研究民權主義的提出，先要研究民權的意義與作用，二要研究民權主義的意義，最後才研究本題——民權主義的提出。

(一)民權的意義與作用——

國父對民權的意義，民權政治的關係，民權的作用，均有明白訓示，可作研討的依據。

㈠民權的意義：什麼是民權？國父解釋得很明白。他說：「現在要把民權來定一個解釋，便先要知道甚麼是民。大凡有團體有組織的衆人，就叫做民。甚麼是權呢？權就是力量，就是威勢，那些力量大到同國家一樣，就叫權。中國話說列强，外國話便說列權。所以權和力實在是相同，有行使命令的力量，有制服群倫的力量，就叫做權。把民和權合攏起來說，民權就是人民的政治力量。」（民權主義第一講）「民」是「有團體有組織的衆人」，「權」是「行使命令」與「制服群倫」的力量，將「民權」解釋爲「人民的政治力量」，非常簡明。又從政治學角度去解釋民權：「政治兩字的意思淺而言之，政就是衆人的事，治就是管理，管理衆人的事，便是政治。有管理衆人之事的力量，便是政權，今以人民管理政事便叫做民權。」（同上）他解釋「政治」的「治」字爲「管理」，而不說「統治」，是含有民權思想注重管理民事的積極意義，因爲管理（to govern）係以知識與能力爲基礎，强調服務、負責與權利義務的關係，與權勢爲基礎的「統治」（to rule）完全不同，認爲「講到國家的政治，根本上要人民有權，至於管理政治的人，便要付之有能的專門家。」（同胞都要奉行三民主義講詞）這裡說明了「民權」便是「人民管理政事的權力」，或稱「人民的政治力量」。

㈠民權的作用：國父本來祇講到「權」的作用，多數人則釋爲「民權」的作用。民權主義第一講說：「權的作用，簡單的說，就是要來維持人類的生存。人要能夠生存，就須兩件最大的事：第一件是保，第二件是養，……這自衞和覓食，便是人類維持生存的兩件大事。但是人類要維持生存，他項動物也要維持生存，……所以人類的保養和動物的保養衝突，便發生競爭。人類要在競爭中生存，便要奮鬥，所以奮鬥這一件事，是自有人類以來天天不息的，由此便知權是人類用來奮鬥的。」權是人類求生存的工具，從奮鬥中得來，在初民時代與禽獸爭，在神權時代與天爭，在君權時代是人與人爭，國與國爭，這民族與那民族爭，到了民權時代，是國內相爭，是人民同君主爭，民權的作用更大了。

(二) 民權主義的意義——何謂民權主義，計有下列答案：

㈠民權主義就是人民管理政事的主義：因爲 國父說過：「今以人民管理政事便叫民權。」又說：「現在是民國，是以民爲主的，國家的大事，人人都可以過問，……大家都有權去管理，這便是民權主義的精義。」（女子要明白三民主義）

㈡民權主義是民治主義： 國父曾將林肯的「民治」與民權主義相比。他說：「必須把政治上的主權，實在拿到人民的手裡，才可以治國，才叫做民治，這個達到民治的道理，就叫做民權主義。」（「三民主義爲造成新世界之工具」）

㈢民權主義是全民政治主義：全民政治是民權主義目的之一。 國父說：「我們提倡三民主義來改造中國…是用我們的民權主義，把中國造成一個全民政治的民國。」（民權主義第四講）

㈣民權主義是政治地位平等的主義： 國父認爲民權主義在求中國民主政治地位平等。

㈤民權主義就是主權在民的主義——因爲 國父曾說：「民權者民衆之主義也」。（文言文三民主義）林白樂博士（Paul. M. A. Linebarger）說：「民權主義，不僅是指民權主義文義上的投票程序，而是『主權在民』的肯定。」（見林白樂著三民主義的世界性，見註二）按「主權在民」這句話，可說是民權主義的精義。國父說：「現在的民國是以民爲主的，國家大事人人可以過問，這就是把國家變成大公司，人人都是這個公司的股東，公司內的無論什麼事，大家都有權去管理，這便是民權主義的精義。」（見女子要明白三民主義）

民權主義的意義有時與民權主義的目的是分不開的。如上述㈢全民政治，㈣求國民之政治地位平等，皆可視爲民權主義的目的。

㈢民權主義的提出——關於民權主義的提出，本可有兩種解釋（說明）：一爲自中外的時代背景來說明（註三），二爲自 國父提倡民權主義的原因來說明。關於前者已詳時代背景這一節，此處祇就提倡的原因（讀者可參考時代背景這一節作答案）與提出的經過來研究。另外，附錄提倡民主的理由。

㈠提倡民權主義的原因：國父何以要提倡民權主義？基於下列兩大理由：一是順應世界潮流，二是縮短國內戰爭。

⑴順應世界潮流：民權是由神權經君權而來的世界潮流，在民權時代非用民權不可。國父說：「在神權時代，非用神權不可，在君權時代，非用君權不可，現在是民權時代，故非用民權不可？從前許多國家都是有皇帝的，現在一個一個都被推翻了，卽使有些國家還有皇帝，如英國、日本，但他們也只是有名無實，實行民主內閣制了。世界潮流的趨勢，好比長江黃河的水流一樣，水流的方向，或者有許多曲折，向北流或向南流的，但是流到最後，一定是向東流的，無論是怎麼樣，都阻止不住的。所以世界的潮流，由神權流到君權，由君權流到民權，現在流到了民權，便沒有方法可以反抗。」他又說：

「我們知道現在已到了民權時代，將來無論是怎樣挫折，怎樣失敗，民權在世界上，總是可以維持長久的。所以在卅年前（民國十三年言），我們革命同志便下了這個決心，主張中國強盛，實行革命，非提倡民權不可。」（民權主義第一講）所謂三十年前，是指興中會成立的時候，以建立共和政體爲宗旨言。又民權時代，非人力所能反抗。「十八世紀之末以至二十世紀之初，百餘年來皆民權君權競爭之時代，從此民權日益發達，君權日益削亡，……此世界政治進化之潮流，而非人力所能抵抗者，此古人之所謂天意也。順天則存，逆天則亡，此之謂也。」（文言本三民主義）這裡所講的「天」字，可釋爲「時勢」或「潮流」；所謂「順天者存」，可釋爲「順應潮流者存」；所謂「逆天者亡」，可釋爲「違反潮流者亡」。如袁世凱稱帝的滅亡，張勛復辟的失敗，就是「逆天者亡」的明確事例。

⑵縮短國內戰爭：中國是世界上內戰最多的國家，而所以發生內戰的主要原因，都是爲了爭皇帝，弄得國弱民貧，不能抵禦外侮。國父說：「因爲自古以來，有大志的人，多想做皇帝，如劉邦見秦始皇外出，便曰：『大丈夫當如是也』。項羽亦曰：『彼可取而代也』。此等野心家代代不絕，當我提倡革命之初，其來贊成者，十人之中，差不多有六七人，是有一種帝皇思想的，但是我們宣傳革命主義，不但要推翻滿清，並且要建設共和，所以十中之六七，都逐漸化除其帝皇思想了。……我們革命黨於宣傳之始，便揭出民權主義來建設共和國家，就是想免了爭皇帝之戰爭，惜乎就有冥頑不化的人，此亦實在無可如何。從前太平天國便是前車之鑑。……洪秀全之所以失敗，最大的原因，是他們那一般人到了南京之後，就互爭皇帝，閉起城門來自相殘殺。」（民權主義第一講）

要實行民權，必須消滅這種做皇帝的心理，可免去爭皇帝的長期戰亂。他接着又說：「我從前因爲要免去這種禍害，所以發起革命的時候，便主張君權，決心建立一個共和國。共和國成立以後，是用誰來做皇帝呢？是用人民來做皇帝，用四萬萬人來做皇帝，照這樣辦法，便免得大家相爭，便可以減少中國的戰禍。」外國有宗教的戰爭，有爭自由的戰爭，中國幾千年來，所有的戰爭，都是爲了爭皇帝，「漢唐以來，沒有一朝不是爭皇帝的，中國歷史上常是一治一亂，當亂的時候，總是爭皇帝。」因此，國父倡導革命之初，爲了剷除帝王思想，縮短國內戰爭，便主張民主共和，不要皇帝，消滅此一戰禍的根源。

附錄一：國父論提倡民主之理由

提倡民權主義之原因，與提倡民主之理由，可以相互對照。國父在「中國革命史」中，首述中國古代之民權思想，次論中國應順應世界潮流行民主立憲，不要行君主立憲；兩次論中國非採用民主不可的理由。他說：「中國古昔有唐虞之揖讓，湯武之革命，其垂爲學說者，有所謂『天視自我民視，天聽自我民聽』，有所謂『聞誅一夫紂，未聞弑君』，有所謂『民爲貴，君爲輕』，此不可謂無民權思想矣！然有其思想而無其制度；故以民立國之制，不可不取資歐美。歐美諸國有行民主立憲者，有行君主立憲者；其在民主立憲無論矣，卽在君主立憲，亦爲民權漲進，君權退縮之結果，不過君主遺跡猶未剷絕耳。余之從事革命，以中國非民主不可，其理有三：既知民爲邦本，一國之內人人平等，君主何復有存在之餘地，此爲自學理言之者也。滿洲之入據中國，使中國民族處於被征服之地位，國民之痛，二百六十餘年如一日；故君主立憲在他國君民無甚深之惡感者，猶或可暫安於一時，在中國則必不能行，此自歷史事實而言之者也。中國歷史上之革命，其混亂時間所以延長者，皆由人各欲帝制自爲，遂相爭相奪而不已。行民主之制，則爭自絕，此自將來建設而言之者也。有此三者，故余之民權主義，第一決定者爲民主，而第二之決定則以爲民主專制必不可行，必立憲而後可以圖治。」以上三項，第一項認爲既主張民爲邦本，自應實行民主；第二項認爲中國不宜行君主立憲，應直行民主共和；第三項認爲避免爭皇帝應行民主。其中第三項與「縮短國內戰爭」同其理由。

㈡民權主義的提出：上面已談到，要實行民主，計有兩種：一爲君主立憲，二爲民主立憲（民主共和）。康有爲、梁啓超張君主立憲， 國父則提倡民主共和，保皇黨所主辦之新民報與同盟會所主辦之民報曾爲此事而大開筆戰。

國父幼時就學檀香山，卽知美國民主制度之優點，到了中法戰爭之年，立志傾覆清廷，卽有實行民主制度之意。一八九四年成立興中會，其入會誓詞爲：「驅除韃虜，恢復中華，創立合衆政府。」所謂合衆政府，卽爲民權主義之初次提出，其宣言中已談到滿清專制之禍害。民前十四年 國父在日本與宮崎寅藏等談話，指出「余以人群自治爲政治之極則，故於政治之精神，執共和主義。」民前十二年致香港總督書中主張：「於都內立一中央政府，以總其成：於各省立一自治政府，以資分理。」（歷數滿清政府罪狀並擬訂治平章程）類似美國之合衆政府與聯邦制度，書中亦談到滿清專制政體之禍害。

一九〇四年修訂致公堂章程，以「驅除韃虜，恢復中華，建立民國，平均地權」爲宗旨，內中「建立民國」，卽建立合衆政府，代表了民權主義。

一九〇五年同盟會成立，卽 國父講演卽以此四句爲題，後來發表同盟會軍政府宣言，對於建立民國一項，曾加說明稱：「今者平等革命，以建立民國政府，凡我國民皆平等，皆有參政權。大總統由國民共擧，議會以國民共擧之議員構成之，制定中華民國憲法，人人共守，敢有帝制自爲者，天下共擊之。」同年民報創刊於東京， 國父撰發刊詞，暢述三民主義在歐美發展之經過，對於民權主義之演進，敍述甚詳。次年，民報週年紀念，國父講三民主義與中國民族之前途，又論民權主義之重要並首次講到中國要實行五權憲法。

註一　國父思想講授大綱民權思想內本標題原爲「民權問題的重要」，着手編稿時，久思不能下手，再翻本大綱民族思想內此項標題爲「民族問題的根源」，又民生思想內此項標題爲「民生問題的由來」，由此推之「民權問題的重要」可能爲「民權問題的發生」之意，故將標題加以修改。

註二　按林百樂爲　國父生前老友美人林百克之子，於一九六五年十一月來華接受國立政治大學授予名譽法學博士學位，當時宣讀之論文爲「三民主義的世界性」。

註三　著者在本書緖論中講民權主義的時代背景，固可作民權主義的提出答案；又講民權主義的演進中的第一段，亦可作民權主義的提出的答案之參考。

王昇先生著國父思想，論　國父民權思想的發生，分爲：⑴由於滿淸專制政體的腐惡，⑵由於歷史的敎訓（就爭皇帝言）⑶由於順應世界潮流。是將「時代背景」與「提倡原因」合起來講的，可以作研究時之參考。

第二節　民權主義的一般理論

民權主義的一般理論，要講的項目很多，暫以下列五個問題爲研討對象：一、合理自由，二、眞正平等，三、權能平衡，四、五權憲法，五、全民政治。

壹、合理自由

「自由」在政治學上是一個重要名詞，西洋政治家敬之如神明，中國人亦很重視「自由」，但看法卻不相同。本文講到：⑴自由的定義，⑵自由與法律，⑶自由的流弊與限制，⑷中西對自由看法，⑸國家自由與個人自由，⑹合理自由等問題。

（一）國父論自由的定義——什麼是自由呢？　國父加以說明：「自由的解釋簡單言之，『在一個團體中能够活動，來往自由，便是自由。』因爲中國沒有這個名詞，所以大家都莫名其妙。但是我們有一種固有名詞，是和自由相彷彿的，就是『放蕩不羈』一句話。既然是『放蕩不羈』，就是和散沙一樣，各個有很大的自由。」這裡所講的「放蕩不羈」，　國父以爲與「自由」相彷彿，不是說「放蕩不羈」才是「自由」。下面引彌勒氏之言，說明自由是有範圍的。

（二）自由與法律的關係（自由與法律）——自由與法律有何關係呢？　蔣總統從法律的觀點，强調法定界限之內的自由，才是眞正的自由。中國之命運中曾說：「自由與法治是不可分的，我們中國是四萬萬五千萬個國民共同組織的國家，我們國家要求四萬萬五千萬個國民之中，每一個國民都有自由，所以必須規定每一個人自由的界限，不許他爲了一個人的自由，而去侵犯別人的自由，這種自由，才是眞正的自由，所以必須在法定的界限之內自由才是自由，若出了法定的界限之外，便是放縱恣肆。」所以我們亦認爲「强凌弱，衆暴寡」不能稱爲自由，即如司馬遷所謂「儒以文亂法，而俠以武犯禁」，亦不能稱爲自由。現代政治是民主政治；也是法律政治；既重視自由，亦重視法律，要自由必須守法，惟守法才有自由。

普通認爲法國人講自由，偏重個人自由，德國人則偏重國家自由與守法的自由。其實法國亦沒有完全忽視法律與自由的關係，如法國人權宣言第四條規定：「自由包含一切無損害於他人之行爲，個人之享有諸種天賦權利，其所受限制，惟在保障社會其他分子之得享有同樣權利，其限制範圍，唯法律得規定之。」

（三）自由發展的流弊與限制——西洋的自由思想，可追溯到古希臘城市國時代，當時希臘各國有公民（自由人）與奴隸兩大階級，公民享有民權及各種自由，其人數約爲奴隸的一半，卽祇有少數人有自由。中世紀羅馬帝國以基督教爲國教，基督教認爲人民是上帝的子女，父母對子女應該平等待遇，這種平等觀念與自由思想，有其密切的關係。羅馬帝國崩潰後，歐洲各國紛紛獨立，實行君主政治，專制到了極端，人民受到不自由的各種痛苦。後來法國學者盧梭倡「天賦人權」說，強調人類是人生而自由平等，剛合當時人民的心理，且引發法國的民權革命。法國革命成功後，極力提倡自由，由於自由用到極點，又造成暴民政治。羅蘭夫人很沉痛的說：「自由！自由！天下許多罪惡，皆假汝之名以行。」因爲自由濫用發生許多流弊，所以彌勒氏主張有限制的自由。他說：「一個人的自由，以不侵犯他人的自由爲範圍，才是眞自由。」國父在民權主義中曾引彌勒氏之言，以說明自由是有範圍的，有限制的。（附錄一）

又法學者狄驥（Duguit）力倡社會聯立說，認社會各部門均有聯帶關係，自由權利是人類互相依扶以圖社會的共存，始受法律的保護，並非單爲個人的利益而存在。晚近社會法學派的學者更倡「權衡利益說」（Balancing of Interest），認爲個人自由權利的利益，固應受憲法或法律的保障，但社會公共利益與他人享受自由的利益，也應予保障。如兩種利益發生衝突，則著重保障社會的公共利益，而限制個人的自由權利。可見西洋自由理論的發展，逐漸與國父　蔣總統所提倡的自由主張，同一見解。

（四）中西對自由的看法有別——講民權主義便不能不講自由，因爲沒有民權，自由便無根據，沒有自由，民權亦無由發展。可是中西人民對自由的看法，却有差別。

㈠歐洲人爲什麼重視自由：國父認爲外國人受君主的壓迫太厲害了，所以歡迎「自由」。民權主義第二講中說：「歐洲在一二百年前爲自由戰爭，當時人民聽自由，便像現在中國人聽發財一樣。他們爲什麼要那樣歡迎自由呢？因爲當時歐洲的君主專制發達到了極點。……羅馬變成列國，成了封建制度，那個時候，大者王，小者侯，最小者還有伯子男，都是很專制的。那種封建政體，比較中國周朝的列國封建制度，還要專制得多。歐洲人民在那種專制政體之下，所受的痛苦，我們今日還多想不到，比之中國列朝人民所受專制的痛苦還要更厲害」。

歐洲人在君主專制統治下，有些什麼不自由？「當時人民受那種痛苦，不自由的地方很多，最大的是思想不自由，言論不自由，行動不自由。這三種不自由，現在歐洲是已經過去了的陳迹，詳細情形是怎麼樣，我們不能看見。……此外還有人民的營業工作和信仰種種都不自由。……所以一聽到說有人提倡爭自由，大家便極歡迎，便去附和，這是歐洲革命思潮的起源。革命是要爭自由，人民爲爭取流了無數的碧血，犧牲了無數的身家性命，所以一爭得之後，大家便奉爲神聖，就是到今日還是很崇拜。」自由主義是歐洲十七、八世紀的產物，至十九世紀，其思想與制度，曾盛極一時。到了二十世紀的今天，無論在性質與內容上，業已發生重大的變化，其本身的實踐價值，亦已大打折扣。誠如英國大思想家羅素所說：「自由主義乃十九世紀的玩藝，在今天看來，它的黃金時代業已過去了。」自由主義的黃金時代，雖已過去，但是自由的價值，却依照存在，其對民主政治的迫切需要，更不容加以忽視。

㈡中國人爲甚麼不重視自由：外國人常說中國人不懂得自由，其實中國人的個人自由太多，對自由的觀念淡薄，因爲自古以來，人民生活便很自由，沒有受到任何政治壓力，如自由之歌所云：「帝力於我何有哉？」　國父以爲「由這個自由歌看起來，便知中國自古以來，雖無自由之名，而確有自由之實，且極其充分。」又說：「近來歐洲學者觀察中國，每每說中國的文明太低，政治思想太薄弱，連自由都不懂，我們歐洲人在一二百年前爲自由戰爭，爲自由犧牲，不知道做了多少驚天動地的事，現在中國人還不懂自由是甚麼，由此便可見我們歐洲人的政治思想，比較中國人高得多。由於中國人不講自由，便說是政治思想薄弱，這種言論，依我看起來，是講不通的。因爲歐洲人既重自由，爲甚麼又說中國人是一片散沙呢？歐洲人從前要爭自由的時候，他們自由的觀念自然是很濃厚，得到了自由之後，目的已達，恐怕他們的自由觀念，也漸漸淡薄，如果現在再去提倡自由，我想一定不像從前那樣的歡迎，……就一片散沙而論，有甚麼精采呢？精采就是在有充分的自由，如果不自由，便不能夠成一片散沙。」（民權主義第二講）一片散沙，就是個人有充分的自由，因爲有充分的個人自由，所以對自由不表重視。現在中國要爭的是國家民族的自由，不是個人的自由。國家的處境不同，對自由的看法，亦與外國人有重大的區別。

（五）國家自由與個人自由——這裏要講國家自由重於個人自由，爭取國家自由與犧牲個人自由等。

㈠國家自由重於個人自由：國家自由重要呢？還是個人自由重要呢？這是個引起爭論的問題。如就中國來說，國家自由重於個人自由。國父很明白的指出：「到底中國爲什麼要革命呢？（指政治革命言）直截了當說，是和歐洲革命的目的相反。歐洲從前因爲太沒有自由，所以革命要去爭自由。我們因爲自由太多，沒有團體，沒有抵抗力，成一片散沙。因爲是一片散沙，所以受外國帝國主義的侵略，受列强經濟商戰的壓迫，我們現在便不能抵抗。要將來能够抵抗外國的壓迫，就是打破個人的自由結成很堅固的團體，像把士敏土參加到散沙裏頭，結成一塊堅固石頭一樣，」（民權主義第二講）要凝合散沙爲石頭，結成個人爲團體，就是我們政治革命的目的。所以外國政治革命是爭取個人自由，中國政治革命是爭取國家自由。

國父講過中國革命與外國革命的目的不同之後，又拿法國革命與中國革命作一比較：「從前法國革命的口號是用自由、平等、博愛。我們革命的口號，是用民族、民權、民生。究竟我們三民主義的口號，和自由、平等、博愛三個口號，有什麼關係呢？照我講起來，我們的民族，可以和他們的自由一樣，因爲實行三民主義，就是爲國家爭自由，但歐洲當時是爲個人爭自由，到了今天，自由的用法便不同。在今天自由這個名詞究竟要怎麼樣應用呢？如果用到個人，就成一片散沙，萬不可再用到個人上去，要用到國家上去。個人不可太過自由，國家要得完全自由。到了國家能夠行動自由，中國便是强盛的國家。」（同上）中國所以要爭取國家的自由，因爲國家貧弱，且有亡國滅種之憂。我們要救亡圖存，要用士敏土（水泥）把散沙團結起來，結成一個大團體，共同奮鬥，去爭取國家的自由。

㈡爭取國家自由與犧牲個人自由：中國革命的目的，在爭取國家自由，但對人民的基本自由，甚表重視。「確定人民有集會、結社、言論、出版、居住、信仰之絕對自由權。」（中國國民黨第一次全國代表大會宣言）中華民國憲法依據 國父遺敎規定：「人民有居住、遷徙之自由」，「人民有言論、講學、著作及出版之自由」，「人民有秘密通訊之自由」，「人民有信仰宗敎之自由」，「人民有集會及結社之自由」，並對「人民身體自由」、「生存權」、「工作權」、「財產權」及「其他自由權利」，「均受憲法之保障。」凡人民有關自由權利，均列舉在內，人民享有充分的個人自由。惟 國父認爲黨員、官吏、軍人、學生應犧牲其個人自由，其所持理由是：

1.黨員 黨是革命的先鋒，要黨有力量，必須黨員犧牲自由與貢獻力量。 國父說：「政黨中最緊要的事，是各位黨員有一種精神結合，要各位黨員能夠精神結合：第一要犧牲自由，第二要貢獻力量，如果個人能貢獻力量，然後全黨才有能力，等到全黨有了自由，有了能力，然後才能擔負革命大業，才能改造國家。」（一全大會開會詞）又說：「黨員之於一黨，非如國民之於政府，動輒可爭自由平等。設一黨之中，人人爭自由，爭平等，則黨無有能存之者。蓋黨員之於一黨，猶官吏之於國家。官吏爲國民之公僕，必須犧牲一己之自由平等，絕對服從國家，以爲人民謀自由平等，惟黨亦然。凡投身革命黨中，以救國救民爲己任，則當先犧牲一己之自由平等，爲國民謀自由平等。」（致南洋同志書）這裏，國父說明了黨員爲什麼要犧牲個人自由。

2.官吏與軍人　官吏與軍人何以要犧牲自由？國父解釋說：「蓋共和與自由，專爲人民說法，萬非爲少數之軍人與官吏說法。倘軍人與官吏，借口於共和自由，破壞紀律，則國家機關萬不能統一。機關不能統一，則執事者無專責，勢如一盤散沙，又何能爲國民辦事？」又說：「當未退爲人民，而在職爲軍人或官吏時，則非犧牲自由，絕對服從紀律不可。」國父設身處地說：「在盡力革命諸君，且必發問曰：『吾輩以血淚購得之自由，軍人何以不得享受之？』須知軍人之數少，人民之數多，吾輩服從之時短，爲普通人民之時長。朝作總統，夕可解職，朝爲軍長，夕可歸田，完全自由，吾輩可隨時享之，故人民之自由，卽不啻軍人之自由，此語最須牢記。」（湖北軍政界代表歡迎會講詞）官吏與軍人在職時要犧牲自由，爲人民爭自由，退職爲民，自可享有完全自由。

3.學生　學生是國家未來的主人翁，在求學時期，亦要犧牲個人自由。國父說：「到了國家能够行動自由，中國便是個强盛的國家。要這樣做去，便要大家犧牲自由，當學生的能够犧牲自由，就可以天天用功，在學問上做工夫。學問成了，智識發達，能力豐富，便可以替國家做事。當軍人的能夠犧牲自由，就能够服從命令，忠心報國，使國家有自由。」（民權主義第二講）學生與軍人一樣，要犧牲個人自由，努力求學，將來學問成功，才能擔當國家交付他的工作任務。又認爲有些學生知道自由的理論以後，「便先拿到家內用，去發生家庭革命，反對父兄，脫離家庭。拿到學校內用，鬧起學潮來。」

（革命成功，個人不能有自由，團體要有自由講詞）這是特別告誡學生不可誤用自由，貽誤學業，語重心長，發人猛省。

（六）提倡合理的自由——國父很重視國家的自由，但亦未忽視人民的自由權利，爲防止自由發生種種流弊，主張自由不可放任，應有其範圍。　蔣總統曾提示一個最恰當的名詞，叫做合理的個人自由。他說：「總理的民權主義第二講，就是說明民權與自由的眞義，與兩者在事實上的關係，從而主張合理的自由，就是主張限制個人的自由，以保持人人之自由，犧牲個人的自由，以求得國家之自由。」又說：「總理所訂的五權憲法，當然是提倡自由。但是五權憲法所提倡的自由，不是個人的自由，而是整個國家的大自由，不是絕對無限制的自由，而是有限制的合理的自由。」（總理遺敎六講第二講）所謂「合理的自由」，就國家與個人講，國家自由重於個人自由，要犧牲個人自由，以求得國家之自由。就人人（人民）與個人講，要犧牲個人自由，以保持人人之自由，即犧牲小我完成大我之意。就個人自由講，自由有其範圍，并非漫無限制，即法定界限之內的自由，不去侵犯別人的自由，才是個人所享受的合理自由。

附錄二：限制自由問題——　國父與　蔣總統講到自由要有範圍，要以不侵犯他人之自由爲限，要在法律之下講自由。就軍人、黨員、官吏、學生講，也是以自動犧牲個人自由以爭取國家自由爲主，並未主張以法律限制他們的自由。可是後來的三民主義研究者自己特加强調，認爲三民主義的自由有兩種限制：一爲個人自由的一般限制，現行中華民國憲法第二十三條規定「除爲防止妨害他人自由，避免緊急危難，維持社會秩序，或增進公共利益所必要者外，不得以法律限制之。」研究者自反面措詞，謂政府爲了「防止妨碍他人自由，避免緊急危難，維持社會秩序，或增進公共利益」，可以限制人民的自由，這叫個人自由的一般限制。（另有將此限制更加以擴大者）二為個人自由的特殊限制，卽將國父認為軍人、黨員、官吏、學生應犧牲自由，列為個人自由的特殊限制。甚至有人說「此四種人不能享受一般人民所享受的一般自由」，這種說法是值得討論的。第一、現行憲法訂立於民國三十五年十二月廿五日，三十六年元旦公布，三十七年元旦為憲法實施時期。與國父（民國十三年）講民權主義相差二十餘年，如果擅將此項條文的反面與國父論自由（論犧牲自由）相提並論，又不證明來源，實在容易引起讀者誤會，希望此項研究者加以修正或補充說明。惟讀者必須注意：此項理論雖與國父遺敎不符，如遇考場有此項問題時，祇好依題估答，以免影響分數。然此不過為權宜之計，如作深刻研究時則不應附和。第二、所謂軍人、官吏、黨員、學生要犧牲個人自由，主要是指當國家自由與個人自由衝突時，或有其他原因不能或不應享受個人自由時，才應犧牲自由，並不是說平常時間「此四種人不能享受一般人民所應享受的一般自由」。

這裏還要補充說明的是，國父雖提倡國家自由重於個人自由，又提倡犧牲個人自由，但仍重視人民自由，仍為人民爭充分的自由，仍强調自由與民權的關係。

附錄三：為所欲為與為所應為的自由問題——國父在民權主義中祇分自由為：⑴國家自由（民族自由、團體自由）⑵個人自由，⑶眞自由，⑷人民自由，以及「放蕩不羈」等，並未作其他分類。在第一次全國代表大會宣言中對內政策第七條固然講到：「確定人民有集會、結社、言論、居住、出版、信仰之完全自由。」（民國十二年中國國民黨政綱所載大致相同）但不必相提並論（如需合起來講，亦應分別註明來源）。

崔書琴先生著三民主義新論，在民權主義論自由段（第十一章一、二、三、四），認爲 國父使用「自由」一語時，含有三種不同的意義：第一是民族與國家的自由，第二是極端個人主義的自由（指放蕩不羈言），第三是通常所了解的自由。第三中又分爲：甲、政治自由，包括選舉、罷免、創制、複決四權、乙、個人自由，包括集會、結社、言論、出版、居住、信仰六種自由。其結論稱：「由此看來， 中山先生爲軍人、官吏、黨員、學生，以及其他團體分子所主張的不是『爲所欲爲』的自由，而是『爲所應爲』的自由。」這本是他個人推測之詞，與 國父原意未必全符。惟後來撰三民主義教程或讀本的人，誤以爲 國父曾作這樣的分類，說 國父曾分自由爲：⑴爲所欲爲的自由，⑵爲所應爲的自由，那就更離譜了。

貳、眞正平等

要研究眞正平等這個題目，牽涉到各種平等學說，範圍太大。爲求精簡起見，祇研討下列四個問題：一、平等的意義，二、中西人民對平等有何不同看法，三、眞平等（包括不平等、假平等），四、平等的精義。

㈠平等的意義——什麼是平等呢？有各種不同的說法。 蔣總統分平等爲兩種：一爲法律之前的形式平等，二爲生活條件的實質平等。他說：「平等也有兩種意義，一種是法律之前的形式平等，一種是生活條件的實質平等。我對生活條件的平等，更須正確的解釋，生活條件的平等，並不是報酬的統一，而是大家都站在具有基本生活的經濟條件和基本知識的教育條件上，得到公道的機會平等。至於報酬的同一觀念，就是總理所說平等點的假平等。大家站在基本生活和知識水準上，得到機會均等的平等，就是總理所說立脚點平等的眞平等。」（反共抗俄基本論）以上兩種平等意義，我們可以視爲平等的兩種分類。

（二）中西人民對平等有何不同看法——西洋人因爲太不自由，所以不顧一切犧牲去爭自由；中國人自由太多了，所以不知爭自由。同理，西洋人階級觀念太深，受不平等的束縛太厲害，所以爭平等；中國人階級觀念淡薄，朝爲田舍郎，暮登天子堂，平民可以爲宰相，所以不爭平等。國父在民權主義第三講中說：「歐洲沒有革命以前的情形，和中國比較起來，歐洲的專制，要比中國厲害得多，原因是在甚麼地方呢？就是世襲制度。當時歐洲的帝王公侯那些貴族，代代都是世襲貴族，不去做別種事業，人民也代代都是世襲一種事業，不能夠去做別種事業。」這種世襲制度和人民職業不能改變，就是當時歐洲的不自由。歐洲人因爲受到階級制度的各種不平等待遇，所以重視平等，努力去爭平等。

中國的政制與歐洲不同，人民對平等的看法亦有別：因爲「中國自古代封建制度破壞以後，這種限制，也完全打破。由此可見從前中國和外國，都是有階級制度，都是不平等。中國的好處，是只有皇帝是世襲，……至於皇帝以下的公侯伯子男，中國古時都是可以改換的，平民做宰相封王侯的極多，不是代代世襲一種事業的。」中國沒有如西洋一樣的世襲制度，人民職業和生活比較自由，所以並不重視平等。

（三）眞平等——國父在民權主義第三講中，曾由人爲的不平等，與要求聰明才力相等的假平等，講到政治上立足點的眞平等。

㈠不平等：人類天生本是不平等，加上人爲的力量，於是更趨於不平。國父說：「天地間所生的東西總沒有相同的，既然都是不相同，自然不能夠說是平等。自然界既沒有平等，人類又怎麼有平等呢？天生人類本來也是不平等的，到了人類專制發達以後，專制帝王尤其變本加厲，弄到結果比較天生的更是不平等了。這種由帝王造成的不平等，究竟是怎麼情形？現在可就講壇的黑板上，繪一個圖表來表明，請諸君細看第一圖，便可明白。因爲有這種人爲的不平等，在特殊階級的人，過於暴虐無道；被壓迫的人民，無地自容，所以發生革命的風潮來打不平。」這裡我們要解釋的是，這個不平等圖中所列擧的帝王公侯伯子男民，與古代班爵祿有關。有人問孟子曰：「周室班爵祿也，如之何？」孟子對曰：「天子一位，公一位，侯一位，伯一位，子男同一位，凡五等也。」（萬章篇）國父在五等爵之外，加上帝、王、民，便成了八等級。

第一圖　不平等

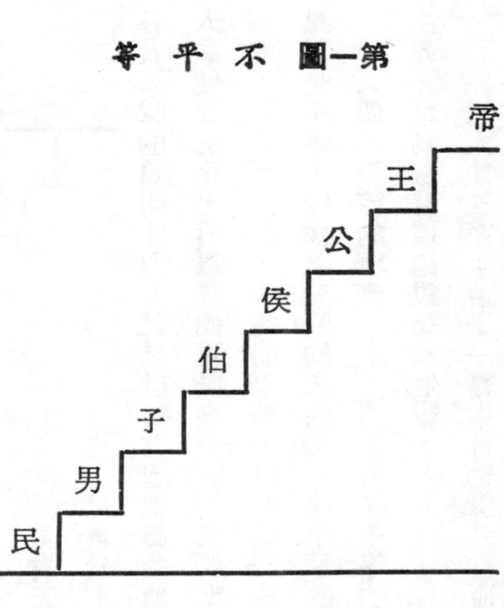

㈡假平等：平等本不是天生的，有些學者爲了要平等，爲了要推翻君主專制，特創天賦平等說以爲號召，由於深信這種學說，又產生了一種假平等。國父說：「天下的事情，的確是行易知難，當時歐洲的民衆都相信帝王是天生的，都是受了天賦之特權的，多數無知識的總是去擁護他們，所以少數有知識的學者，無論是用什麼方法和力量，總是推不倒他們。到了後來，相信天生人類都是自由平等，爭平等自由，是人人應該有的事。然後歐洲的帝王，便一個一個不推自倒了。不過專制帝王推倒以後，民衆又深信人人是天生平等的這一說。便日日去做工夫，想達到人人的平等。殊不知這種事是不可能的。到了近來，科學昌明，人類大覺悟了，才知道沒有天賦平等的道理。假如照民衆相信的那一說去做，縱使不顧眞理，勉強做成功也是一種假平等，像第二圖一樣，必定要把位置高的壓下去，成了平頭的平等。至於立脚點還是彎曲線，還是不能平等。這種平等，不是眞平等，是假平等。」

㈢眞平等：不平等有天生的，有人爲的。眞平等乃是人爲的，不是天生的。國父所講的眞平等，是要求立足點平等，不是齊頭平等，是政治地位平等，不是天賦才智的平等。民權主義第三講稱：「說到社會上的地位平等，是始初起點的地位平等。後來各人根據天賦的聰明才力，自己去造就，因爲各人的聰明才力有天賦的不同，所以造就的結果，當然不同，造就既是不同，自然不能有平等，像這樣講來，才是眞正平等的道理。如果不管

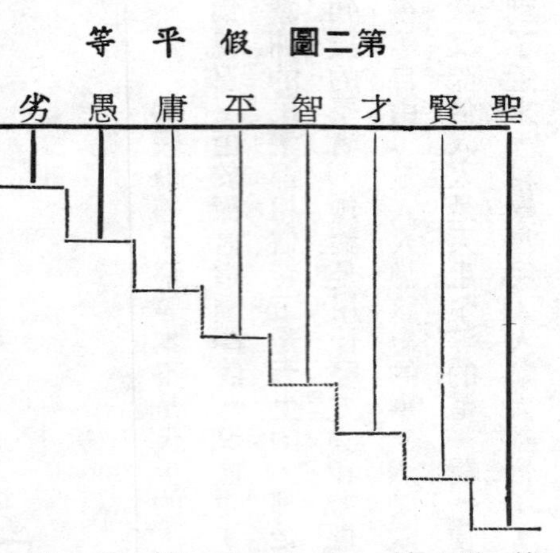

第二圖　假平等

各人天賦的聰明才力，就是以後有造就高的地位，也要把他們壓下去，一律要平等，世界便沒有進步，人類便要退化，所以我們講民權平等，又要世界有進步，是要人民在政治上的地位平等。因爲平等是人爲的，不是天生的，人造的平等，只有做到政治上的地位平等。故革命以後，必要各人在政治上的立足點都是平等，好像第三圖的底線，一律是平的，那才是眞平等，那才是自然之眞理。」

㈣平等的精義——國父所講平等的精義，涉及高尚的道德問題，他自人類三系、利己與利他主義，講到服務道德觀及人生觀。

㈠人類三系：孟子一書中曾說伊尹自命爲天民之先覺者，而且主張以先覺覺後覺，以先知覺後知，國父推此發明人類三系說。他在民權主義第三講稱：「我從前發明過一個道理，就是世界人類，

其得之天賦者，約分三種：有先知先覺者；有後知後覺者；有不知不覺者。先知先覺者爲發明家，後知後覺者爲宣傳家，不知不覺者爲實行者。此三種人互相爲用，協力進行，則人類之文明進步，必能一日千里，天之生人，雖有聰明才力之不平等，但人心則必欲使之平等，斯爲道德上之最高目的，而人類當努力進行者。」按人類三系說，國父在孫文學說中早已講過，孫文學說出版於民國八年，三民主義講演是在民國十三年，這裡所謂「我從前發明過一個道理」的「從前」，是指民八以前而言。

第三圖　眞平等

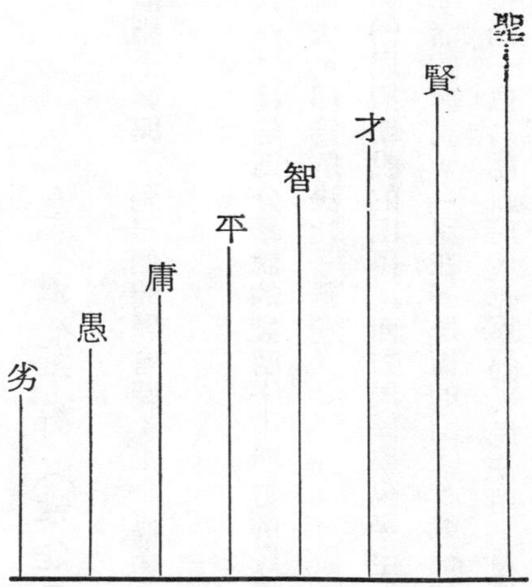

聖
賢
才
智
平
庸
愚
劣

㈡利己與利他主義：西洋倫理哲學與人生哲學中均有利己主義與利他主義兩個相對的派別。國父曾引此兩派以釋如何達到高尚的服務道德。他闡釋說：「要到達這個最高之道德目的，到底要怎麼樣做法呢？我們可把人類兩種思想來比對，便可以明白了。」那兩種思想呢？一種就是利己，一種就是利人。重於利己者，每每出於害人，亦有所不惜。此種思想發達，則聰明才力之人，專用彼之才能去奪取人家之利益，漸而積成專制之階級，生出政治上之不平等，此民權革命以前之世界也。重於利人者，每每到犧牲自己，亦樂而爲之。此種思想發達，則聰明才力之人，專用彼之才能，以謀他人的幸福，漸而積成博愛之宗教、慈善之事業。惟是宗教之力有所窮，慈善之事有不濟，則不得不爲根本之解決，實行革命，推翻專制，主張民權，以平人事之不平了。」由天賦才智的三系與天賦德性的兩點，說明天生的不平，講到以「人為補天演」，而求彌補這不平的鴻溝。

㈢平等的精義：人類的天賦不平的鴻溝，如何彌補呢？國父提倡服務的人生觀和道德觀，以平人事之不平。他說：「從此以後，要調和這三種人使之平等，則人人當以服務為目的，而不以奪取為目的，聰明才力愈大者，當盡其能力而服千萬人之務，造千萬人之福，聰明才力略小者，當盡其能力以服十百人之務，造十百人之福，所謂『巧者拙之奴』，就是這個道理。至於全無聰明才力者，亦嘗盡一己之能力，以服一人之務，造一人之福，照這樣做去，雖天生的聰明才力有三種不平等，而人類由於服務的道德心發達，必可使之成為平等了，這就是平等的精義。」（民權主義第三講）這裏要實現「平等的精義」，就是要提倡服務的人生觀和道德觀。而服務的人生觀和道德觀，亦就是利他主義的人生觀和道德觀。

叁、權能平衡（權能區分）

權能平衡與下列三個問題有關：一、權能區分學說的發明，二、權能畫分原理，三、權能如何平衡。

（一）權能區分學說的發明——西方的民權學說，發生了很大的困擾，無法解決。國父發明權能區分辦法，即為解決此一難題。

㈠民權學說的困擾：西方民權學說發生何種困擾呢？即「所欲」與「所怕」的問題。國父引一位美國學者的話說：「現在講民權的國家，最怕的是得到了一個萬能政府，人民沒有方法去節制他；最好的是得到一個萬能政府，完全歸人民使用，為人民謀幸福。」「這一說是最新發明的民權學理。但所怕所欲，都是在一個萬能政府。第一說是人民怕不能管理的萬能政府，第二說是人民謀幸福的萬能政府。要怎麼樣才能够把政府變成萬能呢？變成了萬能政府，要怎麼樣才聽人民的話呢？」（民權主義第五講）西洋人民既欲政府爲人民做事，又怕不能管理政府，這是很難解決的難題。

他又引一位瑞士學者的話說：「各國自實行了民權以後，政府的能力便行退化。這個理由，就是人民恐怕政府有了能力，人民不能管理。所以人民總是防範政府，不許政府有能力，不許政府是萬能。所以實行民治的國家，對於這個問題，便應該想方法去解決。想解決這個問題，人民對於政府的態度，就應該要改變。」這位瑞士學者主張人民要改變對政府的態度，想挽救這個流弊，亦沒有提出具體的解決辦法。

㈡權能區分學說的發明：西洋民權發生民權的困擾，是民主與制衡問題，瑞士學者未提出解決方法，國父便發明權能區分原理，來解決了這個問題。他說：「歐美學者只想到人民對於政府的態度，應該要改變。至於如何改變，還沒有想出。我們革命，主張實行民權，對於這個問題我想到了一個解決的方法。我的解決方法，是世界上學理中第一次的發明。……我的辦法，就是像瑞士學者近日的發明一樣，人民對於政府要改變態度。近日有這種學理的發明，更足以證明我向來的主張是不錯。這是什麼辦法呢？就是權與能要分別的道理。」（同上）權能區分原理是世界學理中的一大發明，對政府與人民權力無法平衡問題，提供最佳的解決方法，在民主政治史上，爲之大放異彩。

（二）權能區分原理　要明白權能區分的原理，先要研討權能兩字的意義，次要介紹權能分開的比喻，再後講到權能區分的辦法。

㈠權能區分的意義：什麼是「權」與「能」呢？簡單的說：「權」便是管理政府的力量，「能」

便是政府本身的力量，管理政府的力量，叫做「政權」（選舉權、罷免權、創制權、複決權）。政府本身的力量，叫做「治權」（立法權、司法權、行政權、監察權，考試權）。 國父說：「現在要分開權與能，……根本上還是要從政治上的意義來研究：政是衆人之事，集合衆人之事的大力量，便叫政權，政權可說是民權；治是管理衆人之事，集合管理衆人之事的大力量，便叫做治權，治權可說是政府權。」（民權主義第六講）西洋所以發生「所欲與所怕」的困擾問題，就是權能沒有分開，如將政權與治權分開，使人民有權管理政府，便不怕政府萬能；政府變成萬能後，便可爲人民謀幸福。又美國約翰霍浦金斯大學林白樂教授，曾在「孫逸仙的政治理論」一文中，解釋過「權」與「能」的意義，他認爲「權」字在應用於個人時，是「力量」或「權利」；應用於政治活動時，是「主權」或「政治的所有權」。「能」字在應用於個人時，是「勝任」、「能力」或「治事才能」的意思；應用到這政治活動時，是「行政能力」的意思。這種解釋，簡單明瞭，而且切合 國父權能區分的原義。

(一)權能區分的比喻： 國父恐怕大家不瞭解權能區分的意義，特別列舉第五個比喻，加以說明。

1.阿斗有權諸葛亮有能　「阿斗與諸葛亮是權能區分的最好例證，阿斗是君主，無能而有權，諸葛亮是大臣，有能而無權，阿斗知道自己無能，把國家全權託給諸葛亮，要他去治理國事，結果政治清明，西蜀能夠成立很好的政府，與吳、魏鼎足而立。現在成立共和政體，以民爲主，四萬萬人像是阿斗，是有權的，政府是有能的，好像是諸葛亮。」（民權主義第五講）阿斗有權而無能，諸葛亮有能而無權，以阿斗比作人民，諸葛亮比作政府，說明權能區分的道理，深入淺出使人容易領悟。

2.富豪有權印度巡捕有能　「我們現在主張要分開權與能，再拿古時和現在的事實，比較的來說一說。在古時能打的人，大家便奉他做皇帝，現在的富豪家庭，也請幾位打師來保護，好像上海租界上的軍閥官僚，在各省剷了地皮，發了大財之後，搬到上海的租界內去住，因為怕人打他和他要錢，便請幾個印度巡捕（看門的警察），在他的門口保護。照古時的道理講，能保護人的人便可以做皇帝，那末保護那些官僚軍閥的印度巡捕，便應該做那些官僚軍閥的皇帝。……那些官僚軍閥不把他當作皇帝，只把他當作奴隸，那種奴隸有了槍，雖然很有能力，那些官僚軍閥只能夠在物質一方面給些錢，不能夠在名義上叫做皇帝。像這樣講，古時的皇帝，便可以看作現在守門的印度巡捕；現在守門的印度巡捕，就是古時的皇帝。」這是說豪富是有權的，巡捕是有能的，有能的要聽有權的指揮。

3.股東有權經理有能　「現在有錢的那些人組織公司開辦工廠，一定要請一位有本領的人來做總辦（經理）去管理工廠，這種總辦是專門家，就是有能的人，股東就是有權的人，工廠內的事，祗有總辦能講話，股東不過監督總辦罷了。現在民國的人民便是股東，民國的總統便是總辦。我們人民對於政府的態度，應該要把他們當作專門家看，如果有了這種態度，股東便能夠用總辦，整頓工廠，用很少的成本，出很多的貨物，可以令那個公司發大財。」這是說股東是有「權」的人，經理是有「能」的人。民國的人民便是股東，總統便是公司的經理，這就是要人民改變對政府的態度。

4.車主有權司機有能　「到了現在的新時代，權與能是不能分開的，許多事業一定是要靠專門家的，是不能限制專門家的。像最新發明在人生日用最便利的東西，是街上的汽車。……國家就是一輛大汽車，政府中的官吏就是一些大車夫。……就這個比喻，更可以分別駕駛汽車的車夫是有能而無權的，汽車主人是無能而有權的，這個有權的主人便應該靠有能的專門家，去代他駕駛汽車。民國的大事，也是一樣的道理。國民是主人，就是有權的人；政府是專門家，就是有能的人。」從前買了汽車的人，多要自己去駕駛和修理，現在有錢的人，可以請人來駕駛。由是駕駛的人是有能的，車主是有權的。這也是權能區分的好比喻。

5.工程師有權機器有能　「現在還是用機器來比喻，機器裏頭各部的權和能，是分得很清楚的。那一部是做工，那一部是發動，都有一定的界限。譬如就船上的機器說，現在最大的船，有五六萬噸，運動這樣大船的機器，所發出的力量，有超過十萬匹馬力的機器，只用一個人，便可以完全管理。那一個管理的人，要全船怎麼樣開動，便立刻開動，要全船怎麼樣停止，便立刻停止。」這是說機器是有能的，其開動與停止，完全決定在有權管理機器的人的手裡。這個比喻，也很容易使人瞭解。

(三)　權能如何平衡——依據　國父的意見，權與能是應予分開的，一方面使人民有充分的權，一方面使政府有充分的能，必須如此，才能實現人民有權政府有能的政治目的。他說：「在我們的計畫中想造成新的國家，是要把國家的政治大權，分開成兩個；一個是政權，要把這個大權完全交到人民的手裡，要人民有充分的政權，可以直接去管國事，這個政權就是民權。一個是治權，要把這個大權完全交到政府的機關內，要政府有很大的力量，治理全國事務，這個治權便是政府權。」（民權主義第五講）又說：「我們在政權一方面，主張四權；在治權一方面，主張五權，這四權和五權，各有各的統屬，各有各的作用，要分別清楚，不可紊亂。」並以機器的比喻，來說明這個道理。（詳前）又以中外政情爲例，分別闡明其理論。外國人爲什麼總是反抗政府？因爲「就是由於權和能沒有分開」，且指出中國實行這個制度，較易使人瞭解而便於實踐：「中國不要再蹈歐美的覆轍，應該要照我所發明的學理，把權與能畫分清楚，人民分開了權與能，才不反對政府，政府才可以望發展。中國分開權與能是很容易的事，因爲中國有阿斗和諸葛亮的先例可援，如果政府是好的，我們四萬萬人便把他當做諸葛亮，把國家的全權都交到他們；如果政府是不好的，我們四萬萬人可以實行皇帝的職權，罷免他們，收回國家

的大權。」（同前）

以上遺教，都是說明權能區分要畫分清楚，各有其界限和統屬，不容紊亂。國父逝世後，美國所推行的市經理制，市經理由市議會就市政專家選任，卽經理有能，市參議會有權，祇要市參議會對經理不滿意，隨時都可以更換，美國的這種經理制，很可以印證　中山先生權能區分的理論。

肆、五權憲法

講五權憲法應講那些問題呢？其重要者計有：⑴憲法的意義和種類，⑵三權憲法，⑶五權憲法，⑷五權憲法與現行憲法。

（一）憲法的意義和種類——下面要答覆什麼叫憲法，可分那幾類？

㈠憲法的定義：甚麼是憲法？依據　國父的見解，包含下列三種意義：

1.憲法是一種根本大法　波高德說：「憲法是一種根本大法，根據它以建立國家的政府，以協調個人與國家的關係。」（成文憲法之政體，波高德著政治學 The Origin of Written Constitution, in Political Science Quarterly Vol. VII, P. 673）所謂根本法，就是比普通法律更具有最高權威的法律，一切中央的或地方的法令，都不得與它衝突，若與之牴觸者無效。國父亦有相同的見解，他認爲憲法是「一個治國的根本大法。」（五權憲法）

2.憲法是政府的組織法　耶令芮特認爲「憲法是決定國家各級機關的組織，規定它們創立的方式，相互的關係，權力範圍，以及對於國家所佔的根本地位的一組織法規。」（耶令芮特著近代國家之權利 Recet des Modernen States P.35）所謂政府組織法，包括中央和地方的政治制度，以及兩者之間的關係。國父說得更明白：「憲法就是把一國的政權分作幾部分，每部分都是各自獨立，各有專司的。」

3.憲法是人民權利保障書　憲法是保障人民權利的母法，如憲法規定人民有各種自由，卽不能以普通法律加以限制。國父說：「憲法者國家之構成法，亦卽人民權利之保障書也。」（中華民國憲法史前編序）政府與人民的關係，都由憲法來規定，但一經規定後，除修改憲法外，人民的權利與義務，不得任意侵犯。

㈡憲法的種類：憲法種類甚多，這裏講兩種，卽成文憲法與不成文憲法。

1.成文憲法　美國的憲法是成文憲法，又稱剛性憲法。國父說：「世界各國成立憲法最先的，就算是美國。當美國革命，脫離英國，成立共和之後，便創立一種三權憲法，世人都叫他做成文憲法，把各種國利民福的條文，在憲法之內訂得非常嚴密。以後各國的憲法，都是效法他這種憲法來作立國底根本大法。…美國的人民，自從憲法頒行之後，幾乎衆口一詞，說美國的憲法是世界中最好的。就是英國政治家，也說自有世界以來，祇有美國的三權憲法，是一種很完全的憲法。」（五權憲法）據國父的看法，美國的憲法，「不完備的地方還是很多，而且流弊也很不少」，並不是眞正最完善的憲法。

2.不成文憲法　英國的憲法是不成文憲法，又稱柔性憲法。國父說：「英國的憲法並沒有甚麼條文，美國的憲法有很嚴密底條文。所以英國的憲法，可以說是活動的憲法，美國的憲法，是呆板的憲法，此中因爲是由於英國是以人爲治，美國是以法爲治的。英國雖然是立憲的鼻祖，但是沒有成文憲法，英國所用的是不成文憲法。」當然，現代各國所訂的憲法，多爲成文憲法，不能再摹倣英國了。

（二）三權憲法——這裏要講到：⑴西洋的三權憲法，⑵中國的三權獨立，⑶西洋三權憲法的缺點。

㈠西洋的三權憲法：西洋的三權憲法，以孟德斯鳩的政治學說爲基礎。 國父說：「憲法是從英國創始的，英國自經過了革命之後，把皇帝的權利，漸漸分開，成了一種政治的習慣，好像三權分立一様。當時英國人並不知道三權分立，不過爲政治上便利起見，才把政權分開罷了。後來有位法國學者孟德斯鳩 (Baron de Monte squieu 1689-1755)，著了一部書叫做「法意」(The spirit of Laws)，有人把它叫做萬法精義，這本書是根據英國政治的習慣，發明三權獨立的學說，主張把國家的政權分成立法、司法和行政三種，所以三權分立，是由於孟德斯鳩所發明的。」(五權憲法講詞) 美國獨立後首先依孟德斯鳩的政治學說，制訂三權分立的成文憲法。以後日本、德國及其他國家，都是拿美國的憲法做藍本，分別去訂立憲法。這是西洋三權憲法的來源及發展的經過。

㈡中國的三權獨立： 國父認爲「拿英國的不成文憲法來比較，中國專制時代亦有不成文的三權憲法，像下面第一圖所列。

第一圖　比較憲法

中國憲法
- 考試權
- 君權—兼
  - 立法權
  - 行政權
  - 司法權
- 彈劾權

外國憲法
- 立法權—兼—彈劾權
- 行政權—兼—考試權
- 司法權

他說：「照這樣看起來，可見中國也有憲法，一個是君權，一個是考試權，一個是彈劾權。不過中國的君權，兼有立法權、司法權和行政權。這三個權裏頭的考試權，原來是中國一個很好的制度，也是一件很嚴重的事。從前各省舉行考試的時侯，把試場的門都關上，監試看卷的人，都要很認眞，不能够通關節，講人情。大家想想是何等鄭重。」其次，講到監察權，國父云：「說到彈劾權，在中國君主時代，有專管彈劾的官，像唐朝諫議大夫和淸朝御史之類，就是遇到了君主有過，也可冒死直諫。這種御史，是梗直得很，風骨凛然。」他强調「中國從前的考試和彈劾權，都是很好的制度，憲法裏頭是決不可少的。」

㈢西洋三權憲法的缺點：西洋三權憲法有什麼缺點呢？就是監察權與考試權不能獨立行使：

1. 監察權不能獨立的缺點　西洋三權憲法中的監察權（糾察權）是由立法院兼有的，這樣容易造成議會專制，國父說：「現在立憲各國，沒有不是立法機關兼有監察權限，那權限雖然有强有弱，總是不能獨立，因此生出無數弊病。比方美國糾擧權，歸議會掌握，往往擅用此權，挾制行政機構，使它不得不俯首聽命，因此常常成爲議會專制。除非有雄才大略的大總統，如林肯、麥哲尼、羅斯福等，才能達到行政獨立之目的。」（三民主義與中國民族之前途）

國父又引美國哥倫比亞大學教授喜斯羅之言：「國會有了彈劾權，那些狡猾的議員，往往利用這個權來壓制政府，弄到政府一擧一動，都不自由，所謂『動輒得咎』。」（五權憲法講詞）世人認爲英國的國會是萬能的，除男變女，女變男之外，什麼事都可以做得出來。

2. 考試權不能獨立的缺點　在三權憲法的政府，考試權與用人權，由行政院兼有，這亦是有其流弊的。其流弊安在？一爲不能達到選賢與能的目的，二爲造成黨的分贓制度（Spoil System），三爲行政權太大。

國父說：「美國官吏，有由選擧得來，有由委任得來的。從前本無考試制度，所以無論是選擧、委任，皆有很大的流弊。就選舉上說，那些略有口才的人，便去巴結國民，運動選舉，那些學問思想高尚的人，反都因為訥於口才，無人去物色他，所以美國代議院中，往往有愚蠢無知的人，夾雜在內，那歷史實在可笑。就委任上說，凡是委任官，都是跟着大統領進退，美國共和黨、民主黨，向來是以選舉為興廢，遇着換了大統領，由內閣至郵政局長，不下六七萬人同時俱換。」（三民主義與中國民族之前途）以上是就選舉不當與分贓制度而言。

國父又說：「考試權如果屬於行政部，那權限未免太廣，流弊反多。」（同上）行政院操考試用人之大權，很可能以行政干涉考試，以考試便利行政，亦可能接受請托，甚至濫用私人。

（三）五權憲法——我們在下面要講到：⑴五權憲法之創立，⑵五權憲法的政治機構，⑶五權憲法的優點。

㈠五權憲法之創立：　國父在西方三權憲法之外，加入中國原有的考試權和監察權，創立了五權憲法，如第二圖所示：

第二圖

五權憲法
- 立法權
- 司法權
- 行政權
- 彈劾權
- 考試權

「這個五權憲法，把全國憲法，分作立法、司法、行政、彈劾五個權，每個權都是獨立的。……這個五權憲法不過是上下反一反，去掉君權，把其中所包括的行政、立法、司法三權，提出做三個獨立的權，來施行政治，在行政權一方面，另行立一個執行政務的大總統。立法機關就是國會，司法人員就是裁判官，和彈劾與考試兩個機關，同是一樣獨立的。」（同前）

㈡五權憲法的政治機構：　國父講過五權憲法之後，進一步設計中央政府組織與省縣行使政權系統圖。五權憲法就好像一部大機器，要想治一個新國家，就不能不用這個新機器的

第三圖

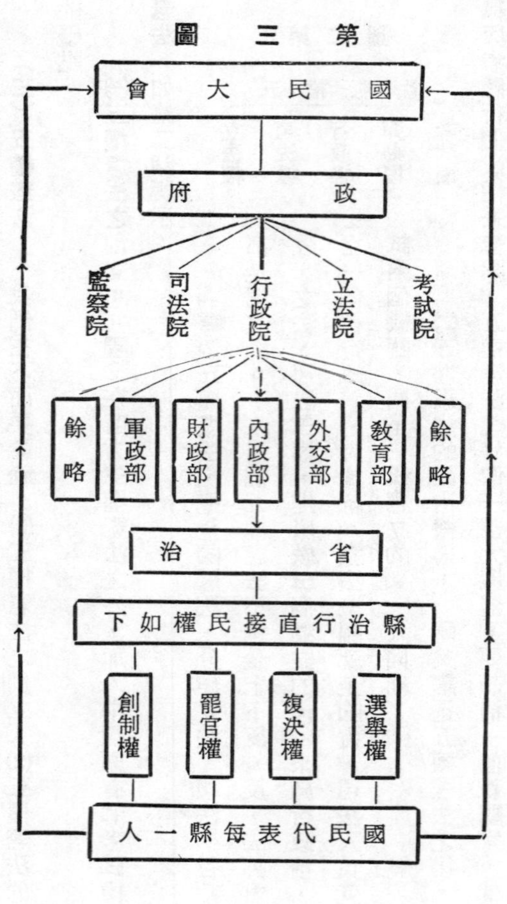

五權憲法。(同上) 上面的第三圖，便是五權憲法的政治構造制度。

上面這個圖，就是治國的機關。除了憲法上規定五權分立外，最重要的就是縣自治，行使直接民權。能夠有直接民權，才算是眞正民權。直接民權共有四個：一個是選舉權，二個是罷官權，三個是創制權，四個是複決權。「五權憲法，好像是一架大機器，直接民權，便是這架大機器中的掣扣。」(同前)這裡要加以說明的有五：一、國民大會是人民權力的最高機關，代表人民向中央政府行使選舉、罷免、創制、複決四個政權。二、國家最高元首是大總統，督導五院，執行政務。三、立法、司法、行政、考試、監察五院分立，各自獨立行使職權，使之相互分工合作。四、以縣爲自治單位，行使直接民權。

五、以人民的四個政權，管理政府五種治權，使權能平衡，不會造成暴民政治，亦不會變成專制政府。

㈢五權憲法的優點：三權憲法的缺點，其反面卽爲五權憲法的優點。又三權憲法的缺點，卽民主政治的缺點，如放任自由，議會專制，政府無能，行政權並有考試的流弊，已在第一節第二項歐美民主政治的缺點中介評過，這裡專講五權憲法的優點，計有下列三項。

1.考試權獨立的優點　考試權有何優點呢？其重要優點有二：一是可以防止濫選議員與濫用私人，二是可以選出賢能與提拔眞才。

甲、防止濫選議員與濫用私人——　國父在五權憲法講詞中，曾引用美國博士與苦力車夫競選失敗的故事，說明美國沒有考試制度，不學無術的人亦可當選議員。他說：「所以將來中華民國憲法，必要設獨立機關，專掌考試權。大小官吏必須考試，定了他的資格，無論官吏是由選舉的，抑或由委任的，必須合格的人，方得有效，這便可以除却盲從濫選及任用私人的流弊。」（見三民主義與中國民族之前途）用考試辦法，確定議員與官吏的資格後，自可防止濫選議員與濫用私人的流弊。

乙、可以選出賢能提拔眞才——美國的憲法不完全，亦想辦法去補救，就是以財產來確定被選舉權的資格，完全是資本主義的色彩。美國實行文官制度，用考試來決定資格，可惜範圍太小，亦是美中不足。國父說：「最好的補救方法，祇有限制被選舉權。要人人都有選舉權，…依兄弟看來，當議員官吏的人，必定是要有才有德，或者有什麼能幹。……我們又是怎樣可以斷定他們是合格呢？…就是考試。」（五權憲法講詞）這是說要經過考試，要限制被選舉權，才可選到賢能，提拔眞才。

2.監察權獨立的優點　監察權獨立，可以防止國會專制，可以澄清吏治。

甲、可以防止議會專制——把監察權自國會分出來，國會便不能挾制政府。國父說：「照正理上說，裁判人民的機關，已經獨立，（指司法權言）裁判官吏的機關，仍在別的機關之下，這也是論理上說不過去的，故此這機關也要獨立。」（同上）

乙、可以澄清吏治——監察權獨立，可以自由發揮力量，可以發揮御史的精神。因爲中國古代的御史，風骨凛然，不畏權勢。旣能犯顏諫諍，亦能懲貪除暴。故監察權能獨立，對於澄清吏治，是大有裨益的。

3.五權分立可以造成萬能政府　人民有權，政府有能，人民行使四權，以控制政府，可以獲得充分的民權。政府行使五權，可以發揮無限的威力，以造成萬能政體。國父說：「有了這種政權和治權，才可以達到美國學者的目的，造成萬能政府，爲人民謀幸福。中國能够實行這種政權和治權，便可以破天荒在地球上造成一個新世界。」（民權主義第六講）

4.五權分立可以造成專家政治　由於實行考試制度的關係，議員與政府官吏，都是有道德有能幹的人才，可以「選賢與能」，使「賢者在位，能者在職」。國父說：「現在歐美人無論做甚麼事，都要用專門家。譬如練兵打仗，便要用軍事家。開辦工廠，便要用工程師。對於政治，也知道用專門家。」（民權主義第五講）蔣總統說：「一方面人民要有充分的控制政府管理國家的『權』；一方面政府要有萬能的治理政事造福全民的『能』；……然後可以推進政治，增進效能，而實現『專家政治』的理想。（見國父遺敎概要）

5.五權分立可以造成分工合作的政體　國父認爲如能實行五權，便能分工合作。「蓋機關分立，相待而行，不致流於專制，一也。分立之中，仍相聯屬，不致孤立，無傷統一，二也。」（中華民族建設之基礎）戴季陶先生對五權分立合作制度，有所說明。他說：「其實五權政治眞正完全施行，一定要各院、部相互爲用，在分工中兼收合作之效。他仍舊是相互連鎖的。我們不論從事實來證明，從理論來推考，我們要認定我們中國的五權政治，在運用的時候，是應該相互爲用，相互幫忙的。」（民國十八年十月中央紀念週「考試院的籌備和五院制的運用」講詞）他强調五權政治是一個分工合作制度，在運用上相互爲用，才可收到「分工中兼收合作之效」。

㈣五權憲法與現行憲法：現就五權憲法與現行憲法的同異點加以簡單說明。

子、相同之處：

1.政權機關之「國民大會」與治權機關之「行政、立法、司法、考試、監察」五院名稱完全相同。

2.國家之元首均稱總統。

3.以三民主義爲基礎（中華民國基於三民主義爲民有民治民享之民生共和國）。

丑、相異之處：

1.在現行憲法中，國民大會雖有政權機關之名，却無政權機關之實，此蓋由於憲法僅授予國民大會以極微弱之職權，包括選擧罷免總統副總統之權、修改憲法之權、創制複決權、議決變更領土之權。

2.在現行憲法中，五院之關係並非分工合作，尤以行政立法兩院間之關係，更使甚多學者頓興內閣制之疑，行政院必須依據某種形式向立法院負責，立法院有點像成爲英國式之國會，與 國父五權憲法之構想頗有距離。

3.依據現行憲法，總統雖爲國家元首，享有多項職權，然究其實際，諸權多屬空言，乃難免虛位之成份特多，此點似與 國父五權憲法中所主張之總統兼爲行政首長之構想頗不相同。

總之，現行憲法，乃三權憲法與五權憲法之混合體，故有人主張將來應根據五權憲法加以修正，但在未修正前，我們應擁護現行憲法。

伍、全民政治

自某一方面看，全民政治與直接民權是異名而同義的名詞。 國父在民權主義第六講講過四個政權（選舉、罷免、創制、複決）後，曾提示欲知此中詳細情形，可參考廖仲愷君所譯之全民政治（按係美人威爾確斯著作）。該書係詳介美國西北部各州、瑞士、澳大利亞、紐西蘭等處行使選舉、罷免、創制、複決等直接民權的實際情形。本文據此研討下列各問題：一、全民政治的含義，二、全民政治與直接民權，三、全民政治的最高理想。

（一）全民政治的含義——甚麼是全民政治？依據 國父的看法，全民政治便是國民全體的政治，沒有種族、宗教、性別、職業、階級以及黨派的分別，只要是國民，都可享有同等的民權，都有資格來做國家的主人翁。他在民權主義第六講中說：「全民政治是什麼意思呢？就是用四萬萬人來做皇帝。」「因爲中國自古以來，有志向的人，是想做皇帝。」大家若是有了想做皇帝的心理，一來同志就要打同志，二來本國人更要打本國人，全國長年相爭相打，人民的禍害，便沒有止境。」如果中國人民，個個具有皇帝的尊貴與權利，便不會爲爭皇帝而發生內戰，阻礙國家的安全和進步。

（二）全民政治與直接民權——全民政治卽行使直接民權，與歐美所實行代議政治的間接民權，有其密切關係，亦有重大的區別。

㈠間接民權：所謂「間接民權」，就是人民不能直接過問國事，由人民選舉的議員，組成議會，代表人民去議論國政，並選舉官吏負責處理國家事務。國父說：「間接民權，就是代議政治，用代議士去管理政府，人民不能直接去管理政府。」因爲人民祇有選舉權，不能直接過問國政，只能委託其所選出的議員，來間接去管理政府，所以「人民對於政府的權力，只能發出去，不能收回來。」（民權第六講）這種間接民權制度，使民主政治有名無實，議會流於專橫，而爲資本家或軍人所操縱，以及政府懦弱無能，不能大有作爲等流弊。我們要取法乎上，不可再步其後塵。過去代議政治搬來中國實施，好處一點未學到，「所學到的壞處，却是百十倍，弄到國會議員，變成「猪仔議員」（註一），汚穢腐敗，是世界各國自古以來所沒有的，這眞是代議政體的一種怪現象。所以中國學外國的民權政治，不但學不好，反而學壞了。」（同上）可見代議政體到了中國，其流弊較外國更多。

㈡間接民權與直接民權：間接民權與直接民權有何區別？簡單的解釋，代議政體所行的民權，人民祇有選舉權，在選舉議員官吏之後，不再過問國事，叫間接民權。人民在選舉權外，還能够實行罷免權、創制權與複決權，才是直接民權。國父對此有所提示，他說：「代議制度還不是眞正民權，直接民權才是眞正民權。美國、法國、英國雖然都是行民權主義，但是他們還不是直接民權，是間接民權的主義。……直接民權共有四個，卽選舉權、罷免權、創制權和複決權，這四個權，便是具體的民權，像這樣具體的民權，才是眞正的民權主義。」（三民主義之具體辦法）又說：「從前沒有充分民權的時候，人民選舉了官吏議員之後，便不能够再問，這種民權，是間接民權，間接民權，就是代議政體，用代議士去管理政府，人民不能直接去管理政府。要人民能够直接管理政府，便要人民能够實行這四個民權。」（民權主義第六講）由此可知間接民權是有限度的民權，直接民權才是充分的民權。

不過有一點要說明白，民權主義所提倡的直接民權，主要是行使於自治單位的縣，中國國民黨民十三年政綱對內政策第三條載：「確定縣爲自治單位，自治之縣，其人民有直接選擧及罷免官吏之權，有直接創制及複決法律之權。」建國大綱第九條載：「一完全自治之縣，其國民有直接選擧議員之權，有直接罷免議員之權，有直接創制法律之權，有直接複決法律之權。」以上是說明直接民權行使於自治單位。

中國革命史稱：「人民對於本縣之政治，當有普通選擧之權，創制之權，複決之權，罷免之權。而對於一國政治，除選擧權之外，其餘之同等權，則付託於國民大會之代表以行之。」所謂「其餘之同等權」，係指創制、複決、罷免諸權而言，卽「付託於國民大會之代表以行之」。便是「間接民權」。建國大綱二十四條規定：「憲法頒布之後，中央統制權卽歸於國民大會行使之，卽國民大會對於中央政府官員有選擧權，有罷免權，對於中央法律有創制權，有複決權。」可知國民對中央所行使的四權，叫間接民權；縣（市）自治單位所行使的四權，叫直接民權。

㈢全民政治與直接民權：全民政治與直接民權有何關係呢？ 國父說：「全民政治是什麼意思呢？就是從前所講過了的，用四萬萬人做皇帝，四萬萬人要怎樣才可以做皇帝呢？就是要有四個民權，來管理國家大事。」（民權主義第六講）又說：「人民能够直接管理政府，便要人民能够實行四個民權，人民能够實行四個民權，才叫做全民政治。」威爾確斯著「全民政治」一書，其內容是專講直接民權的， 國父對此書甚爲推崇，要大家去研究，因爲全民政治是以直接民權爲內容的。繼在民權主義第四講說明他所主張的民權，與歐美的民權不同；「我們國民黨提倡三民主義來改造中國，所主張的民權，是和歐美的民權不同。我們拿歐美已往的歷史來做資料，不是要學歐美，步他們的後塵，是用我們民權主義，把中國改造成一個全民政治的民國，要駕乎歐美之上。」又在國民要以人格救中國講詞中說：「民國是以四萬萬人爲主，我們要想是眞正以人民爲主，造成一個駕乎萬國之上的國家，必須國家的政治，做成一個全民政治。」亦可以說全民政治是直接民權的理想，直接民權是全民政治的實行。

(三) 全民政治的最高理想——威爾確斯在其所著全民政治序文中說：「對於林肯格言三語 Government of the people, by the people and for the people. 之中語，所謂政府者治於人民一事，則議論激越，各有所主。雖各黨各派，靡不自命與林肯見解爲一，然若輩群中，於林肯所語意義，與夫林肯假能生於斯世，其對於黨派現時論爭之態度，果當何若，則彼此所見，不相侔也。」强調全民政治以實行林肯的民有民治民享爲最高理想。

國父所主張的全民政治，亦持相同的觀點。他說：「世界上把全民政治說到最完全最簡單的，莫過於美國大總統林肯所說的 of the people, by the people and for the people，這個意思譯成中文，便是民有、民治、民享。」又說：「眞正的全民政治，必須先有民治，然後才能說，眞有民有，眞有民享。」（國民要以人格救國）因爲「人民必要能够治，才能够享，不能够治，便不能够享。如果不能够享，就是民有都是假的。」（五權憲法講詞）我們須知 國父所領導的國民革命，是以全民爲基礎，同時也以全民共治爲依歸。他在解釋三民主義時說：「吾黨之三民主義卽民族、民權、民生三種、此三主義之內容，亦可謂之民有、民治、民享，與自由、平等、博愛無異，故所向有功。」（黨員須宣傳革命主義）我們用三民主義的口號，和林肯所主張的民治、民有、民享來比較，其意義是相同的。因爲民族主義要做到國家爲人民所共有，民權主義要做到政治爲人民所共管，民生主義要做到利益爲人民所共享，由此可知全民政治，是以民有民治民享爲理想的。

總之，我們認爲全民政治，是以直接民權與充分民權內容，以全民參與爲目的，以民有民治民享爲理想。

註一　從前南洋富商以金錢至中國內地收買工人（以十年或二十年爲期，期滿可自由謀生），運到南洋去做工，叫猪仔工人，民初北洋政府以金錢收買議員去投票，叫猪仔議員。

附錄四：革革命民權與天賦人權

（一）天賦人權的含義與目的——國父說：「盧梭一生民權思想最要緊的著作是『民約論』，『民約論』中立論的根據，就是說人民的權利是生而自由平等的。各人都有天賦的權利，不過人民後來把天賦的權利放棄罷了。所以這種言論，可以說民權是天生出來的。」（民權主義第一講）盧梭爲什麼要提倡天賦人權說呢，其目的是要推翻君權，並推翻「君權神授說」。因爲歐洲在盧梭的學說發表以前，盛行着一種「君權神授說」。「佔了帝王地位的人，每每假造天意，做他們的保障，說他們所處的特殊地位，是天所授予的，人民反對他們，便是逆天。無知識的民衆，不曉得研究這些話是不是合理，只是盲從附合，爲君主爭權利，來反對有知識的人民去講平等自由。因此贊成革命的學者，便不得不創天賦人權的平等自由這一說，以打破君主專制。」（民權主義第二講）可知盧梭提倡「天賦人權說」的目的，在打破「君權神授說」。

（二）天賦人權的流行及其功效——天賦人權既爲時代所需要，又爲人民所歡迎，故不脛而走，流行於歐美各國。美國的獨立宣言，法國革命的人權宣言，皆以人生而自由平等爲骨幹。也可以說美國獨立之所以成功，法國革命之所以成功，都得力於盧梭的天賦人權說。

（三）國父對天賦人權說之批評——盧梭的學說，雖有其時代需要，雖獲得相當成功的效果，然而是不是有事實作根據？國父對此曾有所批評。民權主義第一講載：「民約論中立論的根據，是說人民的權利是生而自由平等的，這種言論，可以說民權是天生出來的。但就歷史上進化的道理說，民權不是天生出來的，是時勢和潮流所造就出來的。故推到進化的歷史上，並沒有盧梭所說的那種民權事實，這就是盧梭的言論沒有根據。」國父認爲自由是因奮鬬而得來的，平等是人爲的，民權是時勢和潮流所造成的，也就是說自由平等不是天生的，民權也不是天賦的。

（四）革命民權的含義與目的——民權主義中祇批評天賦人權說，未詳言革命民權說的內容。中國國民黨第一次全國代表大會宣言載：「蓋民國之民權，唯民國之國民,乃能享之，必不輕授此權於反對民國之人，使得藉以破壞民國。詳言之，凡眞正反對帝國主義之團體及個人，均得享有一切自由及權利，而凡賣國罔民以効忠於帝國主義及軍閥者，無論其爲團體或個人，均不得享有此等自由及權利。」分析起來說，積極方面：必須忠於民國參加革命反對帝國主義者，方得享有民國之民權：消極方面，凡背叛民國，忠於帝國主義及軍閥者，均不得享有民國之民權。推而言之，賣國漢奸，顚覆民國之復辟運動者及叛國黨派，均不得享有民國之民權。美國公民必需宣誓服從合衆國及其憲法，亦有此意，很多國家禁止含有顚覆黨派之活動，亦含有此意。

（五）蔣總統對革命民權的補充意見——蔣總統講總理遺敎六講時說：「總理所主張的民權，不能隨便賦予不了解革命主義以及沒有誓行革命主義決心的一切人，並不是國家對於民權有所靳而不予，乃是爲實現眞正的民權而設定此必要之條件以爲之保障。所以本黨所主張的革命民權，不是天賦人權。」這裡所謂「誓行革命主義」，擴大一點講，兼涉及宣誓服從民國而言。

（六）革命民權與天賦人權之異同——普通祇講兩者的區別，我們這裏還講兩者的同點。

㈠關於相同者：兩種學說相同之處，計有下列二點：

1.同是爭平等　革命民權爲民權主義的特點之一，民權主義的目的在求國民的政治地位平等，天賦人權主張人生而自由平等，其目的也是爲人民爭平等。

2.同是反對君權　盧梭提倡天賦人權，志在打破君權神授說，以求實現民權；國父的提倡民權主義，提倡革命民權，也是順應世界潮流，反對君主專制。

㈡關於相異者：兩種學說不同之處，計有下列三項：

1.民權來源的看法不同　盧梭的天賦人權說，是認爲人類生而自由平等，就是說民權是天生的。國父則說：「民權不是天生出來的，是時勢和潮流所造就出來的。」而且自由不是天生，是由人民奮鬬而得來的，平等亦不天生的，是人爲的。」

2.民權享有的看法不同　盧梭認爲民權是天賦的，故任何人，任何團體，或任何黨派，均得享有此項民權。國父的革命民權說，乃指出「唯民國之國民，乃能享之。」「唯誓行革命主義者，乃能享之。」反之，凡反對民國與顚覆民國之人或團體黨派，均不得享受之。

3.革命的對象不同　天賦人權說的革命對象，爲歐洲的君主。革命民權的對象，在國父逝世前爲滿淸專制及軍閥，國父逝世後爲軍閥、漢奸及顚覆中華民國之黨派。

附註：這裡所稱的革命的對象不同，在涂子麟先生著三民主義敎本中，叫做時代的任務不同。

第三節　民權主義的政治制度

民權主義的政治制度，應包含下列四大問題：一、地方政府，二、中央政府，三、均權制度，四、政黨政治。

壹、地方政府

(一) 地方政府意義及其行政組織——何謂地方政府?地方政府與地方自治有何關係?地方政府有那些行政組織?地方自治以何者爲單位?地方自治與直接民權有何關係?都是研究的範圍,玆分別闡述於左:

㈠地方政府與地方自治:地方政府係指中央政府之對比而言,中央政府爲國家行使統治權的最高機關,基於實際政治推行的需要,便將國內畫分爲省(市)、縣(市)、鄉(鎭)等行政區域,分別建立機關,各自管理其區域內行政事務。以上省、縣、鄉各級機關,統稱地方政府。

講到地方政府,不能不講地方自治,因爲後者是前者的礎石,建國亦猶建屋,應從最低處的基礎做起。地方自治是什麼?國父說:「將地方上的事情,讓本地方人民自己去治,政府毫不干涉。」(辦理地方自治是人民之責任講詞)詳言之,在一定區域內的人民,依據法律所賦予的自治權,在中央與省政府督導之下,由人民自定法規,選舉議員與職員,分別成立立法與執行機關,以處理其公共事務,這種政治制度,謂之地方自治。

㈡省、縣、鄉三級行政組織:地方政府包括省政府、縣政府、鄉公所三級行政系統,省轄縣,縣轄鄉,鄉下設有里鄰(保甲),是負責推行政令的最基層單位。省政府地位相等有院轄市,與縣政府地位相等有省轄市,與鄉公所地位相等有鎭公所。在抗戰前後,又在省與縣之間設專員公署(清代的府),縣與鄉之間設區公所,名稱甚多。爲簡便計,僅講省、縣、鄉三級行政組織。

1.省政府 抗戰勝利後,中央將全國畫分爲三十六行省,省設省政府,以省主席爲行政長官，下設民政、財政、建設、教育四廳及其他局、處，分別辦理省政。省議會是民意最高機關，代表人民向省政府行使政權，省政府主席須向省議會提出施政報告，省議員對省主席及各廳局處長有質詢之權，省議會對省政府重要政策與各種提案有決議權，與立法院對行政院職權相似。中央在省設高等法院，負責民刑案件覆判。審計部在省設審計處，負責省預算執行及決算審查。省是介於中央與縣之間，負責轉達政令並督導政令執行的中間機關，使上令下行，下情上達，以收政治聯絡的功效。

2.縣政府　縣設縣政府，以縣長爲行政首長，下設民政、財政、建設、教育四科（局）其及他處所　分別辦理各種縣政。以縣議會爲最高民意機關，代表人民向縣政府行使政權，對縣政府握有質詢、決議、審查等權。中央與省在縣設有地方法院、審計、稅收、郵電、銀行等分支機關。縣政府是介於省與鄉之政令執行機關，又是地方自治單位，國家政治的基礎在縣，政治的推行亦在縣，是地方政府中的最主要一環。

3.鄉公所　鄉設鄉公所，以鄉長爲行政首長，下設民政、財政、建設、戶籍、衛生、兵役等課所，分別辦理各種鄉政。以鄉民代表大會爲民意機關，代表人民向鄉公所行使政權，其職權與縣議會相似。鄉下再分里鄰（保甲），是政令執行最基層單位。

㈢地方自治以縣爲單位：　國父說：「地方自法之範圍，當以一縣爲充分之區域，如不得一縣，則聯合數村，而附有縱橫二三十里之田野者，亦可爲一試辦區域。」（地方自治開始實行法）他何以要選擇以縣爲單位，其所持理由是：「吾國舊有地方自治，前日克强先生詳言之，本舊礎石而加以新法，自能發揮數千年之美性。……今假定民權以縣爲單位。吾國不止二千縣，如蒙藏亦能漸進，則至少可爲三千縣。三千縣之民權，猶三千塊之石礎，礎堅則五十層之崇樓，不難建立。建屋不能猝就，建國亦然，當有極堅毅之精神，而以極忍耐之力量行之。竭五年十年之力，爲民國築此三千之石礎，必可有成。」（民國五年七月十八日在上海對兩院議員講演詞）國父所以確定以「縣爲自治單位」，因爲縣的區域不大，人口亦不太多，交通便利，便於實行直接民權；同時一縣之人，都愛其生長所在的故鄉，對地方事業，容易博得多方支持，故實行地方自治，以縣爲單位，最爲適宜。

㈣自治縣行使直接民權：國父主張以縣爲自治單位，並行使直接民權，「在訓政時期，政府當派曾經訓練考試合格之員，到各縣協助人民籌備自治。其程度以全縣人口調查清楚，全縣土地測量完竣，全縣警衞辦理妥當，四境縱橫之道路修築成功；而其人民曾受四權使用之訓練，而完畢其國民之義務，誓行革命之主義者，得選舉縣官以執行一縣之政事，得選舉議員以議立一縣之法律。始成爲一完全自治之縣。」（建國大綱第八條）人民有些什麼直接民權呢？「一完全自治之縣，其國民有直接選舉官員之權，有直接罷免官員之權，有直接創制法律之權，有直接複決法律之權。」（建國大綱第九條）這是強調地方自治之縣的國民，直接行使民權，對官吏有選舉與罷免之權，對法律有創制與複決之權，實行眞正的直接民權。

(二)地方自治中心工作——依據國父著地方自治開始實行法，地方自治中心工作有六項（六事）：一、清戶口，二、立機關，三、定地價，四、修道路，五、墾荒地，六、設學校。

㈠清戶口：國父主張每年清查戶口一次，將老年少年中年分類登記，並註明變更情形。「不論土著或寄居，悉以現居是地者爲準，一律造册，列入自治之團體。」凡自治人民要先盡義務，才能享受權利。「悉盡義務同享權利。其本爲土著，而出外者，其家族當爲之代盡義務，回家時乃能立享權利；否則於回家時以客籍相待，必住滿若干年，盡過義務，乃得同享此自治團體之權利。」與現行戶籍法實行社會福利與衞生工作等普惠原則，頗有區別。

下列四種人得免盡義務而享權利。「地方之人，有能享權利而不必盡義務者：其一、則爲未成年之人，……此等人悉有享受地方教育之權利；其二、爲老年之人，……此等人悉有享受地方供養之權利；其三、爲殘疾之人，有享受地方供養之權利；其四爲孕婦，……。其餘人人則必當盡義務，乃得享權利，不盡義務者，停止一切權利。」這就是老年人和少年人、孕婦等無力盡其能，有權取其利。中年人或壯年人應多盡義務，要少享權利。這樣以有餘補不足，社會的權利義務的總和，才能作合理的分配，國家社會的行政和福利經費才有着落。

㈠立機關：「戶口既清之後，便可從事於組織自治機關，凡成年之男女，悉有選舉權、創制權、複決權、罷免權。而地方自治草創之始，當先施行選舉權，由人民選舉職員，以組織立法機關，並執行機關。」

又在執行機關設立後，其下「設立多少專局，隨地方所宜定之，初以簡便爲主。而其首要，在糧食管理局，量地方之人口，儲備至少足供一年之糧食。地方之農業，必先供足地方之食，然後乃准售之外地。故糧食一類，當由地方公局買賣。對於人民需要之食物，永定最廉之價，使自耕自食之外，餘人得按口購糧，不准轉賣圖利。地方餘糧，則由公局轉運，售賣之後，其溢利歸諸地方公有，以辦公益。」「其餘衣、住、行三種需要之生產製造機關，悉當歸地方之支配，逐漸設局管理。」對糧食工業、衣服工業、居住工業、交通工業等，都要次第興建，逐步推行。

㈢定地價：地價如何去定？「其法：以地價之百分抽一，爲地方自治之經費；如每畝值十元者，抽其一角之稅，值百元者抽其一元之稅，值千元者抽十元之稅等是也。此爲抽稅之一方面，隨地主報多報少，所報之價，則永以爲定，此後凡公家收買土地，悉照此價，不得增減。而此後所有土地之買賣，亦由公家經手，不能私相授受。原主無論何時，祇能收回此項所定之價；而將來所增之價，悉歸於地方團體之公有。如此則社會發達，地價愈增，則公家愈富。由衆人所用之勞力以發達之結果，其利益亦衆人享有之；不平之土地壟斷，資本專制，可以免却，而社會革命，罷工風潮，悉能銷弭於無形。此定地價一事，實吾國民生根本之大計，無論地方自治，或中央經營，皆不可不以此爲著手之急務也。」這種定地價的方法，就是平均地權的方法，今日我們在臺灣大致已在進行，惟有一事尚未辦到，就是「土地買賣由公家經手」，如能做到這一着，公價與黑市價之懸殊，便可消除，漲價歸公之目的，才可實現。

㈣修道路：自治區內，公家可以自由規畫其交通。人民的義務勞力，當首先用於築道路。道路宜分幹路支路兩種，幹路以同時能往來通過四輛自動車爲度，支路以同時能往來通過兩輛自動車爲度，此等車路，宜縱橫徧佈於境內，並連接於鄰境。築就之後，宜分段保管，時時修理，不得稍有損壞。目前臺灣交通發達，郊區與農村，亦公路縱橫，利於各種車輛行駛，已合乎　國父設計的規模。

㈤墾荒地：「荒地有兩種，其一、爲無人納稅之地，此種荒地，當由公家收管開墾。其二、爲有人納稅而不耕之地，此種荒地，當課以值百抽十之稅，至開墾完竣爲止，如三年後仍不開墾，則當充公，由公家開墾。」對無地主之荒地，由公家收管開墾，至有主之荒地，則課征荒地稅，限期開墾，雙管齊下，務使荒地盡墾，地盡其利，變爲生產之良田，以裕民食。

又墾荒地外，「凡山林、沼澤、水利、鑛場，悉歸公家所有，由公家管理開發。開墾後支配之法，亦分兩種：其爲一年收成者，如植五穀菜蔬之地，宜租於私人自種；其數年或數十年乃能收成者，如森林果藥之地，宜由公家管理。開荒之工事，則由義務勞力爲之，如是，數年或數十年之後，自治區域，當可變成桃源樂地，錦繡山河矣。」

㈥設學校：「凡在自治區域之少年男女，皆有受教育之權利，學費、書籍、與夫學童之衣食，當由公家供給。學校之等級，由幼稚園、而小學、而中學，當陸續按級而登，以至大學而後已。教育少年之外，當設公共講堂，書庫、夜學，爲年長者養育智識之所。」其所講教育內容，包括學校教育，（公費教育）、成年教育，義務教育多種，現在世界各國，仍未完全做到。

以上自治開始之六事，如辦有成效，當逐漸推廣，及於他事。今後之要務，爲地方自治團體所應辦者，則「農業合作」、「工業合作」、「交通合作」、「銀行合作」、「保險合作」等事。此外更有對於自治區域以外之運輸交易，當由自治機關設專局以經營之。

貳、中央政府

依據民國八十年、八十一年兩度憲法增修條文之規定，中央政府之結構進行重大的改革，玆分別析論如次：

㈠國民大會——中華民國憲法第二十五條規定：「國民大會依本憲法之規定，代表全國國民行使政權。第二十七條規定：「國民大會之職權如左：一、選舉總統、副總統。二、罷免總統、副總統。三、修改憲法。四、複決立法院所提之憲法修正案。關於創制複決兩權，除前項第三、第四兩款規定外，俟全國有半數之縣、市曾經行使創制複決兩項政權時，由國民大會制定辦法並行使之。」除了上項之各種權利外，憲法第四條並規定：「中華民國領土依其固有之疆域，非經國民大會之決議，不得變更之。」

民國八十一年，第二屆國民大會臨時會通過憲法增修條文，其中第十一條規定：「國民大會之職權，除依憲法第二十七條之規定外，並依增修條文第十三條第一項，第十四條第二項及第十五條第二項之規定，對總統提名之人員行使同意權。」這些同意權行使之對象包括：司法院院長、副院長及大法官；考試院院長、副院長及考試委員；監察院院長、副院長及監察委員。

由於上述的增修條文，使得國民大會的職權，頗有擴充。但由於總統、副總統選舉辦法尚未定案，憲法增修條文第十二條僅規定：「總統、副總統由中華民國自由地區全體人民選舉之，自中華民國八十五年第九任總統、副總統選舉實施。」換言之，如果自民國八十五年起總統、副總統改為由人民直選，則原憲法第二十七條規定，國大代表選舉總統、副總統的職權，就將取消。但若是維持國民大會，並以委任代表方式選舉總統、副總統，則憲法第二十七條之規定，仍將繼續生效。總之，在現階段（民國八十五年以前），國民大會的具體職權是：

一、選舉總統、副總統。
二、罷免總統、副總統。
三、修改憲法。
四、複決立法院所提之憲法修正案。（以上根據憲法第二十七條）
五、變更國土疆域。（根據憲法第四條）
六、對司法院院長、副院長、大法官之同意權。（根據增修條文第十三條）
七、對考試院院長、副院長、考試委員之同意權。（根據增修條文第十四條）
八、對監察院院長、副院長、監察委員之同意權。（根據增修條文第十五條）

此外憲法增修條文第十一條亦規定：「國民大會集會時，得聽取總統國情報告，並檢討國是，提供建言；如一年內未集會，由總統召集臨時會為之，不受憲法第三十條之限制。」換言之，原先規定每六年集會一次的國民大會，今後將可每年集會，而且擁有更大的檢討國是，提供建言的機會。至於創制、複決兩權的行使，則仍依憲法第二十七條原先之規定，在全國過半數縣市尚未實施之前，不予實施。

至於國大代表的任期，原爲六年一任，現則依增修條文第十一條之規定，改爲四年一任。

（二）**總統**——憲法規定總統由國民大會選舉之，罷免之，位居五院之上，對外代表國家，不負責實際政治成敗，並向國民大會負責。唯憲法增修條文第十二條規定，今後「總統、副總統由中華民國自由地區全體人民選舉之。」此項規定是否會賦與總統更大的實際權限，尙有待今後之實際憲政發展，始得定論。依據憲法及增修條文之規定，總統之重大職權，共有下列各項：

一、對外代表國家，爲國家元首。（根據憲法第三十五條）

二、統率全國陸海空軍。（根據憲法第三十六條）

三、公布法令權（需經行政院長或有關部會首長之副署）。（根據憲法第三十七條）

四、締結條約及宣戰媾和之權。（根據憲法第三十八條）

五、宣布戒嚴之權（需經立法院之通過或追認）。（根據憲法第三十八條）

六、依法行使大赦、特赦、減刑及復權之權。（根據憲法第四十條）

七、依法任免文武官員。（根據憲法第四十一條）

八、緊急命令權（需經行政院會議之決議，並需經立法院追認）。（根據憲法第四十三條及增修條文第七條之規定）

九、授與榮典之權。（根據憲法第四十二條）

十、院際紛爭調和權。（根據憲法第四十四條）

十一、決定國家安全有關大政方針。(根據增修條文第八條)。

在上列十一項權限中,第一、第二、第九等三項係象徵性權力。第三、四、五、六、七、八等五項權力,因受行政院長(或有關部會首長)副署之限制,其責任由副署者承擔,決策權力亦不在總統,因此並非總統之實際權力。但第十項及第十一項兩權限,則係實質之權力。尤其是院際紛爭調和權,在司法、考試、監察三院院長、副院長、大法官、考試委員、監察委員等改由總統提名,經國民大會行使同意權後,在院際紛爭的調和任務上,總統的角色日顯重要,因此此項權限已不僅是象徵性意義而已,並具實際功效。至於國家安全大政方針的制定,以及國家安全會議及國家安全局歸由總統掌握,則凸顯了在修憲之後,總統的憲法權力,亦已擴充。

基於此,雖然我國憲法之基本精神,較接近於西方之議會內閣制,但總統卻非完全之虛位元首。在西方的相類似制度中,我國現制較接近芬蘭的制度。亦即行政權歸於總理(在我國則為行政院長),而總統則享有部分的外交及國家安全權限,同時又是位高崇隆,不負責實際政治成敗的國家主權之象徵。

(三)**行政院**——行政院為國家最高行政機關,亦為五院之中心,最能表現政府之功能,凡國計民生之事,均與行政院有關。行政院有如議會內閣制之下內閣之角色,對立法院負責,總統之命令必須經行政院長或行政院長及有關部會首長之副署,方能生效,此亦符合責任內閣制之精神。行政院院長,由總統提名,經立法院同意而任命之(據憲法第五十五條),而副院長、各部會首長及不管部會之政務委員,則由行政院長提請總統任命之(據憲法第五十六條),但均需對院長負責,院長則獨掌行政大權,與西方議會內閣制之總理職權相似。唯自憲法增修條文公布以來,總統依法享有國家安全方針決策之權,因而使行政院長之相關職權,有所縮減。

（四）**立法院**——依據五權憲法之理念，立法院本屬治權機關，與西方民主國家之政權機關——國會，性質並不相同，而應係一種由專門之立法專家組成之專業立法機構。但是在制憲時卻將立法院定位爲由人民選舉產生之國會，包括議決法律案、預算案、戒嚴案、大赦案、宣戰案、媾和案、條約案等重要權限，以及質詢、同意、修憲提案等項職權。行政院對立法院負責，也使得立法院兼具主要的國會功能。另外，憲法第七十三條亦規定，「立法委員在院內所爲之言論及表決，對院外不負責任」，此一規定，實與西方民主國家對國會言論免責權的規定相同。不過，和許多議會內閣制國家不同的是，憲法第七十五條規定，「立法委員不得兼任官吏」，在西方議會內閣制國家中比較少見，唯荷蘭國會議員亦不得兼任閣員，與我國憲法之規定相似。另依據憲法第六十五條規定，立法委員任期爲三年，連選得連任。第六十六條則規定，立法院院長、副院長各一人，由立法委員互選產生，因此立法院自應爲「合議制」。

（五）**司法院**——司法院爲國家最高司法機關，依照憲法增修條文第十三條規定，司法院院長、副院長、大法官由總統提名，經國民大會同意任命之。在職權方面，司法院掌理民事、刑事、行政訴訟之審判及公務員懲戒（據憲法第七十七條）。另外，司法院也有解釋憲法，並統一解釋法律，命令之權（據憲法第七十八條）。在憲法增修條文第十三條中，並規定司法院大法官「組成憲法法庭審理政黨違憲之解散事項」。而政黨違憲之定義則係，「政黨之目的或其行爲，危害中華民國之存在或自由民主之憲政秩序者爲違憲。」

憲法第八十條、第八十一條規定，法官需超出黨派之外，依據法律獨立審判，不受任何干涉。法官係終身職，非依法律，不得停職、轉任或減俸。但司法院大法官則採任期制，一任爲九年，得連任。

（六）考試院——考試院爲國家最高考試機關，國父說：「國民大會及五院職權，與夫全國大小官吏，其資格由考試院定之。」（孫文學說）。「建國大綱」第十五條規定：「凡候選及任命官員，無論中央與地方皆需經中央考試詮定資格者乃可。」依據憲法第八十三條規定，考試院「掌理考試、任用、銓敍、考績、級俸、陞遷、保障、褒獎、撫卹、退休、養老等項。」但在憲法增修條文第九條中，明定「行政院設人事行政局」，考試院職權頗有減縮，因此在憲法增修條文第十四條中，規定考試院職掌改爲：「一、考試。二、公務人員之銓敍、保障、撫卹、退休。三、公務人員任免、考績、級俸、陞遷、褒獎之法制事項。」換言之，在上述之第三項職掌中，考試院只負責法制事項，而不再兼具實際執行之責。

此外，考試院院長、副院長、考試委員亦改由總統提名，經國民大會同意任命之（原先憲法規定爲經監察院同意任命之）。但其任期則維持爲六年一任。考試院亦維持爲「合議制」，與行政院之院長獨掌大權，情形頗有不同。至於原先憲法第八十五條規定，公務員之選拔，應實行公開競爭之考試制度，「並應按省區分別規定名額，分區舉行考試。」其中按省區規定名額及分區考試之規定，依增修條文第十三條之規定，已停止適用。不過，考試委員須超出黨派以外，依據法律獨立行使職權之規定（憲法第八十八條），則維持不變。

（七）監察院——監察院在中華民國憲法中，原被定位爲國會之一部分，而且性質較類似西方兩院制之下的參議院或上議院，係由各省、市議會間接選舉產生，與人民直選產生之立法院，有所區隔。但是由於監委選舉弊端叢生，並導致監察院清譽不張，在修憲時乃做了根本性的調整，將監察院自國會之一部分轉變爲「準司法」機構。其中最重要的調整，是根據增修條文第十五條，規定監察院「行使彈劾、糾舉及審計權」，而不再行使原先憲法所賦與之同意權（即對司法、考試兩院之同意）。此外，則是取消了原先憲法規定之監委選舉產生方式，而改為「監察院設委員二十九人，並以其中一人為院長、一人為副院長，任期六年，由總統提名，經國民大會同意任命之。」亦即監察委員不再由省、市議會間接選舉產生，而與司法院大法官考試委員產生方式相似，改由總統提名，藉以強化監察委員應有之專業職能及清廉風範。

監察院改制後，監委行使彈劾權的條件也趨於嚴格，因此增修條文第十五條中乃進一步規定，監察院對於中央、地方公務人員及司法院、考試院人員之彈劾案，須經監察委員二人以上之提議（原憲法第九十八條係規定「一人以上之提議」），九人以上之審查及決定，始得提出。至於監察院對總統、副總統之彈劾，也自原先憲法第一百條規定之「全體監察委員四分之一以上之提議，全體監察委員過半數之審議及決議」，改為「須經全體監察委員過半數之提議，全體監察委員三分之二之決議，向國民大會提出。」換言之，彈劾權行使的條件均將轉趨嚴格。

此外，增修條文雖然仍然規定，「監察委員須超出黨派之外，依據法律獨立行使職權」，但卻取消了原先憲法第一百零一條的規定，「監察委員於院內所為之言論及表決，對院外不負責任」；以及第一百零二條之規定「監察委員，除現行犯外，非經監察院許可，不得逮捕或拘禁。」換言之，監察委員的言論免責權及不受拘捕的國會議員權限，均已取消，轉而定位為與一般之公務人員相同。由於監察院職掌及權限的改變，國會功能今後主要將只由立法院承擔（部分則由國民大會承擔），但監察院卻不再具備國會性質了。

綜上所述，在增修條文通過之後，原先較為明晰的政權、治權機構之劃分，已漸趨模糊。原先屬於國民大會的選舉、罷免、創制、複決四項政權，已日見萎縮。如果總統選舉進一步改為人民直選，則選舉權亦將消失。但相對的，國民大會卻又增加了本屬於國會性質的同意權，使原應屬於立法院的同意權易位，造成立法院國會職能的限制。但另一方面，將監察院改爲準司法機構，不復擔負一般之國會職能，同時又可大幅度改善監委專業職能及清廉風範，則應較符合五權憲法之本意。因此，儘管修憲之後，許多憲法規定之內涵已與五權憲法之原旨相距日遠，但卻有部分之設計，反而較趨近於國父當初之設計。

叁、均權制度

均權制度又叫均權主義，是修正中央集權或地方分權制度的一種折中主張，爲 國父所創建，應包含下列幾個問題：一、均權制度的由來與含義，二、中央與地方政府職權畫分原則，三、均權制度的優點。

（一）均權制度的由來——歐美國家通常實行兩種制度，一是中央集權，便是把國家權力完全集中於中央政府，二是地方分權，將地方政務歸之於地方政府，中央僅保留監察指揮之權。換言之，中央集權是中央之權多於地方，地方分權是地方之權多於中央，這兩種制度都有其缺點。就中國政制來說，自古以來，卽有內輕外重或强幹弱枝的主張，但過分中央集權的政制，往往引發地方勢力的武裝反抗；而地方分權的結果，又易造成割據的形勢。現今各國，凡是單一國多採中央集權制，聯邦國多採地方分權制，各有利弊，均非完善制度，因此中央集權之法國，發生地方分權運動；地方分權之美國，又從事於立法統一運動。我國雖爲單一國，然廣土衆民，各地形勢不同，卽不可實行中央集權制，亦不可採用地方分權制。 國父爲補偏救弊，調整中央與地方政府的權力關係，乃提出適合國情的均權制度。他說：「關於中央及地方之權限，採均權主義，凡事務有全國一致之性質者，畫歸中央，有因地制宜之性質者，畫歸地方，不偏於中央集權或地方分權制。」（中國國民黨第一次全國代表大會宣言）建國大綱第十七條也有如此規定，不過將「均權主義」易爲「均權制度」而已。由此可知均權制度，是鑑於中央集權制與地方分權制的缺點而創立的。

蔣總統對均權制度有精闢的解釋。他說：「本條所謂『均權』，乃是指由國家最高機關，按事務之性質而將各種事權分別畫歸中央與地方政府，所謂不偏於中央集權或地方分權，這是 總理從事實上解決中央與地方政府間一切不應有的爭議之具體辦法，可說是最合理的一種調整。」（總理遺教六講）研讀此項遺訓後，更可明白均權制度是一種非常完善的政治體制。

(二) 中央與地方職權畫分的標準——下分 國父的主張與現行憲法的規定。

(一)國父的主張：中央與地方權力的畫分標準，不是採概括主義，即採列舉主義，或概括與列舉同時採用。國父則以事務的性質爲權力畫分的標準。他說：「權力之分配，不當挾一中央與地方之成見，而惟以其本身之性質爲依歸，事之非舉國一致不可者，以其權屬於中央，事之應因地制宜者，以其權屬於地方，易地域的分類，而爲科學之分類，斯爲得之。」（中華民國之基礎）又說：「權之分配，不當以中央或地方爲對象，而當以權之性質爲對象，權之宜屬於中央者，屬之中央可也，權之宜屬於地方者，屬之地方可也，例如軍事外交，宜統一不宜分歧，此權宜屬於中央者也。教育衞生，隨地方情況而異，此權之宜屬於地方者也。更分析以言，同一軍事也，國防固宜屬中央，然警備隊之設，豈中央所能代勞，是又宜屬於地方矣。同一敎育也，濱海之區，宜側重水產，山谷之地，宜側重礦業或林業，是固宜予地方以措置之自由。然學制及義務敎育年限，中央不能不爲畫一範圍，是中央亦不能不過問敎育事業矣。是則同一事業，猶當於某種程度以上屬之中央，某種程度以下屬之地方。」

(二)現行憲法的規定：中華民國憲法以均權制度爲原則，採用列舉主義，對中央、省、縣三級政府權限之劃分，明白而具體，使此一制度更能發揮其高度效果。

一、中央政府之權限：憲法第一〇七條，規定左列事項，由中央立法並執行之：

1.外交。
2.國防與國防軍事。
3.國籍法及刑事、民事、商事之法律。
4.司法制度。
5.航空、國道、國有鐵路、航政、郵政及電政。
6.中央財政與國稅。
7.國稅與省稅、縣稅之畫分。
8.國營經濟事業。
9.幣制及國家銀行。
10度、量、衡；
11國際貿易政策。
12涉外之財政經濟事項。
13其他依本憲法所定關於中央之事項。

二、省市政府之權限：憲法第一〇九條，規定左列事項由省立法並執行之，或交由縣執行之。
1.省教育、衞生、實業及交通。
2.省財產之經營及處分。
3.省市政。
4.省公營事業。
5.省合作事業。

6.省農林、水利、漁牧及工程。
7.省財政及省稅。
8.省債。
9.省銀行。
10省警政之實施。
11省慈善及公益事業。
12其他依國家法律賦予之事項。

前項各款有涉及二者以上者，除法律別有規定外，得由有關各省共同辦理。各省辦理第一項各項事務，其經費不足時，經立法院議決，由國庫補助之。

三、縣市政府之權限：憲法第一一〇條規定左列事項，由縣立法並執行之。

1.縣教育、衛生、實業及交通。
2.縣財產之經營及處分。
3.縣公營事業。
4.縣合作事業。
5.縣農林、水利、漁牧及工程。
6.縣財政及縣稅。
7.縣債。
8.縣銀行。
9.縣警衛之實施。

10縣慈善及公益事項。

11其他依國家法律及省自治法賦予之事項。

前項各款，有涉及二縣以上者，除法律別有規定外，得由有關各縣共同辦理。

㈢未列舉權限之發生與解決：中央與省市，省與縣市之間，有甚多權限，無法一一列舉。如發生未列事項時，究應如何處理？憲法第一一一條有明白規定：「除第一〇七條，第一〇八條，第一〇九條及第一一〇條列舉事項外，如果有未列舉事項發生時，其事務有全國一致之性質者屬於中央，有全省一致之性質者屬於省，有一縣之性質者屬於縣，遇有爭議時，由立法院解決之。」上項規定，對未列舉事項發生爭議，便可獲得合理與合法的解決。

㈢　**均權制度的優點**——中央集權制有優點亦有缺點：其優點是：一、法律政令畫一，二、中央政府對外對內均能表現統一制度的權力，三、中央對地方易於控制。其缺點則爲：一、政令不能適應各地情勢與需求，二、削弱地方政府的自治權力，三、地方政府難於應付緊急事變。政方分權制的優缺點正與中央集權制相反。而均權制度則取兩者之所長，而去其所短，調整中央與地方政府的權限，且有下列優點：

㈠適合中國國情：中國歷代以來，中央與地方的權力關係，調劑得宜，則國泰民安，天下太平；反之便兵連禍結，戰亂頻仍，陷國家於危岌的局面。因爲過度的中央集權，容易流於專制政治，引發地方的軍事反抗；過分的地方分權，又常造成割據分裂之局。欲使中央與地方關係調劑得宜，均權制度，自然是合理的原則，最適合中國國情。

㈡避免極端政治：中央集權與地方分權制，其優缺點前已言之，均權制度兼有兩者的優點：「不偏於中央集權或地方分權，」執兩用中，不走極端，既不會造成專制政治，亦不會演變爲地方割據，使中央與地方的權限，相互爲用。國父說：「畫分中央與省之權限，使國家統一與省自治各遂其發達，而不相妨礙，同時確定縣爲自治單位，以深植民權之基礎。」（北上宣言），可見地方自治與均權制度，在實施上是相得益彰，互爲表裏。

㈢富有彈性：國父對中央與地方政府的權限，未作詳細畫分，主張按事務性質爲畫分的標準，「凡事務有全國一致之性質者，畫歸中央，有因地制宜之性質者，畫歸地方。」這個原則，非常富有彈性，可以針對情勢需要，採取適當措施，以應付新的變化。高納敎授亦贊成此項原則。他說：「因爲任何列擧的權力，雖然在當時很適當，但情境改變之後，即生困難，而有正式的修改或斟酌情形的解釋的必要了。」（Gerner 原著，顧敦鍒譯，政治學大綱，第十六章各體政府的優點和缺點。）這是說列擧主義不能適應新的情勢變化，不如按事務性質畫分權限，富有彈性。

肆、政黨政治

政黨政治要硏討的問題甚多，不能一一列擧，擇其與國父民權思想有關者，計有下列各項：一、政黨政治的意義與功用和類型，二、國父對於政黨政治的重要主張，三、中國政黨政治的特色。

（一）政黨的意義與功用和類型——

講到政黨政治，不能不先硏究政黨的意義。又政黨在政治上所發生的功用，非常重大，亦應列入探討，現先講第一個問題：

㈠政黨的意義：什麼是政黨？其定義如何？各家的解釋不同。玆介紹四種定義如下：

1.政黨以實行主義爲目的　政黨是民主政治的政治集團，以實現某種主義爲目的。英人柏克（E Bwrke）便持這種看法。他說：「政黨爲一群人基於某種主義，以共同努力去促進國家利益而造成的結合。」

2.政黨是實踐政治原則的組織　政黨組織的理想，其目的在實踐其所信仰的政治原則。誠如模爾斯（A.D. Moroe）所說：「政黨是信仰某種政治原則的若干選民的組織，其目的在企求由他們所信仰的官吏，採納其政治原則以執行其任務。」

3.政黨是政治性團體　政黨以實行其政治主張爲目的，或說國家政策往往因政黨不同而轉變。鄒文海先生認爲「政黨是一種政治性團體，因爲它以推行某種特殊政策爲目的，而以爭取政治權力爲手段。」（鄒著政治學一六三頁）

4.政黨是實現共同政治主張的政治團體　政黨是有組織有紀律的政治團體，又具有共同的政治主張。如張金鑑先生說：「政黨就是一部分人要以集體的努力與奮鬪，去爭取民衆、控制政府，藉以實現其共同的政治主張時，依志願結合成功的一種有組織有紀律的政治團體。」（張著現代政治學一八二頁）。

㈡國父對政黨之定義的看法：　國父認爲政黨是部分人的政治組織，他說：「今日政黨的黨字，在英語名詞爲 Party，……與古時所用之黨字大有區別。」其組黨的目的，在於「爲國家造幸福，爲人民謀樂利。」（政黨之要義在爲國家造幸福爲人民謀樂利）又說：「是故有優秀特出者焉，有尋常一般者焉，而優秀特出者視尋常一般者常爲少數，雖在共和立憲國，其直接發動其合成心力之作用，而實際左右其統治權力者，亦常在優秀特出之少數國民，在法律上，則由此少數優秀特出者組織爲議會與政府，以代表全部之國民；在事實上，則由此少數優秀特出者集合爲政黨，以領導全部之國民。而法律之議會與政府乃不過藉法律，俾其意志與行爲，爲正式有效之器械，其眞能發縱指示爲議會或政府之腦海者，則仍爲事實上之政黨也。」（民元：國民黨宣言）綜合　國父對政黨的看法，可歸納下列定義：一、政黨由少數優秀份子集合而成。二、成立政黨之動機在取得政權，組織議會與政府，以領導全國國民。三、現代議會或政府之主腦爲政黨。四、組黨之目的，應「爲國家造幸福，爲人民謀樂利」。

㈢政黨的功用：政黨既是一部分人民為其政治目的而形成之組織，對於國是意見，必須依法律規定程序，求在政治上發生作用。就政黨本身言，其組黨的動機，在於政治權力的奪取，至少亦應對統治權行使，直接或間接產生巨大的影響力。就一般民衆言，政黨有集中民衆意見，形成輿論，促進國民政治認識，提高選民參政興趣，無形中給予民衆以政治教育的功用。就議會或政府言，民主政治的常規，在朝黨是組成議會或政府的骨幹，也是推動國家政治的原動力，卽在野黨亦代表人民利益，監督政府行政，如獲得多數信仰，便可起而代之，變為在位黨。

國父非常重視政黨政治的功用，認為政黨有教育民衆的作用：「政黨的作用，以養成多數者政治上之智識，而使人民有對政治之興味。」（見國民黨改為中華革命黨致壩羅同書）又說：「凡一黨秉政，不能事事皆臻完善，必有在野黨從旁觀察以監督其行動，可以隨時指明。國民見在位黨政策不利於國家，必思有以改絃更張，因而贊成在野黨之政策者必居多數。在野黨得到多數之信仰，卽可起而代握政權，變為在位黨。」（政黨之要義為國家造幸福為人民謀福利）這是說明在位黨主政，在野黨負責監督政府，及其輪主國政的道理。政黨的另一作用，在防止專制政治復活：「凡一國政治之善良，純恃强有之政黨以擁護憲制，而抵抗少數者之專制。故政黨之作用：一以養成多數者政治上之智識，而使人民有對於政治上之興味；二組織政黨內閣，執行其政策；三監督或左右其政府，以使政治之不溢乎正軌，此皆共同活動之精神也。」（通告海外國民黨各支部改組函）這裡所講政黨作用是綜合性，概括下列各項：一、防止專制政治，二、敎育民衆，三、實行政黨內閣，四、監督政府，五、協調政見。

㈣政黨的類型：國家的法制，不能影響政黨的數目，但政黨的數目，却可決定國家的法制，如一黨制易造成專制政治（現在非洲各國亦有實行一黨民主制者），兩黨制或多黨制雖同為民主政治，可是制度的實質，大不相同。可見政黨的數目與國家法制關係之大。現代政黨，就數目分可分爲一黨制、兩黨制、多黨制、大黨兼容小黨制四種。如就性質分，可分爲民主政黨，革命政黨，革命民主政黨三種。國父在民初，希望實行兩黨制，這對袁世凱言，等於對牛談琴，故以後亦不常講。目前我國事實上是實行大黨兼容小黨制，而中國國民黨則爲革命民主政黨。

(二)國父對於政黨政治的重要主張——國父有關政黨政治的主張，可分爲：一、以政黨爲實行民權的基礎，二、視黨爭爲政黨之手段，三、政黨應具備之條件，四、以黨治國。

㈠以政黨爲實行民權的基礎：民主政治本是政黨政治，國父說：「無論世界之民主立憲國，君主立憲國，固不賴政黨以成立者。」民主政治亦賴政黨以維持：「若無政黨則民權不能發達，不能維持國家，亦不能謀人民之幸福，民受其毒，國受其害。是故無政黨之國，國家有腐敗人民有失敗之患。」(民元講詞：國民黨當以全力贊助政府)他又認爲政黨是代表各階層人民的公意，亦爲實行民權政治的基礎。「是故政黨政治雖非政治之極則，而在國民主權之國，則未有不賴之爲唯一之常軌者。其所以成爲政治之中心勢力，實國家政治進化自然之理。」(民元：國民黨宣言)

㈡視黨爭爲黨政之手段：黨見與黨爭是有區別的。國父說：「謀以國家進步，國民幸福而生之主張，是爲黨見。因此而生之競爭，是謂黨爭。」(民權主義第四講)中國人鑒於朋黨爲患，最怕發生黨爭；但在民權時代，則不能不有黨爭。誠如國父所說：「一國之政治，必賴有黨爭，始有進步。」(民二講詞：政黨宜重黨綱黨德)又說：「立憲之國，時有黨爭，爭之公理法律，是爲文明之爭，圖事進步之爭也。若無黨爭，勢必積成亂禍，爲無規則之行耳。」(中華革命黨宣言)不過，民主時代的黨爭，有一個先決條件，必以文明手段出之，不可使用暴力。如袁世凱之派人刺死宋教仁，又出兵攻打南方各省，便談不上民主的政黨之爭。

㈢政黨應具備之條件：政黨要從事黨爭，必須健全黨的組織，應具備下列條件：

1.黨綱　黨綱是政黨的奮鬪目標，亦爲黨員言行的準則，非常重要。國父說：「政黨出與人爭，有必具之要素，一黨綱，一黨員之正當行爲。」（政黨宜重黨綱黨德）又說：「國民之所以贊同者，信仰吾黨之人乎？非也，以吾黨所持之政綱能合乎公理耳。」（國民月刊出世辭）所以各國政黨競選，多籍黨綱以爲號召。

2.黨德　國有國格，人有品行，黨亦有黨德。國父說：「政黨之性質非常高尚，宜重黨綱，宜重黨德。」（政黨宜重黨綱黨德）什麼是黨德呢？卽「黨爭有一定之常軌，苟能嚴守文明，不爲無規則之爭，便是黨德。」（黨爭乃代流血之爭）又黨德關係政黨的發展，「政黨的發展不在乎一時勢力之强弱以爲進退，全視乎黨人智識道德之高下，以定結果之勝負。」（政黨宜重黨綱黨德）假設黨德低落，黨員往往見利忘義，叛黨賣黨，則黨的聲勢雖大，亦不維持長久，總有崩潰的一天。

3.黨紀　國有國法，軍有軍紀，黨更應有黨紀，才能產生力量。國父說：「凡人投身革命黨中，以救國救民爲己任，則當先犧牲一己之自由平等，爲國民謀自由平等，故對於黨魁則當服從命令。」又說：「曩同盟會、國民黨之組織，徒以主義號召同志，但求主義之相同，不計品流之純雜，故當時黨員雖衆，聲勢雖大，而內部分子意見紛岐，步驟凌亂，既無團結自治之精神，復無奉命承教之美德，致黨魁有似於傀儡，黨員有類於散沙。迨夫外侮之來，立見摧敗患難之志，疏於路人。」（致南洋同志書）所以沒有黨紀的政黨，不僅不能從事於黨爭，卽退而求其次——維持現狀，亦不可能。

㈣提倡以黨治國：國父在民國初年，鼓吹政黨政治，不遺餘力。嗣因看到國內的政黨政治始終未上軌道，乃提倡以黨建國與以黨治國的主張。同時以黨治國，並非以黨員治國，乃是以黨的主義與方略來治國。國父說：「所謂以黨治國，並不是黨員都做官，然後中國方可以治。是要本黨的主義實行，全國人都遵守本黨的黨義，中國然後才可以治。簡言之，以黨治國並不是用本黨的黨員治國，是用本黨的主義治國。」（黨員不可存心做官）後來，中國國民黨把建國三程序加以比較，卽爲：

甲、軍政時期——以黨救國，

乙、訓政時期——以黨治國，

丙、憲政時期——以黨建國。

就建國三程序比較言，可知「以黨治國」的重點，是在訓政時期。

㈢中國政黨政治的特色——以黨治國祇是革命建國期間必要的手段，而非政治的正常方式，故於建國完成，推行憲政之際，仍宜實施政黨政治。國父說：「憲政實施，宜有政黨。」（中國國民黨宣言）不過中國所推行的政黨政治，有其特色，與外國政黨政治不同。因爲世界各國的政黨，不論是一黨制、兩黨制或多黨制，政黨與政黨之間，都是壁壘分明，相互爭鬪，毫無禮讓的政治風度。中國國民黨則不然，本着相互扶持的政策，對於其他合法的政黨，扶助其建立與發展，在議會保障其議員若干名額，或支持其提名人競選民意代表，並容許其黨員參加政府工作。

目前我國既要實行憲政，又要革命救國，情況特殊，中國國民黨於三十九年實行改造，重申爲革命民主政黨，（中國國民黨改造綱要第一條）一方面以革命手段，去摧毀共匪政權，光復大陸；一方面以政治手段推行憲政，實施政黨政治，並扶持友黨成長。蔣總統說：「本黨民權主義當前的任務，一方面要鞏固黨內政黨政治的基礎，而另一方面，同時要對於反共抗俄的友黨，輔助其成長壯大，爲在野黨樹立規模，與我們携手合作，共同完成國民革命第三期任務，建立三民主義新中國，我們認爲只有尊重政黨政治，才能發揮政黨的力量，走向民主建國的坦途。」（反共抗俄基本論第六章）由此可知我國有我國的歷史和環境，目前所推行政黨政治的形態，當然與英美等民主國家不同。試問有幾個民主國家的政黨，肯輔助他黨成長壯大？肯爲他黨競選立法委員、監察委員及國民大會代表？這是各國政黨政治的史無前例，亦爲我國政黨政治的一大特色。

第四節　憲政改革與中華民國憲法

民國七十九年七年，李登輝總統邀集海內外各界人士舉行國是會議，商討動員戡亂時期結束後的憲政改革問題。隨後並在國民黨內部達成「一機關、兩階段」的修憲共識，亦卽由國民大會此一機關進行修憲，而排除了憲法第一百七十四條第二款規定，由立法院修憲的可行性。另一方面，亦確定由資深國代爲主的第一屆國大負責第一階段程序性修憲，決定先廢除「動員戡亂時期臨時條款」，並通過憲法增修條文十條，完成第一階段修憲工作。然後再由新選出的第二屆國大代表進行第二階段的實質性修憲，通過憲法增修條文八條。但是由於執政黨內部對總統民選方式並未達成共識，乃規定在民國八十四年五月二十日前，總統將召集國民大會臨時會，進行第三階段修憲。因此，憲政改革至少將分成三階段才能完成。茲就目前已完成的兩階段增修條文，做逐條之內容分析。

壹、第一階段的修憲內容

第一階段的修憲係於民國八十年四月完成，於四月二十二日由第一屆國民大會第二次臨時會通過增修條文第一條至第十條。前言中規定「爲因應國家統一之需要」，乃增修憲法條文。其具體內容如次：

第一條　國民大會代表依左列規定選出之，不受憲法第二十六條及第一百三十五條之限制：

一、自由地區每直轄市、縣市各二人，但其人口逾十萬人者，每增加十萬人增一人。

二、自由地區平地山胞及山地山胞各三人。

三、僑居國外國民二十人。

四、全國不分區八十人。

前項第一款每直轄市、縣市選出之名額及第三款、第四款各政黨當選之名額，在五人以上十人以下者，應有婦女當選名額一人，超過十人者，每滿十人應增婦女當選名額一人。

依據憲法第二十六條第一款之規定，每縣市及其同等區域各選出代表一人，但其人口逾五十萬人者，每增加五十萬人增選代表一人。依此一規定，臺灣地區國大代表名額將顯然不合現況需要。因此增修條文第一條乃增加名額爲自由地區各直轄市、縣市各二人，其人口逾十萬人，每增加十萬人增一人。其員額在第二屆國大選舉時共計爲二百一十九名。

憲法第二十六條第二、三、四款中亦規定，由蒙、藏地區及邊疆選出國大代表，由於目前國家統治範圍未及於這些地區，而臺灣地區則有少數民族山地同胞（原住民），增修條文中乃列出平地山胞及山地山胞各三人，合計六人。此外，依憲法第二十六條第五款之規定，需選出「僑居國外之國民」代表，憲法增修條文中亦列出定額爲二十人。

至於憲法第二十六條第六、七款中所列的職業團體及婦女代表兩部分，在修憲過程中乃決定取消，但另規定婦女保障名額，爲當選人名額在五人以上十人以下者，應有婦女保障名額一名，超過十人者，每滿十人應再增加一名。但山胞名額中，則不受此一限制。因此，即使在山胞當選人六人之中，無任何一位女性當選人，亦不受限制。

在此次修憲過程中，另有一項重要規定，即增加所謂的「全國不分區名額」，在國大代表部分，規定爲八十人。此一規定原係爲保障臺灣地區的外省籍人士的權益而設計，目的在保障其參政機會，以補充地方選舉所可能出現的人口比例不符的缺憾。但在實際政治運作上，此一原意並未充分體現。爲了避免強化省籍意識與政治對立，無論是執政的中國國民黨或在野的民主進步黨，均未以省籍作爲提名不分區代表的主要考量。

第二條　立法院立法委員依左列規定選出之，不受憲法第六十四條之限制：

一、自由地區每省、直轄市各二人，但其人口逾二十萬人者，每增加十萬人增一人；逾一百萬人者，每增加二十萬人增一人。

二、自由地區平地山胞及山地山胞各三人。

三、僑居國外國民六人。

四、全國不分區三十人。

前項第一款每省、直轄市選出之名額及第三款、第四款各政黨當選之名額，在五人以上十人以下者，應有婦女當選名額一人，超過十人者，每滿十人應增婦女當選名額一人。

此一條文的訂定原則與第一條相仿。但立委的名額較國大代表爲少，則體現在下列三方面：

㈠地區選舉當選員額較少。依憲法第六十四條立法委員係由各省及直轄市選出，與國大代表由各縣市選出情況不同。因此在名額上亦規定較嚴，其人口逾二十萬人者，每逾十萬人才增加一名（國大代表是人口逾十萬人者，每逾十萬人即增加一名）。另外人口逾一百萬人者，每逾二十萬人方得增加一名。依此規定，在民國八十一年十二月第二屆立委選舉時，全國地區選舉出的立委總額是一百一十九名，比國大代表地區選舉總額二百一十九名，剛好少了一百名。

㈡僑居國外國民代表名額較少。國大代表部分爲二十名，立委部分則僅有六名，約佔其三分之一弱。

㈢不分區名額亦較少。國大部分爲八十名，立委部分則爲三十名，約佔其三分之一強。

在民國八十一年第二屆立委選舉中，各項立委選舉名額總額爲一百六十一席。

第三條　監察院監察委員由省、市議會依左列規定選出之，不受憲法第九十一條之限制：

一、自由地區臺灣省二十五人。

二、自由地區每直轄市各十人。

三、僑居國外國民二人。

四、全國不分區五人。

前項第一款臺灣省、第二款每直轄市選出之名額及第四款各政黨當選之名額，在五人以上十人以下者，應有婦女當選名額一人，超過十人者，每滿十人應增婦女當選名額一人。省議員當選爲監察委員者，以二人爲限；市議員當選爲監察委員者，各以一人爲限。

監委名額一向較立委名額爲少，此次修憲決定以定額方式訂定名額，而非比照國大或立委部分，依人口增減而予調整。依此一設計，監委採定額，共爲五十二人。除非新增設直轄市，此一名額將不隨人口變化而調整。但是此一條文在第二階段修憲中被擱置。在增修條文第十五條中，監察院被改制爲非代議機構，不再具備國會功能，監委亦不再由省、市議會選出，而改由總統提名，經國民大會同意任命之。因此此一條文已不再具實質效力，是憲法修正條文中時效最短的一條條文。依「後法優於前法」的原則，本條文業已失其效力。（參見第十五條）

第四條　國民大會代表、立法院立法委員、監察院監察委員之選舉罷免，依公職人員選舉罷免法之規定辦理之。僑居國外國民及全國不分區名額，採政黨比例方式選出之。

關於國大、立委、監委的選舉罷免，另以選罷法規定實施細節。憲法本身不做過爲細瑣的規定。至於僑居國外國民及全國不分區名額，則依政黨比例方式選出。換言之，在選民以「選人」方式選出地區代表或民代之外，還依政黨得票比例分配全國不分區及國外國民代表名額。關於政黨比例的實施方式，依據各國實施經驗，約略可分爲下列三種：

㈠一票制：選民只投一票，選出地區性民意代表。再以此選票加總，算出各政黨所得之總票數與所佔之比例，扣除未達到「最低門檻」的政黨所得之票數，以及無黨籍或獨立候選人之票數，算出各政黨應分得之政黨比例，以比例分配政黨席次。目前中華民國卽採取此制。政黨得分配政黨議席之「最低門檻」，則訂爲總選票的百分之五。

㈡兩票不得轉換制：選民分別投兩票，第一票投給地區候選人，第二票投給各政黨。亦卽一票「選人」，另一票「選政黨」。通常在投給各政黨的第二票中，會將各政黨安排之政黨代表名單依次列出，但選民對此一次序無法再做選擇，只能選政黨，而無法影響到政黨代表名單本身的排行次序。目前德國的選舉制度卽採此制。

㈢比例代表可轉換制：在政黨代表名單這一張選票上，選民不但可以選政黨，而且可以在政黨代表名單的次序上，選擇自己偏好的次序。因此，選民無論是對地區候選人或政黨代表名單，均可表達自己的偏好，但此一制度在實行上較爲複雜，選民亦較不易適應，實施此一制度的國家有義大利。

㈣一票可轉換制：選民可投給一位或多位候選人，而且在多位候選人中，可依據選民個人偏好，決定其優先次序。目前愛爾蘭卽實施此一制度。在國會選舉中，全國分爲四十一個選區，每一選區可選出三至五位候選人。透過此種制度，亦可達到部分的比例代表制的效果。

目前我國實施的是一票制，今後則可能朝兩票制方向做修正。至於政黨得票的「最低門檻」，也有可能會降低，以利新興小黨的發展。

第五條　國民大會第二屆國民大會代表應於中華民國八十年十二月三十一日前選出，其任期自中華民國八十一年一月一日起至中華民國八十五年國民大會第三屆於第八任總統任滿前依憲法第二十九條規定集會之日止，不受憲法第二十八條第一項之限制。

依動員戡亂時期臨時條款增加名額選出之國民大會代表，於中華民國八十二年一月三十一日前，與國民大會第二屆國民大會代表共同行使職權。

立法院第二屆立法委員及監察院第二屆監察委員應於中華民國八十二年一月三十一日前選出，均自中華民國八十二年二月一日開始行使職務。

由於第一階段修憲是由資深國大着手，爲顧及其代表之民意不足，乃界定爲「程序修憲」，至於「實質修憲」，則應由新選出的第二屆國大着手。修憲條文第五條乃規定第二屆國大代表應於民國八十年年底前選出，任期自民國八十一年一月一日起，至第三屆國大選出，並集會時爲止。但因修憲時準備工作相當倉促，本條文第一段文字不通，文字亦過於冗長，「其任期自中華民國八十一年……集會之日止」，全句長達五十七字，但語意仍未充分表達，今後若有第三階段修憲，此段文字宜重組修正之。

本條文第二段是規定增額國大之任期，至民國八十二年一月三十一日爲止，過了此日之後，就完全由新選出的第二屆國大代表行使職權。

本條文第三段則明訂第二屆立委與監委均應於民國八十二年一月底之前選出，並自民國八十二年二月一日起開始行使職務。換言之，中華民國的政治體制自民國八十二年二月一日起，已進入正式的民主新紀元。所有的資深民代、增額民代，均不再執行其職權，而完全由第二屆的中央民代，代表全新的民意，並擔負起監督國家與政府的職責。

第六條　國民大會爲行使憲法第二十七條第一項第三款之職權，應於第二屆國民大會代表選出後三個月內由總統召集臨時會。

本條文係爲確保第二階段修憲得以順利召開，乃規定國民大會爲行使憲法第二十七條第一項第三款之職權，亦即完成修憲任務，應於第二屆國大代表選出後三個月內由總統召集臨時會。而此項任務，已在民國八十一年五月二十七日完成，並通過八條憲法增修條文。

上述六條條文均係程序性之修憲條文，亦合乎資深國大代表只做「程序修憲」之原旨。但從第六條以下，修憲性質卻有所不同，也引發較多之爭議。

第七條　總統爲避免國家或人民遭遇緊急危難或應付財政經濟上重大變故，得經行政院會議之決議發布緊急命令，爲必要之處置，不受憲法第四十三條之限制。但須於發布命令後十日內提交立法院追認，如立法院不同意時，該緊急命令立卽失效。

依據憲法第四十三條之規定，「國家遇有天然災害、癘疫，或國家財政經濟上有重大變故，須爲急速處分時，總統於立法院休會期間，得經行政院會議之決議，依緊急命令法，發布緊急命令，爲必要之處置。但須於發布命令後一個月內，提交立法院追認，如立法院不同意時，該緊急命令立卽失效。」此一條文明白指出，發布緊急命令，須經行政院會議之決議，同時亦須獲得立法院之同意。憲法第六十三條亦規定，立法院有議決戒嚴案及國家其他重要事項之權。憲法第五十七條第二款亦規定，立法院對於行政院之重要政策不贊同時，得以決議移請行政院變更之。依上述各條文規定，行政院發布緊急命令或戒嚴令，均需尊重立法院之意願。但若係立法院休會期間所發布之命令，則須在發布命令後一個月內，提交立法院追認。若立法院不同意，則該緊急命令立卽失效。

增修條文第七條，則排除上述憲法條文之限制，規定卽使是在立法院開會期間，行政院仍得經行政院會議之決議，發布緊急命令。而無須立卽得到立法院之同意。但是在發布命令後十日內，仍須提交立法院追認，如立法院不同意，該緊急命令依然無效。此一新規定，一方面賦與行政院較大的緊急命令處分權，另一方面仍將此一期間界定爲十日，不致造成民主監督過程中斷太久。但究係實質修憲內涵，而非程序規定而已。

第八條　動員戡亂時期終止時，原僅適用於動員戡亂時期之法律，其修訂未完成程序者，得繼續適用至中華民國八十一年七月三十一日止。

此條文係程序性規定。規定僅適用於動員戡亂時期的法律，必須在民國八十一年七月底以前完成修訂程序，否則均將喪失法律效力。這是徹底根絕僅適用於動員戡亂時期法律規範效力的一項新規定。

第九條　總統爲決定國家安全有關大政方針，得設國家安全會議及所屬國家安全局。

　　行政院得設人事行政局。

　　前二項機關之組織均以法律定之，在未完成立法程序前，其原有組織法規得繼續適用至中華民國八十二年十二月三十一日止。

在動員戡亂時期所設置的國家安全會議、國家安全局及行政院人事行政局，原不具備法定地位，並被批評爲「違憲機關」，但在修憲之後，正式列入憲法中，因而獲得了法定地位，不再係違憲的設施了。但國安會與國安局的組織法，必須在民國八十二年年底以前立法完成，換言之，雖然此二機構並不對立法院負責，但仍需受到立法院的立法規範。至於其實際組織配置及具體職權，則視立法院的運作情況而定。

第十條　自由地區與大陸地區間人民權利義務關係及其他事務之處理，得以法律爲特別之規定。

此係第一階段修憲中的一項特色，即明白規定自由地區與大陸地區人民受到不同的法律規範的保護。民國八十一年七月三十一日，並據此而制定公布「臺灣地區與大陸地區人民關係條例」。其中規定，大陸地區係指「臺灣地區以外之中華民國領土」，而大陸地區人民則係指「在大陸地區設有戶籍或臺灣地區人民前往大陸地區居住逾四年之人民」。另外在「施行細則」中亦規定，「大陸地區，包括中共控制之地區及外蒙地區」。換言之，大陸地區之指涉，仍以憲法原先之規範為準據。

貳、第二階段的修憲內容

在上述十條條文修訂完成後，第一階段憲政改革工作即告終了。民國八十年年底，資深民代集體退職，第二屆國大代表選出，繼續着手第二階段的憲政改革工作，並完成了八條修憲條款。由於在此一階段政府本身的態度、輿論與民意變化甚大，直選總統的呼聲甚高，因此對於國民大會、監察院等機構職權均做了重大調整，也因而導致修憲條文的內容益趨複雜，而且部分條文的規定，已推翻了第一階段修憲條文的原先規定。由此也體現了政治情勢的變動實況。以下將做逐條之分析。

第十一條　國民大會之職權，除依憲法第二十七條之規定外，並依增修條文第十三條第一項、第十四條第二項及第十五條第二項之規定，對總統提名之人員行使同意權。

前項同意權之行使，由總統召集國民大會臨時會為之，不受憲法第三十條之限制。

國民大會集會時，得聽取總統國情報告，並檢討國是，提供建言；如一年內未集會，由總統召集臨時會為之，不受憲法第三十條之限制。

國民大會代表自第三屆國民大會代表起，每四年改選一次，不適用憲法第二十八條第一項之規定。

由於總統選舉方式將朝直選方式修正，國民大會職權乃面臨根本調整。經過政治協商結果，乃決定將原屬監察院的同意權，轉交給國民大會，亦即將原先對考試院院長、副院長、考試委員，以及司法院院長、副院長、大法官等之同意權，自監察院移轉至國民大會，由總統提名，經國民大會同意而任命。而爲行使上述各項同意權，憲法第三十條之規定，必需做一修正。因此修憲乃規定，「不受憲法第三十條之限制」。

爲了獲取國大代表的支持，使其允諾自行修憲取消選舉總統的權利，使總統藉由全民直選產生，在此條文中，乃加入了國大集會時「聽取總統國情報告，並檢討國是，提供建言」的權利。此外，國大集會也改爲每年至少一次，不再受憲法第三十條規定之限制。

另外，爲使總統、副總統、國大代表等任期一致，本條文中亦將國代任期自六年縮短爲四年。但係自第三屆國代開始實施。

國民大會職權在經過上述的修正後，其具體法定職權包括下列各項：

㈠國土變更決議權。（根據憲法第四條）

㈡修改憲法。（根據憲法第廿七條）

㈢複決立法院所提之憲法修正案。（根據憲法第廿七條）

㈣被凍結之創制、複決兩權。（根據憲法第廿七條）

㈤對司法院院長、副院長、大法官之任命行使同意權。（根據增修條文第十一條及十三條）

㈥對考試院院長、副院長、考試委員之任命行使同意權。（根據增修條文第十一條及十四條）

㈦對監察院院長、副院長、監察委員之任命行使同意權。（根據增修條文第十一條及十五條）

至於憲法第二十七條規定的選舉、罷免總統、副總統的權利，則因修憲工作尚未完成，總統選舉方式尚未定案，因此國大代表是否仍具選舉、罷免權利，目前並不明朗。雖然國大代表的任期縮短爲四年，而且選舉總統的權利亦可能取消，但國民大會改爲每年至少集會一次，並對司法、考試、監察三院高層人事行使任命同意權，卻將造成幾項制度性的困擾：

第一，國大原係「政權」機關，其原屬職權如修憲，選舉、罷免總統、副總統，領土疆域之變更等，均係牽涉到「國家」層次的重大事務，與負責「政府」事務的「治權」機關並不相同。因此在修憲中增列國大對司法、考試、監察三院高層人事的同意權，實不相宜。一方面這已混淆了「政權」、「治權」的分際，另一方面則使國民大會的任務複雜化，負擔了過多的「國會」功能。此三項人事同意權，實應交由立法院負責，始能發揮民意監督的實質功能。

第二，國民大會實係「國民代表大會」，嚴格而論，它並非政府的一部分，亦非「第二國會」。因此，以國大的職權及屬性而論，實不宜經常性的召開，更不宜檢討國是，侵害到立法院的基本權限。如果國民大會經常召開，並進行修憲、變更領土疆域、或行使同意權，則意味着國家基本體制經常面臨着調整，這絕非憲政常態，反而意味著「國無寧日」。事實上，國大目前甚至有設置「議長」的擬議，如果眞的使國民大會變成常態運作的議會，這勢將造成體制性的嚴重紛擾，並形成立法院與國民大會彼此對立的現象。

第三，國大代表原應係「無給職」，只有在開會期間得領取部分報酬，但在修憲之後，由於國大需經常集會，不少國大代表要求給予固定的薪酬，並比照立法委員、監察委員的待遇，結果引致社會強烈的反彈。司法院大法官會議特別就此做了解釋，規定應爲「無給職」，始平息此一爭議。

綜上所述，修憲之後國民大會的定位及角色問題已日趨複雜，如果國大本身還要透過修憲方式進一步擴張其職權，或變成一經常性開會的議會，則憲政體制就將出現嚴重的紛擾了。

第十二條　總統、副總統由中華民國自由地區全體人民選舉之，自中華民國八十五年第九任總統、副總統選舉實施。

前項選舉之方式，由總統於中華民國八十四年五月二十日前召集國民大會臨時會，以憲法增修條文定之。

總統、副總統之任期，自第九任總統、副總統起為四年，連選得連任一次，不適用憲法第四十七條之規定。

總統、副總統之罷免，依左列規定：

一、由國民大會代表提出之罷免案，經代表總額四分之一之提議，代表總額三分之二之同意，即為通過。

二、由監察院提出之彈劾案，國民大會為罷免之決議時，經代表總額三分之二之同意，即為通過。

副總統缺位時，由總統於三個月內提名候選人，召集國民大會臨時會補選，繼任至原任期屆滿為止。

總統、副總統均缺位時，由立法院院長於三個月內通告國民大會臨時會集會補選總統、副總統，繼任至原任期屆滿為止。

在第二階段修憲中，最受爭議的一項問題，卽是總統應該如何選舉產生？其中主要有三種見解：第一種見解係主張採取「委任直選」方式，由選民投票給國大代表，再由國大代表依選民委任之意旨投給總統候選人。其中規定，國大代表候選人應在選舉前先公佈他個人支持那一組總統、副總統、副總統候選人，而且在實際進行總統選舉時，亦依照此一承諾而投票，否則其投票將視爲無效。此種見解亦可簡稱爲「委選」。

第二種見解則主張採取公民直選，而不接受由國大代表行使委任投票的主張，此外亦不接受美國式或芬蘭式的「選舉人團」設計。此種主張亦與一般盛行於拉丁美洲的直選總統無異。此種見解亦簡稱爲「直選」。

第三種見解則係保留原憲法之規定，由國民大會代表依其個人意願，行使法定職權。此亦可稱之爲「回歸憲政」。

在上述三種見解中，多數國大代表原以支持第一種「委選」者最多，主張實施「直選」者次之，支持第三種「回歸憲政」者較少。但因「委任選舉」的規定較爲複雜，且當代採取「委任投票」的制度設計亦不多見，因此執政的國民黨中央在修憲前決定放棄，改採人民直選方案。但因黨內反對意見頗衆，在修憲時無法達成一致共識，乃決議拖延至民國八十四年五月二十日以前，再召集臨時會，商議解決。但由「中華民國自由地區人民選舉」，則無庸置疑。只是究竟是採「委任直選」或「人民直選」，則尚未定案。換言之，「回歸憲政」的第三案主張已經不可能實現。未來將在第一及第二種主張間做一選擇，或決定一折衷方案採擇之。

除了總統選舉的方式已確定改變外，總統任期亦自過去的六年一任縮短爲四年一任，得連任一次。

至於對總統的罷免規定，則將其嚴格化。憲法第一百條規定：「監察院對於總統、副總統之彈劾案，須有全體監察委員四分之一以上之提議，全體監察委員過半數之審查及決議，向國民大會提出之。」而「總統、副總統選舉罷免法」第九條則規定，對上述之罷免案，國民大會採無記名投票，需達國大代表總額過半數，方得通過，並罷免之。至於國大代表本身提出罷免案，則需由國大代表總額六分之一以上，簽名、蓋章，方得提出。通過條件則亦爲總額過半數，方得通過。

在此次修憲中，則將上述兩種罷免方式的條件均規定得更嚴格，由國民大會代表提出之罷免案，需經代表四分之一之提議（原法律規定是「六分之一」），經代表總額三分之二之同意（原規定是「過半數」），方得通過。另外監察院對於總統、副總統的彈劾案，須經全體監察委員過半數之提議（原憲法之規定是「四分之一」），全體監察委員三分之二以上之決議（原憲法之規定是「過半數」），向國民大會提出。（參見憲法修定條文第十五條）而且當國民大會爲罷免之決議時，需經代表總額三分之二之同意（原規定是「二分之一」），方得通過。由此可以看出彈劾及罷免的要件，均轉趨嚴格。

第十三條　司法院設院長、副院長各一人，大法官若干人，由總統提名，經國民大會同意任命之，不適用憲法第七十九條之有關規定。

司法院大法官，除依憲法第七十八條之規定外，並組成憲法法庭審理政黨違憲之解散事項。

政黨之目的或其行爲，危害中華民國之存在或自由民主之憲政秩序者爲違憲。

由於監察院性質轉變，不再具備同意權，司法院院長、副院長及大法官的同意權，轉交由國民大會行使。（參見修憲條文第十一條）

在此次修憲中，特別規定，應由大法官組成憲法法庭，審理政黨違憲之解散事項。由於此一規定，則使政黨是否違憲的爭議，得由行政機構轉移至司法機構，強化了其中的公正性與客觀性。至於政黨違憲的定義，則明白定爲「政黨之目的或其行爲，危害中華民國之存在或自由民主之憲政秩序者」，定義雖然十分清晰，但由於事實上存在著以「終結中華民國」爲目的之政黨，因此將此一違憲定義直接明定在憲法條文之中，似有強制解散意味，也使憲法法庭在裁量時，較缺乏彈性。

第十四條　考試院爲國家最高考試機關，掌理左列事項，不適用憲法第八十三條之規定：

一、考試。

二、公務人員之銓敍、保障、撫卹、退休。

三、公務人員任免、考績、級俸、陞遷、褒獎之法制事項。

考試院設院長、副院長各一人，考試委員若干人，由總統提名，經國民大會同意任命之，不適用憲法第八十四條之規定。

憲法第八十五條有關按省區分別規定名額，分區舉行考試之規定，停止適用。

關於考試權的爭議，在本書前章有關考試權的憲改爭議中，已有詳述。修憲的結果，是簡化考試院的權限，其中保留了對考試、銓敍、保障、撫卹、退休等事項的掌理，取消了有關養老的權限。另外公務人員的任免、考績、級俸、陞遷、褒獎等事項，則僅保留其中有關法制部分的權限，至於實際的執行權限則不再歸考試院掌理。

至於考試院院長、副院長、考試委員的同意權行使，因監察院職權的改變，改由國民大會行使。

（參見修憲條文第十一條）

此外，倍受爭議的國家考試按省區分別規定名額的第八十五條部分條文，也在此次修憲中決定停止適用。

第十五條　監察院爲國家最高監察機關，行使彈劾、糾舉及審計權，不適用憲法第九十條及第九十四條有關同意權之規定。

監察院設監察委員二十九人，並以其中一人爲院長、一人爲副院長，任期六年，由總統提名，經國民大會同意任命之。憲法第九十一條至第九十三條、增修條文第三條，及第四條、第五條第三項有關監察委員之規定，停止適用。

監察院對於中央、地方公務人員及司法院、考試院人員之彈劾案，須經監察委員二人以上之提議，九人以上之審查及決定，始得提出，不受憲法第九十八條之限制。

監察院對於監察院人員失職或違法之彈劾，適用憲法第九十五條、第九十七條第二項及前項之規定。

監察院對於總統、副總統之彈劾案，須經全體監察委員過半數之提議，全體監察委員三分之二以上之決議，向國民大會提出，不受憲法第一百條之限制。

監察委員須超出黨派以外，依據法律獨立行使職權。

憲法第一百零一條及第一百零二條之規定，停止適用。

在修憲過程中，監察院的屬性、定位及選舉方式，變動甚大。在第一階段修憲中，決定了監察委員的名額及選舉方式（見增修條文第三條）。但在第二階段修憲中，決定廢止是項規定，將監察委員改由總統提名，經國民大會同意任命之。增修條文第三條、第四條及第五條有關監察委員之規定，在公布一年之後，即告失效。（第一階段修憲後於民國八十年五月一日由總統令公布十條條文，第二階段則於民國八十一年五月二十八日，由總統令公布八條條文，兩者相距僅一年又二十八日。）

而監察院的職權，也做了重大調整，同意權部分完全取消，並移轉由國民大會行使。而彈劾權的行使，也出現幾項的主要改變：

㈠憲法第九十八條規定，「監察院對於中央及地方公務人員之彈劾案，須經監察委員一人以上之提議，九人以上之審查及決定，始得提出」。在修憲後改爲「須經監察委員二人以上之提議，九人以上之審查及決定，始得提出」。

㈡增列監察院對監察院人員失職或違法彈劾之規定。換言之，監察權之行使，不僅包括行政院及其各部會（見憲法第九十五條、九十六條）、司法院及考試院（見憲法第九十九條），以及中央及地方公務人員（見憲法第九十七條、九十八條），而且亦及於監察院本身。

㈢憲法第一百條規定，「監察院對於總統、副總統之彈劾案，須有全體監察委員四分之一以上之提議，全體監察委員過半數之審查及決議，向國民大會提出之」。修憲後將彈劾條件規定得更為嚴格，改為「須經全體監察委員過半數之提議，全體監察委員三分之二以上之決議，向國民大會提出，不受憲法第一百條之限制」。這是為了對應監察委員人數銳減之後，原彈劾條件可能過於簡易，而改變規定的新條件。

在監察院調整職權的同時，憲法第一百零一條、一百零二條有關監察委員言論免責權及不受逮捕或拘禁（現行犯除外）的規定，亦停止適用。換言之，在修憲之後，監察委員將不再保有國會議員的言論免責權及免受逮捕拘禁的特權。而監察委員行使職權時也必須以保密為原則，不必再以公開會議方式進行。

在本條文中，將監察委員名額設定為二十九人，也是其他憲法條文中少見的規定。例如憲法第七十九條規定「司法院設大法官若干人」，第八十四條亦規定「考試委員若干人」，再由相關之組織法規定詳細名額。若在憲法本文中做具體規定，不但喪失彈性，而且遇缺員時必須補齊。例如在民國八十二年初國民大會行使監察委員同意權時，即有四位候選人未獲同意，由於監委定額已明文載入憲法，因此必須由總統再行提名，補足餘額，送請國民大會第二度行使同意權。這亦可視為此次修憲時在文字處理上的一項特別安排。

第十六條　增修條文第十五條第二項之規定，自提名第二屆監察委員時施行。

第二屆監察委員於中華民國八十二年二月一日就職，增修條文第十五條第一項及第三項至第七項之規定，亦自同日施行。

增修條文第十三條第二項及第十四條第二項有關司法院、考試院人員任命之規定，自中華民國八十二年二月一日施行。中華民國八十二年一月三十一日前之提名，仍由監察院同意任命，但現任人員任期未滿前，無須重新提名任命。

本條係就監察院改制與監察委員產生方式改變後的程序性問題，做一規範，並規定就職的日期及法條生效日期。另外則規定司法院、考試院人員之任命，不溯及既往，現任人員任期未滿前，無須重新提名任命。

第十七條　省、縣地方制度，應包含左列各款，以法律定之，不受憲法第一百零八條第一項第一款、第一百十二條至第一百十五條及第一百二十二條之限制：

一、省設省議會，縣設縣議會，省議會議員、縣議會議員分別由省民、縣民選舉之。

二、屬於省、縣之立法權，由省議會、縣議會分別行之。

三、省設省政府，置省長一人，縣設縣政府，置縣長一人，省長、縣長分別由省民、縣民選舉之。

四、省與縣之關係。

五、省自治之監督機關爲行政院，縣自治之監督機關爲省政府。

本條係此次修憲中重要的法制規範之一，亦即「地方自治法制化」的相關規定。依據憲法第一百零八條第一項第一款，「省縣自治通則」應由中央立法並執行之，或交由省縣執行之。但是由於「省縣自治通則」始終未能制定，地方自治的實施受到法條規定的囿限，因此在修憲時乃決議不受憲法第一百十二條、一百十三條、一百十四條、一百十五條、一百二十二條等之限制，亦即在不召開省民代表大會及未制定省自治法的情況下，逕行開放省長民選。縣的情況亦同。在上述新的規範下，省、縣議會議員的選舉，省、縣的立法權，省、縣長的民選，以及省與縣的關係，均將以法律定之。據此，政府乃正在着手「省縣自治法」的草擬工作，同時根據憲法第一百十八條，亦同時着手「直轄市自治法」的草擬。

在本條文中，另外特別規定，省自治之監督機關爲行政院，縣自治之監督機關爲省政府。確定了省、縣自治必須受到上級機關的監督，以免造成下級政府獨行其是，上級政府無權置喙的現象。

第十八條　國家應獎勵科學技術發展及投資，促進產業升級，推動農漁業現代化，重視水資源之開發利用，加強國際經濟合作。

經濟及科學技術發展，應與環境及生態保護兼籌並顧。

國家應推行全民健康保險，並促進現代和傳統醫藥之研究發展。

國家應維護婦女之人格尊嚴，保障婦女之人身安全，消除性別歧視，促進兩性地位之實質平等。

國家對於殘障者之保險與就醫、教育訓練與就業輔導、生活維護與救濟，應予保障，並扶助其自立與發展。

國家對於自由地區山胞之地位及政治參與，應予保障；對其教育文化、社會福利及經濟事業，應予扶助並促其發展。對於金門、馬祖地區人民亦同。

國家對於僑居國外國民之政治參與，應予保障。

本條文主要係對憲法第十三章「基本國策」中第三節「國民經濟」、第四節「社會安全」、第五節「教育文化」、第六節「邊疆地區」等相關內容之補充。由於國民大會不願讓增修條文的條文數增加太多，因此乃將各種不同的基本國策內涵合併於同一條文中。其中包含下列幾種不同的內容：

第一，在國民經濟方面，包括：㈠獎勵科學技術發展及投資，促進產業升級；㈡推動農漁業現代化；㈢重視水資源之開發利用；㈣加強國際經濟合作；㈤經濟及科學技術發展，應與環境及生態保護兼籌並顧。此係對憲法第十三章第三節之補充。

第二，在社會安全方面，包括：㈠推行全民健康保險；㈡促進現代和傳統醫藥之研究發展；㈢維護婦女之人格尊嚴，保護婦女之人身安全；㈣消除性別歧視，促進兩性地位之實質平等；㈤對於殘障者之保險與就醫、教育訓練與就業輔導、生活維護與救濟，應予保障，並扶助其自立與發展。此係對憲法第十三章第四節之補充。

第三，在少數民族及特殊地區方面，包括：㈠對於自由地區山胞之地位及政治參與，應予保障；㈡對於山胞的教育文化、社會福利及經濟事業，應予扶助並促進其發展；㈢對於金門、馬祖地區人民亦如同山胞，應予保障與扶助。上述三點，均係原憲法中所無之規定，乃針對自由地區的特定情況而增列。但臺灣原住民領袖中，不少人對於增修條文中未能使用「原住民」一詞，而仍延用舊稱「山胞」，則頗有不滿，並要求政府應採納「原住民」此一稱呼。

第四，在海外僑民方面，憲法第一百五十一條原已就發展僑民經濟，做了規範。本條文中，則進一步明文保障其參政權利及機會。使得僑民參政權，獲得正式的憲法位階。

叁　第三階段的修憲內容

民國八十三年八月一日，總統公布了第三階段修憲的條文。由於第一階段已完成了十條憲法增修條文，第二階段又已完成了八條憲法增修條文，在短短兩年間即已完成了十八條，其中第一、第二、第三、第四、第五條均因憲改方向的轉變而失效；另外第六、第八、第十六條則屬程序條款，也因時效原因而成具文。因此，國民黨修憲小組乃否定了原先所採取的「美國式修憲」的原則，亦即逐次增加新的增修條文，自第十九條起增加新的修憲條文。相反的，修憲小組卻將第一、第二兩階段的十八條一筆勾銷，重整為新的十條，並從零開始計算。換言之，在第三階段修憲之後，原先的十八條增修條文已不存在，而改為新的十條。以後若有新的增修條文，到底是從第十一條算起，還是再併入這現有的十條條文，則未可知。

這種詭異的修憲方式，在民主憲政國家並無先例可循，既違反了「美國式修憲」——逐條增列的原則；亦不同於「法國第五共和式修憲」——直接修正不適用之憲法條款。而且此種對修憲條文再重新修正、統整的修憲方式，只要多實施幾次，修憲的過程即會趨於混淆，也會造成國人對憲法變遷的內容及歷史沿革不易捉摸。而造成此種修憲方式的成因，則主要在於下列幾項理由：

㈠憲改方向不明確。由於三個階段的修憲目的各不相同，事前並無具體、確定的修憲方向，使得前一階段的修憲條文，不到一兩年時間即已變得不合時宜，這也是何以在兩次修憲後，十八條增修條文之中，即已有七條條文出現瑕疵或失效的主因；為了彌補此一缺憾，修憲小組才有取消十八條，另以新十條取代的決議。

(二)為特定政治人物與政治目的而修憲。在第一階段修憲時，原係以「回歸憲法」、「結束動員戡亂體制」為目的，因此除了有關國民大會、立法院、監察院等選舉之規範，以及國家安全會議、國家安全局與人事行政局之設置法源外，並無太多與原憲法條文衝突之規定。但是到了第二階段修憲時，卻為了總統選舉與罷免問題，以及國民大會職權之調整，而造成整個憲政體制的混亂。其中尤以彈劾與罷免總統條件之嚴格化、監察院性質的調整、國民大會選舉權之取消，以及同意權之增加等項，最受爭議。這些新增添的規範不但造成「權能區分」理念的混淆、制衡機制的錯亂，而且也造成總統「有權而無責」，這些均係十分不合憲政主義原理的制度規劃。但是，在上述的修憲任務完成後，修憲工作卻如脫繮之馬，難以駕馭。目前已有國大代表和朝野政黨進一步主張應將憲政體制修正為「總統制」，並取消國民大會，或將其改為「第二院」，此外，還有根本取消監察院、考試院之擬議。這些修憲建議和第二階段的修憲任務一樣，均不脫為特定政治人物或政治目的的修憲之嫌，結果則造成修憲工作前後失據，也造成修憲條文迅速失去時效性，而且必須一修再修，最後乾脆全部重組，重新開始。

(三)朝野政黨共識未立，修憲過程一再出現變數。由於朝野各主要黨派對憲政體制、國家定位、兩岸關係均有迥異的看法，而國民黨內也對憲政改革的幅度出現紛歧，導致修憲過程中不斷出現暴力衝突和武打場面。在此種混亂不安的情勢下，許多應形諸規範的憲改擬議，只有暫時擱置，留到下一階段再視情勢修正。其中尤以立法委員的任期（維持一任三年或比照總統、國大代表，改為一任四年），最為明顯，但終因國大代表間的共識未立，而未能成為修憲之內容，但也造成「選舉頻仍」現象無法改變的困境。

但是，儘管在修憲內容與體例上，第二、三階段的修憲出現了重大的瑕疵，但新修正的十條條文卻有其法制上的正當性，也必須爲國人所遵循。茲現就各條之條文，做逐一的解析。

第一條　國民大會代表依左列規定選出之，不受憲法第二十六條及第一百三十五條之限制：

一、自由地區每直轄市、縣市各二人，但其人口逾十萬人者，每增加十萬人增一人。

二、自由地區平地原住民及山地原住民各三人。

三、僑居國外國民二十人。

四、全國不分區八十人。

前項第三款及第四款之名額，採政黨比例方式選出之。第一款每直轄市、縣市選出之名額及第三款、第四款各政黨當選之名額，在五人以上十人以下者，應有婦女當選名額一人，超過十人者，每滿十人應增婦女當選名額一人。

國民大會之職權如左，不適用憲法第二十七條第一項第一款、第二款之規定：

一、依增修條文第二條第七項之規定，補選副總統。

二、依增修條文第二條第九項之規定，提出總統、副總統罷免案。

三、依增修條文第二條第十項之規定，議決監察院提出之總統、副總統彈劾案。

四、依憲法第二十七條第一項第三款及第一百七十四條第一款之規定，修改憲法。

五、依憲法第二十七條第一項第四款及第一百七十四條第二款之規定，複決立法院所提之憲法修正案。

六、依增修條文第四條第一項、第五條第二項、第六條第二項之規定，對總統提名任命之人員，行使同意權。

國民大會依前項第一款及第四款至第六款規定集會，或有國民大會代表五分之二以上請求召集會議時，由總統召集之；依前項第二款及第三款之規定集會時，由國民大會議長通告集會，國民大會設議長前，由立法院院長通告集會，不適用憲法第二十九條及第三十條之規定。

國民大會集會時，得聽取總統國情報告，並檢討國是，提供建言；如一年內未集會，由總統召集會議為之，不受憲法第三十條之限制。

國民大會代表自第三屆國民大會代表起，每四年改選一次，不適用憲法第二十八條第一項之規定。

國民大會第二屆國民大會代表任期至中華民國八十五年五月十九日止，第三屆國民大會代表任期自中華民國八十五年五月二十日開始，不適用憲法第二十八條第二項之規定。

國民大會自第三屆國民大會起設議長、副議長各一人，由國民大會代表互選之。議長對外代表國民大會，並於開會時主持會議。

國民大會行使職權之程序，由國民大會定之，不適用憲法第三十四條之規定。

此一條文中包括了下列各項主要內容：

㈠國民大會代表選舉之相關規範。

㈡國民大會之職權規範。

㈢國民大會集會程序之規範。
㈣國民大會集會時，總統應做國情報告，並檢討國是。
㈤國民大會之任期，改為四年一任（原憲法規定為六年一任）。
㈥規定第二屆國大代表及第三屆國大代表之任期。
㈦國民大會自第三屆起，將設立議長、副議長。
㈧國民大會行使職權之程序，由國民大會自定之，不受憲法第三十四條之限制，亦即不再由立法院以法律方式定之。

㈠在上列各項內容中，第一項有關國民大會代表選舉之規定，與第一階段修憲時第一條之規範基本上相同。依照此一規定，全國各地選出之第二屆國大代表名額為二百一十九人，再加上全國不分區名額八十人，以及僑居國外國民二十人，總額為三百一十九人。另外對於婦女保障名額之規定，每五人以上保障一位，亦無不同。此外，本次修憲特別明文規定，「僑居國外國民」代表及「全國不分區」代表，均應採政黨比例方式選出，此係第一階段修憲條文中所無之規範。至於「原住民」一詞，則為第一階段修憲條文中所無。但對於原住民團體及輿論之要求，將原住民代表名額增加為「一族一人」，亦即原住民「十族共十人」，此一擬議則未被採納，仍然規定為「平地、山地原住民各三人」，共六人。

㈡第二項國民大會之職權規範，係因應總統改為民選而增列之新內容。其中規定包括下列各端：
㈠當副總統缺位時，由總統於三個月內提名候選人，召集國民大會補選之，繼任至原任期屆滿為止。換言之，國民大會雖然已無選舉總統、副總統之職權，但副總統出缺時，仍由國民大會補選之。

㈡對於總統、副總統之罷免案，須經國民大會代表總額四分之一之提議，三分之二之同意後提出，並經中華民國自由地區選舉人總額過半數之投票，有效票過半數同意罷免時，才算通過。基於此，對總統、副總統之罷免，已變成分兩階段進行，第一階段須得到國大代表三分之二之同意；第二階段須有全國選民過半數以上之參與投票，其中同意罷免之有效票又應占全部投票者之過半數。換言之，對總統、副總統之罷免條件已變成十分嚴格，而國大代表只有「罷免之提議權」，最後決定者則係全體選民。

㈢監察院向國民大會提出之總統、副總統彈劾案，經國民大會代表總額三分之二同意時，被彈劾人應即解職。而監察院對總統、副總統彈劾之要件，則係「全體監察委員過半數之提議，全體監察委員三分之二以上之決議」。換言之，和國大所提出之罷免案相仿，監察院對總統之彈劾案亦採兩階段方式進行。唯有在監察委員及國大代表各三分之二多數同意時，始能對總統進行罷免。爲了區別本項與前項之分野，有的學者將本項界定爲「彈劾性罷免案」，前項則爲「政治性罷免案」。本項係由監察院發動，由國民大會行使同意權；前項則由國民大會發動，由全體選民行使同意權。

㈣修憲權，仍依照原先憲法之規定，由「國民大會代表總額五分之一之提議，三分之二之出席，及出席代表四分之三之決議得修改之」，並無改變。

㈤複決立法院所提之憲法修正案，亦無改變，係「由立法院立法委員四分之一之提議，四分之三之出席，及出席委員四分之三之決議，擬定憲法修正案，提請國民大會複決。此項憲法修正案，應於國民大會開會前半年公告之。」

㈥新增加之同意權，係對總統提名任命之人員，行使同意權。其中包括：（甲）司法院院長、副院長及大法官。（乙）考試院院長、副院長及考試委員。（丙）監察院院長、副院長及監察委員。此均為原先憲法所無之規定。而設置同意權之背景，則係基於兩項原因：其一，在修憲之後，將監察院的國會屬性取消，監委不再由選舉產生，而改為由總統提名並任命之。連帶的，監察院的同意權亦應取消，而對司法院院長、副院長、大法官，以及考試院院長、副院長、考試委員之同意權，則自監察院轉移至國民大會。至於對監察院院長、副院長及監察委員同意權，亦交由國民大會所掌握。其二，上列之同意權行使，本應交由立法院行使，可是由於對總統之選舉權已從國民大會手中轉交全體選民，為了對國民大會有所「補償」，乃將同意權交由國民大會行使。

但是，一旦國民大會掌握了對司法、考試、監察等三院之高層人員的同意權，原先憲法中之「權能區分」原則，乃面臨嚴重的戕害。因為國民大會乃是「政權機關」，而五院則是「治權機關」，彼此應採分工合作方式。基於此，五院間之互動關係與基本職掌，實不宜由國民大會此一政權機關涉入，但是國民大會現在卻可藉同意權之行使而干預五院之運作，則無異造成「權能不分」，實係對憲政基本精神的妨害。而在國民大會同意權的行使上，的確也出現了嚴重瑕疵，其中尤以國大代表張川田對考試院院長邱創煥的「掌摑」事件，最受人非議。基於此，上述之各項人事之同意權，實應改由立法院行使，立法院則可藉經常性之國會職權之運作，監督上述各院之人事，此亦較符合「制衡」與民主之精神，並無違「權能區分」之規範。

(三) 第三項係有關國民大會集會之規範。憲法第三十九條規定：「國民大會於每屆總統任滿前九十日集會，由總統召集之。」在修憲之後，總統改由選民直選產生，因此前述之規定，將行失效。

憲法第三十條規定，國民大會在下列情形之一時，得召集臨時會，其中包括：一、補選總統、副總統時；二、依監察院之決議，對於總統、副總統提出彈劾案時；三、依立法院之決議，提出憲法修正案時；四、國民大會代表五分之二以上請求召集時。在前述四種情形中，若依第一、第二種情形召集臨時會，應由立法院院長通告集會。若係第三、第四種情形，則係由總統召集。在修憲之後，國民大會將自第三屆起設置議長、副議長，因之在本項中規定「由國民大會議長通告集會，國民大會設議長前，由立法院院長通告集會」。但此類之集會，係指對「總統、副總統罷免案」（第二項第二款）及「議決監察院提出之總統、副總統彈劾案」（第二項第三款）。至於因「補選副總統」（第二項第一款）、「修改憲法」（第二項第四款）、「複決立法院所提之憲法修正案」（第二項第五款）及「對總統提名任命之人員，行使同意權」（第二項第六款），以及國大代表五分之二以上請求召集會議時，仍由總統召集之。

綜合上述分析，雖然在修憲之後，國民大會最重要的職權之一——選舉總統、副總統，業已取消，但是國民大會集會的機會卻頗有增加。這實係一種基於「權力交易」考量而做的憲政安排，但卻很可能因此而造成國民大會藉集會而自行擴權，甚至造成「尾大不掉」的現象。

(四)第四項規定「國民大會集會時，得聽取總統國情報告，並檢討國是，提供建言；如一年內未集會，由總統召集會議為之，不受憲法第三十條之限制」。根據是項規定，國民大會似乎已具備了一般國會「檢討國是，提供建言」之權，而總統須對國民大會做國情報告，似乎總統係對國民大會負責。但是這卻並非憲政制度之基本精神。因為在修憲之後，總統不再由國民大會選舉產生，自然也不對國民大會負責。更何況，我國憲政體制偏向「議會內閣制」，總統並非行政首長，而行政首長——行政院院長，又應對立法院負責。因此，總統每年對國民大會做國情報告，只是一項儀式性舉措，總統既然是由選民直選產生，當然是對選民而非國民大會直接負責。

至於國民大會對國是的建言之權，也不具實際的效力。因爲國民大會並不具備眞正的國會權力——如預算權、質詢權、調查權等。而且平常一年只召集會議一次，根本無法對政府做日常性之有效監督。基於此，前述之「國是建言權」，仍然只能視爲在國民大會選舉總統權被刪除之後，一項形式性的補償。除非日後國民大會進一步掌握其他實質性的國會權力，並改成經常性集會，否則這一新增的權限，不過是「聊備一格」而已，並不因此而發揮實質之「國會」效力。基於此，雖然國民大會一直與立法院力爭國會主導地位，但由於立委主控預算權，連國民大會召開的預算經費也由立法院全權決定，因此，實際上連國民大會每年召開的時日多寡也是由立法院所決定。由此看來，眞正的國會事實上只有立法院一機關而已。國民大會並不因爲修憲後新增之「國是建言權」而增加太多實質之權力。

㈤　第五項規定國大代表任期是「四年一任」，不再是過去的「六年一任」。這是配合總統任期改變，所做的一項調整。

㈥　第六項是一程序性條款，規定第二屆國大代表任期至民國八十五年五月十九日止。這是爲了配合總統之任期。自民國八十五年五月二十日起，即爲第三屆國民大會。

㈦

第七項規定「國民大會自第三屆起設議長、副議長各一人，由國民大會代表互選之。議長對外代表國民大會，並於開會時主持會議」。表面看來，國民大會設置議長，說明了在形式上國大已成「國會」的一部分，並且設立了「常設職」的議長，更可視為國民大會「擴權」的一種表現。但是，如果只是增設議長、副議長，則僅說明國民大會已有對外代表該機構的議長一職，卻並不意味國民大會因此而成為一「實權機關」。如果國大權力並未因此而擴增，國民大會仍是一個權力十分有限，非經常開會之機構，也不是一個正規的國會部門。因此，是否設立議長，與國民大會本身是否「常設化」，以及是否具備廣泛之實權，並無必然的關係。

(八)　第八項規定，國民大會行使職權之程序，由國民大會自定之，不受憲法第三十四條之限制，而第三十四條中則規定「國民大會之組織、國民大會代表之選舉罷免及國民大會行使職權之程序，以法律定之」。現在取消了上述的限制，國民大會將可自行決定行使職權之程序，這無異是實質之擴權規定。與前述各項不同，此項所增添之權限乃是實質性的，並可藉此而擺脫立法院對國民大會之約束。因之，國民大會確實可透過此項修憲之規定，大幅度的為自己擴權。不過，相對的，立法院仍可透過預算權之行使，而限制國民大會之擴權行動。因此，立法院與國民大會之間的爭權、對立，仍然難以化解。不過，國民大會本身的擴權行動，則因本項之修憲條文，而獲得了法理的基礎。

第二條　總統、副總統由中華民國自由地區全體人民直接選舉之，自中華民國八十五年第九任總統、副總統選舉實施。總統、副總統候選人應聯名登記，在選票上同列一組圈選，以得票最多之一組爲當選。在國外之中華民國自由地區人民返國行使選舉權，以法律定之。

總統發布依憲法經國民大會或立法院同意任命人員之任免命令，無須行政院院長之副署，不適用憲法第三十七條之規定。

行政院院長之免職命令，須新提名之行政院院長經立法院同意後生效。

總統爲避免國家或人民遭遇緊急危難或應付財政經濟上重大變故，得經行政院會議之決議發布緊急命令，爲必要之處置，不受憲法第四十三條之限制。但須於發布命令後十日內提交立法院追認，如立法院不同意時，該緊急命令立即失效。

總統爲決定國家安全有關大政方針，得設國家安全會議及所屬國家安全局，其組織以法律定之。

總統、副總統之任期，自第九任總統、副總統起爲四年，連選得連任一次，不適用憲法第四十七條之規定。

副總統缺位時，由總統於三個月內提名候選人，召集國民大會補選，繼任至原任期屆滿爲止。

總統、副總統均缺位時，由行政院院長代行其職權，並依本條第一項規定補選總統、副總統，繼任至原任期屆滿爲止，不適用憲法第四十九條之有關規定。

總統、副總統之罷免案，須經國民大會代表總額四分之一之提議，三分之二之同意後提出，並經中華民國自由地區選舉人總額過半數之投票，有效票過半數同意罷免時，即爲通過。

監察院向國民大會提出之總統、副總統彈劾案，經國民大會代表總額三分之二同意時，被彈劾人應即解職。

本條文共分為十項：

㈠有關總統、副總統直選之程序規定。
㈡有關行政院院長副署權之設限。
㈢有關行政院院長免職令之生效問題。
㈣有關總統緊急權力之有關規定。
㈤有關國家安全會議與國家安全局之法定地位。
㈥有關第九屆總統、副總統之任期規定。
㈦有關副總統缺位時之補選規定。
㈧總統、副總統均缺位時的補選規定及代理問題。
㈨有關總統、副總統罷免之程序規範。
㈩有關總統、副總統之彈劾規定。

㈠

第一項規定，民國八十五年起第九任總統、副總統將由中華民國自由地區全體人民直選產生。「總統、副總統應聯名登記，在選票上同列一組圈選，以得票最多之一組為當選」。根據此一規定，總統選舉將不採「絕對多數」當選方式，而係由「相對多數」方式產生。換言之，只要得到相對多數之選民支持，而非過半數之「絕對多數」，即可當選。據此，總統選舉亦無所謂之「兩輪選舉」，而只要經「一輪選舉」，獲得相對多數的候選人，即告當選。

是項條文中，另規定「在國外之中華民國自由地區人民返國行使選舉權，以法律定之。」根據此一規定，擁有中華民國國籍之僑民，可返國行使投票權。這乃是一種「權宜性」之規範。原先的擬議之一，則是倣傚許多西方民主國家之規範，得在海外之領使館中行使投票權，但爲顧及海外投票之公信力問題，並避免技術上的困難，乃規定須「返國行使選舉權」，以減少是類爭議。

(二) 依據憲法第三十七條之規定，行政院院長副署權之行使，乃是普遍性的，此原係本於「議會內閣制」之精神，意指行政院院長須對所有之命令負責，總統則是「儀式性之國家元首」，不負實際責任。在修憲之後，則將行政院院長之副署權範圍縮小，規定「總統發布依憲法經國民大會或立法院同意任命人員之任免命令，無須經行政院院長之副署」。換言之，包括行政院院長，監察院院長、副院長、監察委員，司法院院長、副院長、大法官，考試院院長、副院長、考試委員等之任命，均由總統負責，亦即掌有實質之任免權，而不再由行政院院長副署。這亦可視爲總統權力之擴增與行政院院長權力之縮減。

(三) 第三項係一項重要的憲改新內容，規定「行政院院長之免職命令，須新提名之行政院院長經立法院同意後生效」。換言之，如果新提名之行政院院長，未能得到立法院之同意，則原任行政院院長將繼續留任，其免職令則不生效。此一規範，係根據二次大戰之後，德國（西德）基本法之「建設性倒閣權」規定而增設，旨在避免倒閣之後，因政爭而使新閣揆遲遲無法產生，造成政權動盪、政府領導階層眞空的情事發生。基於此，乃規定必須在「新提名之行政院院長經立法院同意後」，原任行政院院長方得免職，藉以避免上述之「權力眞空」情事發生。此一規定，對於日後政黨交替執政，亦可收安定之效。

㈣　依據憲法第四十三條之規定，「總統於立法院休會期間，得經行政院會議之決議，依緊急命令法，發布緊急命令，為必要之處置，但須於發布命令後一個月內提交立法院追認。如立法院不同意時，該緊急命令立即失效。」在修憲之後，此一規定業已放寬，即使在立法院集會期間，總統「得經行政院會議之決議，發布緊急命令，為必要之處置。」但是此一緊急命令「須於發布命令後十日內提交立法院追認，如立法院不同意時，該緊急命令立即失效。」

上述兩項規範間之主要差異，是原先憲法第四十三條規定，緊急命令只有在「立法院休會時」，得由總統「經行政院會議之決議」，依法發布緊急命令，為必要之處置。此一憲法規範之基本精神，係「國會主權論」。換言之，緊急命令之決定者，係立法院，只有在立法院休會時，總統才能以情況特殊，以及行政院會議之決議為由，實施此一特別權力。

但是在動員戡亂時期，卻凍結了此一部分的憲法條文，將此一緊急命令的決定權，轉交給總統與行政院，因之，依據「動員戡亂時期臨時條款」第一條之規定，「總統在動員戡亂時期，為避免國家或人民遭遇緊急危難，或應付財政經濟上重大變故，得經行政院會議之決議，為緊急處分」，至於緊急處分之時限，卻未做規範。這顯示原先憲法規範「國會主權」之精神，實已嚴重受損。基於此，在動員戡亂時期結束後，此一憲政瑕疵實應力謀補救。但是執政黨中央仍然認為總統與行政院仍應掌握「緊急處分權」，因此力主保留此一條款，不過在程序上則有所讓步，改為「發布命令後十日內提交立法院追認，如立法院不同意時，該緊急命令立即失效」。換言之，「國會主權」之精神雖然未能恢復，但立法院仍保留了「十日內的否決權」，亦即仍然掌有被動的否決之權力。

不過，此一修憲後之規範，若與先進民主國家的相關憲法規範相比較，顯然有其缺憾之處。以法國第五共和憲法爲例，第十六條中即規定：「當共和制度、國家獨立、領土完整或國際義務之履行，遭受嚴重且危急之威脅，致使憲法上公權力之正常運作受到阻礙時，總統經正式諮詢總理、國會兩院議長及憲法委員會後，得採取應付此一情勢之緊急措施。」同條文中規定「此項措施須出自保障憲法公權力在最短時間達成任務之意願，此項措施應諮詢憲法委員會之意見。國會應自動集會。國民議會在總統行使緊急權力期間不得解散。」換言之，在法國的憲政制度下，總統一旦行使緊急權力，國會則自動集會，並且在此期間不得解散。而我國當前的憲政規範則賦與總統與行政院爲期十天的「特別權力空窗期」。十天雖然不長，但卻足以變更政治秩序，甚至可能會對立法院本身造成相當程度的影響。就此而論，我國修憲條文中的新規範，並不是一項保障「國會主權」的充分設計，而且仍然保留了「動員戡亂體制」下的基本特色，係以行政體系之便利爲優先之考量，此顯與西方以「議會民主」爲核心的憲政主義概念，仍存在著差距。

(五)　在動員戡亂時期，總統爲適應動員戡亂需要，「得調整中央政府之行政機構、人事機構及其組織」（臨時條款第五條），此外，亦「授權總統得設置動員戡亂機構，決定動員戡亂大政方針，並處理戰地政務」（第四條）。基於上述之規定，政府乃設置隸屬於總統之國家安全會議及所屬之國家安全局。另外行政院之下則另設人事行政局。嚴格說來，這些機構之設置，均係爲配合動員戡亂之需要，但亦屬「違憲」之設計。國家安全會議與國家安全局之職掌，與行政院多所重疊，而行政院人事行政局又與考試院之職掌多所扞格。基於此，此三機關的「合憲性」問題，長期以來一直引人詬病。在動員戡亂時期結束後，此三機關原應裁撤，但為了使此三機關得以持續存在，並解決「合憲性」問題，民國八十年第一次修憲時乃於憲法增修條文第九條中，將國家安全會議、國家安全局與行政院人事行政局三機關一併合法化，賦與其法源依據。在第三階段修憲時，進一步將其列入本項。

㈥　憲法第四十七條規定，「總統、副總統之任期為六年，連選得連任一次」。修憲後任期調整為四年一任，連選得連任一次。故於本項中做出新規定。

㈦　憲法第四十九條規定，「總統缺位時，由副總統繼任，至總統任期屆滿為止。」民國七十七年一月，蔣經國總統逝世，李登輝副總統繼任總統，任期至民國七十九年五月為止，即是依據本條文之規定。憲法第四十九條並規定，「總統、副總統均缺位時，由行政院院長代行其職權，並依本憲法第三十條之規定，召集國民大會臨時會，補選總統、副總統，其任期以補足原任總統未滿之任期為止。」修憲之後，總統、副總統改由人民直選產生，不再由國民大會代表選舉。但是，本項中特別規定，當「副總統缺位時，由總統於三個月內提名候選人，召集國民大會補選，繼任至原任期屆滿為止。」換言之，國民大會仍保留了副總統缺位時的補選權。

㈧　本項規定，「總統、副總統均缺位時，由行政院院長代行其職權，並依本條第一項規定補選總統、副總統，繼任至原任期屆滿為止。」換言之，當總統、副總統均出缺時，必須由人民直選產生新的總統、副總統，而非由國民大會補選產生。此與前引之憲法第四十九條之規定不同。

(九)總統、副總統之罷免，憲法第二十七條僅做權限之規定：「國民大會之職權如左：一、選舉總統、副總統。二、罷免總統、副總統。」實際上之細節規範，則係依據總統、副總統選舉罷免法之規定。其中之規定如次：

(一)由國民大會代表總額六分之一以上代表提出罷免聲請書。

(二)立法院院長接到罷免書後，於一個月內召開國民大會臨時會。

(三)由國民大會代表以無記名投票法表決罷免案，以代表總額過半數之贊成票通過之。

(四)國民大會代表，對就任未滿十二個月之總統，不得聲請罷免。罷免案一經否決，對於同一總統，原聲請人不得再爲罷免之聲請。

在修憲之後，上述之罷免規範業已取消，而罷免之要件亦已趨於更爲嚴格。本項中規定「罷免案須經國民大會代表總額四分之一之提議，三分之二之同意後提出，並經中華民國自由地區選舉人總額過半數之投票，有效票過半數同意罷免時，即爲通過。」換言之，在修憲之後，國民大會僅有罷免案之「發動權」，而且必須有三分之二的特別多數同意方得提出，再交由全民投票。而全民行使罷免之同意權時，須合乎「選舉人總額過半數」之要件，而且有效票應過半數。此與總統選舉採「相對多數」當選之規範相較，尤爲嚴格。由此可見對總統之罷免將十分嚴格，也極難通過。

(十)憲法中對於總統彈劾之規定，見於第一百條：「監察院對於總統、副總統之彈劾案，須有全體監察委員四分之一以上之提議，全體監察委員過半數之審查及決議，向國民大會提出之。」修憲後，此一規定凍結，改以更嚴格的要件規範之。依據修憲條文第六條之規定，「監察院對於總統、副總統之彈劾案，須經全體監察委員過半數之提議，全體監察委員三分之二以上之決議，向國民大會提出，不受憲法第一百條之限制。」除此之外，在本項中進一步規定，監察院對總統、副總統之彈劾案，須再經「國民大會代表總額三分之二同意，被彈劾人應即解職」。根據此一修憲後之新規範，對總統之彈劾要件不再是過半數之「普通多數」，而是監察委員與國大代表的雙重「特別多數」。由此可見彈劾案成立的要件亦已日趨嚴格。

第三條　立法院立法委員依左列規定選出之，不受憲法第六十四條之限制：

一、自由地區每省、直轄市各二人，但其人口逾二十萬人者，每增加十萬人增一人；逾一百萬人者，每增加二十萬人增一人。

二、自由地區平地原住民及山地原住民各三人。

三、僑居國外國民六人。

四、全國不分區三十人。

前項第三款、第四款名額，採政黨比例方式選出之。第一款每省、直轄市選出之名額及第三款、第四款各政黨當選之名額，在五人以上十人以下者，應有婦女當選名額一人，超過十人者，每滿十人應增婦女當選名額一人。

關於立法委員之人數及分配，因顧及自由地區之需要，在本條中做了新的規範。根據此一規定，民國八十一年底選出之立法委員總額為一百六十一位，以後總額還會隨人口增減而調整。與憲法第六十四條之規定相較，除了自由地區應選名額增加，並增列原住民、僑民代表及全國不分區名額外，則以取消「職業團體」代表為其特色。另外蒙古、西藏及邊疆地區少數民族的保障名額亦不再列入。至於婦女保障名額則已做出新的規定，凡是地區立法委員應選名額在五人以上，十人以下者，包含一位婦女保障名額，超過十人時，每滿十人應再增婦女保障名額一位。

第四條　司法院設院長、副院長各一人，大法官若干人，由總統提名，經國民大會同意任命之，不適用憲法第七十九條之有關規定。

司法院大法官，除依憲法第七十八條之規定外，並組成憲法法庭審理政黨違憲之解散事項。

政黨之目的或其行為，危害中華民國之存在或自由民主之憲政秩序者為違憲。

本條文分為三項：

(一)同意權行使主體之改變。

(二)有關憲法法庭設立之規範。

(三)政黨違憲之規定。

(一)

由於監察院在修憲後不再掌有同意權，對司法院院長、副院長及大法官之同意權行使，改由國民大會掌有。在本項中亦做出了相應之規定。

至於大法官之總額，仍依照原先憲法之規定，不在憲法中定出總額。僅在司法院組織法中，規定「司法院置大法官十七人」。

(二)修憲後有關司法院職掌規範之調整，以本項最為重要。依據憲法第七十八條規定，「司法院解釋憲法，並有統一解釋法律及命令之權」。在本項中，則另增列司法院大法官「組成憲法法庭審理政黨違憲之解散事項。」根據此一規定，民國八十二年二月總統公布「司法院大法官審理案件法」，第三章即規範「政黨違憲解散案件之審理」。其中重要規定如次：

第十九條：「政黨之目的或其行為，危害中華民國之存在或自由民主之憲政秩序者，主管機關得聲請司法院憲法法庭解散之。」

第二十條：「憲法法庭審理案件，以參與審理之資深大法官充審判長，資同以年長者充之。」

第二十一條：「憲法法庭應本於言詞辯論而為裁判。但駁回聲請而認無言詞辯論之必要者，不在此限。」

第二十四條：「憲法法庭行言詞辯論，須有大法官現有總額四分之三以上出席，始得為之。未參與辯論之大法官不得參與評議判決。」

第二十五條：「憲法法庭對於政黨違憲解散案件判決之評議，應經參與言詞辯論大法官三分之二之同意決定之。評論未獲前項人數同意時，應為不予解散之判決。」

由上述之法律規定可知，憲法法庭設立之主旨係審理政黨違憲之解散事項，因此「憲法法庭」並非「大法官會議」的代稱，兩者之專責並不相同。而憲法法庭應本於「言詞辯論」而為裁判，「未參與辯論之大法官不得參與評議判決」，均凸顯了憲法法庭對於政黨違憲案件之裁定，程序十分愼重。若未能得到參與辯論大法官三分之二的同意，即不得解散該政黨，這顯示憲法法庭對於違憲爭議的審理態度，是相當審愼的。

㈢ 本項規定「政黨之目的或其行爲，危害中華民國之存在或自由民主之憲政秩序者爲違憲」。其主要參考之憲政規範，爲德國基本法第二十一條第二項：「政黨依其目的及其黨員之行爲，意圖損害或廢除自由、民主之基本秩序，或意圖危害德意志聯邦共和國之存在者，爲違憲。其有無違憲問題由聯邦憲法法院決定之。」另外，也根據德國基本法之規範，將有無違憲交由憲法法庭（法院）裁決之。就此而言，本項可說是一項重要的「憲政移植」規範。

第五條　考試院爲國家最高考試機關，掌理左列事項，不適用憲法第八十三條之規定：

一、考試。

二、公務人員之銓叙、保障、撫卹、退休。

三、公務人員任免、考績、級俸、陞遷、褒獎之法制事項。

考試院設院長、副院長各一人，考試委員若干人，由總統提名，經國民大會同意任命之，不適用憲法第八十四條之規定。

憲法第八十五條有關按省區分別規定名額，分區舉行考試之規定，停止適用。

本條分爲三項內容：

㈠有關考試院職掌之規範。

㈡考試院高層人事同意權之行使。

㈢分區考試規定之停用。

㈠依據憲法第八十三條之規定，考試院「掌理考試、任用、銓叙、考績、級俸、陞遷、保障、褒獎、撫卹、退休、養老等事項」。但是由於「動員戡亂臨時條款」第五條規定，「總統爲適應動員戡亂需要，得調整中央政府之行政機構、人事機構及其組織」，並據以設置行政院人事行政局。在動員戡亂時期結束後，人事行政局依然獲得「合憲」之地位，因之，考試院之職掌必須予以調整，以免發生扞格。其中最重要的調整方向，是考試院僅掌理公務人員之任免、考績、級俸、陞遷、褒獎等之「法制事項」，而人事行政局則負責執行。因此透過本項之修正，考試院與行政院人事行政局之間事權分工，得以釐清。

㈡考試院院長、副院長及考試委員，過去依憲法第八十四條之規定，係由總統提名，經監察院同意任命之，現因監察院不再掌有同意權，因此同意權改交由國民大會行使。

至於考試委員之名額，則仍依照憲法之原先規定，未予定額之規範。但在「考試院組織法」第三條中，則明定「考試委員名額定爲十九人」。

㈢

憲法第八十五條規定：「公務人員之選拔，應實行公開競爭之考試制度，並應按省區分別規定名額，分區舉行考試，非經考試及格，不得任用。」其中「按省區分別規定名額」的規定，原係保障各省人士擔任公職之權益，但在臺灣實施時顯有「過度保障少數」的不公平情況出現，因此近年來已不再對大陸特定省籍人士採取保障名額措施。本項則進一步將其載入憲法修正條文，以奠立合憲之基礎。

第六條　監察院為國家最高監察機關，行使彈劾、糾舉及審計權，不適用憲法第九十條及第九十四條有關同意權之規定。

監察院設監察委員二十九人，並以其中一人為院長、一人為副院長，任期六年，由總統提名，經國民大會同意任命之。憲法第九十一條至第九十三條之規定停止適用。

監察院對於中央、地方公務人員及司法院、考試院人員之彈劾案，須經監察委員二人以上之提議，九人以上之審查及決定，始得提出，不受憲法第九十八條之限制。

監察院對於監察院人員失職或違法之彈劾，適用憲法第九十五條、第九十七條第二項及前項之規定。

監察院對於總統、副總統之彈劾案，須經全體監察委員過半數之提議，全體監察委員三分之二以上之決議，向國民大會提出，不受憲法第一百條之限制。

監察委員須超出黨派以外，依據法律獨立行使職權。

憲法第一百零一條及第一百零二條之規定，停止適用。

本條文共分六項：

㈠監察院職掌之調整。
㈡監委名額、任期及對監委同意權之行使。
㈢彈劾權行使之要件。
㈣對監察院人員彈劾之規範。
㈤對總統、副總統彈劾權之行使。
㈥監察委員獨立職權行使之規範。

㈠修憲後監察院不再是民意機關（國會），同意權取消，改由國民大會行使，參見前文第一條第二項第六款之分析。

㈡「監察院設監察委員二十九人」，此係第二階段修憲時憲法修正條文第十五條之規定。當時將監委名額明定於憲法中的主因（不同於「大法官若干人」、「考試委員若干人」之規定），是顧忌當時在任之監委，對監察院體制變革可能產生反彈，不願修正「監察院組織法」，將監委名額規定在該法之中，可能導致憲改工作發生新的變數。基於此，在五院之中，只有監察院這一院是將監委總額明定在憲法之中。其他如行政院政務委員、司法院大法官、考試院考試委員，憲法中均規定為「若干人」，再由相關組織法做出定額之規範。至於立法委員，則隨選區之劃分與人口數之調整而增減，並無定額之規範。基於此，監察委員人數總額之規定，實不應再繼續列入憲法條文之中。由於此一缺憾，一方面將因此而使憲法失去安定性，可能會因情勢變遷而被迫一修再修監委之總額。另一方面，如果監委發生缺額情況，又因「違憲」之顧忌，而必須召開國民大會，行使同意權，以補足監委名額。由此觀之，在第四階段修憲時，允宜將此項中之監委名額改爲「若干人」，然後在「監察院組織法」中，明定監委總額。若要修正監委總額，只要修訂「監察院組織法」即可。這才是合乎憲政規範之設計。

除了監委名額的規定外，監委任期定爲一任六年，得連任。此一規定，曾引起學界與輿論界之不同反應。一般認爲，在修憲之後，監察委員不再具備「國會議員」之身分，非由民選產生，而且須經總統提名，國民大會同意產生。而監委職司風憲、糾彈百官，對總統、副總統又有彈劾之權，必須超出黨派之外。因此，監察委員應心無旁騖，不受黨派與政治偏見之影響，一往直前，勇於監察之責。基於此，監委的任期必須延長，而且不應連任，以免爲連任而心存顧忌。至於任期究竟應多長，有的主張比照司法院大法官，任期一屆九年。有的則主張爲十年，甚至延長爲十二年。但是監委不得連任，則爲共同之主張。

(三) 本項中另規定，監委由總統提名，經國民大會同意任命之。不再由省、市議會間接選舉產生，以杜絕長期以來監委選舉發生賄選之爭擾。但監察院也因監委產生方式之改變，而發生基本性質之改變。

(四) 憲法第九十八條規定：「監察院對於中央及地方公務人員之彈劾案，須經監察委員一人以上之提議，九人以上之審查及決議，始得提出。」在本項中，則改爲「監察委員二人以上之提議」，換言之，彈劾權之行使將趨於嚴格。

依據憲法第九十七條第二項之規定，「監察院對於中央及地方公務人員，認為有失職或違法情事，得提出糾舉案或彈劾案，如涉及刑事，應移送法院辦理。」第九十九條規定，「監察院對於司法院或考試院人員失職或違法之彈劾，應適用本憲法第九十五條、第九十七條及第九十八條之規定。」在上述兩條文中，獨對監察院人員之彈劾，未做規範。基於此，在修憲時，乃加入本項之規定，將「監察院人員失職或違法之彈劾」，列入憲法修正條文之中，使此一規範趨於完整。

但是本項中之「監察院人員」，究竟何指？是否包括監察委員本身，則不甚清楚。若依司法院大法官會議釋字第十四號之解釋，「在制憲者之意，當以立、監委員為直接或間接之民意代表，均不認其為監察權行使之對象。至立、監兩院其他人員與國民大會職員，總統府及其所屬機關職員，自應屬監察權行使範圍。」由此可知，監察委員本身，應非屬監察權行使之對象。但是，在修憲之後，監委不再具民意代表之屬性，因此，上述之解釋文是否仍然適用，仍有待斟酌之處。不過，如果監察權得以監委本身為行使對象，則監察權很可能會淪為監委間之政爭工具；且對監委本身之令譽，有嚴重之妨礙。因此本項中之「監察院人員」，似應依釋字第十四號之解釋，以監委以外之監察院人員為範圍。

(五)此項規定對總統、副總統之彈劾，須經「監委過半數之提議，全體監察委員三分之二以上之決議，向國民大會提出」。再依憲法增修條文第二條第十項之規定，「監察院向國民大會提出之總統、副總統之彈劾案，經國民大會代表總額三分之二同意時，被彈劾人應即解職」。上述之彈劾要件，已較憲法原先之規範，嚴格甚多。而且由於監察委員不再係由民選產生，而係由總統提名，經國民大會同意產生，因此，「由總統提名之監委」，是否能大公無私的彈劾總統，實頗啓人疑竇。解決此一困境之方法，應係如前文所述（第六條第二項），延長監委之任期爲九年（比照大法官），並規定不得連任，使其得不受連任因素之影響，肩負職司風憲之重任。

(六)

本項規定「監察委員須超出黨派以外，依據法律獨立行使職權」。此係因監委不再由間接民選產生，不代表任何黨派，自應超出黨派以外。但是本項中亦規定「憲法第一百零一條及第一百零二條之規定，停止適用」，則意味著監委的「言論免責權」及「不受逮捕之特權」，均已取消。上述二權，均係保障國會議員之特權，一旦取消，監委將可能因爲監察權之行使，而面臨當事人「興訟」、「纏訟」等困擾。而監察院之會議，也因不再受「免責權」之保障，必須改爲祕密會議，不得對外公開，使民意及輿論之監督，受到限制。此外，監委也因不再有「不受逮捕之特權」，在對政府重要官員行使監察權時，也會有所顧忌，難以發揮「大無畏」之精神，充分彰顯監察權獨立、無私之特性。基於此，上述二項國會議員特權之取消，實係對監察權行使的一大妨礙。在未來進一步修憲時應予更正，以謀救濟。

第七條　國民大會代表及立法委員之報酬或待遇，應以法律定之。除年度通案調整者外，單獨增加報酬或待遇之規定，應自次屆起實施。

本條是參考一九九二年通過的美國憲法第二十七條修正案而訂定。該修正案規定：「國會議員們通過的加薪法案，必須等過一次選舉之後的下一屆會期才能生效。」此一修正案早在美國立國之初，即由開國元勳麥迪遜（James Madison）提出，但未通過。一九九二年五月，由於此案得到超過四分之三

——三十八個州議會的支持，而成爲正式的憲法修正案。此案宗旨是在節制國會議員任意自我加薪，浪費公帑的情況。在我國修憲之中倣傚訂定之，亦可收同樣的功效。本條亦可視爲外國憲政規範移植的另一案例。

第八條　省、縣地方制度，應包含左列各款，以法律定之，不受憲法第一百零八條第一項第一款、第一百十二條至第一百十五條及第一百二十二條之限制：

一、省設省議會，縣設縣議會，省議會議員、縣議會議員分別由省民、縣民選舉之。

二、屬於省、縣之立法權，由省議會、縣議會分別行之。

三、省設省政府，置省長一人，縣設縣政府，置縣長一人，省長、縣長分別由省民、縣民選舉之。

四、省與縣之關係。

五、省自治之監督機關爲行政院，縣自治之監督機關爲省政府。

依據憲法第一百零八條第一項第一款，「省縣自治通則」應由中央立法並執行之，或交由省縣執行之。由於「省縣自治通則」並未完成立法，而民意趨向又是強烈要求省、市長民選。基於此，第二階段修憲時，即在憲法增修條文第十七條中，訂定有關省、縣自治的規範，本條即係承襲自該一條文，賦與「地方自治」之合憲地位。內容解釋請參照本書前節中有關上述第十七條之解釋。

第九條　國家應獎勵科學技術發展及投資，促進產業升級，推動農漁業現代化，重視水資源之開發利用，加強國際經濟合作。

經濟及科學技術發展，應與環境及生態保護兼籌並顧。

國家對於公營金融機構之管理，應本企業化經營之原則；其管理、人事、預算、決算及審計，得以法律爲特別之規定。

國家應推行全民健康保險，並促進現代和傳統醫藥之研究發展。

國家應維護婦女之人格尊嚴，保障婦女之人身安全，消除性別歧視，促進兩性地位之實質平等。

國家對於殘障者之保險與就醫、教育訓練與就業輔導、生活維護與救濟，應予保障，並扶助其自立與發展。

國家對於自由地區原住民之地位及政治參與，應予保障；對其教育文化、社會福利及經濟事業，應予扶助並促其發展。對於金門、馬祖地區人民亦同。

國家對於僑居國外國民之政治參與，應予保障。

本條文承襲自第二階段修憲之憲法增修條文第十八條。但第三項有關公營金融機構之管理，則係新增之條文。強調「應本企業化經營原則；其管理、人事、預算、決算及審計，得以法律爲特別之規定」。增列此條之目的，在賦與相關之公營銀行及金融機構之法源基礎。其他各項之解釋，請參照本書前節中對上述第十八條條文之解釋。

第十條　自由地區與大陸地區間人民權利義務關係及其他事務之處理，得以法律為特別之規定。

本條條文係承襲自第一階段修憲之憲法增修條文第十條。據此並制訂「臺灣地區與大陸地區人民關係條例」，藉以區分自由地區與大陸地區人民之分際。所謂「大陸地區」，係「包括中共控制地區及外蒙地區」，「大陸地區人民」，則是「在大陸地區設有戶籍或臺灣地區人民前往大陸地區居住逾四年之人民」。訂定此一條文之目的，在規範臺灣地區與大陸地區人民的不同法律地位，並保障臺澎金馬自由地區之人民權益。

肆　第四階段的修憲內容

民國八十五年二月一日，立法院舉行院長選舉，執政黨提名的劉松藩委員，僅以八十二比八十一的一票之差險勝在野黨提名的施明德委員，突顯出一個「剛剛過半」的多數黨的實質困境。隨後一、兩年間，包括立法院對行政院院長同意權的行使、核四預算案的朝野攻防戰，以及許多關鍵性法案的投票，都讓執政黨費盡苦心，深感「維持絕對多數」已是力不從心。基於此，李登輝總統乃在當選總統後不久，亟力尋思如何得透過第四次修憲，直接擴張總統、副總統的權力，削弱立法院的職權，取消立法院對行政院院長的同意權，同時並簡化地方政府組織層級，藉此取消地方基層選舉。透過上述的修憲途徑，一方面可以讓執政黨在失去立法院內實質多數支持的情況下，繼續維持執政地位；另一方面，也可將地方基層「黑金政治」的腐化現象，得到某種程度的遏制。於是，在民國八十五年冬，總統府邀請政府官員，執政之國民黨、在野之民主進步黨、新黨及無黨籍人士，召開「國家發展會議」，商討憲政改革議題。會中，新黨籍人士因為憲政理念不符，宣布退出國家發展會議。但國民黨與民主進步黨兩大政黨，仍然在會中達成協議，並形成修憲基本共識，決定以「改良式雙首長混合制」為修憲之基本原則。

民國八十六年七月十八日，第三屆國民大會在逾千位憲政學者強烈反對，新黨籍國大代表全力杯葛的處境下，完成了第四階段修憲任務，通過中華民國憲法增修條文十一條。此次修憲，係自民國八十年四月第一次修憲以來，包括憲政結構、修憲幅度及政府機制，變動範圍最大的一次。其中主要特色有五：

1. 將原先憲法之「議會內閣制」（parliamentarianism）精神，大幅度轉型為以總統為權力核心、行政院長為其實質之幕僚長、執行長的「半總統制」（semi-presidentialism）。換言之，行政院院長不再是眞正的「最高行政首長」，而變為總統個人的主要僚屬。

2. 取消立法院對行政院長的同意權，由總統直接任命行政院院長，一方面藉以擺脫立法院的有效制衡；另一方面，也因行政院院長失去立法院同意權的「背書」，而削弱了行政院院長的民意基礎。相對於總統直選所肩負的強勢民意基礎，行政院院長則顯得處處掣肘，既要面對總統的強勢領導，又要面臨立法院的政策、預算及立法監督，此外內閣閣員任命權也多操於總統、副總統之手，使行政院院長難以統整內閣團隊，發揮「責任內閣」之一體精神。換言之，原先修憲時所規劃的「改良式雙首長混合制」，在實際的憲政運作上，已變爲混亂的「惡質化三頭馬車領導制」，此實爲舉世所罕見。

3.修憲時所參考的主要憲政範例，是法國第五共和的半總統制，但是，在法國憲政運作時配套設計，藉以化解內閣、國會對立的「安全閥」機制：倒閣權（即「不信任投票」）與解散國會權，卻在修憲後被曲解爲政局紛亂之根源。因之，在法國第五共和體制下，依慣例新任總理赴國會第一次報告後即應由國會議員行使「不信任案」投票，藉以檢測閣揆的民意基礎。但在我國修憲後卻未能實施，使得行政院院長的民意基礎不足，亦無力解決各種憲政僵局與政治危機。這實係外國憲政移植經驗的一次嚴重挫敗。

4.原先依照憲法之規範，監察院職掌彈劾權，但在本次修憲後，卻將監察院對總統、副總統的彈劾權移交立法院，而彈劾權行使之範圍，則局限爲「內亂外患罪」。換言之，總統、副總統若涉及貪污、詐欺、僞證、知情不報、申報不實，乃至其他個人重大官箴違失，均無任何機關可予監督或制裁。此一缺憾業已因連戰副總統個人涉及對伍澤元先生三千六百二十八萬元的私人借貸而引起國人高度關注，但也突顯出修憲所創造的機制——「總統、副總統有權無責，不受監督」。這實係修憲設計者因人設制、有意造就特權體制的重大困境。

5.除了中央政府體制的改變之外，修憲的另一項目的，是藉廢除臺灣省省長及省議員之選舉，以達成「精簡省府」的目標。至於廢除基層（鄉、鎭）選舉的國發會共識，則因國民黨內的意見紛歧，目前尚未載入修憲條文中，有待下一次的修憲，方能落實。

綜上所述，第四階段修憲乃是一次違背民主憲政主義基本原理（包括「審愼修憲」、「權責相符」、

「有限政府」與「民主監督」等）的憲政任務。此次修憲不但造成「有責者無權、有權者無責」的現象，而且也造成憲政體制紛亂、內閣團隊精神不足與行政倫理淪喪。所幸的是，在修憲條文實施逾半年後，各項憲政瑕疵均已逐一呈現，無論輿論、民意、專家乃至原先支持修憲的在野人士，均已了解修憲之嚴重錯誤。可預見的是，第五階段之修憲勢將展開，望我國人以第四階段之修憲錯誤爲借鑒，並培養尊重自由憲政主義之基本精神，敬重行之有年的民主憲政規範與分權制衡機制，切毋再因個別政治人物之師心自用，因人設制，因人誤事，而斷送憲政百年大業之根基。

第一條 （國代之人數、分配及職權）

國民大會代表依左列規定選出之，不受憲法第二十六條及第一百三十五條之限制：

一 自由地區每直轄市、縣市各二人，但其人口逾十萬人者，每增加十萬人增一人。

二 自由地區平地原住民及山地原住民各三人。

三 僑居國外國民二十人。

四 全國不分區八十人。

前項第一款每直轄市、縣市選出之名額，在五人以上十人以下者，應有婦女當選名額一人，超過十人者，每滿十人，應增婦女當選名額一人。

第三款及第四款之名額，採政黨比例方式選出之，各政黨當選之名額，每滿四人，應有婦女當選名額一人。

國民大會之職權如左，不適用憲法第二十七條第一項第一款、第二款之規定：

一　依增修條文第二條第七項之規定，補選副總統。

二　依增修條文第二條第九項之規定，提出總統、副總統罷免案。

三　依增修條文第二條第十項之規定，議決立法院提出之總統、副總統彈劾案。

四　依憲法第二十七條第一項第三款及第一百七十四條第一款之規定，修改憲法。

五　依憲法第二十七條第一項第四款及第一百七十四條第二款之規定，複決立法院所提之憲法修正案。

六　依增修條文第五條第一項、第六條第二項、第七條第二項之規定，對總統提名任命之人員，行使同意權。

國民大會依前項第一款及第四款至第六款規定集會，或有國民大會代表五分之二以上請求召集會議時，由總統召集之；依前項第二款及第三款之規定集會時，由國民大會議長通告集會，不適用憲法第二十九條及第三十條之規定。

國民大會集會時，得聽取總統國情報告，並檢討國是，提供建言；如一年內未集會，由總統召集會議為之，不受憲法第三十條之限制。

國民大會代表每四年改選一次，不適用憲法第二十八條第一項之規定。

國民大會設議長、副議長各一人，由國民大會代表互選之。議長對外代表國民大會，並於開會時主持會議。

國民大會行使職權之程序，由國民大會定之，不適用憲法第三十四條之規定。

增修條文第一條包括了下列各項主要內容：

(1)國民大會代表選舉之相關規範，以及人數之設定。
(2)婦女保障名額及政黨比例選舉方式之相關規範。
(3)國民大會職權之相關規範。
(4)國民大會集會程序之相關規範。
(5)國民大會集會時，總統國情報告之相關規範。
(6)國民大會代表任期之規定。
(7)國民大會設置議長、副議長之規範。
(8)國民大會行使職權之程序，由國民大會自行決定。

1.在上列各項內容中，第一項有關國民大會代表選舉之規定，與第一階段修憲時第一條之規範基本上相同。依照此一規定，全國各地選出之第三屆國大代表再加上全國不分區名額八十人，以及僑居國外國民二十人，總額爲三百三十四人。另外，「僑居國外國民」代表及「全國不分區」代表，均應採政黨比例方式選出，此係第一階段修憲條文中所無之規範。至於「原住民」一詞，則爲第一階段修憲條文中所無。但對於原住民團體及輿論之要求，將原住民代表名額增加爲「一族一人」，亦即原住民「十族共十人」，此一擬議則未被採納，仍然規定爲「平地、山地原住民各三人」，共六人。

2.在本項中，明文規定各直轄市、縣市所選出之名額，在五人以上十人以下者，應有婦女當選名額一人，超過十人者，每滿十人應增婦女當選名額一人。此一規定與第三階段修憲之規範相同。但是新增另一項規定：在僑居國外國民和全國不分區部分，每滿四人，應有婦女當選名額一人。換言之，在此二部分合計共一百人的名額中，應有婦女保障名額至少二十五人。

由本項之規定可知，第四階段之修憲對婦女保障已有更爲明晰之規定，但是由於各直轄市及縣市當選名額之規定，仍未達婦女保障名額亦佔四分之一之理想，由此可知，在未來修憲中，仍有待更進一步之保障，方能使婦女權益之鞏固，更爲落實。

3.第三項國民大會之職權規定，係因應總統改爲民選而增列之新內容。其中規定包括下列各端：

(1)當副總統缺位時，由總統於三個月內提名候選人，召集國民大會補選之，繼任至原任期屆滿爲止。換言之，國民大會雖然已無選舉總統、副總統之職權，但副總統出缺時，仍由國民大會補選之。

(2)對於總統、副總統之罷免案，須經國民大會代表總額四分之一之提議，三分之二之同意後提出，並經中華民國自由地區選舉人總額過半數之投票，有效票過半數同意罷免時，才算通過。基於此，對總統、副總統之罷免，已變成分兩階段進行，第一階段須得到國大代表三分之二之同意；第二階段須有全國選民過半數以上之參與投票，而其中同意罷免之有效票又應占全部投票者之過半數。換言之，對總統、副總統之罷免條件已變成十分嚴格，而國大代表只有「罷免之提議權」，最後決定者則係全體選民。

(3)此係新增之規定，立法院向國民大會提出之總統、副總統彈劾案，經國民大會代表總額三分之二同意時，被彈劾人應即解職。而立法院對總統、副總統彈劾之要件，則係「立法院對於總統、副總統犯內亂或外患罪之彈劾案，須經全體立法委員二分之一以上之提議，全體立法委員三分之二以上之決議，向國民大會提出」。換言之，和國大所提出之罷免案相仿，立法院對總統之彈劾案亦採兩階段方式進行。唯有在立法委員及國大代表各三分之二的特別多數同意時，始得對總統進行罷免。爲了區別本項與前項之分野，有的學者將本項界定爲「彈劾性罷免案」，前項則爲「政治性罷免案」。本項係由立法院發動，由國民大會行使同意權；前項則由國民大會發動，由全體選民行使同意權。

(4)修憲權，仍依照原先憲法之規定，由「國民大會代表總額五分之一之提議，三分之二之出席，及出席代表四分之三之決議得修改之」，並無改變。

(5)複決立法院所提之憲法修正案，亦無改變。係「由立法院立法委員四分之一之提議，四分之三之出席，及出席委員四分之三決議，擬定憲法修正案，提請國民大會複決。此項憲法修正案，應於國民大會開會前半年公告之。」

(6)係對總統提名任命之人員，行使同意權。其中包括：（甲）司法院院長、副院長及大法官。（乙）

考試院院長、副院長及考試委員。(丙)監察院院長、副院長及監察委員。此均為原先憲法所無之規定。而設置同意權之背景，則係基於兩項原因：其一，在修憲之後，將監察院的國會屬性取消，監委不再由選舉產生，而改為由總統提名並任命之。連帶的，監察院的同意權亦應取消，而對司法院院長、副院長、大法官，以及考試院院長、副院長、考試委員之同意權，則自監察院轉移至國民大會。至於對監察院院長、副院長及監察委員之同意權，亦交由國民大會所掌握。其二，上列之各項同意權，本應交由立法院行使，可是由於對總統之選舉權已從國民大會手中轉交給全體選民，為了對國民大會有所「補償」，乃將同意權交由國民大會行使。

但是，一旦國民大會掌握了對司法、考試、監察等三院之高層人員的同意權，原先憲法中之「權能區分」原則，乃面臨嚴重的戕害。因為國民大會乃是「政權機關」，而五院則是「治權機關」，彼此應採分工合作方式。基於此，五院間之互動關係與基本職掌，實不宜由國民大會此一政權機關涉入，但是國民大會現在卻可藉同意權之行使而干預五院之運作，則無異造成「權能不分」，實係對憲政基本精神的戕害。基於此，上述之各項人事之同意權，實應改由立法院行使，立法院則可藉日常性國會職權之運作，監督上述各院之相關人事，此實較符合「制衡」與民主之精神，並無違「權能區分」之規範。

4.第四項係有關國民大會集會之規範。憲法第三十九條規定：「國民大會於每屆總統任滿前九十日集會，由總統召集之。」在修憲之後，總統改由選民直選產生，因此前述之規定，業已失效。

憲法第三十條規定，國民大會在下列情形之一時，得召集臨時會，其中包括：一、補選總統、副總統時；二、依監察院之決議，對於總統、副總統提出彈劾案時；三、依立法院之決議，提出憲法修正案時；四、國民大會代表五分之二以上請求召集時。在前述四種情形中，第二項現已改爲「依立法院之決議」。若依第一、第二種情形召集臨時會，應由立法院院長通告集會。若係第三、第四種情形，則係由總統召集。但目前已有國大議長、副議長之設置，依規定對總統、副總統之罷免案，以及議決立法院提出之總統、副總統彈劾案，應由國大議長通告集會。至於「補選副總統」、「修改憲法」、「複決立法院所提之憲法修正案」及「對總統提名任命之人員，行使同意權」，以及國大代表五分之二以上請求召集會議時，則仍由總統召集之。

綜合上述分析，雖然在修憲之後，國民大會最重要的職權之一——選舉總統、副總統，業已取消，但是國民大會集會的機會卻頗有增加。這實係一種基於權宜考量而做的憲政安排。

5.第五項規定「國民大會集會時，得聽取總統國情報告，並檢討國是，提供建言；如一年內未集會，由總統召集會議爲之，不受憲法第三十條之限制」。根據是項規定，國民大會似乎已具備了一般國會「檢討國是，提供建言」之權限；而總統須對國民大會做國情報告，似乎意味總統係對國民大會負責。但是這卻非目前憲政制度之基本精神。因爲在修憲之後，總統不再由國民大會選舉產生，自然也不對國民大會負責。更何況，我國憲政體制偏向「議會內閣制」，總統並非行政首長，而行政首長——行政院院長，又應對立法院負責。因此，總統每年對國民大會做國情報告，只是一項例行性之舉措，總統既然是由選民直選產生，當然是對選民而非國民大會直接負責。

至於國民大會對國是的建言之權，則不具實際效力。因爲國民大會並不具備眞正的國會權力——包括立法權、質詢權、調査權等。而且平常一年只召集會議一次，根本無法對政府做日常性之有效監督。基於此，前述之「國是建言權」，仍然只能視爲在國民大會選舉總統權被刪除之後，一項形式性的補償。除非日後國民大會進一步掌握其他實質性的國會權力，並改成經常性集會，否則，並不會因此一規定而發揮實質之「國會」監督效力。基於此，雖然長期以來部分國民大會代表一直與立法院力爭國會主導地位，但由於立委主控預算審查權，連國民大會每年召開的預算經費也由立法院決定，因此，實際上連國民大會每年召開的時日多寡也是由立法院所決定。由此看來，眞正的國會事實上只有立法院一機關而已。國民大會並不因爲修憲後新增之「國是建言權」而變成眞正的「國會」。

6.第六項規定國大代表任期是「四年一任」，不再是過去的「六年一任」。這是配合總統任期改變，所做的一項調整。

7.第七項規定「國民大會設議長、副議長各一人，由國民大會代表互選之。議長對外代表國民大會，並於開會時主持會議」。表面看來，國民大會設置議長，象徵著在形式上國大已成「國會」的一部分，並且設立了「常設職」的議長，更可視爲國民大會「擴權」的一種表現。但是，如果只是增設議長、副議長，則僅能說明國民大會已有對外代表該機構的議長一職，卻並不意味國民大會因此而成爲一「實權機關」。如果國大權力並未同步而擴增，國民大會仍是一個權力十分有限之機構，並不是一個正常的國會部門。因此，設立議長與否，與國民大會本身是否「常設化」，以及是否因此而具備廣泛之國會實權，實無必然的關係。

8.第八項規定，國民大會行使職權之程序，由國民大會自定之，不受憲法第三十四條之限制，而三十四條中則規定「國民大會之組織、國民大會代表之選舉罷免及國民大會行使職權之程序，以法律定之」。現在取消了上述的限制，國民大會將可自行決定行使職權之程序，這乃係實質性之擴權規定。與前述各項不同，此項新增添之權限乃是實質而具體的，並可藉此而擺脫立法院對國民大會之約束。因之，國民大會確實可透過此項修憲之規定，大幅度的為自身擴權。不過，相對的，立法院仍可透過預算權之行使，局部限制國民大會之擴權行動。

第二條（總統、副總統之選舉、罷免、及彈劾）

總統、副總統由中華民國自由地區全體人民直接選舉之，自中華民國八十五年第九任總統、副總統選舉實施。總統、副總統候選人應聯名登記，在選票上同列一組圈選，以得票最多之一組為當選。在國外之中華民國自由地區人民返國行使選舉權，以法律定之。

總統發布行政院院長與依憲法經國民大會或立法院同意任命人員之任免命令及解散立法院之命令，無須行政院院長之副署，不適用憲法第三十七條之規定。

總統為避免國家或人民遭遇緊急危難或應付財政經濟上重大變故，得經行政院會議之決議發布緊急命令，為必要之處置，不受憲法第四十三條之限制。但須於發布命令後十日內提交立法院追認，如立法院不同意時，該緊急命令立即失效。

總統為決定國家安全有關大政方針，得設國家安全會議及所屬國家安全局，其組織以法律定之。

總統於立法院通過對行政院院長之不信任案後十日內，經諮詢立法院院長後，得宣告解散立法院。但總統於戒嚴或緊急命令生效期間，不得解散立法院。立法院解散後，應於六十日內舉行立法委員選舉，並於選舉結果確認後十日內自行集會，其任期重新起算。

總統、副總統之任期為四年，連選得連任一次，不適用憲法第四十七條之規定。

副總統缺位時，由總統於三個月內提名候選人，召集國民大會補選，繼任至原任期屆滿為止。

總統、副總統均缺位時，由行政院院長代行其職權，並依本條第一項規定補選總統、副總統，繼任至原任期屆滿為止，不適用憲法第四十九條之有關規定。

總統、副總統之罷免案，須經國民大會代表總額四分之一之提議，三分之二之同意後提出，並經中華民國自由地區選舉人總額過半數之投票，有效票過半數同意罷免時，即為通過。

立法院向國民大會提出之總統、副總統彈劾案，經國民大會代表總額三分之二同意時，被彈劾人應即解職。

本條文內容共分十項：

(1)有關總統、副總統選舉之程序性規定。
(2)有關行政院院長副署權之限制。
(3)總統行使緊急處分權之要件。
(4)有關國家安全會議及其所屬國家安全局之規定。
(5)總統、解散立法院之程序規定。
(6)總統、副總統任期之規定。
(7)有關副總統缺位之補選規定。
(8)總統、副總統均缺位時，行政院長代行職權及補選程序之規定。
(9)有關總統、副總統罷免案行使之規定。
(10)立法院彈劾總統、副總統之規定。

1.第一項規定，民國八十五年起第九任總統、副總統將由中華民國自由地區全體人民直選產生。「總統、副總統應聯名登記，在選票上同列一組圈選，以得票最多之一組爲當選」。根據此一規定，總統選舉將不採「絕對多數」當選方式，而係由「相對多數」方式產生。換言之，只要得到相對多數之選民支持，而非過半數之「絕對多數」，即可當選。據此，總統選舉亦無所謂之「兩輪選舉」，而只要經「一輪選舉」，獲得相對多數的候選人，即告當選。

是項條文中，另規定「在國外之中華民國自由地區人民返國行使選舉權，以法律定之。」根據此一規定，擁有中華民國國籍之僑民，可返國行使投票權。這乃是一種「權宜性」之規範。原先修憲的擬議之一，則是倣傚許多西方民主國家之規範，僑民得在海外之領使館中行使投票權，但為顧及海外投票之公信力問題，並避免技術上的困難，乃規定須「返國行使選舉權」，以減少是類爭議。

2.依據憲法第三十七條之規定，行政院院長副署權之行使，乃是普遍性的，此原係本於「議會內閣制」之精神，意指行政院院長須對所有之命令負責，總統則是「儀式性之國家元首」，不負實際責任。在修憲之後，則將行政院院長之副署權範圍縮小，規定「總統發布行政院長與依憲法經國民大會或立法院同意任命人員之任免命令及解散立法院之命令，無須經行政院院長之副署」。換言之，包括行政院院長，監察院院長、副院長、監察委員，司法院院長、副院長、大法官，考試院院長、副院長、考試委員等之任命，均由總統單獨負責，亦即掌有實質之任免權，而不再由行政院院長副署❶。另外，解散立法院之決定亦由總統個人決定。這均應可視為總統權力之擴增與行政院院長權力之萎縮。

3.依據憲法第四十三條之規定，「總統於立法院休會期間，得經行政院會議之決議，依緊急命令法，發布緊急命令，為必要之處置，但須於發布命令後一個月內提交立法院追認。如立法院不同意時，該緊急

---

❶在德國基本法中，雖採取「議會內閣制」，並規定「聯邦總統之命令，須經聯邦總理，或聯邦主管部長副署始生效力。」但是亦有但書存在，其中第五十八條即規定，此項規定「不適用於聯邦總理之任免」、「聯邦議會之解散」，另外在新總理未產生時，原任總理必須繼續執行其職務至繼任人任命為止，副署權在此亦不適用。但相較於修憲後我國行政院院長副署權之設限，德國總理之副署權範圍，實較我國行政院院長為廣為大。

命令立即失效。」在修憲之後，此一規定業已放寬，即使在立法院集會期間，總統「得經行政院會議之決議，發布緊急命令，爲必要之處置。」但是此一緊急命令「須於發布命令後十日內提交立法院追認，如立法院不同意時，該緊急命令立即失效。」

上述兩項規定間之主要差異，是原先憲法第四十三條規定，緊急命令只有在「立法院休會期間」，得由總統「經行政院會議之決議」，依法發布緊急命令，爲必要之處置。此一憲法規範之基本精神，係「國會主權論」。換言之，緊急命令是否必要之決定者，應係立法院，只有在立法院休會時，總統才能以情況特殊，以及行政院會議之決議爲由，單獨行使此一特別權力。

但是在動員戡亂時期，卻凍結了此一部分的憲法條文，將此一緊急命令的決定權，轉交給總統與行政院。因之，依據「動員戡亂時期臨時條款」第一條之規定，「總統在動員戡亂時期，爲避免國家或人民遭遇緊急危難，或應付財政經濟上重大變故，得經行政院會議之決議，爲緊急處分」，至於緊急處分行使之時限，卻未做規範。這顯示原先憲法所規範「國會主權」之精神，實已嚴重受損。基於此，在動員戡亂時期結束後，此一憲政瑕疵實應迅予補救。但是，執政黨中央依然認爲總統與行政院必須掌握「緊急處分權」，因此力主保留此一條款，不過在程序上則有所讓步，改爲「發布命令後十日內提交立法院追認，如立法院不同意時，該緊急命令立即失效」。換言之，「國會主權」之精神雖然未能完全恢復，但立法院仍保留了「十日內的否決權」，亦即掌有被動的否決權。

不過，此一修憲後之規範，若與先進民主國家的相關憲法規範相比較，顯然有其缺憾之處。以法國第五共和憲法爲例，第十六條中即規定：「當共和制度、國家獨立、領土完整或國際義務之履行，遭受嚴重且危急之威脅，致使憲法公權力之正常運作受到阻礙時，總統經正式諮詢總理、國會兩院議長及憲法委員會後，得採取應付此一情勢之緊急措施。」同條文中另規定，「此項措施須出自保障憲法上公權力在最短時間達成任務之意願，此項措施應諮詢憲法委員會之意見。國會應自動集會。國民議會在總統行使緊急權力期間不得解散。」換言之，在法國的憲政制度下，總統一旦行使緊急權力，國會應自動集會，而且在此期間不得解散。而我國當前的憲政規範則賦與總統與行政院爲期十天的「特別權力空窗期」。十天雖然不長，但卻足以變更政治秩序，甚至可能會對立法院之職權造成相當程度的限制。就此而論，我國修憲條文中的新規範，並不是一項保障「國會主權」的憲政設計，而且仍然保留了「動員戡亂體制」下行政專權的特色，係以行政體系之權宜便利爲優先之考量，此顯與西方先進民主國家以「議會民主」爲核心的憲政主義原則，存在著相當的距離。

4.在動員戡亂時期，總統爲適應動員戡亂需要，「得調整中央政府之行政機構、人事機構及其組織」（臨時條款第五條），此外，亦「授權總統得設置動員戡亂機構，決定動員戡亂大政方針，並處理戰地政務」（第四條）。基於上述之規定，政府乃設置隸屬於總統之國家安全會議及其所屬之國家安全局。另外在行政院之下則另設人事行政局。嚴格說來，這些機構之設置，均係爲配合動員戡亂之需要，但實屬「違憲」之設計。國家安全會議與國家安全局之職掌，與行政院多所重疊，而行政院人事行政局又與考試院之職掌多所扞格。基於此，此三機關的「憲政正當性」問題，長期以來一直引人詬病。在動員戡亂時期結束後，此三機關原應裁撤，但為了使此三機關得以持續存在，並解決「合憲性」問題，民國八十年第一次修憲時乃於憲法增修條文第九條中，將國家安全會議、國家安全局與行政院人事行政局三機關一併合法化，賦與其法源依據。在第三階段修憲時，進一步將其列入本項。第四階段修憲時則繼續維持不變。

5.自第四次修憲起，行政院院長不再由立法院同意產生，但立法院得對行政院行使不信任投票（其規範見增修條文第三條）。一旦不信任案通過後，十日內總統得經諮詢立法院院長後，宣告解散立法院。但若係在戒嚴期間或緊急命令生效期間，則不得解散立法院。

本項之規定，係一般西方議會內閣制國家「信任制」與「解散國會」之配套性設置，一旦國會倒閣成立，則立即由國家元首宣布解散國會，訴諸選民之公決。

6.憲法第四十七條規定，「總統、副總統之任期為六年，連選得連任一次」。修憲後任期調整為四年一任，連選得連任一次。故於本項中予以規範。

立院解散後，應於六十日內重新舉行選舉，並重新起算另一屆之立法院。

7.憲法第四十九條規定，「總統缺位時，由副總統繼任，至總統任期屆滿為止。」民國七十七年一月，蔣經國總統逝世，李登輝副總統繼任總統，任期至民國七十九年五月為止，即依據本條文之規定。憲法第四十九條並規定，「總統、副總統均缺位時，由行政院院長代行其職權，並依本憲法第三十條之規定，召集國民大會臨時會，補選總統、副總統，其任期以補足原任總統未滿之任期為止。」修憲之後，總統、副總統改由人民直選產生，不再由國民大會代表選舉。但是，本項中特別規定，當「副總統缺位時，由總統於三個月內提名候選人，召集國民大會補選，繼任至原任期屆滿爲止。」換言之，國民大會雖無權選舉總統，但仍保留了副總統缺位時的補選權。

8.本項規定，「總統、副總統均缺位時，由行政院院長代行其職權，並依本條第一項規定補選總統、副總統，繼任至原任期屆滿爲止。」換言之，當總統、副總統均出缺時，必須由人民直選產生新的總統、副總統，而非由國民大會補選產生。此與前引之憲法第四十九條之規定，已完全不同。

9.有關總統、副總統之罷免，憲法第二十七條僅就其範圍予以規範：「國民大會之職權如左：一、選舉總統、副總統。二、罷免總統、副總統。」實際上之程序性規範，則係依據總統、副總統選舉罷免法之規定。其中之規定如次：

①由國民大會代表總額六分之一以上代表提出罷免聲請書。

②立法院院長接到罷免書後，於一個月內召開國民大會臨時會。

③由國民大會代表以無記名投票法表決罷免案，以代表總額過半數之贊成票通過之。

④國民大會代表，對就任未滿十二個月之總統，不得聲請罷免。罷免案一經否決，對於同一總統，原聲請人不得再爲罷免之聲請。

在修憲之後，上述之罷免規定業已取消，而罷免之要件則趨於嚴格。本項中規定「罷免案須經國民大會代表總額四分之一之提議，三分之二之同意後提出，並經中華民國自由地區選舉人總額過半數之投票，有效票過半數同意罷免時，即爲通過。」換言之，在修憲之後，國民大會僅有罷免案之「發動權」，而且必須有三分之二的特別多數同意方得提出，再交由全體公民投票。而全民行使罷免之同意權時，須合乎「選舉人總額過半數」之要件，而且有效票亦應過半數。此與總統選舉採「相對多數」即當選之規定相較，更趨嚴格。由此可見，對總統之罷免規定比當選之要件更屬嚴格，也極難成立。

10.原先憲法中對於總統彈劾之規定，見於第一百條：「監察院對於總統、副總統之彈劾案，須有全體監察委員四分之一以上之提議，全體監察委員過半數之審查及決議，向國民大會提出之。」修憲後，此一規定凍結，在第四階段修憲時更將此權移交立法院行使。改以更嚴格的要件規範之，亦係此次修憲之一大爭議焦點。

第三條　（行政院院長之任命、代理、及行政院對立法院負責）

行政院院長由總統任命之。行政院院長辭職或出缺時，在總統未任命行政院院長前，由行政院副院長暫行代理。憲法第五十五條之規定，停止適用。

行政院依左列規定，對立法院負責，憲法第五十七條之規定，停止適用：

一　行政院有向立法院提出施政方針及施政報告之責。立法委員在開會時，有向行政院院長及行政院各部會首長質詢之權。

二　行政院對於立法院決議之法律案、預算案、條約案，如認為有窒礙難行時，得經總統之核可，於該決議案送達行政院十日內，移請立法院覆議。立法院對於行政院移請覆議案，應於送達十五日內作成決議。如為休會期間，立法院應於七日內自行集會，並於開議十五日內作成決議。覆議案逾期未議決者，原決議失效。覆議時，如經全體立法委員二分之一以上決議維持原案，行政院院長應即接受該決議。

三　立法院得經全體立法委員三分之一以上連署，對行政院院長提出不信任案。不信任案提出七十二小時後，應於四十八小時內以記名投票表決之。如經全體立法委員二分之一以上贊成，行政院院長應於十日內提出辭職，並得同時呈請總統解散立法院；不信任案如未獲通過，一年內不得對同一行政院院長再提不信任案。

國家機關之職權、設立程序及總員額，得以法律為準則性之規定。

各機關之組織、編制及員額，應依前項法律，基於政策或業務需要決定之。

本條文內容包括下列各項：

(1)行政院院長產生方式之規定。

(2)行政院與立法院之關係。

(3)有關國家機關之法律規定。

(4)機關組織、編制、員額之相關規定。

1.第四階段修憲中，最重要的一項制度性變動，即爲行政院院長的產生方式，由原先的經立法院同意產生，改爲「由總統任命之」。換言之，總統不僅擁有原來憲法所規定之對行政院院長的「提名權」，而且進一步擴展爲實質的「任命權」。基於此，行政院院長不再須經立法院過半數之同意產生，而變成由總統個人任命。這無疑是憲法之基本精神——議會內閣制（parliamentarism）之「同意權」的一項嚴重逆退。一旦行政院院長不再經由立法院同意產生，他所肩負的民意基礎立即滑落，同時行政院院長也將轉型而爲體現總統個人意旨的「執行長」，卻不再是眞正的「最高行政首長」。嚴格說來，本條文的修憲幅度確實過大，並與憲法原先的基本精神——行政院院長應爲最高行政首長，亦即行政權之中樞，產生嚴重之扞格，並且形成「總統有權無責，行政院院長有責無權」的憲政扭曲，實係此次修憲的一大敗筆。

在具體的實踐經驗上，本項條文在實施逾半年之後，確已造成憲政危機。民國八十七年四月，行政院院長蕭萬長在內閣人事問題上，即因未獲得總統充分授權，而面臨「有責無權」的困境，包括交通部長蔡兆陽、法務部長廖正豪的辭職事件，以及稍早之外交部長擬議人選之一簡又新的人事風波，均凸顯了「閣揆權威不足」以及「跛腳行政院院長」的嚴重局限。除非行政院院長的任命權重歸於立法院，使行政院院長得到絕大多數立法委員的支持，否則此一權責不符，而且違背基本憲政主義精神的錯誤設計，終將引發無止盡的人事紛擾與權責之爭，甚至衍發「政府無能」的困境，實屬不智。

2.在行政院與立法院的關係方面，原先憲法五十七條之規定有三項，其中第一項與本項第一款規定相同，亦即「行政院有向立法院提出施政方針及施政報告之責。立法委員在開會時，有向行政院院長及行政院各部會首長質詢之權」。據此界定了行政院和立法院之間的基本關係，以及立法委員所具備的質詢權。

憲法五十七條第二、三項係有關覆議權（veto）之界定，「立法院對於行政院之重要政策不贊同時，得以決議移請行政院變更之。行政院對於立法院之決議，得經總統之核可，移請立法院覆議。覆議時，如經出席立法委員三分之二維持原決議，行政院院長應即接受該決議或辭職。」以及，「行政院對於立法院決議之法律案、預算案、條約案，如認爲有窒礙難行時，得經總統之核可，於該決議案送達行政院十日內，移請立法院覆議。覆議時，如經出席立法委員三分之二維持原案，行政院院長應即接受該決議或辭職。」換言之，只要行政院院長得到至少三分之一立法委員的支持，就可推翻立法院原先的多數決決議，拒絕執行他所認爲窒礙難行的政策決議。但是，如果行政院院長連這三分之一的立法委員都掌握不到，他就必須執行立法院的決議，否則只有總辭一途。事實上，如果連這三分之一強的立委都不肯支持行政院院長，行政院院長也實在是做不下去，通常也只有離職一途。❶

但是，此一憲政規範在第四階段修憲後卻已徹底改變。新的規定是：

一、「行政院對於立法院決議之法律案、預算案、條約案，如認爲有窒礙難行時，得經總統之核可，

❶「覆議」（veto）係指行政機關對立法機關所通過之決議或法案，於一定法定期間內，送請立法機關，再爲審議表決。如果立法機關在覆議後再度通過該決議或法案，稱之「拒絕覆議」（veto override）。在美國，自二次大戰結束以來，平均每年總統會提出八件覆議案。我國則甚少實施。民國七十九年十月十七日，立法院針對勞動基準法第八十四條修正案行使覆議，結果以一六八票對廿五票，行政院推翻了立法院所提的修正案，恢復第八十四條原條文，此爲政府遷臺以來首度行使之覆議案。

於該決議送達十日內，移請立法院覆議。」與憲法第五十七條相對照，此次修憲已刪去了「重要政策」一項。考量修憲之意圖，這乃是因爲顧及立法院對「核四案」這一類重要政策之決議可能對行政院造成羈絆，爲了避免此類問題再發生，乃求從根拔除，乾脆將「重要政策」一項刪除，僅保留「法律案、預算案、條約案」等三項。❷

二、「立法院對於行政院移請覆議案，應於送達十五日內作成決議。如爲休會期間，立法院應於七日內自行集會，並於開議十五日內作成決議。覆議案逾期未議決者，原決議失效。」此係新增之期限規定。增設此一規定的目的是使行政院得因立法院之拖延逾期而失去覆議之機會。但是，其中有關「立法院休會期間應自行集會」的規定，則係因修憲起草者對立法程序掌握不足，而作出「畫蛇添足」的贅筆。事實上，法律必須由總統公布始行生效，若係正值立法院休會期間，則行政院反而有較長之緩衝期，不必執行立法院之決議。若因此一新設之規定，而必須增開立法院臨時會，實在是勞民傷財，浪費公帑，並無必要。❸

---

❷但是將「重要政策」一項刪除，亦可解釋爲「對於立法院有關重要政策之決議，不可移請立法院覆議」，換言之，行政院只有照立法院之決議執行下去，無權拒絕，亦不可尋求覆議。果如上述之解釋，修憲起草者的意圖爲何，難實以論斷。

❸依據美國總統覆決權行使之規範，總統在收到國會通過的法案十日內（星期天除外），如果既不簽署也不提覆議，則此法案自行生效。但是，如果在此十日結束之前國會業已休會，則總統將失去提出覆議之機會，因此只有當總統簽署後此法案才算生效。此一情況提供了總統在國會會期結束時未經正式之覆議，卻能讓某一法案胎死腹中的機會，一般稱之爲「口袋覆議」（pocket veto）。如果行政院經總統之核可向立法院提出覆議，則總統就不會公布該法律，自無該法律生效之問題，亦不致發生前述之「口袋覆議」之情事。

三、「覆議時，如經全體立法委員二分之一以上決議維持原案，行政院院長應即接受該決議。」原先憲法之規定，若立法院維持原決議，則行政院院長必須接受該決議或辭職，現因行政院院長不再係經由立法院同意而產生，亦無須因立法院拒絕覆議而辭職。連帶的，覆議的門檻也就從原先的三分之二降爲二分之一。❹

在第四階段修憲中，雖然取消了立法院對行政院院長的同意權，但卻也增加了由行政院院長呈請總統解散國會權，亦即立法院對行政院院長的不信任案，以及相對的解散立法院之權。修憲條文第三條第二項第三款規定，「立法院經全體立法委員三分之一以上連署，對行政院院長提出不信任案」。不信任案「如經全體立法委員二分之一以上贊成，行政院院長應於十日內辭職，並得同時呈請總統解散立法院」。此與一般議會內閣制國家的規定相仿。但是，不信任案的提出卻有一定的時間設限，亦即，「不信任案提出七十二小時後，應於四十八小時內以記名投票表決之。」，此一特殊之規定，是襲自法國第五共和憲法第四十九條，該條規定：

「國民議會得依不信任案之表決以決定政府之去留，此項不信任案須經國民議會至少十分之一議員之連署，始得提出。動議提出四十八小時之後，始得舉行表決。」

但是，此一時間之設限卻容易造成混淆。所謂「不信任案提出七十二小時後」，究竟是以不信任案送

---

❹在美國，聯邦總統的覆議門檻是國會兩院議員的三分之二。在各州中，有六州規定，州長提出之覆議門檻是州議員的二分之一。

交立法院秘書處時起算，還是送達立法院院會時起算，並不明晰。至於此七十二小時（三天），是否包括假日（或連續假日）在內，亦不明確。若不包括在內，則將可能發生正常休假日卻必須加開院會，處理不信任案的特例，實有違正常作息之常規，並不妥適。

另外，在不信任案提出七十二小時後，「應於四十八小時內以記名投票表決」之規定，實無異變相鼓勵立法委員阻礙議事程序（filibuster），藉以拖延表決，以保護行政院院長免於倒閣之威脅。這實非一正當之憲政運作方式，不足爲訓。

更重要的是，本款最後規定「不信任案如未獲通過，一年內不得對同一行政院院長再提不信任案」，這亦非一般議會制國家實施民主制衡之常態。試想：如果立法院與行政院之間處於焦灼、對立之狀態，則解散立法院，重新訴諸最新之民意，並進行國會改選，原係解決僵局之良方。但若因議事程序拖延導致不信任案未通過，結果卻要讓立法、行政兩院的惡性對立持續達一年之久，才能再度提出不信任案，則此種勉強而僵化之規定，實係政局紛亂動盪之源，絕難收穩定憲政秩序之效。

由此可知，此次修憲中有關倒閣權（即不信任案）與解散國會（立法院）權之設計，均已出現嚴重瑕疵，亟應再次修正，方可解決憲政僵局。

3.第三項有關「國家機關之職權、設立程序及總員額，得以法律爲準則性之規定」。訂定此項之目的，係針對中央法規標準法第五條規定：「左列事項應以法律定之：一、憲法或法律有明文規定，應以法律定之者。二、關於人民之權利、義務者。三、關於國家各機關之組織者。四、其他重要事項應以法律定之者。」

基於此一條文之規範，國家機關組織必須以法律定之，政府深感立法院立法效率不彰，且政府組織之職權、設立程序及員額，又常受立法院制衡機制之羈絆，而中央法規標準法之修法又曠日廢時，且不易修正通過。因此，政府乃採取釜底抽薪之計，乾脆從修憲著手，透過執政黨與反對黨民主進步黨之合作，在國民大會以居於多數之優勢，訂定此項修憲條文。據此並提出《中央政府機關組織基準法》及《中央政府機關總員額法》兩項草案，讓政府機關組織及員額保持高度彈性。根據此二法之草案規定，今後各部會之三級機關❺，如經濟部之國際貿易局、工業局等之組織、員額等，均不必再以法律定之，並將以行政命令取代，不再須經過立法院之嚴格立法程序，以保持政府之高度彈性及自主性。但是，相對的，此亦凸顯政府本身便宜行事之權變心態，並不足取。

4.第四項係前述第三項之補充，進一步賦與各機關更大之自主權，並得基於政策或業務之需要，自行調整組織、編制及員額，不受立法院之監督及約制。

前述第三、第四兩項之規定，充分反映了在現階段修憲中行政權擴張、立法權式微的基本意圖，以及行政、立法兩權之間逐漸失衡的大趨勢。此種修憲心態，乃是將憲法本身視為一種政治權謀的便宜工具，

❺依照中央政府機關組織基準法草案之規定，五院、總統府、國家安全會議等為「一級機關」；部、委員會、總署為「二級機關」；局、處、署、委員會為「三級機關」。

卻不是民主憲政主義所強調的，應將憲法視爲「社會的總構成」，是「國家的根本大法」，亦即「民主政治的穩定基石」。基於此，第四階段之修憲，實係自由民主與憲政主義基本精神之逆反，亦可視爲民主憲政秩序之逆退。修憲起草者❻，甘爲政治權謀之馬前卒，並將憲法降格爲政府奪權之工具，置制衡原則與民主規範於不顧。實難辭其咎，亦難免歷史最後之審判。

第四條 （立法委員之人數及分配）

立法院立法委員自第四屆起二百二十五人，依左列規定選出之，不受憲法第六十四條之限制：

一、自由地區直轄市、縣市一百六十八人。每縣市至少一人。

二、自由地區平地原住民及山地原住民各四人。

三、僑居國外國民八人。

四、全國不分區四十一人。

前項第三款、第四款名額，採政黨比例方式選出之。第一款每直轄市、縣市選出之名額及第三款、

---

❻第四階段修憲的主導者，係李登輝總統，連戰副總統，及民主進步黨主席許信良。主要起草者及幕僚群，包括：蕭萬長、吳伯雄、饒穎奇、蔡政文、黃主文、謝瑞智、田弘茂、彭錦鵬、朱新民等人。民主進步黨方面，主要配合修憲的人士，包括李文忠、張俊宏、張川田等。

第四款各政黨當選之名額，在五人以上十人以下者，應有婦女當選名額一人，超過十人者，每滿十人應增婦女當選名額一人。

立法院經總統解散後，在新選出之立法委員就職前，視同休會。

總統於立法院解散後發布緊急命令，立法院應於三日內自行集會，並於開議七日內追認之。但於新任立法委員選舉投票日後發布者，應由新任立法委員於就職後追認之。如立法院不同意時，該緊急命令立即失效。

立法院對於總統、副總統犯內亂或外患罪之彈劾案，須經全體立法委員二分之一以上之提議，全體立法委員三分之二以上之決議，向國民大會提出，不適用憲法第九十條、第一百條及增修條文第七條第一項有關規定。

立法委員除現行犯外，在會期中，非經立法院許可，不得逮捕或拘禁。憲法第七十四條之規定，停止適用。

本條文包括下列各項：

⑴立法委員員額及組成之相關規定。

⑵有關政黨比例及婦女名額之規定。

⑶立法院經總統解散後視同休會。

(4)總統緊急命令之相關規定。

(5)立法院對總統、副總統彈劾權之規定。

(6)立法委員不受逮捕或拘禁之特權。

1.由於第四階段修憲的主要目的之一，是使臺灣省「省虛級化」，並取消省長民選及省議會選舉。同時為了解決省議會停止選舉後省議員的政治出路問題，乃決定將立法委員員額從第三屆的一百六十四人，擴增為第四屆的二百廿五人。究實而論，立法委員之員額實已過多，若再增添六十餘位立委，無論立法效率、委員會組織、編制及員額，乃至立法院整體之軟、硬體設施，均將面臨嚴重之挑戰。但是，由於擴增員額乃係執政黨之政治性決定，受困於現實政治之壓力，在本條文中不得不作出相應之規定。

與第三階段修憲條文相比較，直轄市及縣市之立法委員擴增為一百六十八人，每縣市至少一人。平地原住民及山地原住民各由三人增為四人。僑居國外國民由六人增為八人。全國不分區則由三十人增為四十一人。後三者合計共增加十五人。區域立法委員則增加四十六人，合計共增加六十一人。

2.此項規定，僑居國外國民及全國不分區均採政黨比例方式選出。另規定婦女保障名額，在五人以上十人以下者，應有婦女當選名額一人；超過十人者，每滿十人應增婦女當選名額一人。

區域選出之立法委員，其婦女保障名額之規定，同前。

3.為配合修憲條文第三條第二項第三款有關總統解散立法院之規定，在本項中進一步規定，立法院經總統解散後，在新選出之立法委員就職前，視同休會。

4.在增修條文第二條第三項中，規定總統發布緊急命令後十日內應提交立法院追認，如立法院不同意時，該緊急命令立即失效。在本項中則特別針對立法院解散後之相關規範作一規定：「總統於立法院解散後發布緊急命令，立法院應於三日內自行集會，並於開議七日內追認之」，以符合原先「十日內」之規定。

至於新選出之立法委員就職前所發布之緊急命令，則因前述之第二項業已規定，視同休會，只有在新任立法委員就職後再行追認。如立法院不同意時，該緊急命令立即失效。

5.在本次修憲中，對總統、副總統之彈劾權自監察院移至立法院，但僅限於內亂或外患罪。憲法第九十條、第一百條及增修條文第七條第一項有關規定，均停止適用。換言之，監察院對總統、副總統之彈劾權，業已取消。立法院對於總統、副總統犯內亂或外患罪行使彈劾權，嚴格說來，與憲法第五十二條之規定，實有扞格之處，第五十二條的規定是：

「總統除犯內亂或外患罪外，非經罷免或解職，不受刑事上之追究。」

換言之，總統犯內亂或外患罪，應受刑事上之追究，此本屬司法權之範疇。現在修憲卻將立法院對總統之彈劾權，局限於內亂或外患罪，這實係將彈劾權的行使範圍作極度之減縮，將「彈劾權」與「司法權」之範圍等同於一，實係對彈劾權的嚴苛設限。果如是，彈劾權已無單獨設置之意義了。

6.立法委員不受逮捕或拘禁之特權，原係以立法委員的整個任期為時間範圍，基於此，憲法第七十四條規定：「立法委員，除現行犯外，非經立法院許可，不得逮捕或拘禁。」

但是，由於部分涉及司法案件的立委，藉此一條文之保護而拒絕出庭接受審理，亦因不受逮捕之特權而使法院無法令其拘提到案。因此，國民大會乃將立法委員不受逮捕與拘禁之特權，從「任期」縮減爲「會期」，亦即在每一會期之間，仍可對其逮捕或拘禁。如此一來，涉案的立法委員在每一會期之間的休會期，就難免於囹圄之災了。

第五條（司法院院長、副院長、大法官之提名、任命、任期、憲法法庭之組成、違憲之定義及概算之不得删減）

司法院設大法官十五人，並以其中一人為院長、一人為副院長，由總統提名，經國民大會同意任命之，自中華民國九十二年起實施，不適用憲法第七十九條之有關規定。

司法院大法官任期八年，不分屆次，個別計算，並不得連任。但並為院長、副院長之大法官，不受任期之保障。

中華民國九十二年總統提名之大法官，其中八位大法官，含院長、副院長，任期四年，其餘大法官任期為八年，不適用前項任期之規定。

司法院大法官，除依憲法第七十八條之規定外，並組成憲法法庭審理政黨違憲之解散事項。

政黨之目的或其行為，危害中華民國之存在或自由民主之憲政秩序者為違憲。

司法院所提出之年度司法概算，行政院不得刪減，但得加註意見，編入中央政府總預算案，送立法院審議。

本條文分爲六項：

(1)司法院院長、副院長及大法官之組成。

(2)司法院大法官之任期。

(3)民國九十二年提名之大法官，有關任期之特別規定。

(4)憲法法庭之相關規定。

(5)政黨違憲之規定。

(6)有關司法概算之規定。

1. 憲法第七十九條規定：「司法院設大法官若干人」。司法院組織法第三條規定：「司法院設大法官會議，以大法官十七人組織之，行使解釋憲法並統一解釋法律命令之職權。」第五條規定：「大法官之任期，每屆爲九年。」上述之各項規定，在本次修憲中均已作了大幅度的改變。首先；大法官人數自十七人改爲十五人，而且「以其中一人爲院長、一人爲副院長，由總統提名，經國民大會同意任命之」，換言之，院長、副院長均係大法官，此係過去所無之規定。由於目前大法官的任期至民國九十二年終止，因此特規定，本項「自中華民國九十二年起實施」。

2.3.司法院大法官之任期原先定爲九年，本次修憲將其減爲八年，而且「不分屆次，個別計算，並不得連任」。作此一規定的目的，是因本條第三項規定，大法官應由總統每四年任命其中之八位，至於另外七位則係舊任，藉以維續其經驗傳承，避免每次任命大法官時出現新人經驗不足、青黃不接的困境。基於此，在第三項中進一步規定，「中華民國九十二年總統提名之大法官，其中八位大法官，含院長、副院長，任期四年，其餘大法官任期爲八年。」換言之，院長、副院長及其餘六位法官任期均爲四年。由於院長、副院長不受任期保障，總統將可主動更換司法院的首長、副首長，此實係本次修憲另一項特異之處。❶

4.依據憲法第七十八條規定，「司法院解釋憲法，並有統一解釋法律及命令之職」。在本項中，則另增列司法院大法官「組成憲法法庭審理政黨違憲之解散事項。」根據此一規定，民國八十二年二月總統公布司法院大法官審理案件法，第三章即規範「政黨違憲解散案件之審理」。其中重要規定如次：

第十九條：「政黨之目的或其行爲，危害中華民國之存在或自由民主之憲政秩序者，主管機關得聲請司法院憲法法庭解散之。」

第二十條：「憲法法庭審理案件，以參與審理之資深大法官充審判長，資同以年長者充之。」

---

❶以美國爲例，最高法院大法官共九人，均爲終身職，最高法院院長（具大法官身分）係由總統任命，但總統卻不可令其去職。但在我國第四次修憲後，司法院大法官受任期之保障，同具大法官身分的司法院院長、副院長卻無此一保障，總統得隨時令其去職，這實係不合理之設計，也賦與了總統過大的任命權、干預最高司法機關之運作，對司法獨立有不良之影響。

第二十一條：「憲法法庭應本於言詞辯論而爲裁判。但駁回聲請而認無言詞辯論之必要者，不在此限。」

第二十四條：「憲法法庭行言詞辯論，須有大法官現有總額四分之三以上出席，始得爲之。未參與辯論之大法官不得參與評議判決。」

第二十五條：「憲法法庭對於政黨違憲解散案件判決之評議，應經參與言詞辯論大法官三分之二之同意決定之。評論未獲前項人數同意時，應爲不予解散之判決」。

由上述之法律規定可知，憲法法庭設立之主旨係審理政黨違憲之解散事項，因此「憲法法庭」並非「大法官會議」的代稱，兩者之專責亦不相同。而憲法法庭應本於「言詞辯論」而爲裁判，「未參與辯論之大法官不得參與評議判決」，均凸顯了憲法法庭對於政黨違憲案件之裁定，程序十分愼重。若未能得到參與辯論大法官三分之二的同意，即不得解散該政黨，這顯示憲法法庭對於違憲爭議的審理態度，是相當審愼的。

5.本項規定「政黨之目的或其行爲，危害中華民國之存在或自由民主之憲政秩序者爲違憲」。其主要參考之憲政範例，爲德國基本法第二十一條第二項：「政黨依其目的及其黨員之行爲，意圖損害或廢除自由、民主之基本秩序，或意圖危害德意志聯邦共和國之存在者，爲違憲。其有無違憲問題由聯邦憲法法院決定之。」另外，也根據德國基本法之規範，將有無違憲交由憲法法庭裁決之。就此而言，本項可說是一項重要的「憲政移植」規範。

6.爲了保障司法獨立，改善司法人員待遇，本次修憲特別增訂本項規定，今後行政院不得刪減司法院所提之年度司法概算，但得加註意見，編入中央政府總預算案，送立法院審議。依照憲法第五十九條之規定，「行政院於會計年度開始三個月前，應將下年度預算案提出於立法院」。憲法第五十八條亦規定：「行政院院長、各部會首長，須將應行提出於立法院之……預算案……提出於行政院會議議決之」。由於本次修憲新增了本項之規定，無異將憲法原規定行政院之職權作了若干限制，以凸顯重視司法預算的精神。

在實際實施經驗上，在民國八十八年度中央政府總預算中，司法院及其所屬各機關預算，在歲出方面，共計爲一百廿九億五千餘萬元，約占中央政府總預算案的百分之一，較八十七年度法定預算增加三十五億二千餘萬元，增加幅度約爲百分之三十七點四。但是，其中包括增列司法法務官預算一億一千餘萬元，卻引起甚大爭議，因爲法務官法草案尚未完成立法，但卻由司法院爲其預先編列預算，實有違法之嫌。另外，各級法院增購車輛過多（共一億六千餘萬元），也引人詬病。不過，基於尊重司法之精神，立法院仍然對司法預算獨立編列，表達了基本敬重與肯定的態度。

第六條　（考試院之職權、院長、副院長、考試委員之提名及同意權之行使等）

考試院為國家最高考試機關，掌理左列事項，不適用憲法第八十三條之規定：

一、考試。

二、公務人員之銓敘、保障、撫卹、退休。

三、公務人員任免、考績、級俸、陞遷、褒獎之法制事項。

考試院設院長、副院長各一人，考試委員若干人，由總統提名，經國民大會同意任命之，不適用憲法第八十四條之規定。

憲法第八十五條有關按省區分別規定名額，分區舉行考試之規定，停止適用。

本條分為三項內容：

(1)有關考試院職掌之規範。

(2)考試院高層人事同意權之行使。

(3)分區考試規定之停用。

1.本條文在此次修憲中並無改變。依據憲法第八十三條之規定，考試院「掌理考試、任用、銓敍、考績、級俸、陞遷、保障、褒獎、撫卹、退休、養老等事項」。但是由於「動員戡亂臨時條款」第五條規定，「總統為適應動員戡亂需要，得調整中央政府之行政機構、人事機構及其組織」，並據以設置行政院人事行政局。在動員戡亂時期結束後，人事行政局依然獲得「合憲」之地位，因之，考試院之職掌必須予以調整，以免發生扞格。其中最重要的調整方向，是考試院僅掌理公務人員之任免、考績、級俸、陞遷、褒獎等之「法制事項」，而人事行政局則負責執行。因此透過本項之修正，考試院與行政院人事行政局之間事權分工，得以釐清。

2.考試院院長、副院長及考試委員，過去依憲法第八十四條之規定，係由總統提名，經監察院同意任命之，現因監察院不再掌有同意權，因此同意權改交由國民大會行使。

至於考試委員之名額，則仍依照憲法之原先規定，未予定額之規範。但在考試院組織法第三條中，則明定「考試委員名額定爲十九人」。在本次修憲中，並未將名額增訂於條文之中，仍維持「考試委員若干人」之規定。

3.憲法第八十五條規定：「公務人員之選拔，應實行公開競爭之考試制度，並應按省區分別規定名額，分區舉行考試，非經考試及格，不得任用」。其中「按省區分別規定名額」的規定，原係保障各省人士擔任公職之權益，但在臺澎金馬地區實施時顯有「過度保障少數」的不公平情況出現，因此近年來已不再對大陸特定省籍人士採取保障名額措施。本項則進一步將其載入憲法修正條文，使其具備合憲之基礎。

第七條　**（監察院之職權、院長、副院長、監察委員之產生及彈劾權之行使）**

監察院為國家最高監察機關，行使彈劾、糾舉及審計權，不適用憲法第九十條及第九十四條有關同意權之規定。

監察院設監察委員二十九人，並以其中一人為院長、一人為副院長，任期六年，由總統提名，經國民大會同意任命之。憲法第九十一條至第九十三條之規定停止適用。

監察院對於中央、地方公務人員及司法院、考試院人員之彈劾案，須經監察委員二人以上之提議，九人以上之審查及決定，始得提出，不受憲法第九十八條之限制。

監察院對於監察院人員失職或違法之彈劾，適用憲法第九十五條、第九十七條第二項及前項之規定。

監察委員須超出黨派以外，依據法律獨立行使職權。

憲法第一百零一條及第一百零二條之規定，停止適用。

本條文共分六項：

(1)監察院職掌之調整。
(2)監察委員名額、任期及對監察委員同意權之行使。
(3)彈劾權行使之要件。
(4)對監察院人員彈劾之規定。
(5)監察委員獨立職權行使之規定。
(6)憲法相關條文停止適用之規定。

1.修憲後監察院不再是民意機關（國會），同意權取消，改由國民大會行使，參見修憲條文第一條第三項第六款相關之說明分析。

2.「監察院設監察委員二十九人」，此係第二階段修憲時憲法修正條文第十五條之規定。當時將監委名額明定於憲法中的主因（不同於「考試委員若干人」之規定），是顧忌當時在任之監委，對監察院體制變革可能產生反彈，不願修正監察院組織法，將監委名額規定在該法之中，進而導致憲改任務發生變數。基於此，在五院之中，過去只有監察院這一院是將監委總額明定在憲法增修條文之中。但在本次修憲後，司法院大法官名額也已在增修條文中明定為十五人。其他如行政院政務委員和考試院考試委員，則仍規定為「若干人」，再由相關組織法作定額之規範。至於立法委員及監察委員人數總額之規定，平情而論，實不應明文列入憲法條文之中。由於此一明文規定，一方面將因此使憲法失去彈性，可能會因情勢變遷而一修再修監委之總額規定。另一方面，如果監委發生缺額情況，則因「違憲」之顧忌，又必須另開國民大會，行使同意權，以補足監委名額。由此觀之，未來修憲時，允宜將此項中有關監委名額之規定回復改為「若干人」，然後在「監察院組織法」中，再明定監委名額。以後若要修正監委名額，只要修訂監察院組織法即可。這才是合乎憲政常態之合理規範。

除了監委名額的規定外，監委任期定為一任六年，得連任。此一規定，曾引起學界與輿論界之不同反應。一般認為，在修憲之後，監察委員不再具備「國會議員」之身分，非由民選產生，而且應經總統提名，國民大會同意產生。而監委職司風憲、糾彈百官，必須超出黨派之外。因此，監察委員應心無旁騖，不受黨派與政治偏見之影響，一往直前，勇於監察之責。基於此，監委的任期必須延長，而且不應連任，以免為連任而心存顧忌，造成瞻前顧後，難以放手去做。至於任期究竟應多長，有的主張比照司法院大法官，任期一屆八年。有的則主張改為十年，甚至延長為十二年。但是監委不得連任，則係共同之主張。

本項中另規定，監委由總統提名，經國民大會同意任命之。不再如憲法第九十一條之規定，由省、市議會間接選舉產生，以杜絕長期以來監委選舉發生賄選之爭擾。但監察院也因監委產生方式之改變，而發生基本性質之變革。

3.憲法第九十八條規定：「監察院對於中央及地方公務人員之彈劾案，須經監察委員一人以上之提議，九人以上之審查及決議，始得提出。」在本項中，則改為「監察委員二人以上之提議」，換言之，彈劾權之行使已愈趨於嚴格。

4.依據憲法第九十七條第二項之規定，「監察院對於中央及地方公務人員，認為有失職或違法情事，得提出糾舉案或彈劾案，如涉及刑事，應移送法院辦理。」第九十九條規定，「監察院對於司法院或考試院人員失職或違法之彈劾，應適用本憲法第九十五條、第九十七條及第九十八條之規定。」在上述兩條文中，獨對監察院人員之彈劾，未做規範。基於此，在修憲時，乃加入本項之規定，將「監察院人員失職或違法之彈劾」，列入憲法修正條文之中，使此一規範趨於完整。

但是本項中之「監察院人員」，究竟何指？是否包括監察委員本身，則不甚清楚。若依司法院大法官會議釋字第十四號之解釋，「在制憲者之意，當以立、監委員為直接或間接之民意代表，均不認其為監察權行使之對象。至立監兩院其他人員與國民大會職員，總統府及其所屬機關職員，自應屬監察權行使範圍。」由此可知，監察委員本身，不應爲監察權行使之對象。但是，在修憲之後，監委不再具民意代表之屬性，因此，上述之解釋文是否仍然適用，仍有待斟酌之處。不過，監察院已基於本項之規定，對涉案判刑確定的監委蔡慶祝，做出彈劾之處分，創下監察院彈劾監委之先例。

5.6.本項規定「監察委員須超出黨派以外，依據法律獨立行使職權」。此係因監委不再由間接民選產生，不代表任何黨派，自應超出黨派以外。但是第六項中亦規定「憲法第一百零一條及第一百零二條之規定，停止適用」，則意味著監委的「言論免責權」及「不受逮捕之特權」，均已取消。上述二權，實係保障國會議員之特權，一旦取消，監委將可能因爲監察權之行使，而面臨當事人「興訟」、「纏訟」等困擾。而監察院之會議，也因不再受「免責權」之保障，必須改爲秘密會議，不得對外公開，使民意及輿論之監督，受到限制。此外，監委也因不再有「不受逮捕之特權」，在對政府重要官員行使監察權時，也會有所顧忌，難以發揮「大無畏」之精神，充分彰顯監察權獨立、無私之特性。基於此，上述二項國會議員特權之取消，實係對監察權行使的一大妨礙。在未來進一步修憲時應予回復，才係正本清源之道。

在本次修憲中，決議將監察委員對總統、副總統之彈劾權取消，並移往立法院，交由立委行使。因此，在本條文中原先有關彈劾總統、副總統之規定，亦一併取消。

第八條 （國代、立委之報酬、待遇之訂定）

國民大會代表及立法委員之報酬或待遇，應以法律定之。除年度通案調整者外，單獨增加報酬或待遇之規定，應自次屆起實施。

本條是參考一九九二年通過的美國憲法第二十七條修正案而訂定，在本次修憲未予更動。該修正案規定：「國會議員們通過的加薪法案，必須等過一次選舉之後的下一屆會期才能生效。」此一修正案早在美國立國之初，即由開國元勳麥迪遜（James Madison）提出，但未通過。一九九二年五月，由於此案得到美國超過四分之三——三十八個州議會的支持，而成爲正式的憲法修正案。此案宗旨是在節制國會議員任意自行加薪，造成民代自肥、浪費公帑的情況。在我國修憲之中倣效訂定之，亦可視爲外國憲政規範移植的另一範例。

第九條（省、縣地方制度之訂定）

省、縣地方制度，應包括左列各款，以法律定之，不受憲法第一百零八條第一項第一款、第一百零九條、第一百十二條至第一百十五條及第一百二十二條之限制：

一　省設省政府，置委員九人，其中一人為主席，均由行政院院長提請總統任命之。

二　省設省諮議會，置省諮議會議員若干人，由行政院院長提請總統任命之。
三　縣設縣議會，縣議會議員由縣民選舉之。
四　屬於縣之立法權，由縣議會行之。
五　縣設縣政府，置縣長一人，由縣民選舉之。
六　中央與省、縣之關係。
七　省承行政院之命，監督縣自治事項。

第十屆臺灣省議會議員及第一屆臺灣省省長之任期至中華民國八十七年十二月二十日止，臺灣省議會議員及臺灣省省長之選舉自第十屆臺灣省議會議員及第一屆臺灣省省長任期之屆滿日起停止辦理。

臺灣省議會議員及臺灣省省長之選舉停止辦理後，臺灣省政府之功能、業務與組織之調整，得以法律為特別之規定。

本條文包括下列各項：

(1)省縣地方制度之調整。
(2)省議員及省長選舉之停止。
(3)省政府功能、業務與組織之調整應以法律規範。

1. 第四階段修憲的主要目的之一，是凍結臺灣省省長及省議員選舉，並將省府組織精簡化，最後達到「省虛級化」之目的。在本條文中，將憲法中第一百零八條、第一百零九條、第一百十二條至第一百十五條，以及第一百二十二條等相關之規範予以凍結，並作出下列規定：

一、「省設省政府，置委員九人，其中一人爲主席，均由行政院院長提請總統任命之。」換言之，省長不再經由民選產生，而重行改回過去由總統任命的省主席制。這意味著過去十年來的民主化趨勢，已有倒退之趨勢。民主化（democratization）係指參政管道與參政機會的擴增。基於此，省長改爲民選，總統改爲直選，均係民主化進展之具體例證，但現在乾脆從修憲手段上根本取消省長民選，本條第二項則進一步規定取消省議員選舉，實係民主參政機會銳減之明證。相對的，總統及行政院院長的人事權卻愈見增長，足見民主化進程確已萎縮倒退。

二、在省議員選舉取消之後，省議會改爲省諮議會，「置省諮議會議員若干人，由行政院院長提請總統任命之。」至於省諮議會的職掌及功能，則須視「省虛級化」的具體步驟及立法措施而定。

三、縣議會之地位不變，議員仍維持由民選產生。

四、屬於縣之立法權，由縣議會行之。

五、縣政府之地位不變，縣長仍維持由民選產生。

六、由於「省虛級化」，中央與省、縣之關係丕變，中央與縣（市）之關係立即拉近，並須直接處理縣（市）的預算及資源分配問題。

七、省承行政院之命，監督縣自治事項。

2.本項規定從民國八十七年十二月二十日，臺灣省省長及臺灣省議會議員之任期截止後，不再舉行省長及省議員選舉，省不再實施自治，省長及省議員就此亦將成爲絕響。

3.在省長、省議員選舉停止辦理後，省政府之功能、業務與組織之調整，其範圍究竟如何，得以法律爲特別之規定。其中尤以「省是否仍係公法人」的爭議，最爲引人注目，尙有待司法院大法官會議之釋憲，才能作一定論。由於本條文規定「省虛級化」，並將省長、省議員選舉停辦，在修憲完成前後，已造成臺灣省省長宋楚瑜與總統李登輝、副總統連戰、行政院院長蕭萬長等人之間持續的鬥爭、紛擾，並引發執政黨內部及朝野政黨之間一連串的政爭。截至民國八十七年五月初爲止，行政院尙未就臺灣省政府調整後之功能、業務與組織，提出任何確定的改造方案，至於省政府員工近五萬六千餘人的未來出路，也因持續的政爭而曖昧不明、懸而未決。此實係修憲造成的嚴重後遺症之一。

第十條（經濟發展、與環保並重、中小企業之扶助、金融機構企業化經營、婦女之保障、全民健保、身心障礙者之保障、原住民之保障）

國家應獎勵科學技術發展及投資，促進產業升級，推動農漁業現代化，重視水資源之開發利用，加強國際經濟合作。

經濟及科學技術發展，應與環境及生態保護兼籌並顧。

國家對於人民興辦之中小型經濟事業，應扶助並保護其生存與發展。

國家對於公營金融機構之管理，應本企業化經營之原則；其管理、人事、預算、決算及審計，得以法律為特別之規定。

國家應推行全民健康保險，並促進現代和傳統醫藥之研究發展。

國家應維護婦女之人格尊嚴，保障婦女之人身安全，消除性別歧視，促進兩性地位之實質平等。

國家對於身心障礙者之保險與就醫、無障礙環境之建構、教育訓練與就業輔導及生活維護與救助，應予保障，並扶助其自立與發展。

教育、科學、文化之經費，尤其國民教育之經費應優先編列，不受憲法第一百六十四條規定之限制。

國家肯定多元文化，並積極維護發展原住民族語言及文化。

國家應依民族意願，保障原住民族之地位及政治參與，並對其教育文化、交通水利、衛生醫療、經濟土地及社會福利事業予以保障扶助並促其發展，其辦法另以法律定之。對於金門、馬祖地區人民亦同。

國家對於僑居國外國民之政治參與，應予保障。

本條文共分下列十一項

(1)獎勵科技發展，促進產業升級。

(2)經濟與科技發展，應兼顧環境及生態保護。

(3)對中小企業之保障。

(4)公營金融機構應本企業化之原則經營管理。

(5)全民健康保險之相關規定。

(6)婦女保障及兩性平權之相關規定。

(7)身心障礙者之權益保障。

(8)教育、科學、文化預算之相關規定。

(9)多元語言文化之保障。

(10)原住民族及金門、馬祖地區人民權益之保障。

(11)僑民參政權之保障。

本條文主要係對憲法第十三章「基本國策」中第三節「國民經濟」、第四節「社會安全」、第五節「教育文化」、第六節「邊疆地區」等相關內容之補充。由於國民大會不願讓增修條文的條文數增加太多，因此乃將各種不同的基本國策內涵合併於同一條文中。其中包含下列各種不同的內涵，特分類做一整體分析。

1.2.3.本條文之前三項係針對國民經濟方面做一補充規定。包括：①獎勵科學技術發展及投資，促進產業升級；②推動農漁業現代化；③重視水資源之開發利用；④加強國際經濟合作；⑤經濟及科學技術發展，應與環境及生態保護兼籌並顧。⑥國家對於人民興辦之中小型經濟事業應扶助並保護其生存與發展。這些規定均係對憲法第十三章第四節之補充，其中有關「中小企業保障」（第三項），則是本次修憲中新增之規定，旨在保障目前處於弱勢的中小企業、促進其生存與發展。

4.爲了改善公營金融機構的經營效率，使其符合企業化之管理原則，特制定本項。爲了使其更具彈性與競爭力，則明定「其管理、人事、預算、決算及審計，得以法律爲特別之規定」，使其不受一般政府法規之束縛。

5.6.7.此三項係針對社會安全及弱勢者人權所作之規範。內容包括：①推行全民健康保險；②促進現代和傳統醫藥之研究發展；③維護婦女之人格尊嚴，保護婦女之人身安全；④消除性別歧視，促進兩性地位之實質平等；⑤對於身心障礙者之保險與就醫、無障礙環境之建構、教育訓練與就業輔導、生活維護與救助，應予保障，並扶助其自立與發展。此係對憲法第十三章第四節之補充。

其中「身心障礙者」一辭，過去均稱之爲「殘障者」，現改用「身心障礙者」，以彰顯較高的敬意。此三項之內容基本上與前一階段修憲時規定者相仿，但在第七項中，增列「無障礙環境之建構」，使身心障礙者在公共環境中能得到較大的行動保障。另外，原先之「生活維護與救濟」一辭，亦改爲「生活維護與救助」，以示敬重。

8.本項是在此次修憲過程中，較引起爭議的一項新規定。增列之目的，是取消對教育、科學、文化預算的最低比例限制。憲法第一百六十四條的規定是：「教育、科學、文化之經費，在中央不得少於其預算總額百分之十五，在省不得少於其預算總額百分之二十五，在市縣不得少於其預算總額百分之三十五，其依法設置之教育文化基金及產業，應予以保障。」

由於憲法中有此一明文規定，歷年來各級政府在編列預算時往往費盡苦心，將許多與教育、科學、文化無關的預算勉強列入此一範疇，以免違憲，但實質上則是「摻水虛編」。現在則索性透過修憲，將憲法第一百六十四條之規定予以凍結，以袪除此一心頭之患。由於本項之規定乃係一種「權謀性」的憲政設計，通過之後曾引起許多教育、文化團體與人士的強烈抨擊，立法委員中亦有多人不表贊同，政府在民意壓力之下，被迫承諾將按照原先憲法之規定，使教育、科學、文化得維持最低比例的預算經費。

9.10.此二項係特別針對原住民及特殊地區民衆之權益而訂定。包括：①肯定多元文化，並積極維護發展原住民族語言及文化❷；②對於自由地區原住民族之地位及政治參與，應予保障；③對於原住民族的教育文化、交通水利、衛生醫療、經濟土地、社會福利事業，應予保障扶助並促進其發展；④對於金門、馬祖地區人民亦如同原住民族，應予保障與扶助。上述四點，均係原憲法中所無之規定，乃針對自由地區的

❷為了保障並發展原住民族的語言與文化，立法院已於民國八十七年五月完成「原住民族教育法」的初審工作，即將完成三讀之立法任務。

特定情況而增列，過去幾次修憲，均沿用舊稱「山地同胞」一辭。本次修憲則接納其族群之要求，改用「原住民族」此一敬重之稱謂。❸

11.在海外僑民方面，憲法第一百五十一條原已就發展僑民經濟，做了規範。本條文中，則進一步明文保障其參政權利及機會。使得僑民參政權，獲得正式的憲法位階之保障，僑民得返國行使投票權（參見增修條文第二條第一項）。

由於本條文所規範者，均係「基本國策」，隨著時空環境之轉變，國民大會代表勢必會不斷反映民意，要求增添新的內容。因之，今後修憲時本條文之內容勢將與時俱新，不斷調整。但究實而論，「基本國策」畢竟不同時一般之「公共政策」，而憲法係國家根本大法，亦不同於一般的法律；因之，本條文之規定，實不應過於瑣細，或受時空環境之影響而變動過速，否則，憲法之安定性頓失，而「基本國策」之規定也僅止於宣示性之意義，實非所宜。

第十一條（兩岸人民關係法之訂定）

❸原住民（aboriginal people），亦即原著居民，如加拿大的愛斯基摩人、美國的印地安人、紐西蘭的毛利人，意指在外來之主體民族遷入前即居於該地的土著民族。臺灣地區的原住民，係指在漢人大量移居前，即已居住數千年至數百年不等的土著民族。包括平埔、泰雅、賽夏、布農、曹、魯凱、排灣、卑南、阿美、雅美、泰魯閣等族，其中平埔族已漢化。原住民各族總人口約三十六萬人，其中以雅美族人口最多。

自由地區與大陸地區間人民權利義務關係及其他事務之處理，得以法律為特別之規定。

本條條文係承襲自第一階段修憲之憲法增修條文第十條。據此並制訂「臺灣地區與大陸地區人民關係條例」，藉以區別自由地區與大陸地區人民之分際。所謂「大陸地區」，係「包括中共控制地區及外蒙地區」，「大陸地區人民」，則是「在大陸地區設有戶籍或臺灣地區人民前往大陸地區居住逾四年之人民」。訂定此一條文之目的，在規範臺灣地區與大陸地區人民的不同法律地位，並保障臺澎金馬自由地區之人民基本權益。

第五節　民權主義的比較研究

民權主義的比較研究，包括下列三個項目：一、民權主義與民主主義的比較，二、對極權主義的批判，三、民權主義的優越性與可行性。

壹、民權主義與民主主義的比較

本段先說明民權主義與民主主義相同點，後說明民權主義與民主主義的不同點。

(一) 民權主義與民主主義之同點——計分下列六項：

㈠重視民權，反對君權：民權主義與民主主義對於民權之來源，雖有看法上的不同，但重視民權(主權在民)，反對君權，則並無不同。即就君主立憲之國家論，亦屬於虛君制。

㈡重視公意，反對獨裁：民主主義有一個要素，爲公意政治；反過來說，個人獨裁，即違反公意，即爲民主主義所反對。民權主義以「天下爲公」爲理想，當然亦重視公意，反對個人獨裁。

㈢會議政治與議會政治：民主主義以國會爲基礎，重要事件以會議通過爲合法；民權主義以國民大會爲基礎，重要事件亦以會議通過爲合法。

㈣分權政治與立憲政治：民主主義實行三權憲法，以三權分立爲原則；民權主義實行五權憲法，以五權分立爲原則。就其同點言，同是分權政治與立憲政治。

㈤法治主義與自由主義：民主主義第二個要素爲法治，故採取法治主義；又民主與自由幾不可分，故民主主義者必然重視自由主義。民權主義本乎法（蔣總統語），當然是重視法治；又民權主義對於自由的看法與民主主義雖稍有不同，但重視自由，則與民主主義相同。

㈥責任政治與政黨政治：民主主義有三個要素：一爲公意政治，二爲法治政治，三爲責任政治。就三權憲法論，行政機關應對立法機關負責；民權主義亦爲責任政治。就五權憲法論，五院應對國民大會負責；就現行憲法論，行政院應對立法院負責。

民主主義藉政黨以推行，無論爲兩黨制、多黨制，必藉競選以選舉總統，以組織國會，以產生內閣。民權主義亦藉政黨以推行，就現行憲法論亦必須經過競選手續以選舉總統，以組織國民大會，以產生立法院、監察院。

（二）民權主義與民主主義之不同點——計分下列七項：

㈠天賦人權與革命民權之不同：民主主義之權利來源爲盧梭的天賦人權說（或稱自然權利說）；民權主義之權利來源，爲 國父的革命民權說（或稱社會權利說）。

㈡間接民權與直接民權之不同：民主主義採用間接民權，即代議政治；民權主義採取直接民權，即全民政治。

㈢三權分立與五權分立之不同：民主主義無論在美國、法國、英國均採取孟德斯鳩之三權分立說，實行三權憲法；民權主義則採取　國父所發明之五權分立說，實行五權憲法。

㈣權能不分（或稱權能混合）與權能區分之不同：民主主義未能將政權與治權加以畫分；民權主義採用權能區分學說，使人民有權，政府有能。

㈤少爲政府與萬能政府：最初民主主義學者反對政府干涉人民行爲，以愈少做事（少爲）的政府爲愈好的政府；民權主義則主張敎養兼施，管衞（保）並行，要造專家政治與萬能政府。

㈥政治平等與民族平等：三民主義有連環性，故民權主義既主張政治平等，亦主張民族平等；民主主義祇講政治平等，不講民族平等，如英國對外不講民族平等，卽對英倫三島亦有民族紛爭；如美國對於黑人，近年來法律上雖已講平等，事實上仍多岐視。

㈦政治平等與經濟平等：民權主義之實施，同時顧到民生主義，故既重視政治平等（亦可稱政治民主），亦重視經濟平等（亦可稱經濟民主）；民主主義國家，多數祇重視政治平等，未重視經濟平等，故仍有資本主義之剝削，仍有貧富懸殊之現象存在。

貳、對極權主義的批判

本段先說明極權主義與民權主義不同，其次討論極權主義的錯誤。

(一) 極權主義與民權主義的不同——民權主義與民主主義的不同，是在於主張與方法，至於本質或原則倒是一致的，民權主義與極權主義則是本質、原則、內容、方法完全不同，背道而馳，不能並存。現在分項敍述如下：

㈠極權主義的最大特徵是獨裁政治：這種獨裁政治表現的方式卽是一黨專政。如共產黨之於俄國或鐵幕內其他國家，法西斯黨之於意大利，納粹黨之於德國，不僅獨占統治權力，且根本不允許其他政黨的存在，民權主義則主張民主政治，民主政治的表現方式則為政黨政治。

㈡極權主義是違反公意的政治：獨裁專政的政黨，由於領袖集權的領導原則，又變成了全國政治由個人獨裁，不尊重公意；而民權主義的民主政治實行的方式為政黨政治，當然尊重公意。

㈢極權主義是反法治的政治：因為既為一黨專政與個人獨裁，則統治者的意向就是國家的意向，而不問國家法律為何，這一種政治就成為反法治的政治，民權主義的政治則是法治政治的，國家意向根據法律來決定，國家機關的組織與權限的行使，皆規定於法律之內。

㈣極權主義不是責任政治：國家一切措施可隨統治者的好惡隨心任意更定，人民權利自然缺少保障，政府亦不必向人民負責，所以極權主義的政治又是非責任政治的；民權主義則是責任政治，政府不僅向人民選出的議會負責，更要向全體人民直接負責。

㈤極權主義是違反自由平等的政治：極權主義對內重視黨魁獨裁，蔑視人民自由；强分階級，使人民不能獲得平等；民權主義則是自由和平等的主義。（國父語）

綜上所述，可見極權主義與民權主義的原則與方法均完全相反，互不相容，所以要實現民權主義，便必須消滅極權主義。

(二) 極權主義的錯誤——計有違反世界潮流，政治基礎薄弱等。

㈠違反世界潮流：國父在民權主義演講中，曾將權的演進分成洪荒時代、神權時代、君權時代、民權時代四個階段，指出今日世界潮流已進化到民權的時代。在民權逐步形成的過程中，雖然先後在美國、法國與德國遭遇到了障礙，但是民權終必發達。國父說：「民權的風潮，在歐美雖然遇了障礙，得到君權的反抗，還是不能消滅，遇到了民權自身的障礙，也是自然發達不能阻止，那是什麼原故呢？因爲大勢所趨、潮流所至，沒有方法可以阻止。」（民權主義第四講）英國確立民主政治在一六八八年光榮革命之後，美國建立合衆國體在一七八八年憲法的批准成效與一七八九年華盛頓的就任第一任大總統。法國共和之確立在一八七〇年第三共和的產生。我們可以說，在十九世紀末，世界民權的潮流已經確立。而近代極權主義的建立是：共產主義係一九一七年起實行於蘇俄，法西斯主義係一九二二年起實行於意大利，納粹主義係一九三三年起實行於德國，是在民權已成世界潮流，民主已被世人普遍接受之後，所以是違反世界潮流的一股逆流。隨着潮流的大勢所趨，逆流必不長久。一九四五年法西斯主義與納粹主義的極權政治，隨着第二次世界大戰中意大利與德國的戰敗投降而歸於消滅，更可證明違反世界潮流的逆流，終歸失敗。今天，實行共產極權政治的鐵幕國家，人民紛紛冒死逃亡，投奔自由，亦可見其違反世界潮流，爲人民所背棄的一般情況了。

㈡政治基礎薄弱：政治是衆人之事的管理，不論此一管理的力量是歸之於國民全體抑或屬於個人獨裁，而推動衆人之事的管理的政府，必須得到人民的服從、合作和擁護。所謂「民爲邦本，本固邦寧」。在民主政治制度之下，由於代議政治的結果，政府有時顯得軟弱無能，不足以應付所面臨的國際政治危機或國內經濟恐慌，使得極權主義能伺機號召，實行獨裁，但時日一久，由於極權主義的獨裁政治特質，統治者的意向與人民分歧，獨裁的政府乃得不到人民的衷誠支持與合作，在其政府統治或控制力量强大之時，人民受其壓迫，不敢亦無力反抗，祇有加以順從與忍受，但是一旦此獨裁統治的力量或因統治者的敗亡產生內部奪權鬪爭，或因對外戰爭的失敗導致極權政府的解體，都將迅速歸於崩潰，墨索尼里的被殺與希特勒的自焚，與意、德兩國政府的解體，可爲例證。

㈢違反進化原理：國父指出，人類進化是由獸性進化到人性，更由人性進化到神性。（詳國民要以人格救國講詞）。極權主義者專用清算、鬪爭、暴虐無道的壓力和屠殺，去對付老百姓，是專用禽獸的方法去治人，違反了人類進化的原理，是開倒車，焉能長治久存。

㈣內鬨必敗：孟子說：「天時不如地利，地利不如人和。」孔子說：「禮之用，和爲貴。」國父提倡「精誠團結」，蔣總統提倡「致中和」。查查以往歷史，凡內鬨者無不敗。牛（僧孺）李（李吉甫）兩黨鬥爭，引起唐室不安。（註一）李斯、趙高爭權，促使秦朝速亡。洪秀全、楊秀清爭皇帝，導致太平天國之滅。蘇俄自列寧死後，引起一連串的內鬨，史達林鬪倒托洛斯基，黑魯雪夫對史達林鞭屍，柯錫金等又鬪垮黑魯雪夫。共匪方面，瞿秋白鬪垮陳獨秀，李立三鬪垮瞿秋白，毛澤東先鬪李立三，後鬪高崗、彭德懷、劉少奇，以至其親密戰友林彪；將來還會繼續鬪下去，「最後非鬪到只留共黨頭子一人孤獨存在不可的境地。」獨夫能孤立存在嗎？能不走上滅亡之路嗎？

㈤暴政必歸滅亡：桀、紂實施暴政，爲湯武所滅。秦始皇暴虐無道，統一中國不久，陳勝、吳廣之徒，「率罷散之卒，將數百之衆，轉而攻秦，斬木爲兵，揭竿爲旗，天下雲集而響應，……山東豪傑遂並起而亡秦族矣。」（見賈誼過秦論）這是暴政必亡之一例。路易十四以「朕卽國家」，暴政橫行，亦遭到殺身之禍。墨索里尼、希特勒實行極權統治，身敗名裂。「得民者昌，失民者亡」，現存的極權主義豈能久久於世界！

註一　唐穆宗、敬宗、文宗、武宗之世，朝臣牛僧孺、李吉甫、德裕父子，各結黨羽，互相傾軋，號牛李兩黨。

叁、民權主義的優越性與可行性

（一）民權主義的優越性——國父民權主義的提出，乃是爲順應世界的潮流與針對中國的需要。就

順應世界潮流論，今天是民權的時代，不論其在發展的過程中曾遭遇到何種障礙，都必然繼續前進不已，證諸史實，屢見不爽。所以中國清末革命，要求廢棄君主專制，建立民主共和，締造了亞洲第一個民主共和國，今天反共戰爭，也是在反極權、反獨裁、反暴政，我們堅持民主的立場，正是順應近代歷史的潮流；就針對中國需要而論，我們革命實行民權，在過去是要縮短國內戰爭，消滅國人爭皇帝的心理，在今天是要消滅共產專政的暴虐，重建自由、平等的國家。

民權主義的產生，固然是「規撫歐洲學說事蹟」「參酌中國國情，擷取歐美政治制度的精華」，但就民權主義內容主張來看，則民權主義又補救了西方民主政治的缺點，例如以直接民權補救代議政治的缺點，以革命民權矯正了天賦人權的錯誤，以五權分立彌補了三權分立的不完備，以權能區分解決了權能不分的困擾，民權主義有其獨具的創新內容，以補救了民主主義的缺陷。

由於民主主義的若干缺陷，使民主政治出現逆流，而有極權主義與獨裁政治的興起，歐美人民徘徊於人民自由、政府無能，與政府集權、奴役人民的兩個極端之間，莫知所措，民權主義則提出了根本解決之道，使人民有權，政府有能，一則保障人民有眞正合理的自由，一則使政府爲有能爲人民造福，而與極權的政府絕緣，所以實行民權主義才是革除一般民主政治的缺點，杜絕極權主義的滋生。所以民權主義較之民主主義與極權主義，皆有其優越性。

(二) 民權主義的可行性——民權主義不尙空論，而有其可行性。此處自中國固有民權思想，固有地方自治習慣，及其中庸主義（執兩用中）言之。

(一)自中國固有民權思想言：　國父在民權主義中引用孟子書中的「民爲貴」說，「天視自我民視」說（孟子引書經語），及堯舜禪讓名爲君主實爲民主，禮運篇的天下爲公說，以證明中國原有民權思想，卽中國人民對民權思想並不生疏，亦非格格不入，故中國可以行民權主義。

㈡自固有地方自治習慣言：遠在一九〇五年，同盟會創辦「民報」，鼓吹政治革命與實行民主共和之際，保皇黨梁啓超等所主辦之「新民報」，便大做其文章，反對實行民主共和。他們認爲中國人民缺少民主經驗，不知民主爲何物，實在無法實行民主共和，只可實行君主立憲。對於梁啓超反對在中國實行民主共和的言論，國父與民報各主編曾爲文反駁，認爲中國人民一向有自治能力，如自行斷訟（自處訴訟），自辦社倉，自設學校等，那裡不能實行民主共和呢？這是說我們有地方自治的習慣，可以實行民權主義。

㈢自考試、監察獨立言：五權憲法中　國父所列考試與監察制度，爲吾國政治所固有，自然行之甚易，故自考試院、監察院成立以來，工作成效甚佳，人民亦無不稱便。

㈣自司法獨立言：表面上看來，司法獨立制度，本爲舶來品。但據周文湘先生研究，我國古代司法制度，亦有半獨立或全獨立現象。如虞舜設「九官之職，皐陶作士，正五刑」，有獨立審判之權。孟子認爲如舜之父瞽瞍殺人，舜亦不敢干涉其獨立審判，除放棄帝位「負瞍而逃」之外，別無他法。（詳孟子一書）夏商周三代設有司寇之官，專長司法，尤其周禮中之秋官大司寇，其職權獨立行使，甚爲顯著。（詳周禮）故司法院成立，實行司法獨立，並無窒礙難行之處。

㈤自權能區分與專家政治而言：孔子主張「選賢與能」，孟子主張「賢者在位，能者在職」。管子亦主張賢德政治，墨子主張「尊賢」，反對「貴貴」，卽反對世襲的貴族政治，提倡由下而上選賢與能的賢能政治。至於諸葛亮輔阿斗，國父已引作權能區分的例子。故權能區分學說，在中國容易實行。

㈥自執兩用中（中庸主義）言：大舜執其兩端用其中於民。國父提倡三民主義，採取執兩用中這個合乎中華民族性的原則，在下列各點中更可以看出來：⑴就自由來說，既不採君主專制壓迫人民（剝削人民自由），亦不採放任性的自由，而採有限度的合理自由。⑵就平等說，既反對有階級的不平等，亦反對平頭的假平等，而提倡立脚點平等的眞平等。⑶就行政制度說，既不行中央集權制，亦不行地方分權制，而用均權制。⑷自財經制度說，既主張公營與私營並存，亦主張公有與私有兼顧。以上各項，皆合乎中庸主義，皆合乎民族性，自然易知易行。

此外，國父所倡之訓政時期，以伊、周訓政爲主，有例可循，更易於實施。

本章小結

本章（民權思想）共分五節，較民族思想與民生思想（各四節）爲多。

第一節研究民權問題與民權主義，講到民權問題的發生，歐美民主政治的缺點，極權主義的反動，及民權主義提出。

第二節民權主義的一般理論，講到合理的自由，眞正平等，權能平衡（權能區分），五權憲法，全民政治等。本來講授大綱未列革命民權，本書爲適應讀者需用，特將革命民權與天賦人權列爲本節附錄。

第三節民權主義的政治制度，講到地方政府，中央政府，均權制度，政黨政治。

第四節民權主義的政治建設，講到現代化政治建設目標，民權主義政治建設的成就。

第五節研究民權主義的比較研究，講到民權主義與民主主義的比較，對極權主義的批判，民權主義的優越性與可行性。

第四章　民生思想

本章討論下列各節：⑴民生問題與民生主義，⑵民生主義的一般理論，⑶民生主義的經濟建設，⑷民生主義的比較研究。

第一節　民生問題與民生主義

本節要研究的是：⑴民生問題的由來，⑵資本主義的演變，⑶共產主義的修正，⑷民生主義的提出。

壹、民生問題的由來

要知道民生問題的由來，先要問何謂民生？何謂民生問題？民生問題與社會問題有何異同？

(一) 何謂民生——這裏列述：⑴古人的看法，⑵國父的解釋，⑶林森先生的解釋，⑷蔣總統的解釋。

㈠古人的看法：書經云：「民生在勤，勤則不匱」。這是說人民的生活（或稱做活）要勤勞，能勤勞則不匱乏。所謂「勤則不匱」，就是人民生活可以豐裕。

㈡國父的解釋：國父在民生主義第一講稱：「民生兩個字是中國向來用慣的一個名詞，我們常說甚麼國計民生，不過我們所用這句話，恐怕多是信口而出，不求甚解，未見得涵有幾多意義的。但是今日科學大明，在科學範圍之內，拿這個名詞來用於社會經濟上，就覺得意義無窮了。我今天就拿這個名詞來下個定義，可說民生就是人民的生活、社會的生存、國民的生計、群衆的生命便是。」如果說國計是就國家財經政策而言，民生是就人民生活或生計而言。國父認爲今日講民生「覺得意義無窮」，就是說今日「民生」的範圍已經較古人的看法（卽看作人民的生活）更擴大——擴大到社會的生存和群衆的生命了。

㈢林森先生的解釋：林先生認爲：「1.從個人的立場來看，民生二字的涵義，就是人民的生活。2.從社會的立場來看，民生二字的涵義，就是社會的生存。3.從國家的立場來看，民生二字的涵義，就是國民的生計。4.從全人類的立場來看，民生二字的涵義，就是群衆的生命。」由個人、社會、國家、人類（世界）去解釋民生，內涵較古人所見廣濶。（詳林著民生意義的闡釋）

㈣ 蔣總統的解釋：蔣總統於民國廿三年在南昌重訂新生活運動綱要，解釋「何謂新生活」之文中說：「孫總理曰：『民生就是人民的生活，社會的生存，國民的生計，群衆的生命。』民生雖分四個方面，而生活實爲其他三者之總表現。蓋生存重保障，生計重發展，生命重繁衍，而凡爲達成保障、發展與繁衍之種種行爲，便是生活。換言之：生活卽是人生一切活動之總稱」。蔣總統在他處雖曾將四句話並列（簡稱四者並列）來研究；但這裏是以第一句概括下三句，（簡稱以一概三）。所以後來在「反共抗俄基本論」及「民生主義育樂兩篇補述」中， 蔣總統對於民生的定義，作如下的斷句：「民生就是人民的生活——社會的生存，國民的生計，群衆的生命便是。」（詳註一）

㈡民生問題與社會問題——簡單一點說，民生問題與社會問題是相同的，故 國父常說民生問題就是社會問題；詳細點說，民生問題與社會問題是有區別的，故 國父採用民生主義以代替社會主義，推而言之，也可以說 國父乃以民生問題代社會問題。

究竟民生問題與社會問題有何區別呢？

㈠社會問題的範圍：普通認爲社會問題包括婚姻問題，人口問題，勞動問題，失業問題，婦女問題，農村問題，貧窮問題，災荒問題，養老育幼問題，救濟問題等。內中那些問題重要？因時因地而有所不同。現代則重視失業問題與勞工問題。國父認爲因有社會問題，故產生了社會主義；也可說爲了要解決社會問題，故產生了社會主義。

㈡民生問題的範圍：著者認爲民生問題，有廣狹二義：狹義民生問題，包括食衣住行育樂等問題，這可視爲人民生活問題，亦可包括勞工問題與失業問題；廣義的民生問題，包括人民生活問題，社會生存問題，國民生計問題，群衆生命問題。這裏的範圍便大於社會問題了。

（三）民生問題的由來——這裏所謂民生問題是狹義的，就是指社會問題而言，也就是近代的社會問題而言。國父說：「民生問題，今日成了世界各國的潮流。推到這個問題的來源，發生不過一百幾十年。爲甚麼近代發生這個問題呢？簡單言之，就是因爲這幾十年來，各國的物質文明極進步，工業很發達，人類的生產力忽然提高。着實言之，就是由於發明了機器，世界文明先進的人類，便逐漸不用人力來做工，而用天然力來做工；就是用天然的汽力火力水力及電力來代替人的氣力，用金屬的鋼鐵來代替人的筋骨。機器發明之後，用一個人管理一副機器，便可以做一百人或一千人的工夫，所以機器的生產力和人工的生產力便有大小的分別。……這種大變動，外國叫做實業革命。因爲有了這種實業革命（工業革命），工人便受很大的痛苦。因爲要解決這種痛苦，所以這幾十年來，便發生社會問題。」（民生主義第一講）這是說近代的社會問題，是由於工業革命而發生，由於勞工失業問題而發生。

這個民生問題（社會問題）因工業革命而產生，因資本主義的弊害而加劇，故下面要講到資本主義的弊害及其演變。

註一：關於民生定義的斷句方式計有下列八種：

一、民生就是人民的生活，社會的生存，國民的生計，群衆的生命。（普通的三民主義版本過去最爲通行）

二、民生就是人民的生活。社會的生存。國民的生計。群衆的生命便是。（民國十三年十二月中國國民黨宣傳部印大字本三民主義，此書存於中央黨史編纂委員會。）

三、民生就是人民的生活。社會的生存國民的生計群衆的生命便是。（民國十四年一月民智書局印的三民主義版本）。

四、民生就是人民的生活。社會的生存。國民的生計。群衆的生命。（見民國十九年胡漢民編　總理全集民智書局印），

五、民生就是人民的生活。社會的生存，國民的生計，群衆的生命便是。（鄭彥棻先生的三民主義考訂）。

六、民生就是人民的生活。即社會的生存，國民的生計，群衆的生命便是。（黃昌穀先生的三民主義考訂本，一度由正中書局、總政部及東方書店印）。

七、民生就是人民的生活、社會的生存、國民的生計、群衆的生命便是。（見中國國民黨黨史編纂委員會編　總理全書，中央文物供應社印）。

八、民生就是人民的生活——社會的生存，國民的生計，群衆的生命便是。（見反共抗俄基本論及民生主義育樂兩篇補述）。

以上七、八兩種，可供採用。採用時最好註明來源，以利查考。

貳、資本主義的演變

要研究資本主義的演變，先要問何謂資本主義。

(一)何謂資本主義——最初使用資本主義名詞的，爲法國社會革命思想家布蘭。一八四一年，他在「進步評論」雜誌上發表的「勞動組織」論文中，將少數者以資本排他的方式而造成經濟的獨占狀態，稱之爲資本主義。到一九〇二年德國學者桑巴特著「現代資本主義」，資本主義這個名詞，遂被廣泛使用。

資本主義的定義很多，莫衷一是。我們用簡單的話歸納爲：一個社會把它的經濟過程委之於私人經

營，它是私有財產制、機器生產、自由競爭三者相結合，而以追求利潤爲目的底一種經濟制度。所以資本主義的特質有四：

㈠私有財產制：所謂私有財產制，是指依國家法律之規定，允許私人享有財產所有權，財產所有人對其私人財產有自由享受及處分的權利。私有財產制是資本主義的基礎，如果沒有私有財產制，就根本不會有資本主義發生。

㈡機器生產：資本主義是以賺錢爲目的，爲了擴大產品的銷路，所以非常看重生產。爲了提高生產力量，改善生產技術，減低生產成本，劃一產品標準，則必須採用機器，從事大規模的生產。近代資本主義是伴隨著工業革命發生而發展的，所以以大規模的機器生產爲必要手段。

㈢自由競爭：自由競爭包括自由企業制和自由市場制。所謂自由企業，意指企業家除了受私人財力和經營能力的限制外，有絕對自由去從事各種生產活動，成功與否，完全由自己負責。自由市場制，意卽市場的價格和數量，完全由全體消費者和生產者共同決定，而不受任何人舉動的影響。

㈣追求利潤：利潤是資本主義的重心，它貫串著資本主義整個的經濟活動。無論是一個企業者，或一個企業團體，他們的活動從開始到結束，都是爲著利潤。

(二) 資本主義的演變——這裏可分爲三期：

第一期：自十八世紀中葉到第一次世界大戰（一九一四）前止，是資本主義的發展全盛期。促成它發展的是工業革命，經工業革命後，採用機械生產，組織工廠，轉而影響商業、銀行、農業一切工業化。其理論有兩個要點：⑴個人主義和利己心的發展，促使個人追求財富，滿足欲望。認爲私利的獲得，將導致公益的增加。⑵採行自由競爭，認爲國家不能將土地、資本、勞力收爲己有，因爲那是違反自然秩序，同時國家也不能妨礙分配。此時，資本家成爲社會上的主要階級，他們爲保護財產安全和活動自由，所以主張限制國家干涉，縮小國家權力到最小程度，伸張個人自由到最大限度，以發展他們的營業。

第二期：自第一次世界大戰到一九三二年左右，是資本主義弊害畢露時期。歐美工業化以後，由於經濟的無計畫，加上資本快速累積，出現大規模的企業組織，如托辣斯，它結合同種類的產業部門，各自放棄獨立性，而成一大企業型態。它以統制和獨占的方法，對國內市場提高價格，對國外市場廉價傾銷，打倒競爭者。經濟上完全失去民主和平等，一般人無法競爭，生活愈形艱困。致使少數人享文明幸福，多數人受痛苦。此期社會主義的興起，以及後來資本主義的修正，都是針對其弊病所引起的改革浪潮。

第三期：自英國工黨一九二二年擡頭與美國一九三二年羅斯福新政起，以迄於今，爲資本主義的改革時代。它已改變而走上一個新方向——福利國家。一次大戰後，資本主義弊害畢露，已面臨末路，「窮則變，變則通」，於是有人民或民主資本主義出現。它透過民主的方式，進行種種社會及經濟的改良，如重要產業移歸國營，對私人經濟，國家作有限度的干涉，採取保護社會大衆生活措施，建立社會安全制度等。此期英國經濟學家凱因斯的學說，扮演了重要角色。「他以『消費不足說』，刺激生產，增加就業機會；並主張提高政府的職權，推行積極的財政政策，鼓勵投資和直接投資，維持社會總投資的適當水準。以實行所得再分配爲目標，徵收租稅，並對儲蓄沒有成爲投資的部份，進行處理。倘若私人認爲利率雖低，而資本邊際效率也低，對於投資躊躇不前，便應舉辦各種公共事業或大規模公共工程，以補私人投資之不足。」（國父思想申論　崔垂言著）因此，國家發揮功能，來調節經濟社會的和諧。羅斯福「新政」實施中，提倡國家興辦大規模工程，就是受了凱因斯學說的影響。

以上所講新資本主義或人民資本主義的措施，如重要產業移歸國營，國家對私人經濟作適度的干涉，建立社會安全制度，保護大衆生活，都是向着民生主義的途徑進行。

叁、共產主義的修正

我們要研究共產主義的修正，先研究共產主義的演進。

(一)共產主義的演進——共產主義的演進可以畫分爲下列四個時期（見李玉彬著民生主義經濟研究）：

㈠孕育時期：這個時期，係指一八四八年共產主義者宣言發表以前。初期的社會主義者，本著人道主義，以反對資本主義爲目標，企圖建立一和諧合作的理想社會。馬克斯稱他們爲烏托邦的社會主義。在共產主義宣言中稱「聖西門、傅立葉、歐文等人的學說，是在無產階級與資產階級鬪爭，尚未發展的最初期出現的。」這些人的思想，可以說是共產主義思想的前驅。此期共產主義只有理論的胚芽，尚未正式誕生。

㈡理論形成時期：這個時期，係指一八四八年共產主義者宣言發表以後，迄一九一七年俄國革命成功。自從一八四八年，馬克斯和恩格斯共同發表一篇共產主義者宣言以後，共產主義才算理論化。此宣言指出，共產主義之目的，要把無產階級組成一階級的政黨，取得政權，以消滅資產階級的私有財產制。此目的之實現，使私有資本成爲公有財產，消滅自由貿易及傳統的宗教與道德，並採用政治鬪爭的方法，以實現此目的。也就是要用激烈的革命手段，來建立一種共有生產手段，公共分配財富的社會主義制度。

㈢試驗時期：這個時期，係指一九一七年俄國革命成功以後，到二次大戰結束。馬克斯認爲社會向前進化，資本主義必垮無疑，因爲生產工具變成機器後，與工人脫離了關係，而爲資本家所有。工人除了出賣勞動力外便無法生存，資本家却爲利潤打算，不給他充分的工作機會，於是階級矛盾單純化，形成兩大階級——無產階級與資產階級的鬪爭。無產階級並非一般窮人，乃指失掉生產工具的產業工人。由於機器的逐漸推廣，財富的逐漸集中，無產階級的人數越來越多，資產階級的人數越來越少，無產階級便成了歷史的選民，注定了在階級鬪爭中勝利的命運。一九一七年，俄國革命成功，共產主義才算是找到實驗的園地。但是蘇俄並非資本主義最發達的國家，而是產業落後的地區。同時，進行社會革命的，亦非純工人，而是綠色的農人，這對馬氏理論不啻是一大諷刺。此期，在列寧、史太林大力推行下，曾帶給人們無比的驚異（附列寧試驗的經過），但是違反人性的措施，終不免歸於失敗。不過，在共產主義整個發展過程上，仍算是黃金時代。

㈣沒落時期：這個時期，係指二次大戰結束到現在。本來俄國的確想按馬克斯的理論來實行共產主義，但結果弄得人民怠工，農業減產，產生了饑荒，造成了悲劇，因此列寧不得不改行新經濟政策。其後，史太林接著又推行五年計畫，企圖挽回共產主義的頹運。但到第二次大戰以後，實在行不通，爲解除經濟停滯的現象，不得不再作修正。可以說共產主義的理論，無形中解體了，走向自我否定的地步。

㈡共產主義的修正——共產主義在俄國試驗結果，證明共產理論只是一種幻想，並不科學。俄國爲挽救共產主義崩潰的命運，不得不走向修正的道路。標誌這變化的具體事實是：一九二一年的新經濟政策和一九六三年的利潤原則。

㈠新經濟政策：所謂新經濟政策，乃採用若干資本主義的辦法，來復蘇其國民經濟。因而在一九二一年三月，宣佈廢止糧食徵收制度，規定除繳納百分之十的現物稅外，餘由農民自由買賣。五至七月宣佈小企業廢止國有，大企業尚未國有化的也容許保持私有狀態。十月宣佈恢復國立銀行，發行新盧布。十二月宣佈私有貿易的法令，就這樣的使貨幣、市場、工資一齊出籠，返還一九一七年的出發點─商品生產，勉强度過了經濟的危機。但是，共產主義是反對資本主義的，反而用資本主義的辦法來解決共產主義問題，眞是千古奇聞。這適足說明共產主義的實驗已告失敗。

㈡利潤原則：一九六一年俄共舉行第二十二次大會，黑魯雪夫（Nikita Khrishchev）提出實行共產主義建設，强調個人物質刺激；他說：「建立共產主義，不能專靠機器和鋼鐵生產，尤其重要的是使人吃得好、穿得好、有住處、並且有其他物質與文化條件。」而且批評以往的一切平均觀念和漠視人類物質慾望的做法，都違反了經濟原理，阻礙了生產的發展和人民生活水準的提高。這裏所主張要使人民吃得好，穿得好，有住處，……還不是民生主義要解決食衣住行育樂問題的主張嗎？有人說共產主義的修正，走向了它的極端──資本主義。其實不然，乃是走向了民生主義的途徑。

黑魯雪夫又慨歎的說：「人類今天還沒有充分的理論根據和經驗，在共產主義的條件下安排全面生活。不可把馬列主義視爲教條，應該把它視爲一種需要去創造並不斷發展的學說。」所以他繼實行商品生產之後，又恢復了追求利潤。至此，馬克斯的經濟理論，除沒收私有財產一項外，差不多全被修正掉了。（同上）可見共產制度多年的試驗完全失敗，在實質上，它無異已宣告破產。而在事實上，雖然經過多次修正，仍然弄到民窮財盡，無以爲生。所有鐵幕國家全靠秘密警察與暴力統治，一有機會，人民即向外投奔自由，蘇俄外交官多請駐在國庇護，東德人民恒向西德逃亡，大陸人民則冒險逃往香港，希望掙脫飢餓的牢籠。

附錄二：列寧試驗共產主義經過

十月革命以後，列寧在俄國取得了政權，便想實行馬克思的共產主義，如廢除私有財產，沒收私人資本，生產工具公有，消除商品生產，廢止商場交易，完全採用配給分配，取消貨幣制度等。乃於一九一七年十一月到一九一八年六月—這一時期，公布了很多法令，宣布廢除私有財產；其重要者，如：一九一七年十二月宣布銀行及交通收歸國有，一九一八年二月宣布商船及農業倉庫收歸國有，同月又宣布土地社會化法令，五月宣布棉紗，火柴及咖啡，香料收歸國營，六月宣布百萬盧布以上的工廠和商店收歸國有。到了這個時候，蘇俄境內的私有財產，在基本上已被剝奪光了，列寧遂着手取消商品生產的工作。這件工作是從取消貨幣，關閉市場，實物分配三方面進行的。在一九一八年八月宣佈廢止貨幣交易，代以記賬，十月宣布糧食徵收法令；十一月宣布全國貿易機關收歸國有，大小商業都在禁止之列，城市工業品和鄉村農業品，完全由國家機關負責週轉，城市工人生活必需品，採取物品券方式，實行限額分配制度。由生產到消費，可以說完全「社會化。」（見崔垂言著國父思想申論）

列寧採取這些試驗的辦法沒有獲得預期的效果。首先出現了黑市。據說黑市交易的範圍，相當普遍——這是實物分配普遍不能切合需要的現象。黑市部份抵銷了實物分配的作用，無異宣告取消商品生產的措施失敗了。而尤爲嚴重的，乃都市的黑市竟以食糧的買賣爲主，說明都市人口已在最基本的需要線上掙扎。一九一九年蘇俄中央統計局發表的「製麵包所用的穀物生產及消費統計表」內顯示：都市人口的食糧，半由配給，半由黑市而來，平均每人食品消費量，約當農村之半數。可見實物分配非僅不能切合需要，且已漸感匱乏，這又是平均主義不能刺激生產而引起經濟蕭條的結果。因此，未滿三年，便發生了大饑饉。大饑饉的發生，蘇俄在表面上忽而諉之於「大旱」，忽而諉之於「戰時」，而在列寧心中有數，所以一九二一年走回頭路，實行新經濟政策。（同上）

肆、民生主義的提出

民生主義何時提出？爲什麼在民族、民權兩主義之外，還要講民生主義，爲什麼要以民生主義代替社會主義？這些問題，必須同時加以硏討。

（一）民生主義的提出——或許有人以爲上李鴻章書（一八九四年）中，曾講到「地盡其利，物盡其用，貨暢其流」與「民生日用」及「固國本以裕民生」就是講到了民生主義，其實，這裏祇講到「民生」與經濟，未提出民生主義。

又或許有人以爲興中會章程中有「興大利以厚民生」句，就是講到了民生主義，其實亦不然，因爲興中會誓詞祇講民族、民權兩主義（驅除韃虜，恢復中華，創立合衆政府），未提到民生主義。什麼時候才講到民生主義呢？乃在倫敦蒙難之後。國父自云：「倫敦脫險後，則暫留歐洲，以實行考察其政治風俗，並結交其朝野賢豪，兩年之中，所見所聞，殊多心得。始知徒致國家富强，民權發達，如歐洲列强者，猶未能登斯民於極樂之鄉也。是以歐洲志士，猶有社會革命之運動也。予欲爲一勞永逸之計，乃採取民生主義，以與民族、民權問題，同時解決，此三民主義之主張所由完成也。」所謂三民主義思想之完成，卽民生主義之開始提出。其提出的原因，在思患預防，防止社會革命之在中國發生。

「在三民主義產生之過程中，民生主義是比較後起。國父孫中山先生創導中國革命，其最初動機是推翻滿族專制，所以先有民族主義。民權主義的思想是在民族革命進行中，自然聯及的問題。他認爲中國政治自周秦以後，二千餘年只有朝代更易，並無重要改變。明太祖曾驅除蒙古，恢復中華，民族革命已經做到。因政治上並無重要興革，即在盛時亦不過比擬漢唐，至三百年後復被外族侵入。爲矯正此弊，使中國經此革命，卽能成爲現代國家，因在推翻滿清統治，恢復中華之時，必須建立民國，使人民有權，以避免過去朝代更易的覆轍。

至於民生主義，其研究和解答的對象，在西方國家，至近百十年方始發生。中山先生於一八九六年初去歐洲，看到歐洲各國已有不少人士，爲社會問題尋求各種不同的解答方案，因而逐漸感到，縱使國家富强，民權發達，和歐洲國家一樣，如果社會生產不能由人民共享，人群之中仍有貧富懸殊的現象，這種國家將仍不免會發生革命。他認爲這種革命如能在將欲萌芽，或醞釀未至嚴重階段，事前有調協辦法，是容易防止，使其不發生的。爲預防社會革命在中國發生，是　先生創造民生主義之主要和最初動機」。（民生主義新論，羅時實著）

國父在「中國革命史」文中，也有明確的說明，他說：「歐美自機器發明，而貧富不均之現象，隨以呈露，橫流所激，經濟革命之燄，乃較政治革命爲尤烈。此在吾國三十年前，國人鮮一顧及者。余遊歐美，見其經濟岌岌危殆之狀，彼邦方焦頭爛額而莫知所救。因念吾國經濟組織，持較歐美，雖貧富不均之現象無是劇烈，然特分量之差，初非等級之殊也。且他日歐美經濟影響之及於我國，則此種現象，必與日俱增。故不可不爲綢繆未雨之計。由是參綜社會諸家學說，比較其得失，覺國家產業主義，尤深穩而可行。且歐美行之而焦頭爛額者，吾國行之實爲曲突徙薪。故決定以民生主義與民族主義、民權主義同時並行，將一舉而成政治之功，兼以塞經濟革命之源也。」這是說要將經濟革命與政治革命同時並行，一舉而完成三種主義。

國父在民報發刊中說：「予維歐美之進化，凡以三大主義：曰民族、曰民權、曰民生。羅馬之亡，民族主義興，而歐美各國以獨立。洎自帝其國，威行專制，在下者不堪其苦，則民權主義起，…世界開化，人智益蒸，物質發舒，百年銳於千載，經濟問題，繼政治問題之後，則民生主義躍躍然動，二十世紀不得不爲民生主義之擅塲時代也。」國父叙述三大主義發展之經過後，指出採取民生主義之必要，即認爲歐美各國正醞釀着一種社會革命。（卽工業革命後之二次革命）我們不得不防，故又說：「夫歐美之禍，伏之數十年，及今而後發見之，又不能使之遽去。吾國治民生主義者，發見最先，覩其禍害於未萌，同時舉政治革命、社會革命，畢其功於一役。還視歐美，彼且瞠乎後矣。」是知民生主義之提出，在中國爲預防社會革命，卽預防二次革命。此外，國父在手著文言文三民主義，三民主義與中國民族之前途中亦有同樣見解。

就政治革命言，社會革命爲經濟革命；就工業革命言，社會革命爲二次革命。民生主義既欲將政治革命與社會革命畢其功於一役；亦欲將工業革命與社會革命合一爐而治之。實業計畫緒言中稱：「中國今尚用手工爲生產，未入工業革命之第一步，比之歐美，已臨其第二革命者有殊。故於中國兩種革命，必須同時並擧，既廢手工採機器（工業革命），又統一而國有之（社會革命）。」

由此可知民生主義之提出，在思患預防，既防政治革命後之經濟革命，亦防工業革命後之二次革命。果能如此進行，既可防資本主義之流弊，亦可防共產主義之禍害。

(二)民生主義的目的——下面分三項來研究。(註一)

㈠以經濟地位平等爲目的:民族主義的目的,在求國際地位平等;民權主義的目的,在求政治地位平等;民生主義的目的,在求經濟地位平等。國父說:「三民主義的精神,……不但在政治上要謀民權的平等,而且在社會上要謀經濟的平等。」(與戴季陶關於社會問題之談話)所謂經濟平等的另一面,就是打破社會上或經濟上的不平等。「故民生主義,則爲打破社會上不平之階級也。」(軍人精神教育)這是什麼階級?就是「貧富階級,如大富豪,大資本家,在社會上壟斷權利」是。國父又說:「民族主義是對外打不平的,民權主義是對內打不平的,民生主義是對誰去打不平呢?是對資本家打不平的。」(革命軍應擔負救國救民之責任)

㈡以「養民」爲目的:書經云:「德惟善政,政在養民。」國父的民生主義的目的,也在養民。他自己說:「資本主義以賺錢爲目的,民生主義以養民爲目的。」故資本主義爲賺錢而生產,民生主義爲養民而生產。又民生主義的實施辦法爲平均地權,節制資本,以及解決食衣住行育樂等問題,這些辦法的目的,都在「養民」(註二)。

㈢以建立大同社會爲目的:國父所謂「民生主義,…即是大同主義」,這可看作定義,亦可看作目的。軍人精神教育中稱:「我們三民主義的意思,就是民有、民治、民享。這個民有、民治、民享的意思,就是國家是人民所共有,政治是人民所共管,利益是人民所共享。照這樣的說法,人民對於國家,不只是共產,一切事權都是要共的,這才是眞正的民生主義,就是孔子所希望之大同世界。」因此,蔣總統著民生主義育樂兩篇補述,以建立大同社會作結論。

註一　有些三民主義研究者在㈡以養民爲目的之下加上「敎民」。

故從略。

註二　著者在三民書局出版之國父思想一書，曾列「均富」為民生主義四目的之一，茲因本書將「均富」列為民生主義的眞諦，

（三）以民生主義代替社會主義的理由

——國父雖說過民生主義就是社會主義，這不過是概括言之而已，如詳加研究，國父在三民主義中不採用社會主義，而以民生主義代替社會，是有下列四個理由：⑴因為要正本清源，⑵因為民生主義是社會主義的本題，⑶因為用民生主義可以超越社會黨內部的紛爭，⑷因為民生主義可以包括社會主義及其附屬的問題，即大於社會主義。

㈠因為要正本清源：社會主義是要研究並解決人民生計問題，採用民生主義這個名詞，可以正本清源，容易使人顧名思義，一目了然。國父對於這個問題，自己加以解釋說：「社會主義的範圍，是研究社會經濟和人類生活的問題，就是研究人民生計問題。所以我用民生主義來替代社會主義，始意就是在正本清源，要把這個問題的眞性質表明清楚，要一般人一聽到這個名詞之後，便可以了解。」

㈡因為民生主義是社會主義的本題：社會主義之產生，為了要解決社會問題。社會問題以人民生活問題為主，用民生主義去解決人民生活問題，最為切題。所以國父說：「今天我所講的民生主義，究竟和社會主義有沒有分別呢？社會主義中的最大問題，就是社會經濟問題，這種問題，就是一班人的生活問題。因為機器發明了以後，大部分人的工作，都是被機器奪去了，一班工人不能够生存，便發生社會問題；所以社會問題之發生，原來是要解決人民的生活問題。故專就這一部分的道理講，社會問題便是民生問題，所以民生主義，便可說是社會主義的本題。」

㈢因為用民生主義可以超越社會黨內部的紛爭：歐戰以後，社會黨內部發生種種派別，致發生種種紛爭。國父指出歐戰之後「社會黨的內部，便生出許多紛爭。在各國的社會黨，一時風起雲湧，發生種種派別，其中最著名的有所謂共產黨，國家社會黨，和社會民主黨，各黨派之複雜，幾乎不只五

十七種。」這些派別，互相攻擊，「不但是德國的社會黨，反對俄國的社會黨，或者是俄國的社會黨，反對英國美國的社會黨，有了國際的紛爭；就是一國的社會黨內部，也演出種種紛爭。所以社會問題愈演愈紛亂，到現在還找不出一個好方法來解決。」國父爲了要超越這些紛爭，以便提出解決社會問題的妥善辦法，而不受各派社會主義的影響，所以採用民生主義，以代替社會主義。

㈣因爲民生主義的範圍大於社會主義：國父在「關於民生主義之說明」中指出，民生主義的範圍大於社會主義，（見圖）這也是國父以民生主義代替社會主義的理由。又三民主義手改原稿（一名國父手訂本三民主義）載：「民生主義就是用來替代社會主義，並包括社會主義外之附屬問題，這便是民生主義的定義。」這意思也是說民生主義的範圍大於社會主義，所以用民生主義來替代社會主義。

就範圍大小而言：民生主義的範圍，大於集產主義與共產主義，亦大於社會主義。國父在關於民生主義的說明中，繪圖如上。

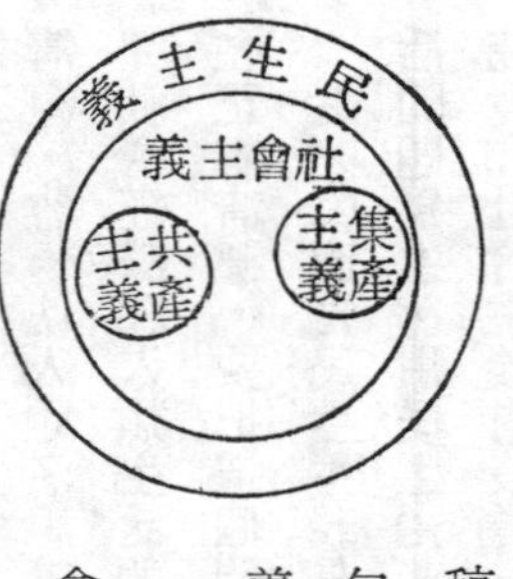

這裡特別要解釋的是：國父以爲「本黨既服從民生主義，則所謂『社會主義』，『共產主義』，與『集產主義』，均包括其中。」他的意思是說，我們既服膺範圍較大的民生主義，就不必再去實行範圍較小的社會主義、共產主義與集產主義了。而不是說，我們服膺了範圍較大的民生主義之後，還要去實行範圍較小的社會主義、共產主義與集產主義。茲試將上圖改繪爲下列四圖：

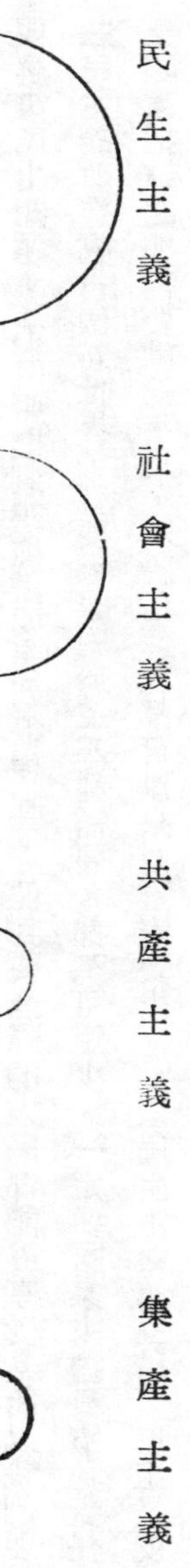

由此四圖看來，更可明白既服膺了範圍較大的民生主義，就不必再去實行範圍較小的社會主義、共產主義與集產主義。

(四)民生主義的方法與本章要目——下面先述民生主義的方法，次述本章要目。

(一)方法：國父謂民生主義的方法有二：(1)平均地權，(2)節制資本。我們這裏稍爲補充一點：

(1)平均地權與耕者有其田，

(2)節制私人資本與發達國家資本。

此外，解決食衣住行育樂等措施，當然亦可列於民生主義的方法之內。

(二)本章要目：計分：第一節、民生問題與民生主義，第二節、民生主義的一般理論，第三節、民生主義的經濟建設，第四節、民生主義的比較研究。

如就本章要目言，雖未列平均地權，耕者有其田，節制私人資本，育樂兩篇補述，錢幣革命等，但我們已將平均地權列於第二節「伍」「均富」，耕者有其田列於同節「叁」「農業與工業平衡發展」，節制私人資本與發達國家資本的辦法列於同節「貳」「公有財產與私有財產並存」，育樂兩篇補述列於同節「肆」「社會安全與生活自由」，至於「錢幣革命」則列於民生主義經濟建設的成就之中，以利讀者研閱。

第二節　民生主義的一般理論

壹、以「養民」為目的的經濟理論

講到以養民爲目的經濟理論，可分爲：⑴民生主義與養民，⑵中西經濟思想與養民。

㈠民生主義與養民——國父說：「民生主義和資本主義根本上不同的地方，就是資本主義是以賺錢爲目的，民生主義是以養民爲目的。」（民生主義第三講）蔣總統亦說：「經濟以人性爲基點，以養民爲目的。」（中國經濟學說）

所謂養民，就是以解決人民的生活爲依歸，其具體的方法，就是滿足人民食衣住行育樂六大需要。食衣住行爲民生物質需要，而育樂則爲精神需要。物質和精神兼顧，人民生活才告美滿。

建國大綱第二條規定稱：「建設之首要在民生，故對於全國人民之食衣住行四大需要，政府當與人民協力共謀農業之發展，以足民食。共謀織造之發展，以裕民衣。建築大計畫之各式屋舍，以樂民居。修治道路運河，以利民行。」國父認爲要以國家來擔負滿足人民食衣住行需要的責任。他說：「我們要解決民生問題，不但要把這四種需要弄到很便宜，並且要全國的人民都能够享受。所以我們要實行三民主義改造成一個新世界，就要大家對於這四種需要，都不可短少，一定要國家來擔負這種責任。如果國家把這四種需要供給不足，無論任何人都可以來向國家要求。」（民生主義第三講）以上是就物質需要而言，我們接著討論精神需要之滿足。

育樂兩個問題，是民生主義思想體系中所具有而未單獨講到的遺教，　蔣總統於民國四十二年十一月發表民生主義育樂兩篇補述，歸結了　國父對精神需要所作的提示。　蔣總統說：「民國十三年，總理在廣州講演三民主義。民族主義六講，民權主義六講，都已講完。民生主義只講了四講，第一講是講民生主義的原理，第二講是講平權地均和節制資本兩個辦法，第三講以下，　總理預定要講民生四大需要，食衣住行。但是他只講了食與衣兩節，就沒有再講下去了。住與行兩大問題和解決的辦法，從實業計畫裏可以看出一個輪廓，做我們研究的基礎。但是我們從　總理在民國十三年以前關於民生主義的演講和論著裏，可看出民生問題，除食衣住行之外，還有育和樂。總理說過：民生主義要做到『少年的人有教育，壯年的人有職業，老年的人有養活，　全國男女，無論老小，都可以享受安樂。』所以對於『育幼、養老、濟災、醫病與夫種種公共之需，』乃至『聾啞殘廢院以濟大造之窮。公共花園以供暇時之戲，』都要籌畫辦理，『把中國變成一個安樂國家』，才是民生主義的完成。所以我們如不把育樂這兩個問題，和食衣住行這四個問題，一併提出研究，就不能概括　總理的民生主義的全部精神與目的之所在。」

由以上可知，民生主義是要以國家的力量，負起養民的責任，達到養民的目的，使人民的物質生活和精神生活獲得美滿和諧，促進大同社會的實現。

(二)中西經濟思想與養民——中國經濟思想固多以養民爲目的；西洋經濟學家亦有不少重視養民者。

(一)中國方面：中國經濟思想自來重視王道，仁政與富民，此處簡述大禹、孔子、孟子、墨子等的主張。

(1)大禹的經濟思想　書經大禹謨載大禹對大舜進言曰：「德惟善政，政在養民。水、火、金、木、土、穀惟修，正德、利用、厚生惟和。」按水、火、金、木、土、穀爲六府，正德、利用、厚生爲三事。大舜認爲「大禹治水，做到地平天成，六府三事克治，萬世永賴。」故傳位給他，可見大禹的經濟思想，是以養民爲目的。

(2)管子的經濟思想　管子的經濟理論與實施，範圍甚廣，玆述其富民政策與九惠之教。

甲、富民政策－管子認爲富民爲治國之道，何以要富民？他在治國篇說：「治國之道，必先富民，民富則易治也，民貧則難治也。」

乙、九惠之教－何謂九惠之教？一曰老老，二曰慈幼，三曰恤孤，四曰養疾，五曰合獨，六曰問候，七曰通窮，八曰振困，九曰接絕。他在入國篇中對於以上九項辦法規定甚詳，類似　國父民生主義中的食、衣兩講及　總統所補述的育樂二篇。(註一)

(3)孔孟的經濟思想　孔子與孟子的經濟思想大同小異，今述其富民政策，均產均地政策及大同主義。

甲、富民政策－論語載：「子適衞，冉有僕。」孔子看見衞國人口繁盛，曰：「庶矣哉！」冉有曰：「既庶矣，又何加焉」？「孔子曰：富之。」這是孔子的富民政策。

孟子曰：「制民之產，必使仰足以事父母，俯足以蓄妻子，樂歲終身飽，凶年免於死亡。」「使民養生喪死無憾，王道之始也。」戴季陶先生謂　國父民生主義的遺稿中有「養生送死」節目，這可能是受了孟子主張的影響。孟子的養民見解甚多，可參考拙著　國父思想與先秦學說，黎明公司版，及與吳康先生合著哲學概論，正中版。

(4)荀子的經濟思想　荀子禮論篇說：「人生而有欲，欲而不得則不能無求，求而無度量分界，則不能不爭，爭則亂，亂則窮。先王惡其亂也，故制禮義以分之，以養人之欲，給人之求，使欲必不窮乎物，物必不屈於欲，兩者相持以長。」所謂養人之欲，給人之求，就是以養民爲目的。

(5)王安石的經濟思想　王安石變法，設市易法，均輸法，青苗法，方田均輸法，農田水利法等，內中多爲優民、利民與打擊高利貸及壟斷社會財富之强豪等思想。

(6)洪秀全的經濟思想　洪秀全奠都南京，曾訂有一種新經濟制度。太平天國三年（一八五三年）頒行天朝田賦制有云：「分田爲九等，各按家口多寡，以行分田。凡天下田，男女同耕，此處不足則遷彼處。凡天下田，豐荒相通，此處荒則移彼豐處，以賑此荒處。務使天下共享天父上主皇上帝大福，有田同耕，有飯同食，有衣同穿，有錢同使，無處不均勻，無人不飽暖。」這是以養民爲目的之經濟構想。

㈡西洋方面：西洋經濟思想家亦多重視養民，茲舉約翰穆勒等四種見解如下：

(1)漲價歸公說　約翰穆勒（John Stuart Mill 亦譯小彌兒）對於土地問題有很多主張：㈠以國家土地售與勤苦貧民使變爲小地主；㈡鼓勵墾荒與土地改良，㈢國家以國有土地租與協作的農業組合及農夫，㈣反對不勞而獲，國家應按時規定地價，土地增值不盡由於地主之改良土地，多由於社會力的影響，故主張規定地價後的增值，不應爲地主所有，卽漲價應歸公家所有。這種主張，類似中山先生的平均地權，以解決土地問題與農民生活爲目的。

(2)溫和的社會政策　德國歷史學派薛謨萊（Gustav Von Schmoller）認爲政治經濟學的研究，不但應該研究人類與物質財富的關係，對於經濟的秩序，應該視其爲整個生活的一個聯繫的環節。又認爲一切的社會改革，都應經由國家之手去執行，他曾提出具體方案，其中主要者爲公費教育的實施，工廠法、建築法及衞生的制度，工會組織的承認，對財產所得的累進課稅，建立阻止個人財產過份增大的租稅制度。這些溫和的社會政策，與中山先生以養民爲目的的經濟思想甚爲接近。

⑶國家社會主義　俾斯麥實行國家社會主義，卽主張把國家的實業由國家機關來管理與控制，使社會財富能達到平均分配的目的。內有講壇社會主義（Socialism of Chair）者華格納（Adolf Wuager 1835-1917）等，主張以政府權力制定政策解決各種社會問題，如勞動問題、婦女問題、工廠檢查、社會保險等，以求社會之改良與進步。這也是與民生主義以養民爲目的的相似的經濟思想。

⑷福利經濟學派　英國的畢古，美國的惠脫等可爲這一派的代表。

英國經濟學家畢古（Arthur Cecil pigou）於一九二〇年發表著名的福利經濟學，以爲經濟學乃是改造社會及尋求其方法爲主要目標的學問。他又以爲增進社會福利，在增加國民所得，使國民家給人足，臻至「均富」的地步。他的書有三個要點：⑴平均國民所得，⑵增大國民所得，⑶安定國民生活。可見他的經濟思想是重視民生問題與養民爲目的的。

又如美國福利經濟學者惠脫，痛斥唯物論與利潤追求的經濟觀。他以爲價值學說的經濟學不過可以明瞭私有財產制度上各種問題，如果經濟學要達到最高的目的，卽不可不建立社會福利的理論，故經濟學應以福利問題爲中心，卽應重視養民。

英國的福利經濟學者霍布孫，指斥李嘉圖以來的經濟學者只注重於財富的增殖，而認爲須注意於勞動的合理管制與生產物的正當分配，及消費的適宜標準，使社會漸進於健全的社會福利的理想。（以上兩學者主張，引自　蔣總統著中國經濟學說）

福利經濟學說產生於民生主義思想完成之後，可見 國父對於經濟問題乃是洞燭機先。林伯樂博士說：「中山先生的見解比世界經濟思想家早看五十年。」

貳、公有財產與私有財產並存

自由主義者重視私有財產，社會主義者重視公有財產， 國父的見解怎樣呢？著者認為 國父是主張公有財產與私有財產並存的。這可由一、國營與民營兼顧，二、土地國有而民用（國有與民有並行），三、節制私人資本與發達國家資本各方面看出來，特分別敍述如下：

(一)國營與民營兼顧——國父在實業計畫第一計畫中提出：「中國實業之開發，應分兩路進行：㈠個人企業；㈡國家經營是也。」（另詳實業計畫的規模）為了建立公有財產，為了發達國家資本，發展國營實業是必要的。為了以利潤刺激競爭心，以滿足個人利己慾望，乃在有限度的範圍內維持並保障個人企業，即仍允許私有財產的存在。至於公有財產與私有財產的限界問題，就牽涉到國營民營企業的畫分。

首先談國營實業的範圍。民國十年六月 國父在中國國民黨廣州特設辦事處演講「三民主義之具體辦法」時說：「我們再研究資本問題，這個問題是世界上最大的問題，也是最難解決的問題。……對於這個問題的解決，兄弟著了一本書，叫做「實業計畫」。這本書的主張，是借用外資，從事生利的事業，像開闢市場，興辦工廠，建築鐵路，修治運河，開發礦產那些大生利的事業，都歸公有，把各種新事業的利益，都歸之公家。……總而言之，外資非不可借，借來的外資，應該辦生利的事業，不可做消耗的費用。」由此可知 國父要利用外資以發展國營事業。我們看整個實業計畫就是利用外資、外財以發展國營實業的計畫，目前臺灣所進行的十大建設，雖不是全部利用外資外財以進行的，但未放棄這個原則。整個實業計畫所討論的，如鐵路的興築，河道的疏濬，海港的開闢，商埠的建設，以及創立士敏土廠，鋼鐵廠、造車廠、冶礦廠、開採煤鐵、油及特種礦，興辦糧食、衣服、居室、行動、印刷工業等，都是屬於國營的範圍。

此外，國父又指出：「歐美各國最新的市政府，供給水、電、煤氣、以及麵包、牛奶、牛油等食物，就是用政府來分配食物。」（見民生主義）「講到了種植全國森林的問題，歸到結果，還是要靠國家來經營，這個問題才容易解決。」「凡山林、沼澤、水利、礦場，悉歸公家所有，由公家管理開發，開墾後支配之法，亦分兩種：其爲一年收成者，……宜租與私人自種；其數年數十年乃能收成者，……宜由公家管理。」「如果交通、礦產、工業是由國家經營，所得的利益歸大家共享。」則大有裨益。合起來說：交通事業、礦產、國防工業、大規模的民生工業、林業以及日用品配給都屬於國營實業的範圍。

其次談民營實業的範圍。國父雖然倡導國營實業，却不歧視民營實業。說：「夫事物之可以委諸個人，或其較國家經營爲適宜者，應任個人爲之，由國家獎勵，而以法律保護之。今欲利便個人企業之發達於中國，則從來所行之自殺的稅制（指厘金等稅制），應卽廢止；紊亂之貨幣，應需改良；而各種官吏的障礙，必當排去，尤須輔之以利便交通。」（實業計畫）後來國民政府廢除厘金，就是廢止自殺稅制之表現，廣修鐵路公路並發展航運事業，就是便利交通之實施。

尚有關於國營民營之規定甚多，詳附錄一。

附錄一——各次大會宣言及決議案有關國營與民營問題

一、中國國民黨第一次全國代表大會宣言，說明節制資本的要旨有云：「凡本國人及外國人之企業，或有獨占的性質，或規模過大為私人之力所不能辦者，如銀行、鐵路、航路之屬，由國家經營管理之，使私有資本制度不能操縱國民之生計。」宣言中對內政策第三條及第十五條載：「土地之稅收，地價之增益，公地之生產，山川林澤之息，鑛產水力之利，皆為地方政府之所有，用以經營地方人民之事業，及應育幼、養老、濟貧、救災、衞生等公共之需要。各縣之天然富源及大規模之工商事業，本縣資力不能發展與辦者，國家當加以協助，其所獲純利，國家與地方均之。」「企業之有獨占的性質者，且為私人力所不能辦者，如鐵路航路等，當由國家經營管理之。」這是說國營之外，還可採取中央與地方合營，就對私營言，乃屬於公營。

二、民國十七年十月，國民政府發表宣言，大意謂進行經濟建設之原則，必依個人企業與國家企業之性質而定其趨向。「凡夫產業之可以委諸個人經營或其較國家經營為適宜者，應由個人為之，政府當予以充分之鼓勵及保護，使其獲得健全發展之利益。」「若夫產業之有獨占性質，而為國家之基本工業者，則不得委諸個人，而當由國家經營之。」這與實業計畫所講的範圍，大致相符。

三、民國二十六年二月，中國國民黨第五屆第三次全體會議通過中國經濟建設方案，對於國營民營的畫分，有比較詳細的規定：「實業之建設，凡有關全國計畫如重工業、基本化學工業、基本礦業及需要高深之技術者，原則上由中央政府舉辦，但若干部分亦得斟酌情形與地方政府及人民合辦。至地方局部農事改良之推廣，造林築路合作事業與地方公用工業（如電燈自來水），原則上由地方政府負責舉辦，但資本較大者，中央亦可與地方政府及人民合辦。至一般普通輕工業，各種農業加工業，農林墾殖漁牧等營利事業，原則上由人民投資經營，中央與地方政府處於監督保護之地位。惟政府有時爲提倡起見，中央與地方政府與人民得合資舉辦某項大輕工業，及其他資本鉅大之事業，以官資爲事業保障與民股保息之用，以資獎勵。待事業相當成功時，官股卽可逐漸讓與人民，完全由人民經營，瞻出資力，以擧辦新事業。」這是除中央與地方合營之外，還主張公家與人民合營，並爲民股保息，以及由合營而讓與民營。

四、民國三十三年十二月國防最高委員會通過第一期經濟建設原則，規定應由政府獨營之經濟事業，其種類不宜過多。此類事業包括：㈠郵政電信。㈡兵工廠，㈢鑄幣廠，㈣主要鐵路，㈤大規模水力發電廠等。未經指定政府獨營之事業，均由人民經營。凡民力有所未勝，或政府認爲須特別重視之事業，如大規模石油礦、鋼鐵廠及航運事業，政府仍得單獨經營，或與民資外資合辦。」到了三十三年抗戰末期，將鼓勵人民與外國人投資，故有國營種類不宜過多及民資外資合辦之主張。

五、民國三十四年十二月，中央設計局發表物資建設五年計畫草案，規定建設事業之經營方式，概可分爲下列五類：㈠國營；㈡民營；㈢政府與人民合營；㈣中外合營（政府或人民與外人合營）；㈤外資單獨經營。那些應由政府獨占經營呢？其範圍，包括㈠直接涉及國防祕密者：卽兵工廠。㈡有獨占性質者：包括主要鐵路，郵訊，大規模動力廠，及大規模公用事業。㈢與國防關係密切者，包括大規模石油礦、鋼鐵廠及冶金焦煤礦等。上述國營事業範圍，爲適應情勢需要，並加速工業化進度起見，政府亦得以特許或委託方式，准許民營或外資經營。至未經指定政府獨營之事業，概可由其他方式經營，不必加以限制。這時抗戰已經勝利，工商業亟待復元，故重要公營事業亦得以特許或委托方式准許民營或外資經營。

六、民國三十六年元旦公布的中華民國憲法，對於國營民營事業的畫分，計有下列各種規定。如第一四四條：「公用事業及其他有獨占性之企業，以公營爲原則。其經法律許可者，得由國民經營之。」又如第一四五條：「國家對於私人財富及私營事業，認爲有妨害國計民生之平衡發展者，應以法律限制之。合作事業，應受國家之獎勵與扶助。國民生產事業及對外貿易，應受國家之獎勵指導及保護。」以上憲法規定大致由中國國民黨宣言及各種決議案而來，卽公營各有其範圍。

(二) **國有與私有並行**——就土地政策言，中國國民黨是主張國有與私有（農有）並行的。一九〇四年 國父於修訂美洲致公黨章程時，提出「平均地權」。一九〇五年同盟會成立，卽列「平均地權」爲四大綱之一。同年發行民報，標出六大主張如下：㈠傾覆現今之惡劣政府，㈡建設共和政體，㈢土地國有，㈣維持世界眞正和平，㈤主張中國與日本兩國之合作，㈥要求世界列強贊成中國之革命事業。這裏只標土地國有，未標平均地權，可以看出兩點：⑴土地國有之口號提出甚早，⑵當時各同志眼光中大概是「土地國有」卽可代表「平均地權」。故可說同盟會成立後，「土地國有」與「平均地權」兩名詞，幾乎同時使用。因爲就平均地權主要方法言， 國父曾認爲平均地權之方法有二：㈠照價收稅，㈡土地國有(按指照價收買)。或許有人以爲中國國民黨的土地政策是先實行耕者有其田，後實行土地國有——收歸政府所有。其實，這是對土地國有的一種誤解。 蔣總統在土地國有的要義中說：「 總理對於土地國有的政策與方法，曾經有了很多明確的指示說：『土地國有之法，不必要收歸國有，若修道路，若闢市場，其所必須之田園廬墓，或所必須之田畝，卽按照業戶稅契時價格，國家給價而收用之。』以及『惟地不必盡規國有，收取其需用之地，斯亦可矣』的話，我們如能將 總理以上所說的話，再簡單而明瞭地演繹出來，那就是『土地國有而民用』，換句話講，亦可說是『國有民享』。大家要知道，土地國有不過是一個原則，如何運用使之能有益於國計民生，更能增加國利民福，不違反我們三民主義民有民治民享的原則，那就在於政策問題了。我今日對總理土地國有的思想，可以確定土地國有的政策，就是在土地國有的原則之下，允許私有財產制度（包括土地所有權）的合理存在，像前面我已經引用過總理所說的『聽其自定地價納稅，但以土地國有權以限制之』的方法，這不是已經非常明顯了嗎？」由蔣總統上列的講詞，可知中國國民黨的土地政策是國有與私有並行的。即「土地國有」不妨害「耕者有其田」。

(三)節制私人資本與發達國家資本——爲了防止私有財產妨害國計民生之均衡發展，一面積極地要發達國家資本，一面消極地要節制私人資本。玆分述兩者的理由、意義及方法如下：

㈠節制私人資本的理由、意義及方法：

⑴節制私人資本的理由　國父提倡節制私人資本的理由何在？在於反對少數人壟斷社會富源，預防將來貧富不均，引起階級鬪爭。

自工業革命以來，各種機器不斷發明，資本家運用機器生產，財富愈聚愈多，或造成托辣斯，壟斷社會富源，引起嚴重的社會問題。國父說：「夫吾人之所以持民生主義者，非反對資本，反對資本家耳。反對少數人佔經濟之勢力，壟斷社會之富源耳。」（民生主義之眞義講詞）所以，節制資本的理由之一，是反對少數人壟斷社會富源。

進一步說，國父講民生主義時，自謂中國只有大貧小貧，很少大資本，爲什麼要提倡節制私人資本呢？這是含有「思患預防」的意思。所以國父認爲「我們主張解決民生問題的方法，不是先提出一種毫不合時用的劇烈辦法，再等到實業發達以求適用；是要用一種思患預防的辦法，來阻止私人的大資本，防備將來社會貧富不均的大毛病。」

著者嘗謂對於資本問題，西洋的社會主義是要挽狂瀾於既倒，中國的民生主義是要扶大厦之將傾。換言之，前者是在救資本主義之禍於已然，後者是在防資本主義之禍於未然。倘不預爲之防，國父認爲「三十年後，產生多數資本家其實殊非淺鮮。第就吾國現勢而論，此民生主義爲預防政策，但須研究對於將來之資本家加以如何之限制，而不必遽各國將資本家悉數掃除。」（軍人精神教育第三課）所以預防資本主義之禍害，亦爲國父採取節制私人資本理由之一。

2.節制私人資本的意義（或稱要旨）節制私人資本的意義（或要旨），與節制私人資本的理由（或目的），本不易畫分，惟坊間所印三民主義書籍，多予分開，玆以「吾從衆」之態度，亦加以畫分。

節制私人資本的意義何在？在於防止私人資本操縱國民之生計。國父在中國國民黨第一次全國代表大會宣言中稱：「凡本國人或外國人之企業，或有獨佔性質，或規模過大爲私人之力所不能辦者，如銀行、鐵路、航路之屬，由國家經營之，使私有資本制度，不能操縱國民之生計，此則節制資本之要旨也。」這個節制資本的要旨，大家視爲節制資本的意義。

3.節制私人資本的方法　國父對於節制私人資本，並未同時很具體的提出幾種辦法，在民生主義中，只指出「直接征稅」爲節制資本的具體方法（民國六十三年正中書局印高中三民主義初版卽僅以直接征稅爲方法），在中國國民黨第一次全國代表大會宣言中，只指出「大企業國營」爲節制資本的要旨而已。惟國父講民生主義時，曾引他人言，說明歐美社會進化的事實有四：一爲社會與工業之改良，二爲運輸交通收歸公有，三爲征收直接稅，四爲分配之社會化。以上四種是用改良方法進化出來的，不是用階級鬪爭得來的。有時 國父亦指這四種方法爲溫和派社會主義解決社會問題的方法。並未明言這是他的節制資本的辦法。後來各三民主義研究者多以此四項，或選其中三項，以此作爲節制資本的辦法。（註一）著者亦採用此四項，並在運輸交通收歸國有一項之下，採三民主義學者的意見，加上大企業國營，與畫分公私營範圍及限制私人經營等詞句，以示通俗化或大衆化。

甲、社會與工業之改良（實施社會安全制度）—用現在的術語來講，所謂社會與工業之改良，就是指「社會安全」而言，如實施勞工保險，提倡勞工及勞工子弟教育，加强廠礦安全檢查，重視勞工衞生以及興辦失業救助等。誠如 國父所說：「要用政府的力量改良工人的教育，保護工人的衞生，改良工廠和機器，以求極安全和舒服的工作。能够這樣改良，工人便有做工的大能力，便極願意去做工，生產的效力便是很大。這種社會進化事業，在德國施行最早，並且最有成效。近來英國美國也是一樣的做行，也是一樣的有成效。」（民生主義第一講）這是說德國最早實行社會安全制度，我們亦應採用。著者以爲就現代論，英國、澳洲與紐西蘭等國所實施的社會安全制度，自搖籃至墳墓，都有保險，亦可說是「社會與工業之改良」的範圍。

乙、大企業國營與運輸交通收歸公有（或稱限制私營範圍，畫分公私企業經營的範圍）—就大企業國營說：國父在中國國民黨第一次全國代表大會宣言中稱：「凡本國人及外國人之企業，或有獨佔的性質，或規模過大，爲私人之力所不能辦者，如銀行、鐵道、航路之屬，由國家經營管理之。使私人資本制度，不能操縱國民之生計，此節制資本之要旨也。」所以大企業國營「國父自云是節制資本的要旨。」（註二）

就運輸交通收歸公有說：國父指出第一次世界大戰時，各國多將運輸交通收歸公有：「就是把電車、火車、輪船，以及一切郵政電訊交通的大事業，都由政府辦理。用政府的大力量去辦那些大事業，然後運輸才是很迅速，交通才是很靈便」。現在，政府在臺灣的各種措施，大致與 國父所說相符。

就畫分公私企業經營的範圍說， 國父在實業計畫中指明：「中國實業之發展，應分兩路進行：㈠個人企業，㈡國家經營是也。凡事物之可以委諸個人，或較國家經營爲適宜者，應任個人爲之，由國家獎勵，而以法律保護之。……至其不能委諸個人及有獨佔性質者，應由國家經營之。」前面曾引用這段話，以證明公有財產與私有財產並存。

丙、直接征稅—用累進稅率多征資本家的所得稅，在英美早已實行， 國父認爲這是節制私人資本的有效方法，應特別加以提倡。民生主義第一講稱：「行這種方法，就是用累進稅率，多徵資本家的所得稅和遺產稅。行這種稅法，就可以令全國的財源，多是直接由資本家而來，資本家入息極多，國家直接徵稅，所謂多取之而不爲虐。歐美各國近來實行直接徵稅，增加了大財源，所以便有財力來改良種種社會事業。」又說：「現在外國所行的所得稅，就是節制資本之一法。」（民生主義第二講）

丁、分配之社會化—所謂「分配社會化」，是就設立「合作社」與實施「配給制度」而言。現在我們政府對軍公人員實行配給到家，似乎是一種看慣了的制度，可是在民國十三年以前，國內不但配給制很少實行，連合作事業亦不甚發達。 國父對這兩種制度，則特別提倡。他認爲由商人以極低價，從出產者買來，再以較高價售於消費者，商人從中賺了許多佣金，「這種貨物分配的制度，可以說是買賣制度，也可說是商人分配制度。消費者在這種商人分配制度之下，無形之中，受很大的損失。近來研究這種制度，可以改良，可以不必由商人分配，可以由社會組織團體來分配（指合作社言），或者由政府來分配（指配給制言），……用這種分配的新方法，便可以省去商人所賺的佣金，免去消費者所受的損失，就這種新分配方法的原理講，就可以說是分配之社會化。」如能好好的多辦合作社與實行配給制，免除商人中間剝削，一則可使消費者可以多得利益，再則可以減少資本家之榨取，三則可以穩定物價。

註一 崔書琴先生著三民主義新論（民國三十四年初版），將節制私人資本的辦法，分為下列四種：

第一是畫定私人可經營的範圍；

第二是限制私人公司或工廠的大小；

第三是征收直接稅；

第四是保護勞工。

以上四項，惟有第三項是國父原意，第四項是「社會與工業之改良」的一部分；第一、第二兩項重複，僅與「交通運輸收歸公有」及「大企業國營」有關而已。

政府遷臺後，吳英荃先生著三民主義教程，首先引用崔先生的主張，後來其他書局編印三民主義課本，則多有增刪，有的將節制私人資本的方法，列為下列四項：⑴改善勞工待遇，⑵徵收所得稅與遺產稅，⑶獨佔性企業收歸國營，⑷發展合作事業。（按合作事業為分配之社會化的一半）另有人則列為下列五項：⑴限制私人企業範圍，⑵直接征稅，⑶社會與工業之改良，⑷運輸交通收歸公有，⑸分配之社會化。

著者將「大企業國營」，「限制私人經營範圍」與「畫分公私營範圍」括入「運輸交通收歸公有」之內，是一種求全的看法。

註二 廣義的節制資本，包括發達國家資本及節制私人資本而言，狹義的節制資本是專就節制私人資本而言。所謂「大企業國營」為節制資本的要旨，是就廣義的節制資本說；所謂「外國所行的所得稅，就是節制資本之一法」，是就狹義的節制資本說。

㈡發達國家資本的理由、意義和辦法：

1.發達國家資本的理由　國父爲什麼要提倡發達國家資本呢？他認爲要解決中國社會問題，單靠節制私人資本還不够，還要實行發達國家資本。民生主義第二講稱：「我們在中國要解決民生問題，想一勞永逸，單靠節制資本的辦法，是不够的。……中國不能和外國比，單行節制資本是不足的。因爲外國富，中國貧，外國生產過剩，中國生產不足，所以中國不單是節制私人資本，還是要發達國家資本。」

2.發達國家資本的意義　國家社會主義（State Socialism）者主張把國家的實業由國家機關來管理與控制，使社會財富能達到分配平均的目的。德國的拉薩爾是國家社會主義的理論家，俾斯麥首相則爲實行家。國父在民初演講，常說民生主義就是國家社會主義（這國家社會主義是就俾斯麥所實行者而言，與希特勒之國家社會黨無關。）所以，國父提倡國營事業，亦有實行國家社會主義的政策之意。他說：「現今德國，卽用此等政策，國家一切大實業，如鐵路、電器、水道等事務，皆歸國有，不使一人獨享其利。」（實行社會革命講詞）。故發達國家資本的反面，就是節制私人資本，防止私人資本壟斷社會富源，操縱國民生計。這是發達國家資本的第一個意義。

國父提倡發達國家資本，還有一個重要的意義，就是同時進行工業革命與社會革命，使兩者畢其功於一役。實業計畫緒言中稱：「中國今尙用手工爲生產，未入工業革命之第一步，比之歐美，已臨其第二革命者有殊。故於中國兩種革命，必須同時並擧，旣廢手工採機器，又統一而國有之。」所謂兩種革命，乃指工業革命與社會革命言，廢手工用機器，卽爲工業革命，「又統一而國有」，乃避免社會革命。故使兩種革命畢其功於一役，又是發達國家資本的第二個意義。

3.發達國家資本的方法　發達國家資本與振興實業是不可分的，國父在民生主義第二講中只指出振興實業的方法，計有三項，卽發展交通、鑛業和工業。他說：「要解決民生問題，一定要發達國家資本，振興實業。振興實業方法很多，第一是交通事業，像鐵路、運河都要大規模的建築。第二是礦產，中國礦產極其豐富，貨藏於地，實在可惜，一定要開闢。第三是工業，中國的工業非要趕快振興不可，中國工人雖多，但是沒有機器，不能和外國人競爭。」在他處　國父講發展鑛業時，亦講到農業，故有人將發展鑛業擴充爲發展農鑛業。至於如何發展交通、農鑛及工業，在實業計畫一書中已有詳細的規定，前述其要點如下：

甲、發展交通業─實業計畫以發展交通爲主，如開闢頭等港三個，二等港四個，三等港九個，漁港十五個，鐵路系統七個，要修鐵路十萬英里，公路百萬英里，並要修治運河、黃河、揚子江、珠江，及建內河商埠，製造大車、汽車、輪船等，都由國家經營。　國父對於交通事業非常重視，故說：「交通爲實業之母。」（鐵路計畫談話）

乙、發展農鑛業─實業計畫第六計畫中，完全講開發鑛業與製造開鑛機器及冶鑛廠。　國父在第六計畫中談鑛業時亦談到農業，如說：「鑛業與農業爲工業上供給原料之主要源泉也。鑛業原料以供機器，猶農業產食物以供人類。」另在第五計畫中談到糧食工業時，曾强調開放廢地，改良農地，設立農器製造廠等。至於民生主義第三講，對於農業與糧食更講得詳細。

單就鑛業言，　國父認爲鑛業與機器關係甚大。「故機器者，實爲近代工業之樹，而鑛業者，又爲工業之根。如無鑛業，則機器無從立，如無機器，則近代工業之足以轉移人類經濟狀況者，並無從發達。總而言之，鑛業者，爲物質文明與經濟進步之極大主因也。」（第六計畫）

丙、發展工業─實業計畫第一至四計畫主張設鋼鐵廠，水泥廠，造船廠，機關車客車製造廠，第六計畫主張設冶鑛廠與鑛業機器製造廠，第五計畫則主張發展糧食、衣服、居室、行動、印刷五種工業，前者爲關鍵與根本工業，後者爲民生工業（指第五計畫），或者說，前爲重工業，後爲輕工業。工業爲物質文明之母，實業計畫則輕重工業並重。

如果以上三種實業共趨於發達，則工業革命與社會革命之效果，可以同時收到。國父說：「如果交通、鑛業、和工業的三種大實業，都是很發達，這三種收入，每年都是很大的。假若是國家經營，所得的利益歸大家共享，那麼全國人民便得享資本的利，不受資本的害，像外國現在的情形一樣。」（民生主義二講）這不是說發達國家資本，可以使工業革命與社會革命「畢其功於一役」嗎？

總括起來說，所謂節制私人資本，不過是防止私人資本壟斷社會富源，操縱國民生計，不是要取消私人資本，或沒收私人資本。所謂發達國家資本，是要發展國營實業，大企業國營而已，並非完全取消個人企業。故就國營與民營言，是要兩者兼顧，又就土地政策言，國有與民有並行，即在土地國有之原則下，准許人民私有，不妨害耕者有其田。所以說，民生主義的財經政策，是公有財產與私有財產並存的。

叁、農業與工業平衡發展（新興國家的經濟開發）

我們在這裏先研究農工業並重，次研究耕者有其田的理由、辦法及在臺灣實施的經過，內中包括「三七五」減租及公地放領等。

（一）農工業並重——我國自古以農立國，農業成爲國民經濟的主幹，對於農業發展，向來極爲注重。近代由於工業革命與起，先進國家工商突飛猛進，潮流所趨，我國不得不謀工業化以躋身於近代文明之林。蔣總統說：「大家要曉得：現在一個國家，要在世界上獨立生存，能與各國並駕齊驅，獲得自由平等的地位，第一重要的條件，就是工業發達。所以我們中國要和人家講平等，爭自由，第一件重要的事情，就是要使我們中國能由農業國家進爲工業國家。（建設新雲南與復興民族）後來他在「民生主義育樂兩篇補述」裡更肯定的說：「我們要解決民生問題，一定要完成工業革命。我們的社會，一定要從農業社會進入工業社會。」可知發達工業乃當務之急。但是工業發展必須以農業發展爲基石，所以我國採取「農工業並重」政策，以工業適應農村之需要，以加速農業之發展；農業要增加生產，提高品質，以供工業上之需求。亦即特別注重「以農業培養工業」「以工業發展農業」。「農工相輔相成」已爲新與國家經濟開發之重要課題。

㈠發展農業：現代農業發展的目標，在於達成「農業之工業化」。中華民國憲法第一百四十六條規定：「國家應運用科學技術，以興修水利，增進地力，改善農業環境，規畫土地利用，開發農業資源，促成農業之工業化。」上條引文，頗能綜述　國父農業政策的要義。蔣總統在「整理文化遺產與改進民族習性」一文中，於分析我國農業社會的病態以後，强調我們「要以工業社會的精神，來改造農業社會，使我們現在的社會，逐漸變成工業化的社會」。他並說「所謂工業社會的精神，就是現代科學化的精神。」由此可見　蔣總統對於「農業工業化」的重視。（周開慶著：國父經濟學說）

國父對於農業改進的主張，綜括起來，約有三點：（甲）解決土地問題。（乙）改良農業，增加生產。（丙）建立農業金融體系。

1.解決土地問題　國父說：「夫土地者，生民之命脈。」（國父　上李鴻章書）所以要發展農業，必先解決土地問題。

國父說：「中國現在的農民，究竟是怎樣的情形呢？中國現在雖然是沒有大地主，但是一般農民，有九成都是沒有田的。他們所耕的田，大多是屬於地主的，有田的人自己多不去耕。照道理來講，農民應該是爲自己耕田，耕出來的農品，要歸自己所有。現在的農民，都不是耕自己的田，都是替地主來耕田，所生產的農品，大半是被地主奪去了。」（民生主義第三講）可知中國當時租佃制度不合理存在，所以他認爲：「農民問題眞是完全解決，是要耕者有其田，那才算是我們對於農民問題的最終結果。」「假若耕田所得的糧食完全歸到農民，農民一定是更高興去耕田的；大家都高興去耕田，便可以多得生產。」（同上）農業產品增加，必使工業資源增加，在另一方面，農民所得增加，對工商產品需要增加，促進工業發展。臺灣實施耕者有其田之成效，卽爲明證。

除耕者有其田外，另一方法是實施平均地權，以防止少數人壟斷土地，爲害社會。現在在進行工業化的國家，每年都會有大量人口，從農村走入都市。工業發達，每年都要增加新的勞力。「只有減少農村人口的壓力，每戶的耕地面積，才有增加的希望。……因平均的耕地面積過小，不易使用節省人力的機械工作，只有經過工業化，使部份人口從事工業，在耕作面積擴大之後，可以有效使用機械，及其他精耕設備，中國的農業問題，才能找到解決的途徑。」（羅時實著：從經濟學看國父思想）要農業工業化，則必須使農業釋出勞力，減少農業人口，擴大土地，以利機械耕作，大量生產，而釋出的農業勞力，則加入工商部門，促進工商業發展。所以土地問題的解決，是解決農業問題的先聲。

2.改良農業，增加生產　這就是說要用現代科學方法，改良農業。國父在民生主義第三講中，提出七項科學方法，卽機器、肥料、換種、除害、製造、運送、防災等問題，來改良農業增加生產。⑴機器問題。用機器耕田，生產可加一倍，費用可省十倍或百倍。用機器抽水，可免旱災。⑵肥料問題。用化學方法來製造肥料，用電來造人工硝，用天然的水力來發電。⑶換種問題。用交換種子的方法，使土壤休息。⑷除害問題。植物的害，用科學方法去秕草，和利用秕草。動物的害，用國家力量，研究除去害蟲的方法。⑸製造問題。中國過去製造方法是晒乾與醃鹼，還可以採用外國新法製成罐頭。⑹運輸問題。中國財富無形中因運輸不便而消耗甚大，過剩的生產不能輸出，停滯而成廢物。要解決運糧問題，在水陸方面，要修浚開闢運河。在鐵路方面，重要地方要築鐵路聯絡起來。在公路方面，窮鄉僻壤，通自動車，以救鐵路之窮。⑺防災問題。對於水災，治標的辦法，是浚河築堤，使不致泛濫。治本的方法，是多種森林，蓄積水源。對於旱災，治標的方法是機器抽水，治本的方法，亦爲多種森林。

3.建立農業金融體系　中國國民黨第一次全國代表大會宣言所提出：「農民之缺乏資本，至於高利借貸以負債終身者，國家爲之籌設調劑機關如農民銀行等，供其匱乏，然後農民得享人生應有之樂。」農業機械的大量使用，運銷的現代化，以及品種和肥料的使用，均需投資。農業金融體系的建立，將鼓勵農民對農業投資，促進現代化。

我們從實業計畫和民生主義中，可知　國父所最著重的，是農業最新知識和最新技術的引進，以及現代化運銷方法，以促進農村生產力的蛻變。農村生產力蛻變，不但可增加糧食供應，改善農民生活，而且也有刺激各種有關工業的發展。

在中國國民黨的政綱政策裡，對於我國應採的農業政策，「本於　國父遺教，……六全大會並同時通過農業政策綱領及農民政策綱領。農業政策綱領第一條，規定『農業建設應依三民主義之原則，以建

立現代化農業。』農民政策綱領第十條，規定『提倡機械生產，改進農業生產技術，以促進農業工業

化。』這些規定，是一貫主張農業科學化，農業現代化，亦卽農業工業化的。」（周開慶著：國父經

濟學說。）

㈡發展工業：我們推行工業化，發展中國工業，首先應確立的原則，就是民生主義的工業建設，

是一直採取計畫經營的，亦卽自由與計畫配合。蔣總統說：「經濟建設必有計畫，而計畫必有其根

本精神。」（中國經濟學說）因爲中國廣土衆民，工業建設，經緯萬端，要想把這種工業化的大責任完

全讓人民去負擔，他們不但缺乏充足的資本，以樹立巨大的規模，對外也難與外國的托辣斯以及國營企

業競爭。所以我國經濟建設事業之經營，「必須遵照總理遺教，爲有計畫的實施。」（蔣總統：第一

期經濟建設原則）民生主義以經濟計畫來完成工業化，但它同時也重視人民的企業自由以配合發展。因

爲全面工業化的建設，非政府單獨力量所能達成，所以「對於經營方式，應在不違背節制資本之原則

下，儘量鼓勵民營企業。」（第一期經濟建設原則）「總期以企業自由刺激經濟事業之發展，完成建設

計畫之實施。」

我國工業建設，應採計畫經營。由政府製訂總計畫，統籌實施；同時在不違背節制資本之原則下，

鼓勵企業自由；使計畫與自由適當配合，共謀發展。誠如蔣總統所說：「應使人民的經濟自由與國家

的經濟計畫融爲一體。」（民國三十四年國慶日告全國軍民書）

除上列方法以發展工業外，我們必須在財政、貨幣、以及行政諸方面，採取適當措施，以培植工業

的幼苗。關於改善投資環境，國父說：「今欲利便個人企業之發達於中國，則從來所行之自殺的稅

制，應卽廢止；紊亂之貨幣，立需改良；而各種官吏的障礙，必當排去。」（實業計畫）關於實行保護

關稅，國父說：「用海關作武器，來保護本國經濟的發達，好比海口上防止外來軍隊的侵入便要築砲臺一樣。所以保護稅法，就是用關稅去抵制外貨，本國的工業才可以發達。」（民族主義第二講）

總而言之，民生主義的經濟政策，是要農工業並重。發展農業的計畫，見於上李鴻章書「地能盡其利」，民生主義第三章食的問題，及歷屆國民黨代表大會的農業政策。發展工業的計畫，則詳於實業計畫，國民經濟建設運動，中國之命運及歷屆國民黨代表大會所宣布之工業政策。

（二）實行耕者有其田——這裏將耕者有其田的理由及辦法，臺灣實施耕者有其田的經過，略加敘述於後。

㈠實行耕者有其田的理由：國父對於耕者有其田的主張，雖於一九〇七年談到，但詳論於民國十三年，一見於耕者要有其田講詞（對廣州農民訓練所講），二見於民生主義第三講。國父為什麼要提倡耕者有其田呢？第一是要解除農民痛苦，亦就是解決農民問題，第二是要增加糧食生產，亦就是增加耕地面積生產量，或則說要地盡其利，第三是要鼓勵墾荒，就是增加耕地面積。

⑴解決農民問題　國父認為「中國現在雖然是沒有大地主，但是一般農民，有九成都是沒有田的，他們所耕的田，大多是屬於地主的，有田的人自己多不去耕。照道理來講，農民應該是為自己耕田，耕出來的農品，要歸自己所有。現在的農民，都不是耕自己的田，都是替地主來耕田，所生產的農品，大半是被地主奪去了。這是一個很重大的問題，我們應該馬上用政治和法律來解決，如果不能夠解決這個問題，民生問題便無從解決。農民耕田所得的糧食，據最近我們在鄉下的調查，十分之六是歸地主，農民自己所得到的不過十分之四，這是很不公平的。」（民生主義第三講）這樣下去，農民的生活是無法解決的，農民的痛苦是無法解除的，如果實行耕者有其田，農民問題，便可以解決。所以　國父

說：「我們要解除農民的痛苦，歸結是要耕者有其田」。（耕者要有其田講詞）

(2)增加糧食生產　土地屬於地主，地租很重，農民懶於耕作，或疏於施肥，以致生產減少。國父說：「假若耕田所得的糧食，完全歸到農民，農民一定是更高興去耕田的，大家都高興去耕田，便可以多得生產。但是現在的多數生產都歸於地主，農民不過得回四成。農民在一年之中，辛辛苦苦所收獲的糧食，結果還是要多數歸到地主，所以許多農民便不高興去耕田，許多田地便漸成荒蕪不能生產了。」（同上）

(3)增加耕地面積　如果實行耕者有其田，不僅現有田地，不會荒蕪，而且可以新闢土地（墾荒），增加耕地面積。國父在實業計畫中主張移民墾荒，在地方自治開始實行法中主張「墾荒地」，如能與耕者有其田相配合，其效果必更爲增加。

(二)實行耕者有其田的辦法：國父在耕者要有其田講詞中，只講到要用和平的方法去實行耕者有其田，不主張採用暴力去沒收地主的土地。在原則上，要使「農民得到利益，地主不受損失」。至於這和平方法的內容是什麼？未加說明。後來中國國民黨歷經研究，才決定用照價收買的原則，對地主加以補償，這才是和平方法的內容。

崔書琴先生在三民主義新論中，提出下列四種，作爲實施耕者有其田的具體辦法：(1)授田，(2)租田，(3)保障農民權利，(4)限制兼併。後來編三民主義書籍者，多加以採用，有的將限制兼併改爲限田。嚴格的說，保障農民權利，屬於中國國民黨的農民政策，不能列於實行耕者有其田辦法之內。至於限田、租田亦不過是實行耕者有其田的前奏而已。茲且以「吾從衆」的態度，把下列各種辦法分述如后：

(1)限田　限田是一種政策，見於中國國民黨民十二宣言中，原文爲：「由國家制定土地法，使用土地法，及地價稅法，在一定時期以後，私人土地所有權，不得超過法定限度。私人所有土地，由地主估報價值於國家，國家照價征稅，並於必要時，得依價收買之。」

⑵租田　租田的辦法，見於實業計畫蒙古新疆之移民項，其原文爲：「土地應由國家收買，以防專占投機之家，置土地於無用，而遺毒害於社會。國家所得土地，應均爲農莊，長期貸諸於民。而經始之資本、種子、器具、屋宇，應由國家供給，以實在所費本錢，現款取償，或分期攤還。」如以公地放領來加以比較，所謂租田，可叫公地放租。著者以爲公地放租應爲公地放領之前奏。

⑶授田　授田確爲實行耕者有其田的辦法。中國國民黨第一次全國代表大會宣言稱：「國民黨之主張，則以爲農民之缺乏田地淪爲佃戶者，國家當給以土地，資其耕作。」這就是授田。國家的土地何由而來呢？第一、因報價過低於依照規定而收買者，第二、不能如期開墾而沒收充公者，第三、超過限額由政府收買者。

⑷保障農民權益　國父在民生主義第三講講耕者有其田時曾說：「我們要增加糧食生產，並要規定法律，對於農民的權利有一種鼓勵，有一種保障，讓農民自己多得收成。」這裡講保障農民權益，倒與耕者有其田有些直接關係，至於歷屆中國國民黨代表大會所訂政綱中講到的保障農民權益，乃屬於農民政策，與耕者有其田沒有直接關係。

㈢臺灣實施耕者有其田的經過：臺灣在實施耕者有其田之先，曾進行「三七五」減租與「公地放領」，此項「三七五」減租與「公地放領」的推行，實爲實施耕者有其田之前奏。

⑴「三七五」減租的辦法　民國十五年中央及各省區聯席會議議決減少田租百分之二十五，簡稱「二五減租」。所謂「三七五」減租，係將「二五」減租的辦法加以改進，改稱爲「三七五」減租，其

計算方法，先由一年中的總收穫量減去千分之二百五十，所剩千分之七百五十，由地主與佃農平分，卽各得千分之三百七十五。臺灣實施辦法計有下列幾個要點：A減輕租額——耕地地租，一律不得超過主要作物正產品全年總收穫量千分之三百七十五，原約地租不及千分之三百七十五，不得增加。B保障佃權——耕田租約，一律以書面爲之，不得增加，租佃期間，不得少於六年，在租佃期中或租期屆滿，非有法律因素，地主不得收回耕地。C優先購買——承租人對於承租耕田，如未積欠地租，有優先購買之權。

(2)公地放領　臺灣省公地放領扶植自耕農實施辦法公布後，於四十年、四十一年、四十二年、四十七及五十年，分爲五期辦理。其辦法要點如下：A放領範圍——暫以國有省有之公有耕地，先行辦理放領，其與放領耕地在使用上有不可分離之田寮、水溝、池沼等，得合併辦理。至縣市鄉鎮之公有耕地，亦得比照辦理，惟須獲得地方民意機關之同意。B放領對象——首先爲承租公地之自耕農，其次爲雇農及耕田不足之佃農，再其次爲耕地不足之半自耕農及無土地耕作之原土地關係人。C放領價款——係按各等則耕地，正產品全年收穫總產量二倍半，爲地價計算標準，由承租耕田之農戶，分十年攤還，攤還後，其土地卽歸農戶所有。

(3)實施耕者有其田條例的要點　臺灣於四十一年頒布臺灣省實施耕者有其田條例，茲就四十三年修正條例的要點摘錄於後：

甲、保留地與徵收—地主對土地的所有權，除得保留七至十二等則水田三甲外，其超過部份，概由政府徵收，轉放與現耕農承領。

乙、地價計算標準—徵收之土地，係按各等則耕地主要作物正產品全年收穫總量二倍半計算地價、

償還地主，內分土地債劵七成，公營事業股票三成。（並得發現金）

丙、債劵償還期限與年息—土地債劵分十年償還，以實物爲基礎，並給予地主百分之四的年息。

丁、地價償還規定—農民向政府承領土地，其地價亦以正產品全年收獲總量二倍半計算，分十年付清，地價付清後，承領農民即獲得土地所有權。

戊、保護與限制—政府爲保護自耕農的權益，設置生產貸款，低利貸放農民，在經濟上予以扶助。並規定在地價未付清前，不得轉移。至地價付清後，其轉移以自耕、建築、工業用三者爲限。同時禁止耕地出租，以確保此項土地政策的成果。

這裏要提及的是：

一、「三七五」減租、「公地放領」及實施耕者有其田的成果，留在民生主義經濟建設的成就中說明。

二、實施耕者有其田條例這個名稱，是就其目的言，如就內容言，乃含有限田政策之意。

肆、生活自由與社會安全兼顧

我們在這裏要研究生活自由與社會安全，內分：⑴生活自由與自由主義，⑵社會安全與社會主義，⑶民生主義育樂兩篇補述。

㈠生活自由與自由主義——「生活自由」與「社會安全」在思想史上皆有所本，即自由主義與社會主義。自由主義出現於中古之末和近代之初，即從文藝復興起，經過宗教改革，到啓蒙運動而發展起來。歐洲中古時代是封建社會，有階級制度，人是一個隸屬一個的。中古時代爲宗教時代，神支配了一切的人，只有神沒有人。當時的經濟以農業爲主，靠天吃飯。當時的政治受宗教影響，是神權政治。當時的教育文化在教會掌握之中，思想不能超出「聖經」的範圍。

文藝復興是古代希臘與拉丁文藝的復興，在形式上爲一種復古運動，但實際上由於希臘與拉丁文藝的內容，注重人生，反而發現了人，造成人文主義的思潮。發現了人就發現了個人，發現了「我」。這是文藝復興的重要貢獻，它使人輕視神學，發生懷疑，宗教改革成了必要。宗教改革雖未否認神，却使人擺脫教會和教士的束縛，直接與神接近。它的極端，甚至主張「上帝喜歡人各依其自身之方法對之致敬」，如此人在神前自由了。宗教改革的結果，發生新、舊派別，由人們自由信仰。

人從神和教會之束縛下解放出來之後，還有貴族和君主的束縛。中古時代是貴族政治，以封建主義爲制度。以後國家統一，君主政治出現，實行專制，以絕對王權統治人民，生殺予奪任意爲之，人民的生命財產缺乏保障。所以宗教的解放是不够的，必須繼之以政治的解放，應這種需要而生的是啓蒙運動。在此運動中出現了很多思想家：盧梭把自由看成天賦人權，提出了自由主義的政治理論—社會契約。孟德斯鳩提出了自由主義的政治制度—三權分立。至於以揆士內（Quesnay）爲領袖的重農派，主張放任（Laissez-faire），開始了自由主義的經濟思想。亞當史密斯繼起，創立了自由主義的經濟學說，認爲每個人對自己的利害，只有他自己最清楚，故在經濟上反對政府的干涉。實行自由企業、自由競爭，結果發展成了資本主義。

自由主義確是解放了個人，實現了自由，結果在政治、經濟、教育、文化上無一不比從前進步。它推動了人類歷史，改良了人類生活，舉凡科學的昌明，技術的增進，生產的發達，可說是自由的賜予，學術日新又新，應有盡有，蔚爲大觀。近代文明實在是自由之花所結出來的果實。

物極必反，自由主義在發展中生出了反對自由主義的力量。以經濟方面言，資本主義形成了新的壓迫和不平等。例如英國自工業革命後，實行機械生產，富者自由經營企業，貧者被迫爲人勞動，結果富者愈富，貧者愈貧，懸殊過甚，形成階級，以致發生了社會問題，出現了社會主義。資本主義主張自由競爭，所以使得大資本吸收小資本，造成資本集中，於是壟斷就代替了競爭。這時大資本家要瓜分市場，協定價格，小資本家則受壟斷壓迫，無所謂自由。同時大多數的勞動者，在這種情形下，只能永遠是勞動者，這似是命運，不能挽回。經濟自由在這種狀況下，屬於極少數人享有。資本主義造成貧富懸殊的界限之後，又影響到其他的自由，例如言論出版的自由，一方面需要金錢，一方面需要知識。富者受教育，有知識也有金錢，可以享受。拉斯基說「新聞事業十九已成爲一門大商業」，是「爲了營利動機而組織的」。至於貧者，不能享受充分的教育，缺乏知識，又能發表什麼言論？出版什麼東西？自由落空了，平等也落空了。

由於代表自由主義經濟制度的資本主義出了毛病，便產生了社會主義。在十九世紀前半期起，形成思想運動，到後半期，成爲政治運動。二十世紀出現了布爾什維主義，後稱共產主義，它利用第一次世界大戰而獲得政權。因爲它走上帝國主義和極權主義的道路，必然要失敗。但是原來的社會主義，即今日工黨、社會黨、社會民主黨等的社會主義，則並無失敗的徵象。羅素說：「俄國的共產主義無妨失敗，乃至消滅，然而社會主義本身是不會死亡的。」這種社會主義就威脅資本主義的生存了。國父在一八九六年到歐洲，就看出資本主義的毛病很多，他以爲中國「不可不爲未雨綢繆之計。由是參綜社會諸家學說，比較其得失，覺國家產業主義尤深穩而可行。」這裏的國家產業主義本是就國家社會主義而言，國父曾說：「民生主義就是國家社會主義」，所以也是就民生主義而言。國父要用民生主義預防資本主義主義之禍於未然，歐美各國的有心人則想用社會主義挽救資本主義之禍於已然。可見 國父有先見之明。

(二)社會安全與社會主義——爲了補救資本主義不能普偏顧及大衆利益的缺失，許多社會主義者主張實施社會安全制度。社會安全亦稱經濟安全，是一種社會政策的實施，是保障生存權與工作權的基本措施。這種制度，原爲社會保險事業之擴大與發展。茲以美英兩國爲例：美國的社會安全制度，其內容可分爲三類：一爲社會保險。其中分爲失業保險、養老及遺族保險。二爲公共扶助，其中分爲老年者扶助、盲人扶助及幼年者扶助。三爲母性及子女保護設施，此卽美國人自稱「從搖籃到坟墓」的社會安全措施。英國的社會安全措施，大體可分爲兩類：一爲被僱傭者及有業者關係方面。其中分爲退職年金，失業補助金及災害年金。二爲一般國民方面。其中分爲孕婦的保護與扶助、兒童補助金、公醫制度、埋葬費用、寡婦補助金及其他。此卽英國人自稱「從受胎到墳墓」的社會安全措施。

國父 對於社會安全的涵義，有許多明確的說明，茲述其大要於下：

(一)關於教育方面： 國父於民國元年在中國社會黨講演時，指出社會主義對於教育的主張是：「凡爲社會之人，無論貧賤，皆可入公共學校，不特不收學膳等費，卽衣履書籍，公家任其費用，盡其聰明才力，分專各科，卽資質不能受高等教育者，亦按其性質之所近，授予農工商技藝，使其有謀生之才，卒業之後，分送各處服務，以盡所能，庶幾教育之惠，不偏爲富人所獨享，其貧困不能造就者，亦可免其憾矣。」(社會主義之派別及批評)就社會安全措施言，這種免收學膳費並供給衣履書籍的教育叫做「公費制」，或稱公費教育。

國父論地方自治時，又主張：「凡自治區之少年男女，皆有受教育之權利，學費書籍與夫學童之衣食，當由公家供給。學校之等級，由幼稚園，而小學、而中學，當陸續按級而升，以至大學而後已。教育少年之外，當設公共講堂，書庫、夜學等，爲年老者養育知識之所。」（地方自治開始實行法）這也說明地方教育應採公費制。所謂由小學而中學而大學，並非是不分智愚，免考照升，實則應按聰明才力而升學，當然少不了考試（或審查），故 國父在上李鴻章書中有所謂「智者進焉，愚者止焉；偏才者專焉，全才者普焉。」

(二)關於養老育幼及疾病方面： 國父在社會主義之派別及批評中論養老之方法稱：「社會之人，爲社會勞力辛苦數十年，而至衰老筋力殘弱不能事事，社會主義者謂其有功社會，垂暮之年，社會當有供養之責，遂設公共養老院，收養老人，供給豐美，俾之愉快，而終其天年，則可補貧窮者家庭之缺憾。」

以上專談養老，以下則兼談育幼與殘疾人之供養。他說：「地方之人有能享受權利而不必盡義務者：其一爲未成年之人，或以二十歲爲準，或以十八歲爲準，隨地所宜，由立法規定之，此等人悉有享受地方教育之權利。其二爲老年之人，或以五十爲準，或以六十爲準。隨地所宜，立法規定之，此等人悉有享受地方供養之權利。其三爲殘疾之人，有享受地方供養之權利。」（地方自治開始實行法）

(三)關於醫病方面：現代講社會安全的人，最重視公醫制。即人民患病，由公家醫院診治，不收醫藥費。國父講到社會主義者的主張時說：「人類之盡忠社會，不愼而偶沾疾病，富者固有醫藥之治，貧者因無餘貲，終未免淪落至死，此不平之事也。社會主義者，遂主張設公共病院以醫治之，不收醫治之費，其待遇與富人納資者等，則社會可少屈死之人矣。」（社會主義之派別及批評）

(四)關於一般人民生活方面： 國父對於一般人民的食衣住行四大需要，主張由政府與人民通力合作，以求圓滿之解決。他說：「建設之首要在民生，故對於全國人民之食、衣、住、行四大需要，政府當與人民協力，共謀農業之發展，以足民食，共謀織造之發展，以裕民衣，建設大計畫之各式屋舍，以樂民居，修治道路運河，以利民行。」（建國大綱第二條）他在民生主義第三講中，詳述解決食、衣問題之方法。又在實業計畫第五計畫中，主張設置民生工業，加強糧食、衣服、住宅、交通事業有關之生產，以解決一般人民之食衣住行問題。

㈤關於農民生活方面：過去在大陸我們都說農民佔全國人口百分之八十以上。因此，國父對於農民生活，十分重視。他說：「中國以農立國，各階層所受之痛苦，以農民爲尤甚。國民黨之主張，則以農民之缺乏田地淪爲佃戶者，國家當給以土地，資其耕作，並爲之整頓水利，移殖墾拓，以均地力。農民之缺乏資本至於高利貸，以負債終身者，國家爲之籌設調節機關，如農民銀行等，供其匱乏，然後農民可得享人生應有之樂。」（中國國民黨第一次全國代表大會宣言）此外，國父在實施耕者有其田演講及民生主義中講糧食問題時，亦提到注重農民的生活問題。

㈥關於工人生活方面：國父對於勞工生活，已就失業、養老、育幼、濟貧、療疾各方面予以注意。他說：「中國工人之生活，絕無保障，國民黨之主張，則以爲工人之失業者，國家當爲之謀救濟之道，尤當爲之制定勞工法，以改良工人之生活，此外如養老之制，育幼之制，周恤廢疾之制，普及教育之制，有相輔而行之性質者，皆當努力以求其實現，凡此皆爲民生主義應有事也。」（中國國民黨第一次全國代表大會宣言）又在民生主義中講到社會與工業之改良時，重視勞工保險，勞工子弟教育，廠礦安全檢查等實施，此種實施在當時爲「社會與工業之改良」（見威廉著社會史觀），在今日便可稱爲「社會安全制度之實施」。

由以上各節，可以知道　國父對於社會安全的實施，是主張國家對於每個人民，不但要負責保障其生存的最低生活，而且要不斷增進其幸福，使每個人民都能享受均富的安樂，最後達到「老有所終，壯有所用，幼有所長，鰥寡孤獨廢疾者皆有所養」的大同社會。

㈢ 民生主義育樂兩篇補述——從上面研究自由主義與社會主義的發展，本已講到了　國父對於社會安全的重視；但這裏還要講到詳述社會安全方法的民生主義育樂兩篇補述。

或許有人以為民生主義未講完部分，祇有住行兩問題，而戴季陶先生則以為還有「育、樂」兩問題。（見戴著孫文主義之哲學的基礎。）

蔣總統於民國二十四年九月講　總理遺教概要（一名　總理遺教六講），其第一講論物質建設說：「實業計畫實現之時，卽經濟發達物質建設成功之日，國民的食、衣、住、行、育、樂等一切民生問題就可解決。」　蔣公在這裏講民生主義除食衣住行外，還講到了育與樂，無疑地是贊成戴季陶先生的看法。

民國四十一年十一月十二日，　蔣總統經過長期的考慮，乃發表民生主義育樂兩篇補述，內分：㈠為什麼要補述育樂兩篇，㈡育的問題，㈢樂的問題，㈣建設大同社會的條件和方法。

所謂大同社會，卽指自由安全社會而言，一方面注意到人民的生活自由，一方面注意到社會安全，既非偏於放任的自由主義，亦非不問生活自由一類的社會主義，如共黨暴力壓榨下的虛偽的社會安全。

㈠為什麼要補述育樂兩篇：　蔣總統為什麼要補述民生主義育樂兩篇呢？其主要目的有二：①為了要完成民生主義的內容，②為了要建立一個自由安全社會。

1.完成民生主義的內容　蔣總統在育樂兩篇補述序文中說：「可看出民生問題，除食衣住行之外，還有育和樂。……所以對於『育幼、養老、濟災、醫病與夫種種公共之需』，乃至『聾啞殘廢院以濟大造之窮，公共花園以共暇時之戲』，都要籌畫辦理，『把中國變成一個安樂國家』，才是民生主義的完成。所以我們如不把育樂這兩個問題，和食衣住行這四個問題，一併提出研究，就不能概括　總理的民生主義的全部精神與目的之所在。」所謂補充民生主義的全部精神和目的，就是完成民生主義的內容。

2.建立一個自由安全的社會　蔣總統又說：「我們在這反共抗俄戰爭中，要恢復中國國家為自由獨立的民主國家，必須有計畫，有步驟，重建中國社會為自由安全的社會，來做這獨立民主的國家的基礎。所以民生主義的社會政策之研究和確立，刻不容緩，而育樂兩篇的補充，也就成了重要的工作了。」這也就是說育樂兩篇補述的施行，其目的在建立一個自由安全的社會——兼顧人民生活自由和社會安全的社會。

(二)育的問題：所謂「育」，包括生育、養育和教育，這三大項目都包括著很多問題，分別述其內容如下：

1.生育問題　這裏要講馬爾薩斯的人口論，農業社會進入工業社會，怎樣解決人口問題等。

甲、馬爾薩斯的人口論—馬爾薩斯把國民的生育問題，當作純粹的生物學和簡單的經濟問題來看待，他認為「人口的增加是幾何學的（一、二、四、八……），糧食的增加是算術比率的（一、二、三、四……）。糧食增產不能與人口增加齊頭並進，因此無法滿足人口的需要，便發生貧困、饑荒和戰爭，要把人口減少，使其與糧食保持平衡。」其實，他的理論，是與事實不相符的。蔣總統說：「據人口問題專家的估計，三百年來全世界人口只增了四倍，可見人口的增加並不是幾何的比率。並且近代農業技術的進步，使糧食的產量能够很快的增加。例如美國，一七八七年鄉村裏十九個農民的剩餘糧食，只能供給一個市民；到了現在，每一個農民能供給十九個人了。可見糧食的增加也不是算術的比率。所以把人口問題當作純生物學的問題和簡單的經濟問題來研究，得不到正確的結論。」

乙、農業社會進入工業社會—在農業社會進入工業社會的時期，人口集中於城市，有關各種生育的問題，亦發生重大變化。蔣總統認爲「我們試就現代工業國家的人口統計來研究，在人口城市化的趨勢裏，顯明的趨勢是大家族分化爲小家庭，早婚改變爲晚婚，離婚率增高，而生育率減低。再詳細一點說，在工業國家裏，鄉村人口的生育率高，城市人口的生育率低，並且教育程度愈高的人，其生育率便愈低，由此可見國民生育率並不隨工業化的進步來增加，反而有減低的趨勢。」並不如馬氏所料，完全向幾何級數邁進。

丙、怎樣解決人口問題—蔣總統指出，應求鄉村與城市人口均衡發展，使青年男女瞭解養育子女的應負責任，並保障家庭生活安全，實行結婚貸款，女工生育期間給假，子女較多的多給工資，輔導就業與救濟失業，以期求人口數量方面的增加，及品質方面的提高。同時將來的人口分配，應與都市建設計畫相配合，採取下列的人口政策：⑴依據實業計畫之精神，使全國經濟平均發展，全國人口均衡分配。⑵工業礦業及漁牧事業，依各地資源分佈的實況，使其發展。各地人口之分佈，應使其適於資源的開發與利用。⑶城市與鄉村均衡發展，要做到城市鄉村化，鄉村城市化。每一家庭都得到充分的空間和健康的環境。這裏我們特別要注意的是既求數量的增加，亦求質量的提高。

2.養育問題　我們要建設中國社會爲民生主義社會，對於兒童、疾病殘廢、鰥寡孤獨、老年及喪葬等問題，應考察其癥結所在，提出其解決方法。

甲、兒童問題—怎樣解決社會轉變中的兒童問題呢？要從下列四方面著手：①設立公共婦產醫院。

②設立兒童教養院。③設立托兒所。④設立兒童保健院。要從上列四項協助人民解決兒童問題，大陸收復後，要廣徵義父母，以收養孤苦無靠的兒童。

乙、疾病殘廢問題—疾病和殘廢各可分爲生理的與心理的兩方面：①要提高國民生活水準，普及國民衞生教育，普設防治醫院，實行疾病保險，以解決生理的疾病問題。②要減少疾病的發生和傳染，防止車禍與工業傷害，訓練殘廢使之能就業，以解決生理的殘廢問題。③要從改良監獄，創設精神病院，心理衞生所等事項著手，以解決心理上的疾病問題。④要從建設神經病院，管制麻醉品各方面著手，以解決心理上的殘廢問題。

丙、鰥寡孤獨—由農業社會轉變到工業社會，由大家庭制轉變爲小家庭制，這問題更加嚴重。我們要設法保障婚姻安全，減低離婚率，輔導就業，取締游民，設置游民習藝所，乞丐妓女收容所，加以訓練，使能就業，以解決鰥寡孤獨問題。

丁、老年問題—社會轉變中老年人更失去倚靠，我們要：①建立老年退休制度。②建立養老制度。③設立養老院，使老年人能獲得安靜的生活，以頤養天年。

戊、喪葬問題—農業社會這問題比較簡單，工業社會則爲較爲嚴重。應多設殯殮場所、公墓，戒除一切浪費，使喪葬問題能得到合理的解決。

3.教育問題　下分甲、乙丙三項？

甲、變動社會中的教育—在農業社會進入工業社會的過程中，舊社會組織趨於瓦解，新社會組織還沒有定型。由於大家族組織的分解，青年對父母一代的生活規律不能完全接受，不知道做人做事的方法，無法適應這變動社會的需求，更缺乏自求生存與發展的能力。因此，國家應該以教育爲作育這一代青年的主要方針。蔣總統說：「在我們這變動的社會裡，教育是指導國民從舊社會瓦解中建設新社會的唯一方法，尤其是指導青年適應新社會生活的唯一道路。」

乙、過去教育的缺點－從建設民生主義社會的革命事業，來檢討過去的學校教育，計有下列三大缺點：

①升學主義：「這是小學和中學教育的根本缺點。小學課程是爲了升入中學作準備；中學課程是爲了升入大學作準備。」這種升學主義的學校教育，只重視應考的幾樣課目，反而對「變化氣質、陶冶品德」的教育主旨，不予注意。

②形式主義：由於印刷工業發達，書價低廉，讀書求學問，不一定要進大學。「所以今日的大學，不應該只是講讀一些圖書，賦予畢業生一種資格，具備一種形式，作爲一種裝飾，就算了事。」大學教育的任務，要賦予指導和幫助學生適應這變動社會，不僅有求生的能力，並且成爲建設新社會的骨幹。

③孤立主義：就是「大學教室裏的科學課本和講述，是脫離實際社會生活而孤立的。大學的科學教育既與社會生活沒有什麼密切關係，中小學的科學教育又不過是準備升入大學，那就更與社會生活沒有什麼密切關係了。」科學教育與實際工作脫節，且與社會生活孤立，是今日學校教育的一大缺點。

丙、如何解決教育問題－爲了糾正過去的缺憾，蔣總統認爲今天應注意的是：①要以四育六藝爲教育的內容，②要以促進社會進步與民族復興爲教育的使命，③要充實學生生活內容以完成教育的任務，④要陶冶學生性行以達到教育的目的，⑤要使社會教育設施配合學校教育的發展，⑥要使各種文化宣傳事業與學校教育配合。又民生主義教育是多方面的：一、要完成强迫教育，掃除文盲，二、要健全家庭教育，三、要重視公民教育，四、要注重職業生活教育，五、要確立大學教育的目標，六、要使成人有升學的機會，七、要加强國民軍訓，八、要普及童子軍訓練，九、要實施勞動服務。如上列九項能妥爲實施，則民生主義的教育方針便能實現了。

㈢**樂的問題**：這裏包括了康樂的意義，康樂的環境，怎樣解決康樂問題等：

1.康樂的意義：正當而健全的康樂，應注意下列四點：一爲身心的平衡，二爲情感與理智的和諧，三爲城市的健康，四爲閒暇與娛樂。分別簡述其意義如左：

甲、身心的平衡—康樂的目的在求國民身心能够保持平衡。「一定要一般國民的體力健康，德性善良，兩方面保持平衡，這個國家才能富强，立足於現代國際社會之林。」

乙、情感與理智的和諧—中國是禮樂之邦，禮的作用是「節」，樂的作用是「和」，在這「節」與「和」兩種作用之下，達到情感與理智和諧的境界，才是正當的康樂。

丙、城市的健康—城市生活的人民，其特點有三：一是擁擠，二是緊張，三是流動。由於這三種關係，城市人口的健康，除病菌之外，還有「疲勞」這個敵人，許多流行的疾病，都是因爲「疲勞」而發生，成爲民族健康的一個大問題，我們應設法克服。

丁、閒暇與娛樂—一個國民一天工作之餘，有了閒暇。如何利用閒暇，去作娛樂活動，便成爲嚴重的問題。在農業社會中，「一個人去工作，享受田園之樂，回家休息，享受天倫之樂。」而城市人的閒暇，大部份用到商業化的娛樂上，於身心反而有害。所以國家對國民的閒暇與娛樂問題，應有計畫加以解決。

2.康樂的環境　要增進國民康樂，先要為康樂的環境而設計，並特別注意下列事項：①城市鄉村的設計，要注意「城市有田園風味，鄉村也有公共交通和電燈等設備。」要做到「鄉村城市化，城市鄉村化」的理想。②在國家建設計畫中，對山林川原的整理與設計，要特別重視。③要有計畫的保林和造林，從國家資源、國民健康與遊行娛樂三方面著眼，擬成完美的計畫。④河川的整理，旣要注意灌漑、交通、動力、漁撈等功能，又要顧慮飲水、水力、風景三大問題。⑤在城市中，對公園的開闢，樹木的培植，要有計畫。

3.怎樣解決康樂問題　康樂問題，分為心理與身體兩方面，要解決康樂問題，亦要從這兩方面著手。

甲、怎樣解決心理的康樂問題—我們要從改進音樂歌曲、書畫、彫刻或戲劇、電影、廣播，以增進國民的精神娛樂，並防止娛樂商業化、市儈化，以免妨害國民心理健康，更要從信教自由著手，以安定國民的精神生活。這裏要注意的是，當　蔣總統發表育樂兩篇補述時，國內還沒有電視，今日則應注意電視之改進。

乙、怎樣解決身體的康樂問題—我們要從清潔、秩序、節制各方面以養成國民的健康習慣，要從射擊、駕駛、操舟、游泳、滑冰、滑雪、國術各方面，以培養國民的康樂技能。

㈣**建設大同社會**：如何建設大同社會？下面要談到建設的條件，大同段與三世說的比較，小康社會與大同社會的異同等。

1.物質條件與精神條件民生主義的建設條件有二：

甲、物質條件—　蔣總統認為照　國父遺教的指示，平均地權、節制資本與發展國營事業的收入，是民生主義建設的物質條件。

乙、精神條件—提高國民社會道德（合作互助）與增進國民學問智識，是民生主義建設的精神條件。

2.大同段與三世說　要講公平的三世說，便要知道大同段的原文，爲便於比較，這裡先錄大同段原文，次述三世說。

甲、大同段原文—「大道之行也，天下爲公；選賢與能，講信修睦。故人不獨親其親，不獨子其子；使老有所終，壯有所用，幼有所長，鰥寡孤獨廢疾者皆有所養。男有分，女有歸。貨惡其棄於地也，不必藏於己；力惡其不出於身也，不必爲己。是故謀閉而不興，盜竊亂賊而不作，故外戶而不閉，是謂大同。」

乙、三世說—蔣總統認爲民生主義的最高理想爲世界大同，禮記禮運篇在大同、小康之外，還有「幽國疵國亂國」。乃以公羊三世說中的太平世比大同，昇平世比小康，據亂世比「幽國疵國亂國」，茲列表如下：

公羊傳中的三世：據亂世→昇平世→太平世。

禮運篇中的三世：幽國疵國亂國→小康→大同。

3.小康社會與大同社會　大同段除載大同社會外，曾載小康社會情形，將蔣總統的比較述其要點：

甲、小康社會—小康的經濟制度是「貨力爲己」，社會制度是「各親其親，各子其子」，政治制度是「大人世及以爲禮，城郭溝池以爲固」。現在分別說明如下：

①貨力爲己：這是說，貨物爲自己的利潤來生產，勞力爲自己的工資來做工。企業家追求利潤，勞動者追求工資，這是一個「自由社會」。但是社會經濟如從自由競爭發展爲獨占資本制度，造成不平等的競爭，使少數人獨占社會的財富，多數人陷入困貧的境遇，社會的變亂必由此而起。

②各親其親，各子其子：以家族爲社會的基本組織，有安全的家，就有安全的社會，同時有安全的社會才有安全的家族。社會流於不平等，則家族也會歸於瓦解。

③大人世及以爲禮，城郭溝池以爲固：這就是 國父所說的國與國爭的君權時代。在這一時代，「謀用是作，而兵由此起。」所以小康社會如不向大同世界再進一步，就是小康也是保不住的。

乙、大同社會—大同的經濟制度是「貨不必藏於己，力不必爲己」。社會制度是「人不獨親其親，不獨子其子」。政治制度是「選賢與能，講信修睦」。分別說明如下：

①「貨惡其棄於地也，不必藏諸己；力惡其不出於身也，不必爲己」：這是說大同世界的生產是努力開發資源，而以養民爲目的；大同社會的勞力是爲社會服務而不是爲工資勞動。所以大同社會的經濟制度是以合作爲基礎，以服務爲目的，這就是民生主義的經濟制度。

②「不獨親其親，不獨子其子，使老有所終，壯有所用，幼有所長，鰥寡孤獨廢疾者皆有所養，男有分，女有歸」：這就是說，在大同社會裏，兒童不會失去教養，壯年都能得到職業，男女都有配偶，老年都有歸宿，家庭的生活安定，如有鰥寡孤獨，疾病殘廢，也都受到國家的保護和社會的扶助。民生主義「育」的問題由是全部解決。

③「選賢與能，講信修睦」：這就是民主國家主權平等的世界。在這世界裡，「謀閉而不興，盜竊亂賊而不作，」這是「天下爲公」的永久和平世界。

丙、由小康進到大同─　蔣總統將大同社會與小康社會加以比較之後說：「我們從大同與小康階段社會來比較研究，即可知民生主義的建設，乃是從小康進入大同的階梯。我們革命建國的事業，要踏著這一階梯向前進步，就可以到達自由安全社會即大同世界。在這自由安全的社會裡，『法定男子五六歲入小學，以後自由國家教之養之，至二十歲爲止，視爲中國國民之一種權利。學校之中具備各種學問，務令學成以後，可獨立爲一國民，可有參政自由平等諸權。二十歲以上，當自食其力。五十歲以上，年老無依者，則由國家給與養老金。如生子多而無力養之者，亦可由國家資養。此時家給人樂，中國之文明康樂，不僅與歐美並駕齊驅而已。』總理這一段話，就是我補述民生主義育樂兩篇的藍圖。我們今日必須依照這一個藍圖，來設計、來實施、來完成　總理所遺留給我們的民生主義社會建設的使命。」最後我們要補充兩句話，在這個社會裏，人民既其有生活上的自由，亦可得到社會安全措施的保障。

伍、均富——民生主義的真諦

這裏先述均富的意義，次述平均地權的理由和辦法，然後述實施都市平均地權的要點。

㈠均富的意義——　蔣總統在「土地國有的要義」講詞中說：「總理在民生主義中揭櫫的兩大原則，就是平均地權和節制資本。……我以爲民生主義的『平均地權，節制資本』可以很簡單的說，就是『均富』兩個字。……再明白點說，『均富』是要使人人有田種，人人能發財，但是不許每個人在限田額數之外，再壟斷土地成爲大地主，亦不許財主集中社會財富，成爲托拉斯，而再有社會不平的現象。換言之，要使國內人民貧富相平，而無特殊階級，這就是我所說的均富，亦就是　總理民生主義的眞的。」我們可以說，均富就是要發展生產以求富，同時要實施合理分配以求均，達到大家均享財富的目的。茲分別說明於下：

㈠發展生產以求富：國父認爲中國民生問題的性質與歐美不同。「歐美經濟之患在不均，中國之患在貧，貧則宜開發富源以富之。」故中國民生問題的解決，首重生產，而在發展生產的過程中，要注意預防資本主義貧富不均的流弊。所以他說：「我們的民生主義，是做全國大生利的事，要中國像英國、美國一樣的富足。所得富足的利益，不歸少數人，…要歸多數人，大家都可以平均受益。」又說：「民生主義並非均貧富之主義，乃以國家之力，發達天然實利，防資本家之專制。」，至於如何「做全國大生利的事」，如何「發達天然實利」，詳見前述「發達國家資本」及後述「實業計畫的規模」二部分。此外　蔣總統在「國父遺教概要」中，曾提到國民經濟建設運動，其實施要項如下：①振興實業。②鼓勵墾牧。③開發礦產，④提倡徵工，⑤促進工業，⑥調節消費，⑦流暢貨運，⑧調整金融。可作爲補充。

㈡合理分配以求均：國父鑒於歐美資本主義有貧富不均的毛病，爲避免中國於發達實業的過程中重蹈歐美社會革命之覆轍，有思患預防的必要。資本主義貧富不均的病根，主要是由於土地和資本兩個問題沒有解決，以致「大富豪大資本家在社會上壟斷權利，一般人日受其束縛馳驟，陷於痛苦。」「吾國現時尚鮮大富豪，將來縱或有之，果使先事預防，其弊亦不如歐美之甚。」，至於預防之策，國父提出了平均地權與節制私人資本兩大辦法，（詳見另節），如此社會經濟可以均等發展，社會財源可以弄到平均，歐美的社會革命可以避免。

由上面的敍述可知，民生主義的發達國家資本及實業計畫，在謀中國實業的發展，加速中國的工業化，目的是在求富。而民生主義的平均地權與節制資本，在謀中國分配的社會化，目的是在求均。故蔣總統指出均富是民生主義的眞諦，可說是民生主義最精當的詮釋，最能指出民生主義的要義。除節制資本，已在他節叙述外，下面研究平均地權與實行耕者有其田。

(二) 平均地權——這裡略述平均地權的理由與方法。

(一)平均地權的理由：國父早在一九〇四年修改致公堂章程，卽主張平均地權，當時海內外同胞對於土地問題，多茫然無知。國父爲什麼要提倡平均地權呢？第一因爲要取締不勞而獲，第二因爲要平均社會財富，第三因爲要誘導資本走向工商業，第四因爲要防微杜漸。

(1)取締不勞而獲　國父鑒於自工業革命以後，各都市及新闢交通地區，地價飛漲，各地主不勞而獲，坐享其成，這是最不公道的事情，所以主張平均地權，把所漲價格歸公家所有。他在民生主義中舉了一個例子，說有一位澳洲人在喝醉了酒的時候，糊裡糊塗化三百元買了一塊地皮，後來地皮漲價，終成爲幾千萬元的大富翁。他說：「由此可見土地價值之能够增加的理由，是由於衆人的功勞，衆人的力量；地主對於地價漲跌的功勞，是沒有一點關係的。所以外國學者認爲地主由地價增高所獲的利益，名之爲不勞而獲的利益，比較工商業家的製造家，要勞心勞力，買賤賣貴，費許多打算，許多經營，才能够得到的利益，便大不相同。工商業家壟斷貨物的價値來賺錢，我們已經覺得是不公平；但是工商業家還要勞心勞力，地主只要坐守其成，毫不用心力，便可得很大的利益。」（民生主義第二講）

(2)因爲要平均社會財富　現代社會有一個趨勢，就是土地不斷地漲價，有地者容易發財，愈發財則愈能購買土地，故土地愈來愈集中。致使富者田連阡陌，貧者無立錐之地。國父爲了要平均社會財富，故提倡平均地權。國父說：「我們國民黨的民生主義，目的就是要把社會上的財源弄到平均。

…我們的頭一個辦法，是解決土地問題。…現在我們所用的辦法，是很簡單很容易的，這個辦法，就是平均地權。」（民生主義第二講）

⑶因爲要誘導資本走向工商業　實施平均地權，在消極方面，可以防止土地投機，在積極方面，則能誘導資本轉向企業投資。　國父說：「地權旣均，資本家必捨土地投機事業，以從事工商，則社會前途，將有無窮之希望。蓋土地之面積有限，工商業之出息無限，由是而製造事業日繁。」（國父：平均地權）這是平均地權的第三個理由。

⑷因爲要防微杜漸　平均地權與節制資本有一個相同的理由，卽思患預防，或叫防微杜漸。當時中國雖然沒有大地主，不過受到歐美的影響，將來土地一天天漲價，如果不思患預防，將來自有大地主及大資本家出現，操縱土地，並操縱國民生計。　國父在三民主義之具體辦法中說：「有土地的人，便一日變富一日；沒有土地的人，便一日變窮一日。所以土地問題，實在是很大的。我們要預防這種由於土地的關係，有貧者愈貧富者愈富的惡例，便非講民生主義不可。要講民生主義，又非用從前同盟會所定平均地權的方法不可。」故又說：「兄弟民生主義的辦法，主張平均地權，在中國本是杜漸防微的意思。」所以防微杜漸，是　國父提倡平均地權的第四個理由。

㈡**平均地權的方法**——民生主義中講平均地權的方法，只列四種：⑴地主自行報價，⑵照價收稅，⑶照價收買，⑷漲價歸公。崔書琴先生著三民主義新論，加了一項叫「新市地公有」，有些人編三民主義書籍，照錄無誤。其實這是不必要的，所以我們這裡只講四項：

⑴地主報價　平均地權第一步工作，就是要「定地價」。地價應由地主自報好呢？還是由政府規定好呢？　國父當時以爲可以由地主自行報價，如果地主以少報多，則「照價抽稅」，地主會吃重稅

的虧，如果以多報少，政府可以「照價收買」，亦會吃地價損失的虧。這樣地主會老實報價，以免吃虧。所以他說：「在利害兩方面互相比較，他（指地主）一定不情願多報，也不情願少報，要定一個折中的價值，把實在的市價報告到政府。地主既是報折中的市價，那麼，地主和政府，自然是兩不吃虧。」（民生主義第二講）現在臺灣實施平均地權，爲什麼還有人以多報少，就是因爲沒有實行「照價收買」。

⑵照價征稅　要照價征稅，第一要把土地分爲若干等級？第二究竟抽稅百分之幾？第三以素地爲範圍？還是改良物亦在其內？照　國父的意思：⑴等級要多，不以三等爲限。他說：「以南京土地較上海黃埔灘土地，其價相去，不知幾何，但分三等，必不能得其平。不如照價徵稅，貴地收稅多，賤地收稅少。貴地在繁盛之處，其地多爲富人所有，多取之而不爲虐；賤地必爲窮鄉僻壤，多爲貧人所有，故非輕取不可。」（實行新社會革命）⑵　國父對收地價稅，主張仿外國例値百抽一，卽値一百元的抽稅一元，値十萬元的抽稅一千元。⑶照價抽稅以素地爲限。若有改良物，另當別論。爲什麼要按素地抽稅呢？第一可以免土地之荒廢，第二可以奬勵人工之改良，第三可以免資本家壟斷土地之弊。

⑶照價收買　所謂照價收買，是指有其必要時而言。所謂必要時，第一是政府需要應用土地時，如闢公園，開馬路，建學校等；第二是地主報價以多報少時，第三是地主私有土地超過政府規定時。

照價收買與照價收稅，同樣以素地爲限。　國父在民生主義第二講稱：「講到照價抽稅和照價收買，還有一個重要事件，要分別清楚：就是我們所說的地價，是單指素地而言；其他人工之改良及地面之建築，不算在內。比方有一塊地，價値是一萬元的，地面上的樓宇，另外値一百萬元；那麼照價抽稅，照値百抽一來算，祇能抽一百元。如果照價收買，就要在給一萬元地價之外，還要補回樓宇的價値一百萬元了；其他在地面上，若有種樹、築堤、開渠各種人工之改良，也要照此類推。」

(4)漲價歸公　所謂漲價歸公，就是從定地價那一年起，那塊土地漲價了，不管多少，一律歸公，為什麼要實行漲價歸公呢？「因為地價漲高，是由於社會改良和工商業進步。中國的工商業，幾千年都沒有大進步，所以地價常常經過許多年代，都沒有大改變。如果一有進步，一經改良，像現在的都市一樣，日日有變動，那種地價便要增加幾千倍，或則是幾萬倍了。推到這種進步和改良的功勞，還是由衆人的力量，經營而來的。所以由這種改良和進步後，所漲高的地價，應該歸之大衆，不應該歸之私人所有。」（民生主義第二講）

如何防止地主隱瞞高漲價格呢？　國父主張土地買賣由公家經手，不得暗中私相授受。他在地方自治開始實行法定地價中規定：「所報之價，則永以為定。此後凡公家收買土地，悉照此價，不得增減。而此後所有（私人）土地之買賣，亦由公家經手，不能相私授受，原主無論何時，祇能收回此項所定之價，而將來所增之價，悉歸於地方團體之公有。」　現在臺灣實施都市平均地權條例，既未能「照價收買」，又未實行由公家經手買賣，所以有些地方未能盡如理想。

㈢實施都市平均地權條例的要點：政府於民國四十三年八月廿六日公布「實施都市平均地權條例」。於四十七年七月，作第一次修正。五十三年二月作第二次修正，五十七年作第三次修正。玆就(1)地主報價，(2)照價征稅，(3)照價收買，(4)漲價歸公，(5)土地使用各項加以研述：

子、關於地主報價方面

1. 主管機關應于地主申報地價前，先行分別區段、地目調查土地市價畫分等級，將結果提交都市地價評議委員會評議後，分區公告地價。

2. 地主在政府規定期限內，第一步自行申報地價、如所報地價低於公告地價百分之二十時，通

知重報，如仍低於百分之二十，政府得照其申報地價收買，或按公告地價征稅(以上係限制以多報少)

3.地主不自行申報者，視為與公告地價同。

4.按都市計畫編為公用之土地，地主所申報之地價，不得超過公告地價（限制以少報多）。

5.規定地價或重新規定地價屆滿三年後（五十三年修正條例規定為兩年），如地價有百分之五十以上之增減時，應按規定程序，重辦規定地價。

丑、關於照價徵稅方面：

1.地價稅採用累進稅率，其累進稅起點地價，以各該區直屬市或縣（市）都市土地七公畝之平均地價為準，但不包括工廠用地及農業用地在內。

2.土地所有權人之地價總額，未超過前條累進起點地價時，其地價稅按申報地價數額千分之十五徵收，如超過累進起點地價在百分之五百以下者，其超過部份加徵千分之五。在百分之五百以上者，以每超過百分之五百為一級距，每一級距內各就其超過部份，逐級加徵千分之十，以加至最高稅率千分之七十為止。

3.自用住宅用地，面積在三公畝以內者，其地價按申報地價總額千分之七徵收，凡依法畫定工業區內之土地，按申報地價千分之十五徵收。又經都市計畫列入農業區及綠帶之土地，按申報地價千分之十徵收（如仍為農田使用，得徵收田賦）。

4.公有土地之地價稅，按申報地價千分之十五徵收。但用於公共使用者，免徵地價稅。

5.不在地主（不在本區住者）之土地，其地價稅按應繳數額加倍徵收。

6.私有土地經編爲建築用地，又土地建築改良物價值不及所佔地基申報地價百分之十者，亦視爲空地，其逾期未使用者，應加徵空地稅。

寅、關於照價收買方面：

1.照價收買之時機有二：一爲地主申報地價兩次均低於公告地價百分之二十時。二爲政府需要土地時。

2.價款計算方法：照價收買之土地，以素地爲準。而改良土地所用之費用及已繳納之工程受益費，應併入地價內計算。如地上有農作物改良物，應予補償。

3.付款辦法：對都市平均地權地區所需照價收買、區段徵收及超額土地徵收之資金，得由省(市)政府依法發行土地債券。又償付征收土地的價款，每戶總額未滿三萬三千元者，全部發給現金；超過三萬三千元至六萬元部份，搭發土地債券六成；超過六萬元至十萬元部份，搭發土地債券八成；超過十萬元至二十萬元部份，搭發土地債券九成；超過二十萬元部份，全部以土地債券償付之。

卯、關於漲價歸公方面：

1.土地所有權人申報地價後，土地之自然漲價，按照漲價總數額計算，並採用累進稅率。

2.土地增值稅率，按左列規定徵收：

甲、土地漲價總數額超過原規定地價（或申報地價）在百分之一百以下者，就其漲價總數額徵收增值稅百分之二十。

乙、土地漲價總數額超過原規定地價百分之一百以上未達百分之二百者，除按前款規定辦理外，其超過部份徵收增值稅百分之四十。

丙、土地漲價總數額超過原規定地價百分之二百以上未達百分之三百者，除按前兩款分別辦理外，其超過部份徵收增值稅百分之六十。

丁、土地漲價總數額超過原規定地價百分之三百以上，除按前三款規定分別辦理外，其超過部份徵收增值稅百分之八十。（五十三年條例規定，土地漲價總數額超過原規定地價百分之四百以上，其漲價四百以上部分，全部收歸公有。）

3. 工廠使用土地，其漲價總數額超過原規定地價百分之一百者，徵收增值稅百分之二十，如超過百分之一百以上部份，按前項規定減半徵收。

4. 土地所有人出售其自用住宅用地，其面積未超過三公畝者，增值稅按百分之十徵收，如超過三公畝以上，其增值稅按累進稅率徵收。

5. 漲價歸公之收入，以供育幼、養老、救災、濟貧、衞生等公共福利事業、興建國民住宅、市區道路、上下水道等公共設施及國民教育之用。

這裏要加以說明的是：

一、關於地主報價方面，乃對 國父原來所講的方法有所補充，就是由公家先規定地價，後由地主在百分之二十的範圍內自由申報，以防故意大量少報。又期滿之後，可以規定重報地價，乃適應事實的需要。

二、關於漲價歸公方面，現在是採用累進法徵增值稅，不是全部歸公，這也是適應事實的需要，可算作「更正條理」（變更辦法），不可看作違反遺教。

三、臺澎金馬實施九年義務教育，其中所需經費一部分依賴實施平均地權之收入。故實施平均地權，有助於延長義教。

第三節　民生主義的比較研究

本節將討論民生主義與資本主義，民生主義與社會主義，對共產主義的批判，民生主義就是共產主義的詮釋，民生主義與共產主義的比較。

壹、民生主義與資本主義

這裏先問何謂資本主義？資本主義的特徵、缺點、以及與民生主義之比較。

（一）資本主義（Capitalism）的定義——依大英百科全書的解釋：一個社會如果把它底經濟過程委之於私人經營，就可以叫做資本主義的了，這可說包括：第一、生產工具如土地、鑛山、工業種植和設備底私有；第二、爲私人打算而生產，卽以爲私人利益而有的私人創制來生產；第三、信用銀行的設立本質上屬於資本主義底機能，綜合以上和他家的說法，簡單地歸納起來，資本主義就是：一個社會把它的經濟過程委之於私人經營，它是私有財產制，自由競爭，機器生產三者相結合，而以賺錢爲目的底一種經濟制度。

（二）資本主義的特徵——這裏概述資本主義之特徵，依歐賽斯坦教授所著當代各種主義之比較研究(Today's Isms)一書，分以下六項說明：

第一、各種生產工具，即土地、工廠、機器、自然資源等，其主有之權，屬於私人而不屬於國家，其含義爲：一、生產工具之主有，即是對於一般大衆有控制權力，與其讓國家獨佔此項控制權力，不如讓社會中許多私人資本家分享。二、資本主義的想法，認爲如果各個人都關心其自己的事業，則每個人都志於斯，忠於斯，則工業技術的進步，也較易達成。

第二、市場經濟，本於詳細分工以及由需求決定價格兩項因素而形成，市場經濟亦可謂自由經濟，與「統制經濟」相反。

第三、社會大衆，包括工、商業人士，投資者以及消費者，均享受自由，工人可自由選擇工作，工商界自由選擇開廠，投資者自由投資，消費者自由選購產品。

第四、自由競爭爲資本主義之最大特色。自由競爭包括貿易與就業自由、契約自由，財產自由，獲得利益之自由，如果這四大自由中有任何一項受到傷害，則自由競爭，卽將損其原意。

第五、贏利原則。資本主義較任何其他經濟制度，都有較多賺錢機會，資本主義下贏利制度的發展，並不表示容易賺錢的資本主義是不道德的、罪惡的，相反地這正能表示出資本主義的民主，因爲它給各階級各色人都敞開賺錢的大門。而且同時資本主義亦是虧損制度，如果說，從來未有像在資本主義制度之下，如此衆多人獲致如此龐大的贏利，同時也未有如此衆多人在資本主義下遭受如此大的虧損。

第六、冒險精神。資本主義賺錢和虧損的造化不同，但却本著一相同原則，即冒險精神，因爲要賺錢就必須經由冒險。

（三）**資本主義的缺點**——資本主義雖有其貢獻於人類之一面，但亦同時爲人類帶來巨大的災害，玆述以下四項：

第一、資本主義是以賺錢爲目的。資本主義實施的結果，貧者愈貧，富者愈富，而且財富愈集中，少數人賺大錢，多數人竟至勉以餬口，或甚至無立錐之地，形成極爲懸殊的社會。

第二、資本主義採放任自由。資本主義採放任的自由，那些握有較佳生存條件的地主與資本家遂大發其財，而剝削了工人與消費階級的利益，後者的生存遂至毫無保障之地步。

第三、資本主義是個人經濟。資本主義以私人主有生產工具爲特色，是完全的私有財產制，國家雖可經由資本家而令其納稅，致力社會建設，但此建設却又爲私人所壟斷而形成不已的循環，遂獨佔社會利益，而操縱整個國民生計。（參考任卓宣著三民主義的比較研究）

第四、資本主義强調競爭。資本主義的特徵卽自由競爭。這自由競爭，與達爾文的物競天擇，優勝劣敗說相通，乃助長了强凌弱、富欺貧之惡劣作風。

（四）**民生主義與資本主義的比較**——玆就營利目的與養民目的，放任性自由與計畫性自由，個人本位與全體本位等加以比較如下：

㈠營利的目的與養民的目的：國父說：「資本主義以賺錢爲目的，民生主義以養民爲目的。」資本主義的目的在賺錢（追求利潤），故祇求利己而不惜於損人（害民）；民生主義的目的在養民，故祇求利民而不惜虧本。如臺灣六十二年春發生物價波動，石油公司寧願虧損亦不任意提高油價，又如政府實行黃豆補貼等措施，如果是私人資本便不會作如此犧牲。

㈡放任性自由與計畫性自由：蔣院長經國於六十四年經濟會議時，宣布我們目前的經濟政策爲計畫性的自由經濟，這與放任性的自由經濟大不相同。放任性自由經濟，如無韁之馬，橫衝直撞，會妨害人民生計與經濟的均衡發展。計畫性的自由經濟，政府可以適時適地作有效的調劑，可收可放，不致陷於不可收拾之地步。

㈢個人本位與全體本位：資本主義以個人主義爲基礎，民生主義則以全體主義爲基礎：蔣總統在中國經濟學說一書中說：「中國的經濟學不以一個人或一個物爲本位，乃是以人類和社會的全體爲本位，與西洋各派經濟學說截然不同。」這裏所指的西洋各派經濟學說，主要是指爲資本主義作護符的古典派自由經濟學說而言。以個人爲本位，自必重視個人之利益；以全民爲本位，就會謀全民之幸福。民生主義乃是爲人民謀生存幸福的主義。

㈣自由競爭與生存互助：國父在孫文學說中認爲人類進化之原則與物種（包括禽獸）進化之原則不同。「物種以競爭爲原則，人類則以互助爲原則。」這是說禽獸以競爭爲原則，人類則已超過這個階層，而自由經濟學者與資本主義者仍抱着這個禽獸進化的原則，乃是在開倒車，在損害人類之尊嚴。故互助經濟與合作經濟爲民生主義之準繩。蔣總統說：「社會經濟如從自由競爭發展爲獨占資本，……使少數人獨占社會財富，多數人陷入困窮的境遇，社會的變亂，必由此而起。」又說：「大同社會的經濟制度，是以合作爲基礎，以服務爲目的，這就是民生主義的經濟制度。」（民生主義育樂兩篇補述）

㈤發展私人資本與節制私人資本：資本主義旨在發展私人資本，保障私有財產，不問此種財產是否壟斷社會財富，民生主義旨在節制私人資本，以防私人資本壟斷社會。國父說：「我們國民黨的民生主義，目的就是要把社會上的財源弄到平均。」不要讓「大富豪，大資本家，在社會上壟斷權利，一般人民日受其束縛馳驟，陷於痛苦。」

㈥製造階級與打破階級：資本主義發達的結果，便會造成富者愈富，貧者愈貧的階級；民生主義則在打破不平等，尤其是經濟上的階級對立。

此外，資本主義祇重生產，而沒有顧到分配，祇重私人經營；民生主義則生產與分配並顧，公私營並存。國父說：「民生主義在打破社會上的不平等。」

貳、民生主義與一般社會主義

下面我們要問何謂社會主義？社會主義之派別有幾？民生主義與社會主義之異同。

(一) 何謂社會主義——依法國社會主義辭典的解釋：「社會主義是說明由社會取得生產的力量，為社會一切成員的利益而使用。」因此可知社會主義之基本思想，在於求經濟分配之公允，以消弭社會貧富之不平。探究經濟分配不平之起源，在於生產手段之私有，凡具有生產手段者，可因生產而獲得利潤，無生產手段者唯有出賣勞力以為活，故認為如生產手段一切歸之公有，人人均為無生產手段之勞動階級，社會即不致發生有產階級剝削無產階級之事實。生產手段公有而後，國家可嚴格管理全部經濟行為，依人民之需要而行分配，一切由國家予以有計劃之統制，則自由經濟之無政府生產狀態可以改正，互相榨取之自由競爭亦將停止，貧富懸殊、勞資對立情形可以消除，社會問題可得永遠之解決。(參考任卓宣著三民主義的比較研究)

(二) 社會主義的派別——社會主義派別甚多，玆述其要如左：

㈠一般的分類：

⑴烏托邦社會主義(Utopian Socialism)　烏托邦社會主義，又譯空想社會主義。馬克思指聖

西門(Saint Simon)、傅立葉(Fourier)、奧文(Robert Owen)等之社會主義爲烏托邦社會主義。蓋烏托邦(Utopia)爲莫爾(Thomas Moore)所著之小說，描寫一種理想社會之情況，事實上未必做得到。

⑵社會民主主義(Social Dimocracy) 一九一九年歐戰結束，國際社會主義分裂爲兩派：一爲激烈派，即共產主義，一爲溫和派，即社會民主主義。共產主義在蘇俄發展，社會民主主義則在德國及其他國家發展。

⑶農業社會主義(Agriculture Socialism) 農業社會主義是指由小農的經濟基礎上產生出來的一種社會主義。從前俄國的民粹派抱有此種主義，他們主張在破壞封建的土地關係上，把土地平分，建立小農社會。

⑷國家社會主義(State Socialism) 國家社會主義是主張把國家的實業由國家機關來管理與控制，使社會財富能達到分配平均的目的。德國的拉薩爾(Lassalle)就是這派的代表，而俾斯麥則爲國家社會主義的實行家。

⑸基爾特社會主義(Guild Socialism) 基爾特社會主義最初在德國稱做修正派社會主義，其次在法國叫工團主義，後來在英國才定此名。這派主張把生產者同業組合，作爲經濟基礎的社會制度，即由生產者管理一切生產的產業民主主義。

⑹基督教社會主義(Christianity Socialism) 基督教社會主義是基於該教的博愛精神，爲消費貧困者努力，並調和勞資關係，發動勞動者的共濟組合運動。

⑺社會聯帶主義 這派認爲組成社會各分子大家有連帶責任，有共同利害；即主張社會各部分或各階層應爲共同利益而努力，組成一個良好的社會。他們重視互助合作與經濟利益相調和，而反對階

級鬪爭。

(8)無政府社會主義（Anarchism）　無政府社會主義，亦譯安那其主義，主張廢除一切有組織的政治權力和社會權威，而建立一種無政府的，自由放任的新社會。代表人物爲蒲魯東（Prodon）、巴枯甯（Bakunin）和克魯泡特金（Kropotkin）等。

(9)費邊社會主義　已詳他處。

(10)土地單一稅社會主義　已詳他處。

(11)共產主義（Communism）　狹義的共產主義，是專指馬克斯、恩格斯的學說而言。他們指巴枯甯、蒲魯東、歐文的社會主義爲空想社會主義，自己的共產主義爲科學社會主義（Scientifi Socialism），其主要理論爲辯證法唯物論、唯物史觀、階級鬪爭論、剩餘價值說、唯物辯證法及國際共產主義等，其實這些自存一套的理論，多半是違反科學的。至於廣義的共產主義，可包含柏拉圖的理想國，無政府主義，甚至洪秀全的經濟制度等。

上(1)至(10)可稱爲一般社會主義，(11)可稱爲激烈派社會主義。

(二)國父的分類：國父對於社會主義的分派，計有下列各種分法：

(1)烏托邦派與科學派　馬克思稱過去的社會主義爲烏托邦主義，他自己的社會主義爲科學社會主義，謂自科學（經濟學）研究出來的結果。國父因之，在民生主義第一講中亦分社會主義爲烏托邦派與科學派。

(2)溫和派與激烈派　國父說：「照馬克思派的辦法，主張解決社會問題，要平民和生產家即農工專制，用革命手段，來解決一切政治經濟問題，這種是激烈派。還有一派社會黨，主張和平辦法。

用政治運動和妥協的手段去解決。這兩派在歐美常常大衝突，各行其是。」（民生主義第二講）這裡所謂溫和派可能是指社會民主主義或費邊社會主義而言。

⑶共產社會主義與集產社會主義　國父謂：「嘗考社會主義之派別爲：㈠共產社會主義，㈡集產社會主義，㈢國家社會主義，㈣無政府社會主義，在英、德又有所謂宗教社會主義，世界社會主義。其以「宗教」「世界」爲範圍的社會主義者，皆未適當。自予觀之，則所謂社會主義者，僅可區爲二派：㈠集產社會主義；㈡共產社會主義。蓋以國家社會主義，本屬於集產社會主義之中。而無政府社會主義，又屬於共產社會主義者也。」

何謂集產社會主義？　國父自答云：「夫所謂集產云者，凡生利各事業，若土地、鐵路、郵政、電氣、鑛產、森林，皆爲國有。」

何謂共產主義？　國父自答云：「共產云者，卽人在社會之中，各盡所能，各取所需，如父子昆弟同處一家，各盡其生利之能，各取其衣食所需，不相妨害，不相競爭，郅治之極，政府遂處於無爲之地位，而歸於消滅之一途。」下面　國父又指出現在國民道德尚未達「各盡所能，各取所需」之程度——實在談不到眞正共產了。（見社會主義之派別及批評）

㈢民生主義與一般社會主義之比較——玆就異同兩方面加以研究：

㈠相同方面：就一般社會主義派別言，民生主義與其相同之點，計有下列數項：

⑴同站在社會本位，反對個人主義，尤其是在經濟方面：如社會主義反對亞當斯密的自由競爭，民生主義亦然。

⑵同反對不勞而獲，提倡社會福利，尤其重視勞工利益：許多社會主義者都代勞工說話，　國

父亦在各種宣言及政綱中主張保障勞工權益。

⑶同反對資本家壟斷獨佔，提倡平均分配：所有社會主義都反對資本家剝削勞工，壟斷社會財富，國父提倡平均地權與節制資本，也是反對土地與資本的獨佔，主張分配平均。

⑷同重視人道主義反對達爾文主義：國父謂早期的社會主義者都是人道主義者。又說以人為挽「天演」是社會主義者的責任。（詳社會主義的派別及其批評）這裡所謂「挽天演」是指反對達爾文的優勝劣敗弱肉強食的天演公例而言。國父又提倡社會互助，反對達爾文的生存競爭（物種進化以競爭為原則，人類進化以互助為原則）。而且民生主義是博愛主義，也是人道主義。

⑸同主張消滅貧富階級實行經濟平等：國父認為社會主義之產生，就是要解決貧富懸殊之社會問題，而民生主義之目的，也是要打社會上之不平等階級，而實行經濟平等，走向自由安樂的大同社會。

以上是就一般社會主義而言，如分別來講，則民生主義與國家社會主義和費邊社會主義的關係，較為密切。

㈡相異方面：民生主義與一般社會主義有何不同之處？約略言之，可得下列數項：

⑴就實施方法言：民生主義的實施方法，為平均地權與耕者有其田，為節制私人資本與發展國家資本。一方面是土地與資本並重，一方面是私營與公營兼顧，一般社會主義多反對私有財產，不讓私人企業有存在餘地；而且多偏重資本方面，不是土地與資本並重。

⑵就民族觀念言：民生主義是兼顧民族觀念的，如反對經濟侵略，提倡保護政策，以勞務與技術，扶助弱小民族，都與民族主義有關。社會主義則偏重經濟方面，很少顧及民族主義。如英國的費邊

主義，其在社會政策與福利實施方面固多與民生主義相同，一談到民族政策與國際政策，便和我們的民生主義相反，因爲他們仍舊脫不了殖民主義和帝國主義。

⑶就範圍大小言：民生主義的範圍，大於集產主義與共產主義，亦大於社會主義。國父在「關於民生主義的說明」中曾繪圖說明民生主義的範圍大於社會主義。又認爲民生主義是用來替代社會主義，並包括社會主義外之附屬問題。（見手改三民主義原稿）

⑷就防患先後言：民生主義防資本主義之禍於未然，使人民免受貧富懸殊，與階級鬪爭之痛苦，其事較易進行；社會主義在救資本主義之禍於已然，圖爲貧窮人民打倒資本階級，其收效較難。

叁、對共產主義的批判

本書對於共產主義的批判，以國父與蔣總統見解爲主。

（一）國父的批判——國父逝世前，世人所講的現代共產主義，多指馬克思主義而言。民生主義第一講中，批評馬克思主義的文字甚多，「社會主義的派別及其批評」中亦稍有論及，玆就下列各項加以敘述：⑴對於唯物史觀及階級鬪爭論之批評，⑵對於剩餘價值論之批評，⑶對於其他見解之批判。

㈠對唯物史觀之批評：國父認爲馬克思從經濟學方面研究社會主義，自稱爲科學的社會主義，他用二三十年的工夫，費了一生的精力，研究的結果說：「世界一切歷史都是集中於物質，物質有變動，世界也隨之變動。」並說：「人類行爲，都是由物質的境遇所決定，故人類文明史，祇可說是隨物質境遇的變遷史。」

國父對於馬克思這種理論是不贊成的。他說：「馬克思以物質爲歷史的重心，是不對的，社會問題才是歷史的重心；而社會問題中又以生存問題為重心，那才是合理。……歸結到歷史的重心是民生，不是物質。」以上是對於唯物史觀的主要批評。（餘詳本書哲學思想章）

㈡對於階級鬬爭之批評：至於對於階級鬬爭論，國父批評得更透徹。民生主義第一講稱：「照馬克思的觀察，階級戰爭不是實業革命之後所獨有的，凡是過去的歷史，都是階級戰爭史。古時有主人和奴隸的戰爭，有地主和農奴的戰爭，有貴族和平民的戰爭，簡而言之，有種種壓迫者和被壓迫者的戰爭。到了社會革命完全成功，這兩個互相戰爭的階級，才可以一齊消滅。由此便可知馬克思認定要有階級戰爭，社會才有進化，階級戰爭是社會進化的原動力，這是以階級戰爭為因，社會進化為果。」這種說法對不對呢？國父從現代社會進化的事實來加以分析，認為是不對的。現代社會進化（經濟進化）的事實有下列四種：一為社會與工業之改良，二為運輸交通收歸公有，三為直接征稅，四為分配社會化。由這四種事實看來，可知社會進化是由於經濟利益相調和，不是由於經濟利益相衝突，換言之，是由於社會互助，不是由於階級鬬爭。（另詳本書民生史觀章）

㈢對於剩餘價值論之批評：國父在民生主義第一講中說：「再照馬克思階級戰爭的學說講，他說資本家的盈餘價值（即剩餘價值）都是從工人的勞動中剝奪來的。把一切生產的功勞，完全歸之於工人的勞動，而忽略社會上其他各種有用分子的勞動。」並以紡紗織布為例，說明工業生產的盈餘價值，「不專是工廠內工人勞動的結果，凡是社會上各種有用有能力的份子，無論是直接間接，在生產方面或者在消費方面，都有多少貢獻。」

上面我們敘述社會主義的派別，有一種叫社會聯帶主義，國父是站在社會聯帶主義的立場去批評剩餘價值論的。後來有人稱　國父的價值論叫社會價值論。由此可以得兩個結論：國父一方面以社會互助論批評階級鬭爭論，另一方面以社會價值論批評剩餘價值論。

㈣社會黨不能入國會說的錯誤：馬克思認爲進行社會革命要用暴力，不可能依靠競選入國會，以多數黨入閣主政。國父認爲此說乃判斷錯誤，現在有許多社會黨憑選擧入國會，尤其是英國工黨。

㈤資本家自然消滅說的錯誤：馬克思依唯物辯證法的推斷，由量變到最高峯會自然而然走向質變，卽資本主義發展到最高峯會自然而然消滅（質變）。國父於民國十三講民生主義卽認定此說與事實不符。現在馬克思死了近一世紀（一八八三年病故），資本家屹立如故，可見他是武斷。

㈥資本家不允八小時制說的錯誤：當馬克思在世時，有人提倡勞工八小時限制，馬克思以爲這是與虎謀皮，資本家絕對不會允許（除非暴力革命），國父看見八小時制已經通行，故說馬克思判斷錯誤。今天則更進步了，紐西蘭、澳洲等處，還在實行每週工作五天，這是馬克思夢想不到的。

㈦馬克思以爲資本家欲多得剩餘價值，必須增加工時，減低工資，提高出售價格。國父擧美國福特汽車公司爲例，他們在減少工時，提高工資，降低價格之下，銷路暢通，獲利甚豐。

㈧馬克思判定資本家不消滅，商人卽不會消滅。國父以合作社爲例，認爲合作一發達，商人便可先資本家而消滅。

此外，國父曾批評馬克思爲社會病理家，倒果爲因，詳本書哲學思想章。

(二) 蔣總統的批判——關於對共產主義的批評，除國父外，蔣總統亦有許多精闢的見解，玆述其要如下：

㈠關於唯物論者：蔣總統在「反共抗俄基本論」第五章稱：「唯物論者所謂物質，在現代科學上已被否認。」又在爲學辦事與做人的基本要道中指出：「無論唯心唯物，如果偏執一見，都是錯的。」

如果偏於唯物，「必至毀情滅性，由冷酷而陷於枯槁。」

㈡關於唯物辯證法者：蔣總統在「解決共產主義思想與方法的根本問題」中，對於唯物辯證法的弱點及對付方法，論評甚詳。

㈢關於唯物史觀者：蔣總統認物質是社會進化的條件，不是動力，馬克思誤認條件爲動力，所以是倒果爲因。（詳反共抗俄基本論第五章）

㈣關於生產要素與剩餘價值說者：蔣總統認爲：「就生產要素來說，馬克斯主義經濟學認爲只有勞動是生產的要素。資本是勞動的產物，利潤與地租是勞動的盈餘價值。殊不知生產以人力與土地爲基本要素，而人力則包含智力與體力各種條件。工業生產物，不獨是工廠裏面工人，技術家、企業家各種人的活動的結晶，卽工廠的機器的發明人、製造人，都有貢獻於生產。至於工業的利潤，也並不專是工人勞動的結果。企業的管理，技師的設計，鐵路公路的運輸，商店的販賣，全生產與交換的過程，以及消費者的消費過程，都是工業利潤的來源。」（中國經濟學說）

㈤關於階級鬬爭說者：馬克思以爲一部人類社會史就是階級鬬爭史。」蔣總統說：「就人類的戰爭來說，最大的戰爭，還是民族戰爭，並不是階級戰爭。第一次大戰時期，歐洲各國的工人，拋棄第二國際的決議，各爲其本國作戰。此次大戰，不獨英美等國的工人爲本國作戰，並且蘇俄與英美等國合作而戰。」（同上）

又說：「一部人類歷史卽是人類爲求生存而活動的記載。」反過來說，不是階級鬬爭史。（三民主義之體系及其實行程序）

此外，尚有甚多對共產主義實施的批判，分見於訓詞中。

肆、民生主義與共產主義

我們這裏研究兩大問題：㈠民生主義與共產主義有何區別？㈡民生主義就是共產主義如何詮釋？

（一）民生主義就是共產主義的詮釋——國父一再說民生主義就是共產主義，蔣總統在土地國有的要義中有一種精闢的解釋。他認爲：⑴民生主義概括了共產主義，共產主義不能概括民生主義；⑵總理所指的共產主義是民生主義式的共產主義，而絕不是俄匪現在所行的那種『共歸於盡』的共產主義；⑶總理當時所指的民生主義就是共產主義的意義，乃是只指其主義的原則，而不是指其主義的內容和方法，更不是指民生主義的目的，就是今日俄匪所行之共產主義的目的；⑷所謂民生主義式的共產主義乃指一切事權都共的大同主義而言，換句話說，人民所共有、共管、共享的共產主義，就是民生主義式的共產主義；⑸總理在世時，蘇俄試行共產不過六年，尤其是他們實行的新經濟政策的時候，外人莫明眞相。他們所提倡的所謂「扶助弱小民族，打倒帝國主義」等口號的假面具，亦沒有揭穿，想不到俄國當初所謂共產的意義和目的，其後果會有像今日那樣空前絕後的浩刼！⑹如果總理至今依然健在，看到俄帝今日這樣侵略中國與征服世界奴役人類毀滅人性的共產主義，必補充說明我們的民生主義，絕不是俄匪式的共產主義。

我們對於民生主義就是共產主義的解釋，研究者各有不同的見解，當以蔣總統的詮釋作準繩。

（二）民生主義與俄共的共產主義的區別——講過了蔣總統的見解之後，我們現在可以談到民生主義與俄共的共產主義的區別。

㈠思想淵源不同：民生主義的思想淵源，爲堯舜禹湯文武周公孔子之正統思想；俄匪共產主義的思想淵源，為馬克思思想。

㈠哲學基礎不同：民生主義的哲學基礎，為民生哲學中的心物合一論，俄匪共產主義的哲學基礎，為辯證唯物論。

㈢歷史觀不同：民生主義的歷史觀為民生史觀；俄匪共產主義的歷史觀為唯物史觀。

㈣出發點不同：民生主義的出發點為「愛」；俄匪共產主義的出發點為「恨」。

㈤目的不同：民生主義的目的，對內為實現經濟平等的大同社會，對外為實現民族平等的大同世界；俄匪共產主義的目的，對內為實施經濟剝削的「大私有主義」，對外為實施赤色帝國主義和大斯拉夫主義。

㈥對外政策不同：三民主義的民生主義以「扶助弱小民族打倒帝國主義」為實現世界大同的手段；俄匪奉行列甯的民族政策，以「扶助弱小民族打倒帝國主義」為製造「附庸」的手段。

㈦方法和手段不同：就方法言，民生主義的方法為平均地權與耕者有其田，節制私人資本與發達國家資本；俄匪共產主義的方法為以暴力沒收土地與私有資本，並實行慘無人道的清算鬪爭。再就手段言，民生主義以政治手段解決經濟問題；俄匪共產主義以革命手段解決經濟問題。

㈧結果不同：民生主義實施的結果，可以達到「共富」；俄匪共產主義實施的結果，完全走向「共貧」。

㈨政治觀點不同：三民主義的民生主義一方面求經濟平等，一方面求政治民主，而且要實現直接民權與全民政治；俄匪共產主義在政治方面實行階級專政與一黨獨裁，事實上則走上極權主義與黨魁獨裁。

伍、民生主義的優越性與可行性

民生主義優於其他主義，亦較其他主義易於實行。

（一）**民生主義的優越性**——從上面的比較來看，知道民生主義優於資本主義、社會主義，尤優於共產主義。

㈠優於資本主義：資本主義以營利（賺錢）爲目的，利己而不惜損人；民生主義以養民爲目的，利民而不惜虧本。資本主義主張放任性自由，妨害人民生計與經濟均衡發展；民生主義主張計畫性的自由，可以保障人民生計並促進經濟均衡發展。資本主義重視個人本位與自由競爭，難顧全體利益；民生主義重視全體本位與生存互助，以合作爲基礎，能顧到全體利益。資本主義提倡發達私人資本，壟斷社會財富，以致造成階級對立與階級鬪爭；民生主義提倡節制私人資本，發達國家資本，要消弭階級於無形。資本主義祇重生產，而沒有顧到分配，祇重私人經營，不重國家經營，以致分配不均，私人資本操縱與壟斷；民生主義則生產與分配並顧，私營與公營並存，力求平均分配與社會財富均衡，因此知道民生主義優於資本主義。

㈡優於社會主義：民生主義的範圍大於一般社會主義，可以解決社會主義外之問題；其次有可以實行的具體方法，如節制資本，平均地權等；又其次兼顧到民族主義，既匡救貧困人民，亦扶助弱小民族；更能防資本主義之患於未然，免受貧富懸殊之痛苦於未形，其效易見。故可說民生主義優於一般社會主義。

㈢優於共產主義：共產主義提倡階級鬪爭，民生主義提倡社會互助。共產主義表面上謀階級利益，實際上祇謀黨魁利益，民生主義謀全民利益，並調和勞資利益。共產主義出發點爲「恨」，恨則不免清算鬭爭與仇殺，造成社會上一片暴戾之氣，民生主義出發點爲「愛」，愛則親親而仁民，仁民而愛物，造成社會上一片祥和之氣。共產主義以革命手段解決經濟問題，免不了流血犧牲；民生主義以政治手段解決經濟問題，在和平原則之下，地主與農民協調即解決了土地問題。共產主義實施的結果造成人民「共貧」，民生主義實施的結果，造成人民「共富」。這是事實勝於雄辯，凡到過大陸與臺灣兩地參觀者，都可以看得出來。故民生主義優於共產主義乃是有目共覩有耳共聞的事情。

㈡民生主義的可行性——民生主義求富，求均，求公平，合乎人性，合乎進化原理，故易做易行，易於見效。

㈠民生主義是人民的發財主義，其目的在求富，在求富的原則之下，令人民生努力工作，政府督率生產，故易行亦易收效，臺澎金馬近二十年之家給戶足，即是明徵。

㈡民生主義採取和平方法以求均，如平均地權，節制資本，均用和平方法進行，兵不血刃，三七五減租，公地放領，限田政策，都已收到很大效果。

㈢民生主義主張公私營並存，既不像資本主義偏重私人經營，造成社會財富之壟斷；亦不像共產主義一樣完全剝奪私人經營，使私人無表現能力之機會。我們的經濟政策，不偏不倚，至中至正，人民對於此政策樂於奉行。

㈣民生主義的出發點爲「愛」，愛能感人。語云：「以逸道使民雖勞不怨，以生道殺民，雖死不怨殺者。」都是愛（仁）以感人的關係。所以中華民國人民在　蔣總統愛的感召之下，埋頭苦幹，造成了生氣蓬勃的繁榮現象。

㈤民生主義主張生活自由與社會安全並顧，所以近二十年人民固能生活自由，自食其力，自享其樂，亦不妨害整個社會安全；反之，政府注意整個社會安全，重視食衣住行育樂問題之妥善。並進行小康計劃，使窮戶減少，富戶增加，朝向均富的目標邁進。

本章小結

本章（第四章）研究民生思想，計分四節：

第一節研究民生問題與民生主義，內分：㈠民生問題的由來，已將民生的定義，民生問題與社會問題的範圍及民生問題發生的原因都談到了。㈡資本主義的演變——已將資本主義的意義、缺點講到，惟資本主義的改變與第四節民生主義與資本主義比較，易陷於重複，故將此項資料移在其後說明。㈢共產主義的修正——此題亦易與第四節重複，惟修正部多在本項說明，後面則不談及。㈣民生主義的提出——本項首述提出的經過，次述民生主義的目的，再次述以民生主義替代社會主義的理由，又次述民生主義的方法，豐富了原標題（民生主義的提出）的內容。

第二節民生主義的一般理論，內中未標平均地權，節制資本，育樂兩篇補述等，本節㈠以養民為目的一經濟理論，本屬初創之標題，不易着手，著者特將中西以養民為目的的經濟主張與 國父民生主義相提並論。㈡公有財產與私有財產並存，除講國營民營與土地國有而民用之外，挿入節制私人資本與發達國家資本。㈢農業與工業平衡發展，除研究農工業並重，並論述耕者有其田的理由、方法，及在臺灣實施三七五減租、公地放領、限田政策之經過，惟各種成果留在第三節討論。㈣生活自由與社會安全兼顧——除論自由主義與生活自由，社會主義與社會安全之關係外，挿入了育樂兩篇補述。㈤均富——民生主義的眞諦——除說明均富意義外，復說明平均地權的理由、方法及實施都市平均地權條例的要點。

第三節民生主義的經濟建設，內分：㈠經濟建設與現代化——先介述　蔣總統對於現代化經濟的見解，次講抗戰前所提出國民經濟建設運動的要點，再次講現在十大建設的目標。㈡實業計畫的規模——除分述實業計畫六大計畫內容外，附錄　蔣總統對於研究實業計畫的結論及實業計畫與國防計畫的關係。㈢民生主義經濟建設的成就——臺灣此項成就至爲豐富，故材料甚多，先述食衣住行與土地改革的成果，再附其他經建成就，錢幣革命與新臺幣發行之關係。

第四節民生主義的比較研究，內分：㈠民生主義與資本主義的比較——第一研討何謂資本主義，第二述資本主義的特質，第三論資本主義的缺點，第四將民生主義與資本主義加以比較。㈡民生主義與一般社會主義的比較——這裏先講社會主義的意義與分類，次講民生主義與一般社會主義的比較。㈢對於共產主義的批判——先述　國父的批判，次述　蔣總統的批判，再次論民生主義就是共產主義的詮釋與民生主義和共產主義的區別。㈣民生主義之優越性與可行性——民生主義不是空洞的理論，故先述其優越性，次論其可行性。

本章內容涉及甚廣，故搜集材料亦甚多，尤其是民生主義的成就一項，更是成績輝煌，美不勝收。

第五章　哲學思想

本章要講的是：⑴國父哲學思想概說，⑵宇宙論，⑶人生論，⑷認識論。

第一節　國父哲學思想概說

本節分爲：⑴國父哲學思想的科學基礎，⑵民生哲學的建立等。

壹、國父哲學思想的科學基礎

欲知　國父哲學思想與科學的關係，先要問哲學是什麼？可分若干類？怎樣發生？故這裏分㈠哲學的定義，㈡哲學的分類，㈢哲學的起源，㈣　國父哲學思想的科學基礎。中間附錄㈠　國父哲學思想的分類舉例，㈡哲學與宗教、科學的關係。

（一）哲學的定義——這裏分爲哲學的原義與哲學的定義兩項。

㈠哲學的原義：哲學叫「愛智」，英文稱非洛索非（Philosophy）。法文亦稱非洛梭非（Philosohie），源出希臘文動詞非倫（Philein）——愛，與名詞梭非亞（Sophia）——智慧或睿智（按梭非亞，亦譯索斐亞）兩字之合併，故原文直譯卽是「愛智」，因之哲學卽是「愛智學」，哲學家卽是「愛智者」。中國舊時只有道學、理學（性理之學省稱）、心學諸名，而無哲學之號。距今八十年前，日本輸入歐洲學說，其中有西周氏，將「非洛梭非」（Philosophy）譯爲「哲學」，（時明治六年，西曆一八七三年），日本及中國，迄今仍承用之（按方言云：哲，智也，西周氏之譯當本此）。（詳見吳康著哲學大綱第一篇第一章，另可參考吳康、周世輔合著哲學概論。）

㈡哲學的定義：講到哲學的定義眞是不勝枚擧，這裏且錄下列各哲學學者的見解。

1.柏拉圖說：「智者眞正智識之謂也，所謂哲學卽修得此眞正智識之謂也。」所謂眞正智識，是就眞理而言，是就最根本的智識而言。

2.亞里斯多德認爲「哲學爲研究宇宙一般原理原則及究竟因之學。」這是就根本原理而言。

3.斯多噶學派認爲「哲學爲一切理論的智識，及有關實踐道德之智識的總稱。」這派有一位學者辛尼加說：「哲學爲愛智，或熱心追求道德之謂也。」西洋哲學家多就智識方面下哲學的定義，但這裏的定義却顧到了道德。

4.蔣總統說：「哲學就是窮理明德的學問，其效則見於誠意正心修齊治平之中；而研究哲學亦就是爲著要做誠正修齊治平之事。」他又說：「窮理的目的在於致知，明德的功夫在於修身。修身的效驗在於知與行之中，方可驗得的。所以研究哲學，亦就是要解決人生與革命一切知與行的疑難問題。」（見革命教育的基礎）中國人研究哲學一向重視人生、倫理、政治與知行等問題，蔣總統這個定義，實合中國哲學的傳統精神。

再者，這個哲學定義，是比較智德兼修的，知行並重的，如說「窮理的目的在於致知」，是偏於知與智方面的，「明德的工夫在於修身」，是偏於行與德方面的。這雖和西洋多數哲學家的主張，不盡相同；但與上述斯多噶派以及該派辛尼加的主張，則大致相似。（以上參考吳康、周世輔合著哲學概論緖論）。

（二）哲學的分類——哲學的定義，固不勝枚擧，哲學的分類，亦至爲繁複。這裏述下列各家的主張。

㈠柏拉圖分哲學爲下列各類：

1.辯證學（dialectics）　其內容以研究形而上學及認識論爲對象。

2.物理學(physics) 其內容以研究自然現象及心理學爲對象。

3.倫理學(ethics) 其內容以研究道德行爲爲對象。

現在西洋講三分法的，多分爲：⑴宇宙論，⑵人生論，⑶認識論。

㈡吳爾夫(Christian Wolff, 1679-1754)分哲學爲理論的與實踐的兩類：

1.理論哲學 包括神學、心理學及宇宙論（物理學），在這些學問的後面，最基本的叫做本體論(ontology)。

2.實踐哲學 包括倫理學，經濟學及政治學等。此外邏輯爲哲學入門之學。

現在講二分法的，除分理論哲學與實踐哲學外，還有分爲：⑴一般哲學，⑵特殊哲學的。

㈢吳康、周世輔合著哲學概論（正中出版），採用四分法，將哲學分爲下列各類：

1.形上學（宇宙哲學） 包括：⑴宇宙論，⑵本體論。

2.知識論（知識哲學） 包括：⑴邏輯，⑵認識論。

3.人生哲學（價值哲學） 包括：⑴心靈哲學，⑵人生哲學，⑶倫理哲學，⑷藝術哲學，⑸宗教哲學。

4.社會哲學 包括：㈠歷史哲學，㈡政治思想，㈢經濟思想等。

除上面所列的三分法、二分法、四分法外，還有採用多分法的。如：⑴本體論，⑵宇宙論，⑶認識論，⑷人生觀，⑸倫理觀，⑹宗教觀，⑺藝術觀（美的哲學），⑻政治觀，⑼法律觀，⑽經濟觀，⑾教育觀，⑿文化觀等。如就中國哲學言，還可加上：⒀人性論，⒁知行論等。

㈣國父哲學思想的分類：關於國父哲學的分類，有採用多分法的（附錄一），有採用三分法的。

1.五十六年十月教育部所頒　國父思想講授大綱，內中哲學思想分爲下列各節：⑴知行論，⑵人生觀，⑶歷史觀，⑷人類進化論，⑸心物合一論。

2.本書則採用三分法，計分：⑴宇宙論，⑵人生論，⑶認識論。又宇宙論中包含心物合一論與宇宙進化論，人生論中包含民生史觀與服務人生觀，認識論中包含知難行易學說與力行哲學。

附錄一　國父哲學思想的分類學例

國父哲學思想，可採用多分法，玆舉崔載陽先生等分類的辦法如下：

1.崔載陽先生著「國父思想之哲學體系」，分爲下列各章：⑴人類本位哲學，⑵力行認識哲學，⑶民生歷史哲學，⑷互助社會哲學，⑸革命人生哲學，⑹天人合一哲學，⑺宇宙進化哲學，⑻心物合一哲學。

2.任卓宣先生著「孫中山哲學原理」，內分章如下：⑴歷史民主論，⑵人類行爲論，⑶社會互助論，⑷實踐認識論，⑸心物合一論，⑹宇宙進化論。

3.周世輔自著「三民主義的哲學體系」，分爲下列各章：⑴本體論，⑵宇宙論，⑶進化論，⑷認識論，⑸方法論，⑹知行論，⑺人性論，⑻人生觀，⑼倫理觀，⑽修養論，⑾歷史觀，尙有政治觀，經濟觀，教育觀未編入。

4.王覺源先生著「民生哲學申論」，分爲下列各項：⑴宇宙論，⑵認識論，⑶方法論，⑷人生論，⑸歷史論，⑹政治論，⑺經濟論，⑻文化論，⑼倫理論。

5.馬璧先生著「國父學說思想新評價」，內分：⑴國父理則思想的學術價值，⑵國父哲學思想的學術價值，⑶國父倫理思想的學術價值，⑷國父社會思想的學術價值，⑸國父政治思想的學術價值，⑹國父法律思想的學術價值，⑺國父經濟思想的學術價值，⑻國父教育思想的學術價值。

6.蔣一安先生著「國父哲學思想論」，內分章如下：⑴本體論，⑵宇宙論，⑶人性論，⑷道德論，⑸知行論。

㈢哲學的起源——哲學何由而起？西洋人謂起於驚駭。亞里斯多德說：「不問古今，人皆由驚駭而生哲學之念。」這是說爲了要研究宇宙間的風雲雨雪，地震天變等問題，而產生當時包含著科學的哲學。哲學何由而演進？在西洋可分三期：先爲宇宙論時期，可說是研究天道；次爲人事論時期，可說是研究人道；再次爲智識論時期，可說是研究求知之道（或稱方法）。

中國哲學何由而起？著者以爲起於要解決民生問題。

中國哲學由何而演進，可說是繞着一個民生問題而起伏，而循環，而前進。

這裡要先加解釋的是，我所謂民生問題，計有廣狹二義：狹義的民生問題，指食衣住行育樂與疾病災害貧窮死亡等問題而言；廣義的民生問題，指人民生活（包括物質生活與精神生活）問題，社會生存問題，國民生計問題，群衆生命問題（內中包含人類生存，民族生命問題），簡言之，叫國計民生問題，就哲學家的目的言，或叫經世濟民問題。

春秋戰國禍亂頻仍，民不聊生，各國諸侯共求富國强兵之道，安民濟世之方，於是百家並起，諸子爭鳴，道、儒、墨、法、兵、農、縱橫、陰陽家等，各宣其道，以求應世。

道家認爲祇要淸靜無爲，不爭不伐，政治復返於太古，修養復歸於嬰兒，小國寡民，使民甘其食、美其服、安其居、樂其俗，…民生問題解決了，則可以無爲而治。

儒家認爲祇要爲政以德（仁政與德政）、保民而王（王道）、興禮樂、講仁義、尙忠恕、重孝悌、…復周公之業、修文武之政、親親長長、老安少懷、足食足兵、「庶」「富」加教、養生喪死無憾、人民生活充裕，便可以治國平天下而進世界於大同。

墨家以爲祇要大家尊天志、明鬼神、兼相愛、交相利、尙儉（短喪、薄葬、非樂、節用）、尙同、重義、重信、非命、非攻，則國民生計充裕，社會秩序自趨安甯。

法家以爲祇要法律嚴明，刑賞必罰，而且使人民勤於生產，勇於公戰，社會便可以繁榮，國家便可以富强；甚至通過嚴密的法律途徑，可以達到「無爲而治」的目的。

兵家的道理很簡單，練好了兵，便可打勝仗；打了勝仗，便可以開疆闢土，解決國計民生問題。

農家的方法亦很直捷了當，君民共耕，增加生產，充實府庫，國計民生問題，自然迎刄而解。

陰陽家以爲人君施政要與陰陽五行相配合，只要配合適當，天必降福；否則，天必降禍。降福則可安定人民生活，降禍則社會無法生存，因此，人主應重視天人相感之說。以期得福而免禍，達到社會安定，民生富裕之目的。（以上參考周世輔著中國哲學史，三民書局出版。）

諸子學說，爲解決民生問題而起，在各個朝代輪流「當權」，或數派同時「當權」，故可說中國哲學的起源，由於要解決民生問題，中國哲學的演進，繞着一個民生問題而起伏，而循環，而前進。

自表面看，或自動機看，西洋人固認爲起學起源於驚駭，但自目的看，了解與分析驚駭問題的目的，還是要解決民生問題。

中國學說（包括哲學）除諸子百家外，還有佛學（宗教哲學）。佛家何由而起，自釋迦牟尼的動機言，是爲了要解決生老病死苦的問題，亦卽民生問題。

附錄二　哲學與宗教及科學

科學，哲學，宗教三者，爲人類心靈之三種活動表現，彼此密切相關，科學重考驗，哲學重反省，宗教重信仰。這裏先述哲學與宗教的關係。

哲學與宗教——哲學與宗教之關係，至爲密切。哲學之異於科學，卽在其對於世界全體，能求得一比較更統一更完備之了解，而宗教却比之哲學，又更進一步，求更爲完全的統一。哲學在探求世界之統一概念，宗教則以堅確的信仰，求得吾人與世界之和諧的統一，主持此統一之命運者爲上帝(神)，猶哲學中代表世界統一體之最高存在一樣。

哲學與宗教，常討論同一概念而其與趣不同。例如探究靈魂（或稱心靈）之來源，解釋上帝及等類，哲學之態度是理論的與理知的；宗教之態度則是情感的與人格的，卽實踐的，（此與應用科學之實踐性不同）可以說是：

哲學：重反省（深思），在求得知識：

宗教：重信仰（崇拜），在滿足感情。

哲學與科學——哲學與科學有什麼關係和區別呢？大約可述如下：

科學對於現象事實之研究，先搜集資料，次整理描述，再次加以說明，由是而得到正確的、精密的、而有系統、有組織的知識。

哲學對於各種問題之研究，除要求得正確的、精密的、而有系統、有組織的知識外，還要研究各種問題之第一原因、意義、目的及價值等，以求對各種問題之最後說明，其範圍較科學爲廣。

科學對於宇宙人生問題，祇作部分的研究，分門別類，愈精愈好。哲學對於宇宙人生問題，要作整個的研究，不以「局部」爲滿足，而要以求得關於宇宙及人生問題之普遍的結論。故哲學爲

「普通之學」，科學爲「特殊之學」。

就共同點言，哲學與科學兩者同以不偏不倚的態度，探求眞理，循理知途徑，以求了解一切問題彼此交互之各種關係。就其異點言，科學是分析的，哲學是綜括的，科學的研究限於宇宙現象，哲學則除現象外，還涉及本體。至於科學方法與哲學方法本不易作嚴格的畫分，勉强點說：科學重視歸納法與實驗法，哲學還兼用直覺法與辯證法等。

簡括的說，哲學與科學的比較如下：

科學——特殊之學，局部的，分析的，重實驗的，限於現象。

哲學——普遍之學，整全的，綜合的，重反省，涉及本體。（詳見吳康、周世輔合著哲學概論。）

蔣總統論科學宗教與哲學——關於這個問題，蔣總統有獨到的看法。他說：「現在西方民主制度及其科學越是發達的國家，而其對於宗教——上帝——神的信仰，亦隨之迫切。無論他們的政府、社會、學校、旅館、家庭、及至於軍隊，至少都存有一本聖經，無論男女老幼，其每人都有一句『但願上帝意旨成功』的傳統口號。不論其生活飲食和議會禱告，都忘不了這一句口號。」這是說科學與宗教有其密切關係，科學時期不能摒棄宗敎。並曾引愛因斯坦的話說：「無科學的宗敎是跛子，無宗敎的科學是瞎子。」

科學家要講自然法則，卽要講天（或稱天道），離不了哲學。故說：「只有哲學，方能窮究宇宙眞理和闡明宇宙來源。而其科學的終極，仍非借助於哲學爲之補救不可。不過哲學如無科學窮理求是爲之證實，則哲學亦終成爲盲目的玄學，而無由發展。」這是說科學與哲學有其不可分性。

（四）**國父哲學思想的科學基礎**——有人說今日的哲學應以科學爲基礎，亦有人說哲學應與科學相印證，卽以科學爲哲學的佐證足矣。本書依照教育部所頒講授大綱採用前說，現述 國父哲學思想與科學的關係。

(一)心物合一論與科學： 國父說：「總括宇宙現象，要不外精神物質二者，精神雖爲物質之對，然實相輔爲用也。考從前科學未發達時代，往往以精神物質爲絕對分離，而不知二者本合爲一。在中國學者亦恒言有體有用，何謂體？卽物質；何謂用？卽精神。譬如人之一身，五官百骸皆爲體，屬於物質；其能言語動作者卽爲用，由人之精神爲之，二者相輔不可分離。」（見軍人精神教育）

所謂科學未發達時代，大致是指中世紀宗教時代而言。任卓宣先生解釋說：「科學未發達時代，是宗教時代，其以二元論爲主，是明白的。它把世界分爲神底世界和人底世界。對於人文以靈魂與肉體分立爲二。夜間作夢，是體休息而魂活動的緣故。當魂附體則健康，離體卽患病。……這不是以精神與物爲絕對分離的見解嗎？」（見任著孫中山哲學原理二六二頁）

推 國父之意，心物合一論（註一），不是神學時代的見解，乃是科學時代的產物。可見他的心物合一見解與科學的關係。

(二)生元有知說與科學：國父說：「據最近科學家所考得者，則造成人類及動植物者，乃生物之元子爲之也。生物之元子，學者多譯之爲『細胞』，而作者今特創名之曰『生元』，蓋取生物元始之意也。生元者，何物也？曰：『其爲物也，精矣、微矣、神矣、妙矣，不可思議者矣。』按今科學家所能窺者，則生元之爲物也，乃有知覺靈明者也，乃有動作思爲者也，乃有主意計畫者也。人身結構之精妙神奇者，生元爲之也，人性之聰明知覺者，生元發之也，動植物狀態之奇奇怪怪，不可思議者，生元之構造物也。生元之構造人類及萬物也，亦猶乎人類之構造屋宇、舟車、城市、橋樑等物也。空中之飛鳥，卽生元所造之飛行機也，水中之鱗介，卽生元所造之潛航艇也。孟子所謂『良知良能』者非他，卽生元之知，生元之能而已。自圭哇里氏發明『生元有知』之理而後，則前時之哲學家所不能明者，科學家所不能解者，進化論所不能通者，心理學所不能道者，今皆由此而豁然貫通，另闢一新天地，爲學問之試驗場矣。人身旣爲生元所構造之國家，則身內之飲食機關，直爲生元之糧食製造廠耳。人所飲食之物品，卽生元之供養料及需用料也。」（孫文學說第一章）

按生元有知說，爲圭哇里所發明（註二），國父所引用，此說與國父的心物合一論有其密切關係（見周世輔著三民主義的哲學體系㈠第一章第二節貳項）。按「生元」旣是心物合一的（有知覺靈明），生元有知說旣爲科學家所考得，則心物合一論亦與科學有關係。

㈢宇宙進化論與科學：國父說：「元始之時，太極（此用以譯西名伊太也）動而生電子，電子凝而成元素，元素合而成物質，物質聚而成地球，此世界進化之第一時期也。今太空諸天體多尚在此期進化之中。而物質之進化，以成地球爲目的。吾人之地球，其進化幾何年代而始成，不可得而知也。地球成後以至於今，按科學家據地層之變動而推算，已有二千萬年矣。」（孫文學說第四章）這裏的科學家乃指地質學家、地理學家、天文學家等而言；又電子、元素等頗與物理學家、化學家有關，故國父的宇宙進化論，是以科學爲基礎的。

㈣星雲假說與科學：關於地球的形成，有一種學說叫星雲假說，這種假說乃康德所創。國父引以論地球的進化。他說：「照進化哲學的道理講，地球本來是氣體，和太陽本來是一體的，始初太陽和氣體都是在空中成一團星雲，到太陽收縮的時候，分開許多氣體，日久凝結成液體，再由液體固結成石頭，最老的石頭，有幾千萬年。現在地質學家考硏持有憑據的石頭是二千多萬年，所以他們推定地球當初，由氣體變成液體要幾千萬年，由液體變成固體，又要幾千萬年，由最古之石頭至於今天，至少有兩千萬年。」（民權主義第一講）這是用康德的星雲假說來說明地球係由一種氣體，凝結而爲液體，再凝結而爲固體（地球），逐步進化而成。

蔣總統亦認爲「宇宙根本是由它自身的『行』而創造出來的，沒有天體的運行，就根本不會有宇宙。科學告訴我們，地球之由氣體而液體而固體，亦是由於它的不斷的運行而起的變化。」（見行的道理）這亦與星雲假說有關。國父雖稱星雲假說爲進化哲學，我們亦可稱之爲進化科學或進化論。故自星雲假說言，國父論宇宙進化是以科學爲基礎的。

㈤知難行易學說與科學：孫文學說爲國父手撰之哲學著作，內中包括科學思想，甚爲豐富，簡述如下：

1. 生物學——包括細胞學中的生元有知說及蜾蠃負螟蛉說，見「以飲食爲證」及知行總論章。
2. 生理學、病理學及營養學——包括論生理構造，熱量、食物元素、疾病、醫療等，見「以飲食爲證」。
3. 貨幣學與經濟學——見「以用錢爲證」，又見錢幣革命。
4. 理則學——見「以作文爲證」。
5. 工程學與建築學——見以建屋、造船、築城、開河爲證。
6. 物理（電子）學與化學——見以電學、化學爲證。

國父在孫文學說中以上列各項科學爲證之外，並且强調科學之重要說：「科學者系統之學也，條理之學也，凡眞知特識，必從科學而來也。」

由以上各項看來，國父的哲學思想，無論爲心物合一論，生元有知說，宇宙進化論，星雲假說，知難行易學說，在在與科學有關，故可以說 國父的哲學思想是以科學爲其基礎的。

註一 中華民國三十九年三民主義學人在臺北討論 國父本體論（心物觀）的定名問題，至八月間開會決定，定名爲心物合一論，由三民主義學術研究會呈請 蔣總統核示。 蔣總統於四十年一月間批可。同時， 蔣總統著 總理知難行易學說與陽明知行合一哲學之綜合研究，亦採用心物合一這個名詞。

註二 圭哇里(Alexis Carrel)爲法國生物學家，亦是外科醫師，曾於一九一〇年得諾貝爾醫學獎金。其發明爲血管縫合術等，他對於細胞學甚有研究，認爲細胞（生元）有知覺。

貳、民生哲學的建立

關於民生哲學的建立，我們在此分爲：(1)戴季陶先生見解，(2) 蔣總統見解。餘見附錄三。

(一) 民生哲學的提出與戴季陶先生的見解——民生哲學的內容，以 國父的哲學思想爲主，輔以 蔣總統言論及其他三民主義學人的見解。惟這個名詞，乃戴季陶先生所倡。他在「孫文主義之哲學的基礎」中說：「我們知道了 孫先生的三民主義是救國，便曉得這三民主義是 孫先生思想之中具體的實際部分。但是 孫先生的思想當中，有沒有作這具體的實際的主義之基礎的最高概念呢？」他所謂最高概念，乃指民生哲學而言。故在結論中說：「三民主義的思想基礎是什麼？是民生哲學。」，又說「孔子雖沒有做改制（註三）的功夫，然而他却組織了一個民生哲學；他這一民生哲學的理論，就是二千數百年後，創造中華民國的 孫中山先生所繼承的理論。」

註三 康有爲著孔子改制考，認爲「孔子改制，恒托於古。堯舜者，孔子所托也。……經典中堯舜之盛德大業，皆孔子理想上所構成者也。」戴先生則認爲孔子並沒有托古改制，卽不附和康氏的主張。

民生哲學系統表

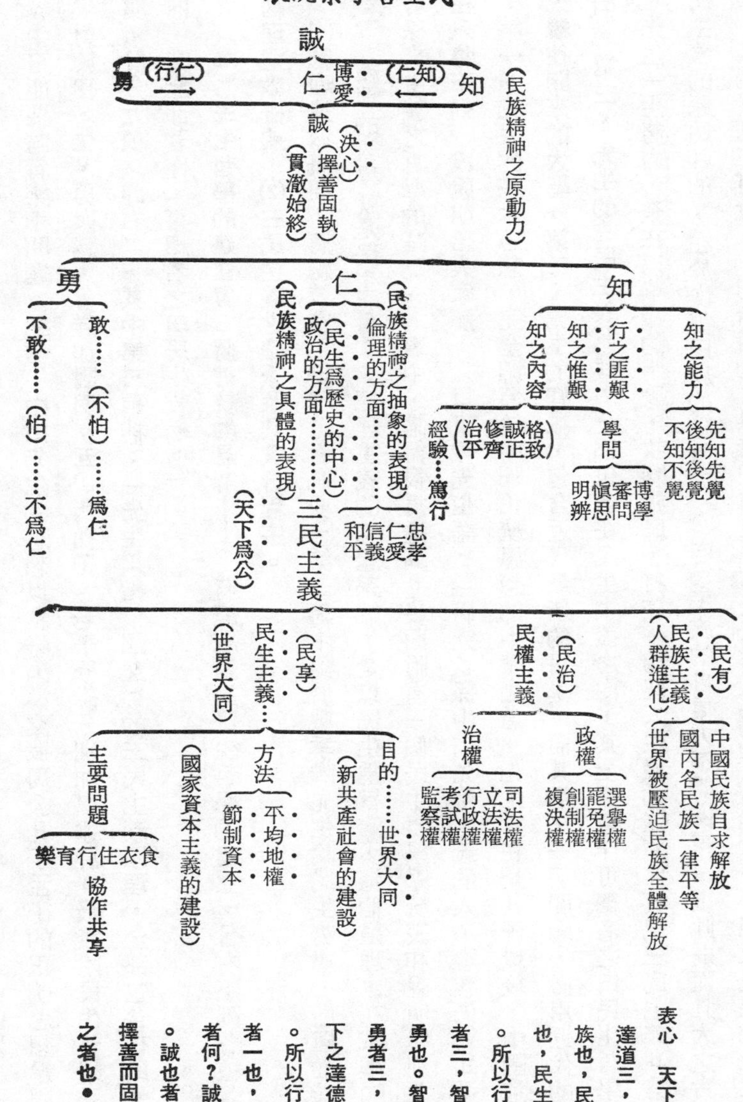

表心　天下之達道三，民族也，民權也，民生也。所以行之者三，智仁勇也。智仁勇者三，天下之達德也。所以行之者一也，一者何？誠也。誠也者，擇善而固執之者也●

戴先生在孫文主義之哲學的基礎一書中，除提出民生哲學這個名詞外，內中講到：一、民權初步、孫文學說、軍人精神教育、三民主義、實業計畫的要點。二、指出民生主義與共產主義的區別，及民生主義中可能要講育樂兩問題。三、中山先生的思想以堯舜禹湯文武周公孔子孟子的正統思想爲淵源。四、對於智、仁、勇與誠，曾詳加說明。五、對孔子、老子學說分別加以述評。最後附民生哲學系統表說明，計分九項（詳右），其中第三項稱：「先生（指 國父）的三民主義原理，全部包含在民生主義之內，其全部著作，可總名之曰民生哲學。」

(二) 民生哲學的建立與 蔣總統的見解—— 蔣總統對於民生哲學的建立，曾有下列各種著作：(1)總理遺教概要，(2)三民主義之體系及其實行程序。

(一)總理遺教概要：蔣總統在「總理遺教概要」第五講中對於戴季陶先生論民生哲學，備極推崇。他說：「 總理的哲學就是民生哲學。 總理主義的思想系統，是以民生爲旨歸，這個道理，在戴季陶先生所著孫文主義之哲學的基礎一本書中，講得很爲透闢。後面附有一個民生哲學系統表和說明特別要緊。現在只將下列一段說明給大家聽：（以下戴先生語）「研究 孫中山先生主義的人，應該先要知道九件事：第一、先生的基本思想，完全淵源於中國正統思想的中庸之道。先生實在是孔子以後，中國道德文化上繼往開來的大聖。第二、先生的智識，包含近代最新的科學，而其解決一切問題，必用近代的科學方法。第三、先生的三民主義原理，全部包含在民生主義之內，其全部著作可總名之曰民生哲學。第四、先生一生努力，全在以革命的手段，救國救民，打破一切個人主義的迷夢，實現三民主義。第五、三民主義的原始目的，在於恢復民族的自信力，因爲民族的自信力不能恢復，則此弱而且大之古文化民族，其老衰病不可救，一切新活動，俱無從生，卽發生亦不脫病理的狀態，不能救民族的危亡。第

六、三民主義之實行的方法，在以全民族之共同努力完成國民革命，集中國民革命的勢力，以國家資本主義為建設民國之基礎。第七、三民主義的始終的目的，在對治全世界的由資本主義而發生之社會病，以全人類之共同努力，建設新共產社會（註四），完成眞正民有民治民享的大同世界，就是要造成『均無貧，和無寡，安無傾』的世界。第八、民生主義與共產主義目的相同，而哲學的基礎和實行的方法，完全不同。先生說：『共產主義是民生主義的理想，民生主義是共產主義的實行。』又說：『馬克思是社會病理學家，不是社會生理學家。』這四句話是研究民生主義的人最要注意的格言。第九、先生的全人格，乃以仁愛為其基本；一切表現，無不仁愛。可知離却仁愛，絕無革命可言，民生為宇宙大德之表現，仁愛卽民生哲學之基礎。」

蔣總統引用了民生哲學系統表的說明之後說：「這九個要點，可說已將　總理主義的淵源、要旨和精神，講得很清楚很完備了；並將研究　總理主義所應有的基本觀念，亦指點得很明白。　總理思想的淵源，實在是繼承堯、舜、禹、湯、文、武、周公、孔子以來中國的正統思想。　總理的學術，乃擷取融合古今中外學術的精華，而發明三民主義，以民生為中心來解決一切問題，所謂『民生為歷史的中心』就是全部三民主義最基本的原理。」

註四　戴先生這裏所謂建設新共產社會，卽指大同社會而言。

註五　易云：「生為宇宙之大德。」清儒云：「仁者生生之德也。」推而言之，生為宇宙之大德，故說求生存（民生）為宇宙大德之表現；仁者生生之德也，故說仁愛為求生存哲學（民生哲學）之基礎。

㈡三民之義之體系及其實行程序：　蔣總統著三民主義之體系及其實行程序，繼戴先生之後，作了一個體系表如後：

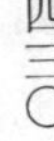

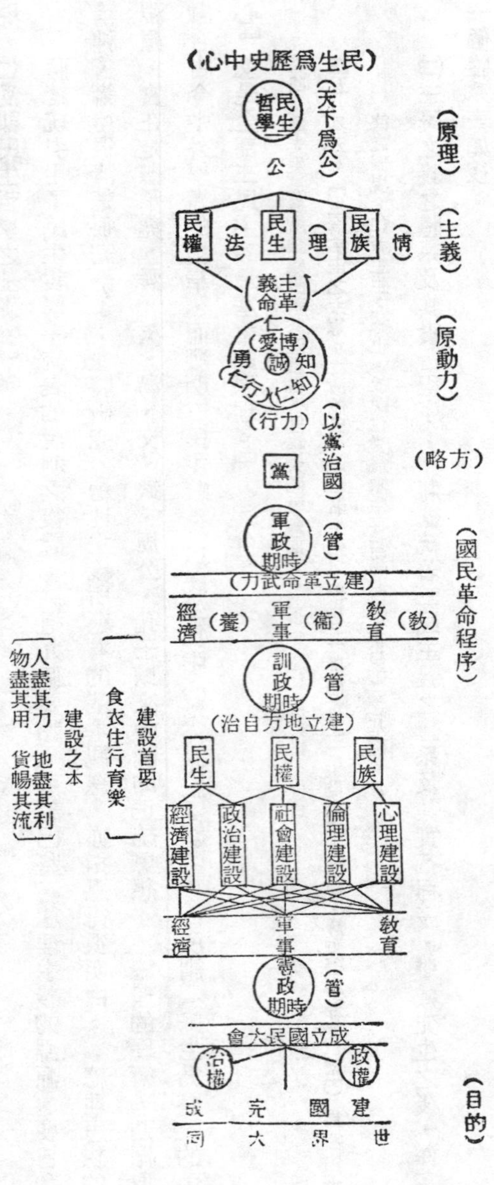

蔣總統說：「總理在三民主義第一講，開宗明義的就說：『主義是一種思想，一種信仰，和一種力量。』又說：『大凡人類對於一件事情，研究其中的道理，最初發生思想，思想貫通以後，便起信仰，有了信仰，便生出力量。』根據這幾句話，我們要徹底明瞭三民主義，必先尋覓 總理思想的出發點；換句話說，是要尋出三民主義的『原理』或哲學基礎」。什麼是三民主義的原理或哲學基礎呢？ 蔣總統以戴先生的見解作答。故他說：「就是這表（三民主義之體系及其實行表）上所示的：『民生哲學』。各位同志要知道；無論什麼主義，都有一種哲學思想做基礎。三民主義的哲學基礎爲『民生哲學』。戴季陶同志有一本專著，闡明得很是詳細。凡是親承 總理教訓的人，都承認他這本著作能眞實表達 總理思想學說的全部精義。」講到這裏，蔣總統就遺教中指出了很多依據。他說：「關於此點，遺教本文中，也有很多次的指示，他（國父）說：『民生爲歷史的中心』。又說：『社會問題是歷史的重心，而社會問題又以人類生存問題爲重心，民生問題就是生存問題。』又說：「民生爲社會進化的重心』。又說：『建設之首要在民生』。所謂『民生』，依總理的解釋，就是：『人民的生活，社會的生存，國民的生計，群衆的生命』，這比我國通常所說國計民生的『民生』要廣義得多。總理研究社會進化的定律，認定人類求生存的意義和努力，足以推動社會的進化，而中外古今所有革命的事業，唯有依於人類求生存的天性而出發，才能解決當前問題，增進人群幸福，促進世界大同。」這是說國父的民生哲學，乃以民生爲中心，以世界大同爲目的。因此，蔣總統認爲國民革命的目的，不僅是救國，而且要救世。他說：「總理革命的動機是不僅救國，還要救全世界人類。他是要根本除去足以妨礙人類生存的一切不良勢力和現象，要剷除社會上的不平，要建設民有、民治、民享的國家，進而建立和平共存的大同世界。」下面蔣總統講到幾點：⑴唯心史觀與唯物史觀的錯誤及民生史觀的合理；⑵本系統表「民生哲學」下這個公字與天下爲公，世界大同的關係；⑶國父革命思想基礎是堯舜禹湯文武周公孔子之道統。

㈢反共抗俄基本論：蔣總統著反共抗俄基本論，其第五章標題爲三民主義的哲學觀點，共分兩大項：

一、人類進化的原則，包括甲、人性論，乙、行的宇宙，丙、人性的長成，丁、共匪罪惡的來源，戊、革命的人生觀，己、智仁勇與誠。

二、民生史觀，包括甲、生命與歷史，乙、物質與精神，丙、物質觀念的改變與唯物論的破產，丁、鬪爭與互助，戊、歷史的重心在民生，己、民生史觀的建立。

以上各項在周世輔所著國父思想（三民版）中（四二〇頁），另行編列，其次序如下：

1.道德觀　智仁勇與誠。

2.人生觀　㈠人性論，㈡人性的長成，㈢革命的人生觀，㈣生命與歷史。

3.歷史觀（民生史觀）　㈠鬪爭與互助，㈡共匪罪惡的來源，㈢歷史的重心在民生，㈣民生史觀的建立。

4.心物合一論（心物觀）　㈠物質與精神，㈡物質的觀念的改變與唯物論的破產。

5.宇宙論　㈠行的宇宙（內含行的宇宙論及動靜合一的宇宙論），㈡人類進化的原則。

蔣總統對於民生哲學的建立，除上述言論外，還有很多關於力行哲學與革命哲學的理論，散見於各種講演與著作中。胡漢民先生亦講到心物與「生」的問題，陳立夫先生與任覺五先生則提倡唯生論，以作民生哲學的本體論。陳志行、黃文山、崔載陽、任卓宣及著者本人都有民生哲學有關的著作（見附錄三）。

附錄三　民生哲學研究者的著作提要

自　國父於民國八年發表孫文學說，即建立了「知行學說」（知難行易說）的基準；民國十一年發表軍人精神教育，其心物合一論、倫理觀與人生觀，即由是而萌芽；民國十三年講演三民主義後，民生史觀便誕生了，而倫理觀與人生觀更加充實。至於政治觀、法律觀、經濟觀以及教育觀，亦先後見於三民主義、五權憲法、地方自治開始實行法及各種講演中。

在戴季陶先生於民國十四年著「孫文主義之哲學的基礎」以前（民國十四年前），各同志祇注意總理的科學思想，未注意其哲學理論。戴著尋求三民主義的最高概念，便創出了一個新名詞——民生哲學。

胡漢民先生先後發表「三民主義的心物觀」及「三民主義的歷史觀」兩文，對於民生哲學有新的見解。前文指出現代哲學已由唯心論、唯物論而進於唯事論或中立一元論。並對唯物論加以批評。他由生存「需要」而講到「生」可以概括「心」和「物」，而「心」和「物」不可以概括「生」，「以生爲體，以心物爲用」，「革命的意義，是在求生，求生的方略，則應該注重到心物兩者的建設。」這是由本體上的心物問題，講到人生應用與政治建設的心物並存，他又提出「生的史觀」（按或亦可稱生存史觀）以駁唯物史觀與唯心史觀。他在後文（三民主義的歷史觀）中指出國父以「民生爲社會的中心」的重要，以及唯物史觀的錯誤，與前文生的史觀有互相呼應之妙。（以上兩文均載於先烈先進闡揚國父思想論文集第一冊，中央文物供應社出版）

蔣總統爲 國父革命事業的繼承人，亦爲 國父學說思想的繼承人。他前後發表「自述研究革命哲學經過的階段」、「國父遺教概要」、「三民主義之體系及其實行程序」、「爲學辦事與做人的基本要道」、「革命哲學的重要」、「大學之道（上）」、「大學之道（下）」、「行的道理」、「哲學與教育對於青年的關係」、「總理知難行易學說與陽明知行合一哲學之綜合研究」、「革命教育的基礎」、「組織的原理及其功效」、「解決共產主義思想與方法的根本問題」、「反共抗俄基本論第五章（三民主義的哲學觀點）等，對於 國父的哲學思想，如心物合一論，民生史觀、人生觀、倫理觀、方法論等，固有所發揚，對於力行哲學，更多有創見。

陳志行先生著「中山先生的思想體系」，認「保」和「養」爲求生存的條件，惟求生存是原因。他說：「原因與條件是相互限制，但條件寄附原因而存在，我們必需把握這個理論，才能認識民生史觀唯物史觀的分野。」此種見解，後為　蔣總統加以擴充應用。（詳反共抗俄基本論）。

民國二十二年任覺五先生發表「唯生論與民生史觀」，三民主義便由歷史觀之研究（民生史觀）而邁進了一步，走向宇宙論（本體論）。

民國二十三年七月陳立夫先生發表「唯生論」一書，對於宇宙論發揮較詳，自此，多數同志以民生史觀破唯物史觀，以唯生論破辯證唯物論。

民國二十四年黃文山先生發表「唯生論的歷史觀」，蔣靜一先生發表「唯生論的政治體系」，二十九年周世輔發表「三民主義之哲學思想的基礎」，對唯生論闡述甚多。這幾年算是唯生論思想發揮時期，後因「生為宇宙的中心」一語，未能在遺教中查獲，故唯生論未再加研究。

民國三十年梁寒操先生出版「總理遺教研究」，同年，吳曼君先生出版「民生史觀研究」，三十一年燕義權先生出版「孫中山底歷史哲學」，羅剛先生出版「三民主義的體系與原理」，又劉脩如先生出版「三民主義的教程」，姜　琦先生出版「三民主義哲學」，均對民生哲學有所研究和闡揚。

三十五年周世輔出版「　總理　總裁的哲學體系」，對於宇宙論、歷史觀、人生觀、政治觀各方面，曾作有系統之闡述。單就知行問題講，賀　麟先生著「知行問題的討論與發揮」，張鐵君著「孫文學說破疑」，均提出了一些新的見解。

在抗戰時期，任卓宣、劉炳黎先生先後編著「國父的哲學思想」，對於心物合一論、心物綜合論這些名詞，多有所發揮。崔載陽先生對於總理的本體論，亦發表論文多篇，他主張採用心物一元論這個名詞，則與周世輔見解略同。

政府遷臺以後，胡一貫先生著有「民生哲學之研究」。張鐵君先生著有「民生中心的歷史觀」及

「革命哲學的原理」。周世輔著有「三民主義哲學」、「革命哲學」、「中國近代哲學與　總理　總裁思想」及「三民主義的哲學體系」（民國四十八年十月初版，現由黎明文化公司發行）等書。崔載陽先生前後著有「國父思想之哲學體系」及「國父哲學研究」（四十九年九月正中印）。任卓宣先生于五十九年四月出版「孫中山哲學原理」。馬璧先生發表「國父學說思想新評價」。蔣一安先生於五十五年六月發表「國父哲學思想論」（商務出版），王覺源先生於五十八年五月發表「民生哲學申論」，六十三年三月又發表「力行哲學引論」（均由正中出版）。

民國五十七年　蔣總統指示教育部編著含有三民主義精神之哲學概論，由國立編譯舘約請吳康先生與周世輔合著，此合著之「哲學概論」於六十二年九月由正中書局出版，內除中西哲學並述外，多以民生哲學作結論。

第二節　宇宙論

引　　言

哲學上宇宙論一詞有廣狹二義之分，廣義的宇宙論又名「形而上學」(Metaphysics)，包括：(1)本體論(Ontology)，(2)狹義的宇宙論(Cosmology)兩個部門。

本體論者乃以研究宇宙萬物的本質，及「存在」之根本因爲對象。本體論研究存在之本體，究竟是一物？二物？或多物？於是有一與多之數量問題。又因研究存在之本性，究爲物質？還是精神？乃有心與物的問題。

狹義的宇宙論又名現象論，以研究宇宙萬物的生成演化的法則為對象。內分機械論與目的論，必然論與自由論，有神論與進化論等問題。

本節依照教育部頒講授大綱規定，以心物合一論及宇宙進化論為討論之範圍。

壹、心物合一論（本體論）

西洋哲學家對於心物問題之研究，計有唯心論、唯物論、心物二元論、心物一元論與心物同一論等派別（註一）。國父對於心物問題的見解，已經三民主義學人定名為心物合一論。茲將心物合一論的學理敍列於后：

（一）國父對於心物合一論的見解——

國父的見解，可分為體用合一與心物合一論，生元有知說與心物合一論。

㈠體用合一說與心物合一論：國父曾在軍人精神教育中說：「總括宇宙現象，要不外精神物質二者。精神雖為物質之對，然實相輔為用也。考從前科學未發達時代，往往以精神與物質絕對分離，而不知二者本合為一。在中國學者，亦恒言有體有用，何謂體？卽物質；何謂用？卽精神。譬如人之一身，五官百骸皆為體，屬於物質；其能言語動作者卽為用，由人之精神為之。二者相輔，不可分離。」這裏的精神物質二者本合為一，就是心物合一論定名的依據。也指出二者並非「分而合之」，不可誤為「心物二元」。

㈡生元有知說與心物合一論：國父在孫文學說第一章云：「據最近科學家所考得者，則造成人類及動植物者，乃生物之元子為之也。生物之元子（Cell），學者多譯之為『細胞』，而作者今特創名之曰『生元』，蓋取生物元始之意也。生元者，何物也？曰：『其爲物也，精矣、微矣、神矣、妙矣，不可思議者矣！』按今日科學所能窺者，則生元之爲物也，乃有知覺靈明者也，乃有動作思爲者也，乃有主意計畫者也。人身結構之精妙神奇者，生元爲之也，人性之聰明知覺者，生元發之也，動植物狀態之奇奇怪怪不可思議者，生元之構造物也。生元之構造人類及萬物也，亦猶乎人類之構造屋宇、舟車、城市、橋樑等物也。空中之飛鳥，卽生元所造之飛行機也。水中之鱗介，卽生元所造之潛航艇也。孟子所謂『良知良能』者非他，卽生元之知生元之能而已。自圭哇里氏發明『生元有知』之理而後，則前時之哲學家所不能明者，科學家所不能解者，進化論所不能通者，心理學所不能道者，今皆可由此內豁然貫通，另闢一新天地，爲學問之試驗場矣。」按生元一面造成人身，一面發爲人性卽含有精神要素。故可知生元（細胞）是心物合一的，最低限度由生元所造成的動植物也是心物合一的；如就「生元構造宇宙萬物」這句話講，萬物都是心物合一的，或稱質能合一的。

或許有人以爲　國父的心物合一論「以人爲限」，由這裏的生元（細胞）有知說看來，可知「不以人爲限」，乃是無可懷疑的。

(二) 蔣總統對於心物合一論的見解

蔣總統的見解，可分爲：(一)心物一體與心物合一，(二)宇宙本體與心物合一等。

(一)心物一體與心物合一：　蔣總統在「爲學辦事與做人的基本要道」中說：「據我研究的心得，認定精神離了物質，旣無由表現，物質離了精神，亦不能致用。所以精神與物質爲一體之二面，或者說一物之二象，相因而生，相需而成。所以無論唯心唯物，如果偏執一見，都是錯的。」

蔣總統又在「青年爲學與立業之道」中說：「古今中外講哲學的書籍，不是偏於唯心，便是偏於唯物。其實精神與物質原屬一體之二面，同物之異象，相因而生，相需而成。在本質上既不可分離，在學理上亦不容偏重。」以上兩段，都可作 國父心物合一論的補充說明。

蔣總統在上文中還說：「我們三民主義的哲學精義，是心物一體，知行一致，我們既不偏於唯物，也不偏於唯心；對於事物的觀察，是物質與精神並重；對於人生的理解，是思維與存在合一。我們最高的理論，以仁愛為出發點，物我、內外、表裏、精粗，都以仁愛為本源」。這種以仁愛為出發點，與戴季陶先生所說「仁愛為民生哲學的基礎」是相通的。至於「思維與存在合一」，「物質與精神並重」，乃是就智識哲學與人生哲學講的。所謂「心物一體」，乃是就本體論講的，後面更說得明白。

㈡宇宙本體與心物合一：蔣總統在「反共抗俄基本論」第五章中說：「民生哲學承認精神與物質均為本體中之一部份，既不是對立的，也不是分離的，物質不能離精神而存在，精神亦不能離物質而存在，宇宙的本體應是心物合一的。宇宙與人生都必須從心物合一論上，才能得到正確的理解。」

由上可知， 蔣總統是認為宇宙的本體是心物合一的，這較「一體之兩面」說得更明白。所謂「物質不能離精神而存在，精神亦不能離物質而存在」，可以作 國父「心物本合為一」的註解。所謂「在本質上不可分離」，可作「心物二者相輔為用，不可分離」的註解。由 國父的生元有知說，已知人與動、植物都是心物合一的；由 蔣總統的本體論，可知宇宙本體是心物合一的。推而論之，宇宙萬物都是心物合一的。

㈢論唯物論的破產： 蔣總統在「反共抗俄基本論」第五章中說：「一般唯物論者所謂『物質』，在現代科學上已被否認為全部實體的眞象。依現代科學的研究，原子可分解而為質子、電子與中子，進一步再分解成為波動的方式。一個物體不過是一個能力發放的中心。所謂物質，不但不是如常識上之認爲實體而存在，而且物質分解到最後之所呈現的，就是常識上、經驗上也能立刻判斷其爲非物質了。這不是唯心論，可是更不是唯物論，這是分析到最精微處，宇宙本體的性質。因而唯物論在現代哲學上自然要趨於沒落了。」著者按自愛因斯坦一九〇五年發表狹義的相對論，提出「質化爲能」的公式以後，宇宙的最後存在爲物質的唯物論卽告破產。

按哲學上不止唯心唯物兩派，馬克斯列寧主義者，只承認哲學有兩個派別：唯心論與唯物論。無論那種學說，只要不是唯物論，他們就指爲唯心論，這個二分法，抹煞了哲學史上的事實，已是主觀武斷而絕不科學了。尤其是由於新的物質觀念改變，更予馬克斯列寧的唯物論以致命的打擊。恩格斯說：「唯物主義隨著自然知識上，每一新的偉大劃時代的發明，而採取了新形式。」但是現在自然科學新的研究所得，已把十九世紀的科學智識（如物質不滅說）根本改變了。馬克斯列寧主義的唯物論，在根據十九世紀中葉歐洲自然科學智識而定的粗陋結論，到了自然科學進展至今天這樣原子能的階段，證明其所謂物質主義，並非爲全部實體之眞象的發明，他們這些虛僞欺世的理論，可說完全破產，實已不攻自破。「不知道他們又用什麼樣新形式的詭辯，以充實他唯物論的理論，來自圓其說呢？」這正說明原子能科學的進步，質可化爲能，物質不滅說與物質的原子是分至不能再分的說法，都已打倒了。所以羅素說：「在此物質煙消雲散的見解下，唯物論的哲學，成爲極難維持的學說了。」（見羅著西方哲學史）

註一　唯物論、唯心論、心物二元論、心物一元論等。

(一)唯物論者以「物質」(Matter) 爲最後存在，爲構成宇宙萬物之基本元素。主張唯物論者可分四派：(1)古代唯物論，(2)機械唯物論，(3)自然唯物論，(4)馬克思、恩格斯的辯證唯物論。古代唯物論者德莫克利特氏 (Democritus) 以物質的原子 (Atoms) 爲宇宙萬物的本質，連靈魂亦爲原子所造成，這叫做原子論。

(二)唯心論者主張以精神 (Spirit) 或心靈 (Mind) 爲構成宇宙萬物的基本元素。普通以柏拉圖爲唯心論之鼻祖，惟眞正的唯心論，自當推德人萊布尼茲（Leibniz）的單子論。他以單子（Monds）爲宇宙萬物的本質，單子是精神性的，非物質的，這就否定了德莫克利特氏的原子論。

㈢心物二元論者認爲精神與物質同爲宇宙萬物的基本元素。如安納撒哥拉斯（Anaxagoras）主張宇宙萬物中有「物種」（Spermata）與「奴士」（Nous）二原素。前者屬於物質，後者屬於精神。

㈣心物一元論者斯賓挪莎，以神（自然）爲宇宙的本體。認爲精神與物質爲神的兩種屬性，而宇宙的變化都是這兩種屬性之變化。

㈤心物同一論者謝林，認爲事實之世界（自然）與思維之世界（精神）同出於「絕對」。自然爲可見的精神，精神爲不可見的自然（物質），二者是同一的，故被稱爲「心物同一論」。（以上五派見解，可參考吳康、周世輔合著哲學概論，正中出版，亦可參考其他哲學概論）。

㈥中國思想家間接談到心物問題時，可分下列幾項：

甲、陰陽合一論——易有「太極生兩儀」之說，兩儀乃指陰陽而言。董仲舒說：「天地之氣，合而爲一，分爲陰陽。」這便是明白地標出了一種陰陽合一論的主張。王充說：「夫人之所以生者，陰陽也；陰陽氣也，陰氣生爲骨肉，陽氣生爲精神。」據此則陰代表物，陽代表心，陰陽合一論，便含有心物合一論的意義。

乙、神形合一論——六朝齊梁之間，佛學盛行，靈魂不滅之說甚囂塵上。范縝著「神滅論」以駁佛學的靈魂不滅說，他稱：「形者神之質，神者形之用，……神之於質，猶利之於刀，形之於用，猶刀之於利，……未聞刀沒而利存，豈容形亡而神在也？」這種駁佛學的神形合一論，頗含有「心物合一」的見解。

丙、身心合一論——王陽明說：「耳目口鼻四肢，身也；非心，安能視聽言動？心欲視聽言動，無耳目口鼻四肢亦不能。故無心則無身，無身則無心。」這種身心合一論，與范縝的神形合一論的原理相吻合。

丁、心物同一論——王船山云：「心無非物也，物無非心也。」這與德哲謝林的心物同一論相似。（以上各種心物論可參考周世輔著三民主義的哲學體系㈠本體論，黎明文化公司出版。）

貳、宇宙進化論

通常「進化」一詞，蓋指宇宙萬物的自然演進。國父亦認爲進化爲自然之道，而以人工促進之，即爲革命。

一般論進化論者，可述及宇宙的進化、生物的進化及人類的進化等。這裡的標題雖然是宇宙進化論，但我們亦要談到生物的進化與人類的進化。下面謹將 國父與 蔣總統的見解分別敍述。

(一)國父對於進化論的見解—— 國父分進化爲三時期，他在孫文學說第四章稱：「作者則以爲進化之時期有三：其一爲物質進化之時期，其二爲物種進化之時期，其三則爲人類進化之時期。元始之時，太極（此用以譯西名伊太也）動而生電子，電子凝而成元素，元素合而成物質，物質聚而成地球，此世界進化之第一時期也。今太空諸天體多尚在此期進化之中，而物質之進化，以成地球爲目的。吾人之地球，其進化幾何年代而始成，不可得而知也。地球成後以至於今，按科學家據地層之變動而推算，已有二千萬年矣。由生元之始生而至於成人，則爲第二期之進化。物質由微而顯，由簡而繁，本物競天擇之原則，經幾許優勝劣敗，生存淘汰，新陳代謝，千百萬年，而人類乃成。」以上是講三時期進化的經過，以下要講人類進化與動植物尤其是禽獸進化的原則不同。他說：「人類初出之時，亦與禽獸無異，再經幾許萬年之進化，而始長成人性，而人類之進化，於是乎起源。此期之進化原則，則與物種之進化原則不同，物種以競爭爲原則，人類則以互助爲原則。社會國家者，互助之體也，道德仁義者，互助之用也。人類順此原則則昌，不順此原則則亡，此原則行之於人類當已數十萬年矣。然而人類今日猶未能盡守此原則者，則以人類本從物種而來，其入於第三期之進化，爲時尚淺，而一切物種遺傳之性，尚未能悉行化除也。」上面是說人類進化本應依據人性以互助爲原則，或許有人要問爲什麼今天還有你爭我奪呢？ 國父以爲這是獸性在作祟。雖有獸性作祟，人類仍然要發展人性。故 國父繼說：「然而人類自入文明之後，則天性所趨，已莫之爲而爲，莫之致而至，向於互助之原則，以求達人類進化之目的矣。人類進化之目的爲何？卽孔子所謂『大道之行也，天下爲公』。耶穌所謂『爾旨得成，在地若天。』此人類所希望，化現在之痛苦世界，而爲極樂之天堂者是也。」

從上面遺教加以分析，應注意者計有下列幾項：

㈠就原則論：國父說物種進化以競爭爲原則，人類進化則以互助爲原則。至於物質進化則以什麼爲原則呢？國父未提到，有人補充說「以運動爲原則」，卽視「動、凝、合、聚」爲一種運動。

㈡就目的論：物質進化以成地球爲目的，物種進化以成人類爲目的，人類進化則以世界大同爲目的。

㈢關於物質的解釋：如果有人以物質進化時期的物質視爲本體論的純物質，則與 國父心物合一的主張不相符了，甚至會以爲 國父的本體論應視爲唯物論。實則，這裡的物質與生物（物種）或有機物相對待，只可視爲無機物，不可視爲本體論上與精神相對的純物質。故第二個時期爲物種進化時期，卽有機物或生物進化時期，第一個則爲物質進化時期，卽爲無機物進化時期。這裡的無機物仍包含著質與能，卽質能合一的，亦可說是心物合一的。

㈣太極與心物關係：如果有人視太極動而生電子這個太極爲純物質或純精神（能力），那都將與國父的心物合一論不符了。究竟怎樣解釋呢？我們應說太極是陰陽合一的，也就是心物合一的。這裏引兩種見解作說明：

1.馬璧先生說：「太極本身究竟是一個什麼東西呢？據我們先哲留下的符號，它是○。這樣的符號，叫做負陰而抱陽，就是陰陽合一。用現代哲學上的用語來解釋，這個圖式裏，涵蘊了精神，同時也涵蘊了物質，也就是心物合一。」（見馬著國父學說思想新評價）

2.崔載陽先生說：「一般人對物質本身的有無精神，常致疑慮，但我們是不懷疑的。 國父說：『元始之時太極動而生電子，電子凝而成元素，元素合而成物質（無機物），物質聚而成地球。』我們認這裏所謂動、凝、合、聚，無疑是物質的一種作用，亦就是物質的一種精神。因 國父說：『何謂用？卽精神。』然其中尤以太極的動，最有心的因素。因爲心是主動，卽心動是自主，至於物質動則常動，靜則常靜，一動一靜都非自主。物如主動，物卽有心。因此元始之時，太極的動，是自主自因的，它實有心的因素。」「其次依照近代科學的實驗，人有知情意的行爲，物質也有類於知情意的行爲，雖然只是最低級的，但也是存在的。學者已發現白金在外界改變溫度時，也能發出極敏銳的反應。」（見崔著 國父哲學研究第一編六五至六六頁）

合起來說，太極是陰陽合一的，卽心物合一的；無機物（物質）是質能合一的，也是心物合一的；動植物（含有生元）與人更是心物合一的。故心物合一論可以通物我，貫天人。

㈡蔣總統對於進化論的見解——蔣總統的見解可分：㈠對太極的看法，㈡論宇宙進化與「行」，㈢論人類進化與互助等。

㈠對於太極的看法：蔣總統在「哲學與教育對於青年的關係」中說：「中國哲學不僅是窮究宇宙，調理萬物，而且是闡明天人合一，萬物一理的，就是『太極』。『太極』兩字，如果拿現代的用語來說，就是一切人爲法則與自然法則的最高哲理，也就是宇宙眞善美的唯一極則，而爲一切宇宙歷史現象與自然現象共具的本質，人類一切心性理氣與行爲意識，能循乎這個哲理，合乎這個極則，發揮這個本質，那人卽是代表『天』，社會現象就符合了自然法則，而人所做的工作，就是天所做的工作。」

上面指出太極是一切自然現象的本質，與　國父「太極動而生電子」說完全相通。如果說太極是陰陽合一的，或物心合一的，卽可說宇宙萬物的本質便是陰陽合一的，心物合一的。

㈡論宇宙進化與「行」的關係：　蔣總統在反共抗俄基本論第五章中說：「宇宙根本是由它自身的行而創造出來的，如果沒有天體的運行，就根本不會有宇宙。科學告訴我們，地球之由氣體而液體、而固體，亦是由於它不斷的運行而起的變化。地球成了固體後，還是在不斷的運行之中，於是由物質而物種而人類，再由於人類的行，於是創造了一個新的宇宙——社會。所以我們雖用感官接觸宇宙，但要用理性才能了解宇宙，也就是要用理性才能認識社會。宇宙究是個別事物雜然羅列呢？還是有其本體整然不斷呢？宇宙如有一整然不亂的本體，那麼宇宙的本體，當然是有程序，有軌範，周而復始的運行著。換言之，這宇宙本體，絕不是僵而不行，死沉沉的龐然大物，而乃是有生命，有活力、有意義、生生不息、日新又新的本體。因此社會中的經濟、政治、文化等，亦無一不是由行而創造出來。離開了行就不會有宇宙。」

上面在講「行」創造宇宙與社會當中，講到了進化的三時期（物質、物種、人類），講到了由氣體而液體而固體，都是　國父的宇宙進化論之發揮。

㈢論人類進化與互助的關係：　蔣總統在上書第五章敍述　國父論人類進化與人性長成性重視互助時說：「我們今日還是要把人看做物？還是要把人看做人呢？要叫人類回到禽獸的境域？還是要發人性，促成文化的進化呢？這是我們三民主義者人生觀的根本論點。總理的指示是很明白的：『乃至達爾文氏發明物種進化之物競天擇原則後，而學者多以仁義道德皆屬虛無，而競爭生存乃爲實際，幾欲以物種之原則，而施之於人類之進化。而不知此爲人類已過之階段，而人類今日之進化，已超出物種原則之上矣』。馬克思主義所鼓吹的階級鬭爭，就是『以物種原則施之於人類進化』的謬論，馬克思以爲人生而有意或無意的編入社會階級關係，因而決定人類的思想與行爲，是階級性而不是人性，他們否認人類理性，肯定自然狀態爲人與人之競爭。只有暴力與專制，才能控制人類保持秩序。亦只有階級的暴力與專制，才能爭取階級的生存。」達爾文自生物進化論方面强調獸性， 國父不贊成；馬克思自社會進化方面强調獸性， 國父亦曾加以反駁。

馬克思的「共產黨宣言」一開頭就說：「一部人類歷史，就是一部階級鬭爭史。從古代社會起，一切經濟、政治、文化的現象，都是階級鬭爭的發展。」馬克斯這個說法，顯然是抹煞許多事實，有意作偏狹的論斷，致成爲社會病理學的虛玄，所以 國父說：「馬克斯研究社會問題所有的心得，只見得社會進化的毛病，沒有見到社會進化的原理。所以馬克斯只可說是一個社會病理學家，不能說是一個社會生理學家。」這是說民生史觀者以互助（階級利益相調和）爲社會進化的原因，唯物史觀者以階級鬭爭爲社會進化的原因。馬克斯祇見到社會的病態，未看見常態，祇見到人類的動物遺傳性——獸性，未看見人性；祇看見鬭爭，不知道還有互助。

反共抗俄基本論第五章的結論說：「三民主義的最高原理，是民生哲學，而民生哲學亦就是三民主義的基礎，所以凡是我們三民主義的信徒，與國民革命的鬭士，就必須要信奉民生哲學，才能摧毀唯物主義，消滅共匪朱毛。」所以我們要以民生哲學的發揚人性的社會互助論（或稱人類互助論），去擊破那發洩獸性的唯物史觀的階級鬭爭論。

附錄四　玆爲幫助了解　國父的進化論，特附述達爾文的競爭論與克魯泡特金的互助論以及中國先哲互助論的要點。

（一）達爾文的進化論的要點——孫文學說第四章稱：「進化論乃十九世紀後半期，達爾文氏之『物種來由』出現而後始大發明者也。由是乃知世界萬物皆由進化而成。」

按達爾文的進化論，有兩個要點：1.他認爲人由動物（猿猴）演化而來，2.他發明了一個進化原則：就是「物競天擇，優勝劣敗，適者生存，不適者滅亡。」他舉蔓草、尾部有刺蜂等例子，證明「弱肉强食，乃天演公例」，西洋各種學術多根據這個原則，遂重視强權，鄙視正義人道與世界公理，卽所謂「有强權無公理」。

國父少時雅癖達爾文學說，贊成他的競爭論，但後來覺得他的競爭論只可用之於物種（動植物），而不可施之於人類。

（二）克魯泡特金的進化論的要點——克氏在歐洲大戰發生後，刊出他的互助論，以反對達爾文的競爭論。爲了著此書，親赴西伯利亞考察各種動物生活。考察結果，他舉出蜂、蟻、麻雀、鴿子、鸚鵡、獮猴、河馬等動物之能合群、能友愛、能共食、能聯防、能生育結合、能遷移結合等等，以證明動物之間之進化原則是互助而不是競爭。

克氏說：「競爭既不是動物間之規則，也不是人們間之規則。只有在非常的時候，動物間乃有競爭，此際自然淘汰（卽天擇）乃乘機活動；惟較善之境況，總在藉互助以剷除競爭而得。」「人們在生存競爭中善於互助，則可得到最佳的生存機會」。又說：「合群和互助，乃人們的天性。」

克氏的結論有二：就物種而言，「物種所以總是很繁榮，很興盛，而能向前進步的就因其個體的競爭可減少至最低限度，而彼此實行互助，以達到極大的發展所致」；再就人類而言，「互助原則之推廣，由氏族乃推及族派，由族派乃推及聯盟，由聯盟乃推及民族，由民族乃推及人類」。因此，他竭力反對達爾文「弱肉强食」說。

國父在人類方面贊成克氏的互助論，但不主張以互助論用之於物種（禽獸）。故說：「物種進化以競爭爲原則，人類進化則以互助爲原則。」可見 國父的宇宙（生物）進化論與人類進化論，具有達爾文、克魯泡特金之優點，而拋棄了他們的缺點。

㈢中國先哲的互助論——國父一生最重視禮運篇大同段的「天下爲公」，也就是說人類進化，當以互助爲原則，以世界大同爲目的。國父提倡社會互助，反對階級鬪爭，除了吸收克魯泡特金的理論外，主要還是繼承了中國傳統的反侵略思想與互助主義。玆略述如下：

1.管子說：「伍之人，祭祀同福，死喪同恤，禍災共之……居同樂，行同和，死同哀，是故守則同固，戰則同强。」（國語）管子作內政以寄軍令，軍事組織重戰守互助，他將軍事組織寓於社會組織，故提倡社會互助。

2.孔子作春秋，反對强凌弱、衆暴寡，就含有一種反侵略思想。又禮運篇大同段稱「故人不獨親其親，不獨子其子……。」包含有互助思想。

3.孟子講井田制的時候說：「出入相友，守望相助，疾病相扶持。」這是認爲同井之人，都是互助的。

4.荀子說：「人能群也。人何以能群？曰：『分』。分何以能行？曰：『義』。故義以分則和，和則一，一則多力，多力則彊，彊則勝物。」（王制篇）。

5.墨子提倡兼相愛，交相利，乃以互助爲本。他說：「是故諸侯相愛則不野戰，家主相愛則不相簒，人與人相愛則不相賊。」自反面看，他一生爲反侵略而奔走呼號（如止楚攻宋），即是爲互助道德而賣力。他又說：「隱匿良道，不以相教，腐朽餘財，不以相分，天下之亂也，至如禽獸然。」不能互助卽如禽獸，這與 國父所謂物種（禽獸）以競爭爲原則，人類則以互助爲原則，大有相似之處。

此外，基督教的「人人爲我，我爲人人」的互助主義，對於 國父的社會互助論，亦不無影響。

第三節　人生論

本書哲學思想採用三分法，先講宇宙論，次講人生論，最後講認識論。人生論有廣狹義之分，這裏的人生論，是比較廣義的。廣義的人生論，本可包括人生觀、道德觀、政治觀、歷史觀等，本節則專講歷史觀（民生史觀）與人生觀（含服務的人生觀）兩項。

壹、民生史觀

民生史觀爲歷史觀之一，歷史觀的派別甚多，除國父的民生史觀以外，主要可分爲唯心史觀，唯物史觀及社會史觀。

國父的民生史觀理論，多見於民生主義，其內容除有所創見外，一方面受了社會史觀的影響，另外一方面是以批評唯物史觀爲主。蔣總統繼加闡揚，對於唯心史觀與唯物史觀都有所批評。所以在本節中，我們先述唯心史觀、唯物史觀及社會史觀的要點，次述民生史觀的要點。

(一) 唯心史觀的要點——黑格爾在本體論上是一客觀唯心論者，以爲整個宇宙都是絕對之「理性」，依照辯證法之正反合過程之運動，「理性」「外化」爲自然，再歸爲精神。在歷史觀方面他是一位唯心史觀者，或稱理性史觀者，精神史觀者。唯心史觀的理論甚多，茲述其要點如下：

㈠就歷史動力講：黑格爾認爲精神（感情、意志、欲望、個性、才能等）推動人們的活動，人們的活動又能推動歷史，故說：「精神是世界偉大事變之推動者。」

㈡就政治、文化與精神的關係講：黑格爾認爲任何一個民族的政制、宗教、道德、科學、機械的技術等，都具有這民族的精神性質和標誌。又說：「世界歷史必須記述的乃民族精神之活動。」這可以說是以精神爲政治、文化的中心。

㈢就歷史的階段講：黑格爾認爲「世界歷史不外是對於自由之覺識之進步」。因此，他把握著自由的發展，把世界歷史畫分爲下列幾個階段：

①中國古代（印度、波斯）——只是君主個人有自由，人民沒有自由；

②希臘羅馬——只有少數人有自由，多數人沒有自由；

③歐洲立憲政治（德意志）——人人才有自由的覺識，才有普遍的自由。

㈣就歷史目的講：黑格爾以「自由」爲歷史所懸的鵠的，而「國家乃自由最終目標之實現。」故唯心史觀者歷史目標論，乃趨向於國家主義。

㈤就歷史定義講：黑格爾認爲世界歷史是精神在時間裡的發展，曾說：「世界歷史是屬於精神的領域」。誠如　蔣總統所說：「唯心史觀者以爲一部人類歷史，就是人類的精神活動史。」

唯心史觀的內容本不以此爲限，我們爲便於以之與唯物史觀相對照，僅講到這裡爲止。

(二)唯物史觀的要點——馬克斯和恩格斯一面剽竊黑格爾的辯證法與唯心史觀，一面襲取費爾巴赫的唯物論，雜湊成了他們自己的辯證唯物論、唯物辯證法及唯物史觀——歷史唯物論。

唯物史觀者的重要主張，約可分爲下列各項：

(一)就歷史的動力講：他們認定物質的生產力和生產方法爲社會變革的主因。

(二)就政治、文化與物質的關係講：他們把經濟（物質）列爲下層基礎，而政治、法制及宗教、藝術、哲學、科學、道德、風習等上層建築都跟著下層基礎的變革而變革。這就是把經濟看作政治和文化的基礎，也就是把物質看作社會的重心。

(三)就歷史的階段講：他們拘執經濟上的階級鬪爭，把世界歷史畫分爲下列幾個階級：

①原始共產社會　財產共有，無階級鬪爭。

②奴隸社會　有奴隸和主人（奴隸主）的鬪爭——指希臘時代；

③封建社會　有平民和貴族的階級鬪爭，有農奴和封建領主的鬪爭——指羅馬及中古時代；

④資本主義社會　有無產階級與資產階級的鬪爭——指工業革命後的歐美各國；

⑤新共產社會　階級消滅，沒有鬪爭——指社會革命後的未來社會。

(四)就歷史目的講：他們不顧全人類歷史的事實，却盲目的認爲奴隸與主人鬪爭的結果，奴隸社會垮了；平民與貴族及農奴與封建領主鬪爭的結果，封建社會垮了；而無產階級與資產階級鬪爭下去，資本主義社會必垮無疑，繼之而起的未來社會必然是沒有階級的新共產社會。

㈤就歷史定義講：他們一方面視「一部人類社會史就是階級鬬爭史」，另一方面視「一部人類文明史就是隨物質境遇的變遷史」。

㈥就社會進化的原因講：他們認定階級鬬爭爲社會進化的原因。

又唯物史觀無論就歷史階段或歷史動力，都是以唯物辯證法爲依歸的。

(三) 社會史觀要點——威廉博士生於俄國，九歲隨父赴美，初習法律，後改讀牙醫。他曾參加社會黨，於草擬競選政綱時，發現必須重視「消費」，而馬克思的唯物史觀却僅重視「生產」，因此對唯物史觀發生了懷疑，開始作澈底的研究，結果認爲：

㈠社會問題才是社會進化的原動力，物質問題不是社會進化的原動力；

㈡經濟利益相調和才是社會進化的原因，階級鬬爭不是社會進化的原因，並且列舉四種社會進化的事實爲例，如社會與工業之改良，運輸交通收歸國有，直接徵稅，分配之社會化等；

㈢一部人類歷史乃是人類生存的實驗和失敗的記載；

㈣馬克思所謂資本家先消滅商人才能消滅等判斷，是與事實不相符的。

威廉把這些道理寫出來，定名爲社會史觀。這可說是較早的一本「馬克思唯物史觀批判」，於一九二一年出版。當時注意者不多， 國父獲得此書後，頗加贊賞，於一九二四年講民生主義時，曾加以引用，也增益了「民生史觀」的基本理論。

(四) 民生史觀的內容——國父於民十三年講民生主義，在批評唯物史觀的同時，創立了民生史觀。

這民生史觀，經 蔣總統加以補充之後，其要點如下：⑴社會進化的原動力是民生問題，不是物質問題；(2)精神和物質是社會進化的條件，不是原動力；(3)社會進化的原因是經濟利益相調和，不是相衝突；(4)社會進化的目的是世界大同，不是新共產社會；(5)社會歷史的中心是民生，不是物質等。

㈠社會進化的原動力是民生問題，不是物質問題：社會進化的原動力是什麼？國父中山先生說：「近來美國有一位馬克斯的信徒威廉氏（Dr. Marice William）深究馬克思主義，…說馬克斯以物質爲歷史的重心，是不對的，社會問題，才是歷史的重心。而社會問題中，又以生存問題爲重心，那才是合理。民生問題，就是生存問題。這位美國學者最近發明，適與吾黨主義若合符節。這種發明，就是民生爲社會進化的重心，社會進化又爲歷史的重心，歸納到歷史的重心是民生，不是物質。」（民生主義第一講）這裏要說明的是中山先生在民生主義中所講的重心，中心和原動力，本來不易加以區別，我們爲研究方便計，把這裏的重心釋爲原動力。如用唯物史觀的術語，所謂馬克思以物質爲歷史的重心，就是說物質的生產力和生產方法爲社會進化的主因（原動力）。

國父又說：「這位美國學者所發明的人類求生存，才是社會進化的定律，才是歷史的重心。人類求生存是甚麼問題呢？就是民生問題，所以民生問題，才可以說是社會進化的原動力。」如果把三種史觀來比較，則知唯心史觀者認爲精神（理性）爲社會進化（卽歷史）的原動力，唯物史觀者認爲物質（或稱物質的生產力和生產方法）爲社會進化（歷史）的原動力，而民生史觀者則認爲民生問題爲社會進化（歷史）的原動力。

㈡精神和物質是社會進化的條件，不是原動力：我們說民生或民生問題是社會進化的原動力，精神或物質不是原動力；究竟精神和物質與社會進化有甚麼關係呢？　蔣總統提出了一個條件問題，關於社會進化的條件，　蔣總統提到了精神和物質，亦提到了保和養。

「反共抗俄基本論」第五章稱：「精神和物質都是求生存需要的產物，……人類求生存是動力，而精神與物質都只是條件。」馬克思誤認條件（物質）爲動力，所以他說物質的生產和生產方法是社會變革的主因。

除精神與物質外，還有政治與經濟也是條件。

蔣總統說：「關於人類生存的條件，　總理亦曾有明白的指示。總理說：『人類要能够生存，就須有兩件最大的事，第一件是保，第二件是養。』保是政治，養是經濟，都是歷史的條件。」由此可知歷史動力只有一個就是求生存，歷史的條件是多元，即精神與物質，政治與經濟。唯心史觀者與唯物史觀者都誤認條件爲動力。

㈢社會進化的原因是經濟利益相調和，不是相衝突：　國父在民生主義中說：「馬克思定要有階級戰爭，社會才有進化，階級戰爭是社會進化的原動力，這是以階級鬬爭爲因，社會進化爲果。我們要知道這種因果的道理，是不是社會進化的定律？便要考察近來社會進化的事實。」

國父引用威廉見解，列擧歐美社會近來進化的事實，如社會與工業之改良，運輸交通收歸國有，直接徵稅，分配之社會化，都不是階級鬬爭的結果，而是經濟利益相調和的結果。因此說：「社會之所以有進化，是由於社會上大多數的經濟利益相調和，不是由於社會上大多數的經濟利益相衝突。社會上大多數經濟利益相調和，就是爲大多數謀利益；大多數有利益，社會才有進步。社會上大多數經濟利益之所以要調和的原因，就是因爲要解決人類生存問題。古今一切人類之所以要努力，就是因爲要求生存；人類因爲要不間斷的生存，所以社會才有不停止的進化。所以社會進化的定律是人類求生存；人類求生存才是社會進化的原因。階級戰爭不是社會進化的原因，階級戰爭，是社會當進化的時候，所發生的一種病症，這種病症的原因，是人類不能生存，因爲人類不能生存，所以這種的病症結果便起戰爭。」因爲馬克斯不從「經濟利益的調和」的方面著眼，反而專從「經濟利益的衝突」方面著眼，故國父批評他說：「馬克斯研究社會問題所有的心得，只見到社會進化的毛病，沒有見到社會進化的原理，所以馬克斯只可說是一個社會病理家，不能說是一個社會生理家。」

㈣進化目的爲世界大同，不是共產社會與共產主義：孫文學說第四章論人類進化的原則及目的，這段言論可作爲民生史觀的見解之一部：「人類之進化，則與物種之進化不同，物種以競爭爲原則，人類則以互助爲原則。社會國家者，互助之體也；道德仁義者，互助之用也。人類順此原則則昌，不順此原則則亡……。人類自入文明之後，則天性所趨，已莫之爲而爲，莫之致而至，向於互助之原則，以求達人類進化之目的矣。人類進化的目的爲何？卽孔子所謂『大道之行也，天下爲公』，耶穌所謂『爾旨得成，在地若天』，此人類所希望，化現在之痛苦世界而爲極樂之天堂者是也。」這裏的互助原則論與經濟調和論對照起來，更可以看出　國父在進化論方面反對達爾文的人類生存競爭說，在歷史觀方面反對馬克斯的階級鬪爭說。

他認爲人類（社會）進化的原則在於「互助」，人類（社會）進化的目的在於「世界大同」。這種歷史目的論，亦和唯心史觀及唯物史觀者的看法不同。唯心史觀者以國家主義爲目的；唯物史觀者以新共產社會與共產主義爲目的。國家主義的流弊爲走向帝國主義及希特勒的法西斯主義（對內殘暴與對外侵略）；共產主義的流弊爲走向赤色帝國主義與新殖民主義。惟有　中山先生所引之孔子的大同主義，爲人類共同之歸宿，沒有上項流弊。

㈤民生是社會的中心，物質不是社會的中心（或基礎）；民生是歷史的中心，物質不是歷史的中心：國父在民生主義第一講稱：「民生就是政治的中心，就是經濟的重心，和種種歷史活動的中心，好像天空以內的重心一樣。從前的社會主義（指馬克斯主義）錯認物質是歷史的中心，所以有了種種紛亂……。我們現在要解除社會問題中的紛亂，便要改正這種錯誤，再不可說物質問題是歷史的中心，要把歷史上的政治和社會經濟種種中心，都歸之於民生問題。以民生爲社會歷史的中心。」又說：「社會的文明發達，經濟組織改良，和道德進步，都是以什麼爲中心呢？就是以民生爲重心。民生就是社會一切活動的原動力。因爲民生不遂，所以社會的文明不能發達，經濟組織不能改良，和道德退步，以及發生種種不平的事情。」這裏我們把重心視爲中心，以便統一。

普通講民生史觀的多沒有把歷史動力與社會中心加以劃分，這裡爲便於和唯物史觀者的物質生產力（動力論）說和經濟基礎說對照起見，特地以「民生爲社會進化的原動力」的主張，反駁「物質生產力爲社會進化的主因」的謬見；又以「民生爲社會的中心」說，反駁「經濟爲社會基礎」說的謬見。前面曾說「求生存是歷史動力」，物質和經濟不是動力；這裡要說「民生（求生存）是社會中心」，物質和經濟不是社會基礎。

㈥歷史的階段是民生的階段，不是階級鬪爭的（經濟的）階段：唯心史觀者從政治的，自由覺識之進步方面去把握歷史的分段；唯物史觀者，從經濟的，階級鬪爭之演進方面去把握歷史的分段。中山先生對於歷史的分期是多方面的，不拘泥於經濟或政治的一隅。

1.從政治方面看，計分爲：一、人同獸爭（洪荒時期），二、人同天爭（神權時期），三、人同人爭——國同國爭（君權時期），人民同君主爭（民權時期）。

2.從經濟方面看，有兩種分法：

甲、生產方面分爲：一、採掘時期，二、漁獵時期，三、遊牧時期，四、農業時期，五、工業時期。

乙、消費方面分爲：一、需要階段，二、安適階段，三、繁華階段（奢侈階段）。

3.從知行進化方面看，分爲：一、不知而行時期，二、行而後知時期，三、知而後行時期。此外，從文明方面分爲由野蠻進文明，由文明再進文明；從民族方面分爲由宗族進到民族，再進到大同；從人性方面分爲由獸性進入人性，再由人性趨向神性。

以上無論從政治、經濟、文化任何一方來說，其所要進化，就是爲了要解決人類生存問題，並求得較好的生存。所謂「民生問題是社會進化的原動力」，在歷史演進的階段方面可以獲得證明。國父的各種歷史分段是正確的，與各外國學者的分段大致相同。馬克斯唯物史觀者的分段，專從階級鬭爭着眼，既與中東、美洲、非洲、印度、印尼、日本，尤其是中國的歷史，大不相符，也與歐洲有別。因爲其分段的方法是錯誤的（註一），故由此五段論所推出的歷史目的論，（以新共產社會爲目的），歷史定義論（一部人類社會史叫階級鬭爭史），社會進化的原因論（階級鬭爭爲社會進化的原因），都是錯誤的推斷。

㈦一部人類歷史乃是人類爲生存而活動的記載，不是階級鬭爭史：唯心史觀者以爲人類歷史屬於精神的領域，或說是精神活動史，唯物史觀者以爲是階級鬭爭史，或隨經濟境遇的變遷的歷史。蔣總統則認爲是人類爲生存而活動的記載。

在「三民主義之體系及其實行程序」一文中，蔣總統說：「持唯心史觀的以爲歷史爲人類有意識的一種精神創造，一部歷史，就是精神活動史；持唯物史觀的意見恰好相反，以爲一部歷史的變遷演進，依經濟的生產方式而轉移，某一時代的經濟制度變更，或生產方式變更，歷史亦隨之而變，人類的活動，完全受經濟的支配。這兩種學說，都可以說是一偏之見，不能够概括人類全部歷史的眞實意義。因此人類全部歷史卽是人類爲生存而活動的記載，不僅僅是物質，也不僅僅是精神，所以惟有以民生哲學爲基礎的民生史觀，或以民生史觀爲出發點的民生哲學，不偏於精神，亦不偏於物質，惟有精神與物質並存，才能說明人生的全部與歷史的眞實意義。」威廉氏曾說：「一部人類歷史，乃是人類生存的實驗和失敗的記載」，倒不如　蔣總統所下歷史定義的簡單。

註一　唯物史觀者歷史階段論（五段論），既不適亞、非、美洲，亦與歐洲有別，因希臘之亡，亡於異族入侵，非亡於階級鬪爭。又東羅馬滅亡後，產生了民族國家與民族主義，就戰爭論，乃以民族戰爭爲主，不是以階級戰爭爲主。

綜合起來，民生史觀的要點，可簡述如下：

一、就歷史動力講：民生問題是社會進化的原動力，或認民生是歷史的重心。而政治與經濟，物質與精神，只是歷史的條件，不是動力。

二、就政治、經濟、文化與民生的關係講：民生就是政治的中心，就是經濟的中心，以及種種歷史活動的中心，這種種歷史活動可包括宗教、藝術、科學、道德等。而物質（經濟）不是政治文化的下層基礎。

三、就歷史階段講：歷史的分期可從多方面着眼，不必拘限於政治或經濟。唯物史觀者的歷史階段論（五段論）是與各國歷史不符的。

四、就社會進化的原因講：經濟利益相調和（社會互助）爲社會進化的原因，階級鬪爭（經濟利益相衝突）不是社會進化的原因。

五、就歷史目的講：世界大同爲歷史的目的，馬克思所講「新共產社會」不是歷史的目的。

六、就歷史定義講：一部人類歷史卽是人類爲生存而活動的記載，既不可稱爲精神生活史，亦不可稱爲階級鬪爭史。

貳、人生觀（服務的人生觀）

這裏標題爲服務的人生觀，可單講 國父人生以服務爲目的的理論，亦可擴大一點，講到革命人生觀中的創造、服務、力行的人生觀；更可增加互助的人生觀，樂觀主義及犧牲奮鬪的人生觀，甚至可包括天人合一的人生觀。現在列述下面幾項：㈠服務的人生觀，㈡創造的人生觀，㈢力行的人生觀，㈣革命的人生觀，附錄天人合一的人生觀，互助與樂觀人生觀的要點。

㈠服務的人生觀——西洋人生哲學中有持利己主義者，有持利他主義者，而 國父所提倡的服務人生觀，可說是屬於利他主義的。 國父在民權主義中把人分爲兩種：一爲利己，一爲利他。認爲「重於利己者，每每出於害人，亦有所不惜，重於利他者，每每到犧牲自己，亦樂而爲之。」講到這裡，國父更提倡服務的人生觀，反對奪取的人生觀。他說：「人人當以服務爲目的，而不以奪取爲目的。聰明才力愈大者，當盡其能力而服千萬人之務，造千萬人之福。聰明才力略小者，當盡其能力以服十百人之務，造十百人之福。所謂巧者拙之奴，就是這個道理。」此種服務的人生觀，也可說是一種利他主義的人生觀。

國父於民國十二年十二月廿一日在嶺南大學黃花岡紀念會演講「世界道德之新潮流」說：「七十二烈士在辛亥年三月二十九日，想喚醒國民，爲國服務，雖然是死了；但是由於他們死了之後，不到五個月，便發動武昌起義，推翻滿清，打破專制，解除四萬萬人的奴隸地位。這就是七十二烈士以死喚醒國民，爲國服務的志氣，達到了目的。」這是說七十二烈士具有一種爲國服務的人生觀。接着 國父又這樣說：「我們今天來紀念他們，便應該學他們的志氣，更加擴充，爲國家爲人民爲社會爲世界來服務。」

古代有聰明能幹的人，是不是都能爲社會爲國家爲世界來服務呢？ 國父以爲「古時極有聰明能幹的人，多是用他的聰明能力，去欺負無聰明能力的人，所以由此便造成專制和各種不平等的階級。現在文明進化的人類，覺悟起來，發生一種新道德。這種新道德，就是有聰明能力的人，應該要替衆人來服務。這種替衆人來服務的新道德，就是世界上道德的新潮流。七十二烈士有許多是有本領學問的人；他們捨身救國，視死如歸，爲人類服務的那種道德觀念，就是接受了這種新道德的潮流。」所謂以自己的聰明能力去欺負無聰明能力的人，是一種奪取的人生觀在作祟，惟有以自己的聰明能力去爲人類社會服務，才可平人爲之不平。

蔣總統於民國四十三年七月講「革命教育的基礎」也指出：「既是天地父母生下了我們這樣一個人，就是要我們在人的社會裏，盡我們做人的義務，小則能够助人愛人，爲一鄉一族服務，大則能够救國救民，救人救世，能爲國家民族爲世界人類服務。」蔣總統此話，就是國父服務人生觀的發揮。

（二）創造的人生觀——所謂創造的人生觀，是與天命主義或宿命主義的人生觀相對立的。

國父在民族主義中論恢復民族地位時，講到恢復固有能力，就是要恢復中華民族固有的創造力，如發明羅盤針、火藥、印刷術、吊橋等。

又 國父自己具有創造的精神和能力，如締建中華民國，創造三民主義、五權憲法及孫文學說等，都是創造人生觀的表現。

蔣總統對於創造的人生觀所提的主張，可從中國之命運與三民主義青年團宣誓訓詞中可以看出來。中國之命運第七章載：「宇宙間一切新的生命，皆由人來創造，亦要由人來決定。而國家的命運，更要由我們全國國民之本身來創造來決定。」這是說我們不可抱一種宿命主義的人生觀。

三民主義青年團宣誓訓詞說：「宇宙萬物，無論聲、光、電、力，無論動、植、礦物，我們人人都要能夠發揮才智，來宰制一切，征服一切，利用一切，使無用的變成有用，有害的變成有利。例如洪水爲患，我們就要設法疏導，以興水利；獸類爲患，我們要剷除或馴服他。對於自然的征服與利用，我們的祖先，自古以來，就非常注重的。例如神農發明醫藥，使人民的疾病得到解救；黃帝作宮室，造舟車，並發明指南針，以利居住交通；螺祖發明養蠶製絲，使人民有衣穿；后稷發明稼穡，使人民有飯吃；大禹治洪水，使人民能夠安居。這都是征服與利用自然，以增進人類生活，創造人類文明的偉績。現在人類文明，如此突發猛進，也都是由於人之發揮充分的天賦才智，控制宇宙，征服自然而來。」所謂人人要發揮才智，征服自然與利用自然，就是　蔣總統創造人生觀的主要理論。這種理論與國父提倡恢復固有能力是前後一貫的。

(三)力行的人生觀——所謂力行的人生觀也是與天命主義人生觀相反，而與創造的人生觀相通的一種人生態度。

國父在孫文學說最後有志竟成一章中說：「夫事有順乎天理，應乎人情，適乎世界之潮流，合乎人群之需要，而爲先知先覺者所決志行之，則斷無不成者也，此古今之革命維新與邦建國等事業是也。」裏的「決志行之」，就是重視力行。

孫文學說中又說：「當科學未發達之前，固屬不知而行，及行之而猶有不知者。故凡事無不委之這數氣運，而不敢以人爲之轉移也。……至今科學昌明，始知人事可以勝天，凡所謂天數氣運者，皆心理之作用也。」國父並且認爲時代愈進化，人定愈可以勝天，故反對宿命主義，提倡力行主義。

國父致 蔣總統書中有云：「夫天下事其不如人意者，固十常八九，總要堅忍耐煩，勞怨不避，乃能期於有成。」這是一種以力行精神克服困難環境的人生觀。

蔣總統爲發揚知難行易學說而著「行的哲學」，對於力行意義，講得非常透徹。他說：「古人說：『性與生俱來』，我以爲行爲性之表，所以行亦與生俱來。」就宇宙境界言，總統認爲行既是「天地自然之理。」就人生境界言，總統認爲行又是「人生本然的天性。」他說：「如果把一個手足活潑的人閑置起來，不許他行動，不給他一點事做，這個人必定會覺得十分痛苦。」故結論說：「人之生也，是爲行而生，那麼我們的行，亦應當爲生而行。」

(四) 革命的人生觀——何謂革命的人生觀？這是要以 蔣總統的言論爲根據的，其答案有三，特述於下：

㈠是指創造、服務、勞動的人生觀而言：蔣總統說：「我自立志革命以來，就認定創造、服務、勞動爲革命的人生觀。並認爲革命就是力行；因爲革命是效法天行健君子以自强不息。革命就是服務；因爲革命是爲大多數人群謀利益，和爲被壓迫民衆打不平的。革命就是創造，就是建設，而不是以動亂和破壞爲目的的。我們知道動亂與破壞，乃是革命一時的現象和手段，而其目的，乃在於永恒的建設和不斷的創造與進步。這乃是國父的人生觀，亦正是我們革命的人生觀。」（反共抗俄基本論）這是革命人生觀的第一個答案。

這個答案中的創造、服務、力行（勞動）三種人生觀，前面已單獨研究。

㈡是指「以吾人數十年必死之生命，立國家億萬年不朽之根基」這一段遺教而言：

蔣總統說：「國父說：『今日之我，其生也爲革命而生我，其死也爲革命而死我。』又說：『以吾人數十年必死的生命，立國家億萬年不死之根基。』　國父這種人生觀，顯然是革命人生觀的典型。」這是革命人生觀的第二個答案。

這個答案中的革命人生觀，可說是一種革命志士成仁取義的人生觀，亦屬於民族主義的人生觀。

㈢是指征服自然利用萬物，增益人類生活，創造宇宙生命而言：　蔣總統在青年應確定革命的人生觀中說：「吾人何爲而生？既生於現在之時代與世界，對於國家民族與世界人類負有何種之責任？吾人更何爲而革命？更應如何努力始能成功革命事業？總之，吾人應立志爲何等人物，始足以上對祖宗父母，下對後代子孫，此卽吾所謂眞正的理想人生？可以導引吾人於最大之成功者也。」

蔣總統繼說：「夫革命人生觀之確立，不外認識其個人對於宇宙所處之地位，與群己關係之分際而已。」我們分開來說：

1.就個人對宇宙關係而言　蔣總統以爲「宇宙是無窮大的空間與無限長的時間之結構，而我們個人的生命却渺小如滄海之一粟，短促如曇花一現，然而無窮大的空間，却是我們的舞臺，無限長的時間，却是我們的旅程。宇宙萬物，都是爲我們而生，待我們而用，所以我們就是宇宙的主宰，我們要征服自然，利用萬物來增益人類的生活」。

2.就群已關係之分際而言　蔣總統曾謂：「生活的目的，在增進人類全體之生活，生命的意義，在創造宇宙繼起之生命」。他一再說這副對子，就是其革命的人生觀。(見其他講演)

所謂「要征服自然，利用萬物，來增益人類生活，」包含有創造與服務及世界主義的人生觀。所謂

「生活的目的，在增進人類全體之生活」，包含着服務精神與世界主義；所謂「生命的意義，在創造宇宙繼起之生命」，包含着創造的精神與天人合一的人生觀。

附錄五 國父的人生觀，各三民主義哲學研究者的看法，尚未能完全統一，除了講服務、力行（勞動）、創造及 蔣總統所講的革命的人生觀外，也有講到互助、樂觀及天人合一的人生觀者，玆特附述三項如下：

（一）互助的人生觀——國父除提倡服務的人生觀外，還提倡互助的人生觀。孫文學說第四章指出人類初生之時，亦與禽獸無異，再經幾許萬年之後，而始長成人性。自有人性之後，卽應重視互助，而不應重視競爭。故說：「物種進化以競爭爲原則，人類進化則以互助爲原則。」「人類順此原則則昌，不順此原則則亡。」這是說就人類立論，旣已長成人性，自應提倡互助，而不應提倡競爭（含有鬪爭之意）。

實業計畫結論中說：「卽如後達爾文而起之哲學家發明人類進化之主動力，在於互助，不在於競爭，如其他動物者焉。故鬪爭之性，乃動物遺傳於人類者，此種獸性，當以早除之爲妙也。」這是說我們要發揚人性，減除獸性，提倡互助，勿提倡鬪爭。按達爾文提倡生存競爭論，所謂後達爾文而起之哲學家乃指克魯泡特金而言，因爲克氏曾著互助論，以駁生存競爭說。

國父在學生應主張社會道德中說：「從前學界人所知者，生存競爭，優勝劣敗而已。然此種學說，在歐洲三十年前頗爲盛行，今日則不宜主張此說，應主張社會道德，以有餘補不足。大凡天之生人，其聰明才力，各有不同。聰明才力之有餘者，當輔助聰明能之不足者。」所謂以有餘補不足，就是提倡互助的人生觀。

國父在大光報年刊題詞中說：「人類由動物之有知識能互助者進化而成；當其蒙昧，力不如牛馬，走不如犬兎，潛不如魚介，飛不如諸禽，而猶能自保者，能互助故能合弱以禦强。」這與荀子所謂人「力不若牛，走不若馬，而牛馬爲人用，何也？」曰：「人能群也。」意思相同。國父又說：「人有合群的天性。」這是互助的人性論，也是互助的人生觀。蔣總統說：「人之所以爲人，主要就由於人由合群互助去擴大自己的生活。」（反共抗俄基本論）由此，可以看出國父與蔣總統都提倡互助的人生觀。

(二) 樂觀的人生觀——西洋人生哲學中有悲觀主義者和樂觀主義者，國父則提倡樂觀的人生觀。國民月刊出世辭載：「樂觀者成功之源，悲觀者失敗之因。吾人對於國民所負之責任，非圖民生幸福乎？民生幸福者吾國民前途之第一快樂也；既然矣，則吾人應以樂觀之精神，積極進行之，夫然後民生幸福之目的可達，而吾人之希望可成也。」他人的樂觀主義或以個人之快樂與幸福爲目的，國父之樂觀主義，則以大衆之生活幸福爲目的，屬於利他主義，利民主義。

國父反對悲觀主義，故繼說：「中國國民之性質，其最大之弊，則爲悲觀。自命高尚者流，閉門謝客，笑罵當時以爲得；而熱心之極者，更往往有跳海沉江，捐生棄世焉。」如屈原沉江，陳天華跳海，縱屬情有可原，亦是「熱心之極」的原因。

國父提倡樂觀主義，一則求達到民生幸福之目的，再則求培養堅忍不拔之毅力。故又說：「夫事以活動而成功，活動以堅忍爲要素，世界萬事，惟堅忍乃能成功。必有樂觀之精神，乃有堅忍之毅力，而後所抱持之主義，乃克達其目的焉。」國父自己一生從事國民革命，歷十次失敗而不氣餒，其堅忍不拔之毅力，全賴樂觀主義之精神爲之支持。

蔣總統說：「哲學是求得安樂的學問。」在哲學中， 蔣總統重視致良知，他認爲「良知是我們的中心主宰，……他是至高無上的，所以每到自己覺得一旦良知發露，或者果能致其良知的時候，自然如對越上帝，無樂可代了。所以我們爲學治事，或革命作戰，總要找到其樂趣所在，而後對一切工作，乃能自然，亦不覺其爲苦爲難了。」（革命教育的基礎）這是要我們憑良心所知去做事，則自可養成一種樂觀的人生觀。

（三）天人合一的人生觀——蔣總統所講的天人合一論，本可自宗教觀、政治觀各方面去研究，但其精神以人生哲學爲主，故這裏祇談天人合一的人生觀。

天人合一論，雖爲 蔣總統所提出，但 國父亦已在「國民要以人格救國」中講到。他說：「至於宗教的優點，是講人與神的關係，或同天的關係，古人所謂『天人一體』。」接着說：「人類本來是獸，所以帶有多少獸性，人性很少，我們要人類進步，是在造就高尙人格，要人類有高尙人格，就在減少獸性，增多人性，沒有獸性，自然不至於作惡。完全是人性，自然道德高尙，道德既高尙，所做的事情，當然是向軌道而行，日日求進步，所謂『人爲萬物之靈』。依進化的道理推測起來，人是由動物進化而成，既成人形，當從人形更進化而入神聖。是故欲造成人格，必然消滅獸性，發生神性，那麽，才算是人類進步到了極點。」所謂「天人一體」，就是「天人合一」，亦是神人一體，或神人合一。 中山先生自進化的立場，論人類可自獸性進於人性，亦可自人類進於神性。天人合一的人生觀與神性的人生觀，可說是異名而同義。他希望人們消滅獸性，發生神性，與明天理去人欲之意相差不遠。

蔣總統 對於天人合一論，發揮更多。如在革命教育的基礎一書中，談到何謂天？何謂人？

何謂心？何謂天人合一？如何做到天人合一？以及爲什麼要提倡天人合一的人生觀？

何謂天？他認爲乃指天理自然之天而言。何謂人？如何才可稱之爲人？他認爲具有明德，四端（良知）的人方可稱之爲人，否則爲「非人」，卽禽獸。何謂心？乃指良心而言。何謂天人合一？主要是就以良心（良知）合天理而言。

如何做到天人合一？他有兩種解釋：一爲能致良知（擴充四端）卽可達到「天人合一」，二爲祇要存天理去人欲，卽可達到「天人合一」。

他在『革命教育的基礎』中，講天人合一論時，結論有云：「一個人只不失此四端之心（良知、明德。）而能擴充發揚之，卽就是與天合一的一個正人，這亦就是中國哲學中所謂『天人合一』的眞義。」

又在「解決共產主義思想與方法的根本問題」一書中，於講過孟子、陸象山、王陽明等的「天人合一」哲學思想之後，指出用什麼方法達到「天人合一」的境界。他說：「因之就可知一個人只要其能『存天理，去人欲』，就可以與『天』合一。中庸說：『誠者天之道也。誠之者人之道也。』所以一個人只要眞能做到存心養性，愼獨存誠，很自然地就可以達到『天地與我並生，萬物與我爲一』的『天人合一』的境界。」

爲什麼要提倡這天人合一最高境界的人生觀呢？誠如　蔣總統自己所說：「凡是了悟我們天人合一的先聖往哲，以及歷代民族英雄，臨大節而不變，當大難而不苟者，都是有得於中國傳統哲學思想，這是因爲他內心有了主宰，所以能够生死以之，險夷一致，自不爲任何威武所屈，外物所誘。

擧例言之，遠如文天祥先生，他爲什麼能「生死以之，險夷一致」呢？因爲他具有正氣貫日月，生死安足論的抱負。近如陳英士先生，他爲什麼能和惡魔奮鬪，能爲革命犧牲呢？亦因爲他具有「扶顚持危，事業爭光日月；成仁取義，俯仰無愧天人」的胸懷。（註一）

以上附錄了互助、樂觀及天人合一的人生觀，除此以外，還有人講到勞動的人生觀（或與服務連起來講勞動服務的人生觀），犧牲的人生觀，或稱犧牲奮鬪的人生觀（以軍人精神教育論勇與決心爲內容），心物並存的人生觀。

註一 民國五年，陳英士先生被刺殉難前，撰了一副對聯：

扶顚持危，事業爭光日月；

成仁取義，俯仰無愧天人。

按危而不持，顚而不持，見於論語。易云：「大人者與天地合其德，與日月合其明。」正氣歌云：「是氣所磅礴，凜冽萬古存，當其貫日月，生死安足論。」都是含有與日月爭光或以人合天的意義。文天祥云：「孔曰成仁，孟曰取義。」孟子云：「仰不愧於天，俯不怍於人，二樂也。」所謂俯仰無愧天人，就有天人合一的含義。普通以革命先烈稱英士先生，由這副對聯來看，英士先生實具有天人合一的胸懷。

第四節　認識論

引　言

西洋哲學的認識論（Epistemology）又名智識論（Theory of Knowledge），以討論下列各項爲範圍：㈠智識起源問題，㈡認識對象（或本質）問題，㈢認識範圍問題，㈣認識標準問題。中國哲學對上項問題，雖非毫不注意，但並沒有作這樣分類的討論。惟有一相關的研究，卽知行問題（或稱知行論，或稱知行學說）。因此，有人把中國的知行論視同認識論或智識論。亦有人不贊成，謂西洋的認識論或智識論講知不講行，中國的知行論，則既講知又講行，是知行並顧，更偏重行的。如討論知行先後問題，知行難易問題，知行輕重問題等。本節雖依照講授大綱標題爲認識論，實則是以知行論爲內容，專研究　國父的知難行易學說及　蔣總統的力行哲學。末附心理建設運動之回顧與前瞻。

壹、知難行易學說

在論述知難行易學說之前，我們先簡述傅說的知易行難說。尚書說命篇載：殷高宗（武丁）聽傅說講了一些政治主張之後，心中非常高興，因而贊之曰：「旨哉！說！乃言惟服，乃不良於言，予罔聞於行。」傅說再進一步說：「匪知之艱，行之維難，王忱不艱，允協於先王成德。惟說不言，有厥咎！」卽是說：「聞而知之不難，實踐力行則不容易，王如內心篤實誠信，則亦不難，且可配美於先王成德，但我如不進言，則有不忠之罪。」傅說的用意或在使高宗勇於實行，而其流弊，却使國人由畏行之難，而不敢力行。

（一）國父提倡知難行易學說的動機——按孫文學說起稿於民國七年，出版於民國八年。當時　國父奔走革命已達三十餘載，而三民主義與五權憲法與夫革命方略所規定之種種建設宏模，猶未能完全實現者，蓋因各同志以爲知之匪艱，行之維艱，不敢努力奉行而已。孫文學說自序云：「吾黨之士，於革命宗旨，革命方略亦難免有信仰不篤，奉行不力之咎也。而其所以然者，非關乎功成利達而移心，多以思想錯誤而懈志也。此思想之錯誤爲何？卽『知之非艱，行之惟艱』之說也。此說始於傅說對武丁（高宗）之言，由是數千年來，深中於中國之人心，已成牢不可破矣。故予之建設計畫，一一皆爲此說所打消也。」

國父見「知易行難」之說，迷惑人心，首先想用「知行合一」說以打破之，又見此說亦不能挽救，乃研究「知難行易」一問題。始知「古人之所傳今人之所信者，實似是而非也。乃爲之豁然有得，欣然而喜，知中國事向來之不振者，非坐於不能行也，實坐於不能知也；及其既知之而又不行者，則誤於以知爲易，以行爲難也。倘能證明知非易而行非難也！使中國人無所畏而樂於行，則中國之事大有可爲矣。」

總之，國父提倡知難行易學說之動機（或稱目的），是在打破知易行難謬說，鼓勵黨內同志與全國國民實踐力行，以期革命主義與革命方略之實現，而建立民有民治民享的國家。

（二）以十事爲證——孫文學說除自序外，計分八章：第一章以飲食爲證，第二章以用錢爲證，第三章以作文爲證，第四章以七事爲證，第五章知行總論，第六章能知必能行，第七章不知亦能行，第八章有志竟成。內中第一至第三章，合起來即以十事爲證，證明「行之非艱」而「知之惟艱」。

㈠以飲食爲證：身內飲食之事，人人行之，終身不知其道；身外食貨問題，人人習之，全國不明其理。

㈡以用錢爲證：錢幣爲百貨之中準，交易之中介，價格之標準，人人用之，而能知此理者蓋鮮也。

㈢以作文爲證：中國文人，能作極妙之文章，知其當然，不知其所以然，因爲不知文法學與論理學。

㈣以建屋爲證：施工建設不難，所難者繪圖設計。

㈤以造船爲證：鄭和無科學知識，而能於十四個月，造大船六十四隻，可見行易。

㈥以築城爲證：秦時無科學，無機器，無工程學，而能築成萬里長城。歐洲大戰，東西兩戰場，臨時能築成四萬里戰壕，足見行之非艱。

㈦以開河爲證：我國古人無今人之學問知識，而爲需要所迫，不事籌畫，只圖進行，亦能成此長三千里之運河。

(八)以電學爲證：羅盤針爲簡單電機，人類用電，以指南針爲始，用電不難，所難者在研究其原理。

(九)以化學爲證：中國人做豆腐、製陶器，行之而不知其道，用之而不知其名。

(十)以進化爲證：國父認爲物種進化以競爭爲原則，人類進化以互助爲原則，而人多不知其道。

(三)此說可用於心性修養——國父在知行總論自設疑問說：「或曰：『行易知難之十證，於事功上誠無間言，而於心性上之知行，恐非盡然也。』吾於此請以孟子之說證之。孟子盡心章曰：『行之而不著焉，習矣而不察焉，終身由之，而不知其道者，衆矣。』此正指心性而言也。由是而知『行易知難』，實爲宇宙間之眞理，施之於事功，施之於心性，莫不然也。」按孟子盡心章句上所講爲「盡心知性以知天」，「存心養性以事天」，「殀壽不貳以立命」，及「反身而誠」等心性修養問題，故國父說知難行易學說可以用之於心性修養。

(四)對於知行合一之批評——國父認爲知行合一學說，不合科學的分工，又未將「行難」問題打破，故亦無補於世道人心，因此，蔣總統著文論孫王學說之異同(詳後)。

(五)知行進化三時期——國父繼稱：「夫以今日之眼光，以考世界人類之進化，當分爲三時期：第一由草昧進文明，爲不知而行之時期。第二由文明再進文明，爲行而後知之時期。第三自科學發明而後，爲知而後行之時期。歐美幸而無知易行難之說，爲其文明之障礙，故能由草昧而進文明，由文明而進於科學。其近代之進化也，不知固行也，而知之更樂行之，此其進行不息，所以得有今日突發之進步也。……自科學發明以後，人類乃始能有具以求其知，故始能進於知而後行之第三時期之進化也。」這個三時期的進化說，爲國父所創見。

（六）人類三系與後知後覺者之責任——國父又稱：「夫人群之進化，以時考之，則分爲三時期，如上述：曰不知而行之時期，曰行而後知之時期，曰知而後行之時期。而以人言之，則有三系焉：其一先知先覺者爲創造發明，其二後知後覺者爲倣效推行，其三不知不覺者爲竭力樂成。有此三系人相需爲用，則大禹之九河可疏，秦皇之長城能築也。……倘使我國之後知後覺者，能毅然打破『知之非艱，行之惟艱』之迷信，而奮起以爲倣傚，推行革命之三民主義，而建設一世界最文明進步之中華民國，誠有如反掌之易也。」此三系說，由孟子書中論伊尹主張「以先覺覺後覺」而來，孟子書中採二分法，國父引申爲三分法。

（七）能知必能行——國父在孫文學說第六章中說：「當今科學昌明之世，凡造作事物者，必先求知而後乃敢從事於行，所以然者，蓋欲免錯誤而防費時失事，以冀收事半功倍之效也。是故凡能從知識而構成意象，從意象而生出條理，本條理而籌備計畫，按計畫而用工夫，則無論其事物如何精妙，工程如何浩大，無不指日可以樂成者也。近日之無線電、飛行機，事物之至精妙者也。美國之一百二十餘萬里鐵路與夫蘇伊士、巴拿馬兩運河，工程之至浩大者也，然於科學之原理既知，四週之情勢皆悉，由工程師籌定計畫，則按計畫而實行之，已爲無難之事矣。」

我們推而論之，二十世紀之登陸月球，亦在「科學之原理既知，四週之情勢皆悉」的條件之下，「按計畫而實行之，已爲無難之事矣。」這是「能知必能行」的科學例證，亦是知難行易的科學例證。

（八）不知亦能行——國父既說「能知必能行」，又說「不知亦能行」。孫文學說第七章稱：「然而科學雖明，惟人類之事仍不能悉先知之而後行之也；其不知而行之事，仍較於知而後行者爲尤多也。且人類之進步，皆發軔於不知而行者也，此自然之理則，而不以科學之發明爲之變易者也。故人類之進化，以不知而行者爲必要之門徑也。夫習練也、試驗也、探索也、冒險也、此四事者，乃文明之動機也。生徒之習練也，卽行其所不知以達其欲能也；科學家之試驗也，卽行其所不知以致其所知也；探索家之探索也，卽行其所不知以求其發見也，偉人傑士之冒險也，卽行其所不知以建其功業也。由是觀之，行其所不知者，於人類則促進文明，於國家則圖致富强也。是故不知而行者，不獨爲人類所皆能，亦爲人類所當行，而尤爲人類之欲生存發達者之所必要也。有志國家富强者，宜黽勉力行也。」「就能知必能行」說，蘇格拉底等曾經談到（註一），惟「不知亦能行」說，乃 國父的特見。知難的道理之後，特別在提倡力行。這段話可以掃除「不知不能行」的可能誤解，可以鼓勵國人勇於力行。

（九）有志竟成——孫文學說以「有志竟成」爲結論，卽以國民革命的事實，以證明知是難的，而行是易的。 國父說：「夫事有順乎天理，應乎人情，適乎世界之潮流，合乎人群之需要，而爲先知先覺者所決志行之，則斷無不成者也，此古今之革命維新興邦建國等事業是也。予之提倡共和革命於中國也，幸已得破壞之成功，而建設事業雖未就緒，然希望日佳，予敢信終必能達完全之目的也。故追述革命起源，以勉來者，且以自勉焉。」

接著 國父詳述三十年革命史實，自立志推翻滿清之日起，至辛亥革命成功之日止，以事實作證明，指出祇要認識革命之可能與必要（知），從而立志前進，愈挫愈奮，再接再勵（行），終必達到成功之目的。此所謂「有志者事竟成」，亦正合乎知難行易之原理。

貳、力行哲學

廣義的力行哲學，可包括 國父知難行易學說， 蔣總統的力行哲學，陽明知行合一哲學，曾國藩的篤實踐履說，禹、墨的力行主義，甚至天行健君子以自强不息等學說；狹義的力行哲學則祇以　蔣總統的行哲學及其有關言論爲範圍。這裏所稱的力行哲學是狹義的，以行的哲學爲主，附以　蔣總統所著總理知難行易與陽明知行合一哲學之綜合研究。

(一) 撰著行的哲學的動機——孫文學說固是打破知易行難的謬誤，而勉人力行。國人亦因此說之影響，而有力行的勇氣。但對於行的意義、行的目的、行的法則等尙欠澈底瞭解，不免誤趨於冥行或暴行，以致缺乏信心和耐心之修養。　蔣總統有鑒于此，乃于民國二十八年著行的哲學一書，以說明行的精義。

(二) 行的意義——行的意義有廣狹二義之分，廣義的行包括行動工作及言論思想，狹義的行，則包括行動與工作而已。蔣總統認爲：「我們常說的『行動』一個名詞，實際只就是『行』字。這個『行』字所包含的意義，要比普通所說的『動』廣博得多。我們簡直可以說『行』就是『人生』。通常往往將『行動』二字和『思維』相對立，或是和『言論』相對立，其實廣義的講，所謂『思維』和『言論』，只是『行』的過程，原是包括在『行』的範圍以內，而並不是列於『行』以外的。」(註二)

(三) 行的眞諦與淵源——蔣總統的力行哲學是源自「自强不息」的道理，所以他說：「我們要認識『行的眞諦』，最好從易經上『天行健君子以自强不息』一句話上去體察，因爲宇宙間最顯著的現象，亦即是宇宙萬象所由構成的就無過於天體之運行。易經上的註文說：『天行一日一周，而明日又行一周，非至健者不能，君子法之，以自强而不息。』這裏所謂健，就是歷久不磨，經常不變的意思，最剛强也最持久，而且是最貫徹圓滿。」可知　蔣總統所講的力行哲學，乃淵源於易經的「天行健君子以自强不息」說。

(四) 行與動的區別——蔣總統視行爲廣義的，故把動包括在內。他說：「『行』與『動』是不同的。『動』並不就是『行』，而『行』則包括某種的『動』在內。行是經常的，動是臨時的；行是必然的，動是偶然的；行是自發的，動則多半是他發的，行是應乎天理順乎人情的，動是激於外力偶然突發的。所以就本體言『行』較之於『動』更自然，更平易。就其結果和價值來說：動有善有惡，而行則無不善(註三)，行是繼續不斷的，動是隨作隨止的。」這樣看來，行與動是大有區別的。

(五) 行的哲學無分於動靜——將動靜合一於行，是 蔣總統的一項創見。他說：「行的意義，是不分動靜的整個的行程中間，工作是行，游息是行，做事是行，修養也是行。『動』與『靜』在字面上是對立的，現時流行的所謂『動』，幾乎絕對否定了『靜』；因之，就不承認所謂安定的重要。現在就眞理來說，『定而後能靜，靜而後能安，安而後能慮，慮而後能得。』——可見靜的作用，也是有積極意義的。我們所說的行的哲學，就無分於動靜。」這是 蔣總統的動靜合一說，也可稱爲行一動靜說。(註四)

(六) 行的本義及行與人生——蔣總統說：「我再將行的本義以及行與人生的關係說一說。古人說：『性與生俱來』。我以爲『行』爲性之表，所以『行』亦與生俱來。」「我以爲人生本性，並不是好逸惡勞的，我們毋寧說勞動與工作乃是人類的天性。我們如果把一個手足活潑的人閑置了起來，不許他行動，不給他一點事做，這個人必定會覺到十分痛苦。」「人之生也，是爲『行』而生，那麼我們的『行』，也應當爲生而『行』。」人生的本性要行，行要爲生而行，因此，產生了力行主義的人生觀。

(七) 行的目的——行的目的是什麼？ 蔣總統說就是「行仁」，又說革命的目的也是「行仁」。他說：「須知革命的動機是救人，就是利他而不是利己，革命的本務，是『行仁』，就是愛人，而不是害人。我們以革命與『力行』爲天下倡，就是要造成普遍的風氣，恢復人類的本性，亦就是要恢復我們民族固有仁愛的德性。」「我們國民革命的宗旨，就是要打破個人利己主義，要救最痛苦的人民，最危急的國家，就是以利他爲目的的。」「其行之極致，就是殺身成仁，捨生取義，亦是甘之如飴，無所畏懼。古人所謂『有殺身以成仁，無求生以害仁』，這是我們力行的本義，這樣力行，就是革命，亦唯有眞正革命的行爲方能表現力行的意義。」簡言之，行的目的是行仁，也就是利他。

(八)行的精神——要想完成爲「生」而行的人生使命，則必須要有行的精神。蔣總統說：「所謂行易並不是不勞而獲，無爲而治的意思，亦決不是一帆風順，毫無阻礙的：橫在我們人生途中的，正有很多的危險和無數荆棘與障礙。我們力行革命，是有許多地方必要冒險的，而且要決心犧牲的，但是古今來鑿山治水的巨大工程，騰空鑽地的偉大發明，旋乾轉坤濟弱扶傾的革命工作，都是我們人類力行所成就；所以問題完全在我們有沒有貫徹始終的決心和自强不息的精神。如果有此種精神，那末無論遇到什麽危險，就能『處危若安』『履險如夷』。「所以這個『行』的精神就是革命的精神。』由是可知，要有行的精神，就可以達到行的目的，就可以獲得成功。

(九)行的法則——任何可行的事，不會沒有法則的 蔣總統說：「我們力行的時候，應該要知道『行』有『行』的法則，所以必須具備下面的要件：㈠必須有起點，㈡必須有順序，亦即有系統，有條理、有計畫，就是科學的。㈢必須有目的，㈣必須是經常的恒久的。」倘不重法則，則行的目的不能達到，也表現不出行的精神。

(十)不行不能知——這是 蔣總統發揚 國父學說的一種特見，言 國父所未言。 蔣總統說：「要解決『知難』的問題，也唯有從力行中去求。 總理說：『能知必能行』。我還要繼續一句『不行不能知』。因爲我們都是後知後覺，我們除了基本的革命大義以外，所知的實在是有限。因此我們一方面固然應當竭力求知，同時還應該從力行中去求眞知。」「所以我們一切事業必須實行而後始有眞知，也唯有能行而後能知，大學所謂『至於用力之久，而一旦豁然貫通焉，則衆物之表裏精粗無不到，而吾心之全體大用無不明矣。』——這就是力行的效果，也就是革命成功的方法。」

（十一）事在人爲——對於行的眞諦、目的、法則等都講解過後， 蔣總統最後指示我們說：「古諺云『天下無難事，只怕有心人』，又說『事在人爲』，這兩句話是我們幾千年來民間傳說的老話，這就更可證明『知之匪艱行之惟艱』只是對於空疏怠惰的惡習慣的一句箴言，而『行之匪艱』却是我們民族普遍認識的眞理。所以我們以後革命立業，無論抗戰，無論建國，只要下定決心，只要抱著熱誠，只要照著我們信仰去力行，我敢斷言，抗戰必勝（抗戰時語），建國必成，而我們革命的使命，必能容易達成，亦就可不言而喻了。」

國父以「有志竟成」做孫文學說的結論，促進了護法與北伐之成功； 蔣總統以「事在人爲」做行的哲學的結論，亦促進了抗戰建國與取消不平等條約的勝利。以後我們本此兩種學說實踐力行，相信可以完成復國建國、救世救人的偉大使命。

註一　蘇格拉底說：「智識卽道德」，人爲不善，由於不知。反之，知善卽行善，就道德方面看，乃有能知必能行之意。 國父所講的能知必能行，主要是就知識方面言的。

註二　美國行爲主義心理學者認爲語言是行爲，思想是無聲的語言，故思想也是行爲。 蔣總統主張「行」包括思維和言論，這種廣義的行，與行爲主義者的說法相似。

註三　蔣總統認爲就價值說，動有善惡，而行則無不善，這幾句話，頗不易解。著者經多年研究，始知這與中國的人性善惡說有關。孟子與王陽明都說「性無不善」， 蔣總統說「行爲性之表」，故又說「行無不善。」陽明說：「有善有惡意之動」，故蔣總統說「動有善惡。」

註四　哲學上有主動說（動的哲學）、主靜說（靜的哲學）、動靜合一說， 蔣總統說「行無分於動靜」，以行統一動靜，故可稱行一動靜說，或動靜合一說。

附錄　心理建設運動之回顧與前瞻

心理建設實源起於　國父在民國八年所著之孫文學說一書。　蔣總統在　總理遺教概要六講中說過：「總理在建國方略中所謂心理建設，原來是專指孫文學說而言。其實……所謂心理建設，係概括一切心理狀態之改造，直接言之，就是精神建設，……道德的修養和精神的發揚，要以知行哲學做基礎，亦就是要以心理的徹底改造為前提。故心理建設的重要根據，還是孫文學說這本書。」又說：「所謂心理建設，是偏於精神與人格方面而言，要來說明我們革命者明德修身，發揚革命精神的道理。」

我們要知道所謂心理建設並不以知難行易學說為限，當年　國父也不過是以之與物質建設、社會建設來對照而已，何況，由　蔣總統的言論中，我們更體悟到應該是一切心理狀態的改造與道德修養及精神的動員。所以廣義的心理建設，應包括下列各種精神建設：

(1)勇於力行（實踐、奮鬬）的精神建設；

(2)勇於革新（改造、革命）的精神建設；

(3)勇於犧牲（不怕難與不怕死）的精神建設。

回顧六十多年來　國父與　蔣總統的奮鬬，在艱苦考驗中掀起革命高潮的，無不是以劃時代的心理建設運動為前導。現分為：（甲）　國父的知難行易學說與軍人精神教育，（乙）　蔣總統的國民精神總動員，行的哲學，總理知難行易學說與陽明知行合一哲學之綜合研究，及革命教育的基礎，（丙）十屆五中全會的心理建設方案。

（一）**國父與心理建設**——當民國七年，護法運動受挫時，黨內同志認爲 國父的理想太高不易實行，乃陷於離心離德的狀況。 國父有鑒於此，遂著知難行易一書，在自序中說：「文奔走國事，三十餘年，畢生學力盡萃於斯，精誠無間，百折不回，滿清之威力所不能屈，窮途之困苦所不能撓，吾志所向，一往無前，愈挫愈奮，再接再勵，用能鼓動風潮，造成時勢。卒賴全國人心之傾向，仁人志士之贊襄，乃得推覆專制，創建共和。本可從此繼進，實行革命黨所抱持之三民主義、五權憲法，與夫革命方略所規定之種種建設宏模，則必能乘時一躍而登中國於富強之域，躋斯民於安樂之天也。不圖革命初成，黨人卽起異議，謂予所主張者理想太高，不適中國之用，衆口鑠金，一時風靡，同志之士，亦悉惑焉。」因此，革命建設便沒有成就可言。這並非是「功成利達而移心，多以思想錯誤而移志」。 國父認爲主要是國人誤信「知之非艱，行之惟艱」之說，「此說始於傳說對武丁之言，由是數千年來，深中於中國之人心，已成牢不可破矣。故予之建設計畫，一一皆爲此說所打消也。嗚呼！此說者，予生平之最大敵也！其威力當萬倍於滿清，夫滿清之威力，不過祇能殺吾人之身耳，而不能奪吾人之志也。乃此敵之威力，則不惟爲奪吾人之志，且足以迷億兆人之心也。」 國父先以王陽明『知行合一』以勵同人，「惟久而久之，終覺奮勉之氣，不勝畏難之心，舉國趨勢，皆如是也。予乃廢然而返，專從事於知易行難一問題，以研求其究竟。幾費年月，始恍然悟於古人之所傳今人之所信者，實似是而非也。乃爲之豁然有得，欣然而喜，知中國事向來之不振者，非坐於不能行也，實坐於不能知也。及其既知之而又不行者，則誤於以知爲易，以行爲難也。倘能證明知非易而行非難也，使中國人無所畏而樂於行，則中國之事大有可爲矣。於是

以予構思所得之十事，以證明「行之非艱」，而「知之惟艱」，以供學者之研究，而破世人之迷惑焉。」（見孫文學說第一章）

由上面　國父的言論可知提倡知難行易學說之目標，在於：⑴破國民心理上之大敵——傳說的知易行難說，⑵鼓勵同志及國人勇於實踐力行，使革命主義與革命方略見諸實施，⑶「建設一個政治修明，人民最安樂之國家，爲民所有，爲民所治，爲民所享者也。」（見孫文學說自序）

國父更知革命要能成功，則必須培養革命之精神。故除「孫文學說」外，還要講到「軍人精神教育」。我們知道在「軍人精神教育」中　國父講到革命精神的要素，精神力量之重要性及北伐之目的等。

革命精神之要素爲三達德——智、仁、勇，而其成功在於有決心，決心何在？在不成功便成仁，「以吾人數十年必死之生命，立國家億萬年不死之根基。」「爲革命而生我，爲革命而死我。」

國父又在軍人精神教育中講到精神力量與物質力量之比較。他說：「今日人類心理往往偏重物質方面，如言北伐，卽先講武器。自余觀之，武器爲物質，能使用此武器者，全恃人之精神。兩相比較，精神能力實居其九，物質能力僅得其一。」　國父以武昌起義爲例，證明精神可以克服物質上之困難。

總上所述，可知　國父在講軍人精神教育的目標爲：

⑴要養成革命精神——奮鬪犧牲（成仁取義）精神，以精神戰勝物質。

⑵完成北伐，以建設民有、民治、民享的新民國。

（二）蔣總統與心理建設——　蔣總統繼承革命志業後，昌明「力行哲學」提高道德與精神修養，其目的在「奠國基於方寸之地」。强調「心理建設乃革命事業之基礎。」　民國二十三年他在江西廬山提倡新生活運動，將四維（禮義廉耻）融化於人民日常生活（衣食住行）之中，以期革除舊習染，創造新精神，這是一種抗戰前夕的心理建設，日本人有的視爲對日作戰的精神武器。此種重禮尚義明廉，尤其知耻的道德教育，在抗戰期中收到很大的效果。

蔣總統在民國二十八年三月十二日發表爲實施國民精神總動員告全國同胞書，指出推翻滿清，建立民國，誓師北伐，完成統一，均賴精神制勝，認定今日實施國民精神總動員，爲建國建軍，打倒日本帝國主義獲得抗戰勝利之基本。文告中提到「國家至上，民族至上；抗戰第一，勝利第一；意志集中，力量集中。」都是有力的思想武裝和精神動員的利器。

蔣總統又於民國二十八年三月十五日著行的哲學(又名行的道理)，認爲：㈠過去所行不發生效果的原因，由於未認清力行的眞諦，因而沒有信心、耐心和決心。㈡行的要素爲智仁勇，行的原動力爲誠。㈢行的極致爲殺身成仁，捨生取義。㈣篤行　總理知難行易學說，從力行中去求眞知，並說「不行不能知」。㈤只要我們立定決心去行，照着我們信仰去力行，則抗戰必勝，建國必成。

以上三種心理建設（精神建設），其目標在於：

⑴提倡新生活運動與精神總動員，加强決心，耐心和信心，鼓勵力行實踐，養成明恥教戰，殺身成仁的勇氣。

⑵打倒日本帝國主義，達到抗戰必勝，建國必成的目的。

政府遷臺後，蔣總統於民國三十九年七月三十日在陽明山莊「總理知難行易學說與陽明知行合一哲學之綜合研究」，分別兩種學說的異同，强調重行精神，以致良知與知行合一輔助知難行易學說，並以心物合一論破唯物論，要國人「對於民生史觀的哲學思想澈底研究，發揚光大，並遵奉總理知難行易學說，實踐力行，來建設三民主義的新中國。」

蔣總統於四十三年七月間在陽明山莊講「革命教育的基礎」（一名革命哲學入門），先述三十年來革命教育的失敗根源，次述哲學科學兵學的貫通與天人合一哲學修養的重要（解決共產主義思想與方法的根本問題中亦有此主張），再次述知難行易學說與知行合一哲學之一貫性，並主張以陽明哲學補益知難行易學說。

總上兩篇，可知其目標在：

⑴發揮 國父的知難行易學說，並以陽明學說補益之，以求期國人致知難行易之良知，而勇於實踐力行。

⑵以天人合一的高深修養破唯物論謬說，完成反共抗俄，復國建國的使命。

㈢十屆五中全會與心理建設——民國六十三年十二月中國國民黨十屆中央委員會第五次全體會議，通過心理建設方案（原文名心理建設的檢討與策進），其「前言」稱：「心理建設，即在使國民的一切思想和行為，趨於共同的革命目標，導致國民意志力的集中與激揚，發為革命事業必勝必成的精神動力。」

為什麼在這個時候，要加强心理建設呢？這是因為國民心理上面臨了下述五個新的問題：

其一、是若干自由國家採取對共黨談判與和解政策，引起了「和平」幻想，產生了「和解」的迷惘。共匪利用此一逆流，對我擴大外交孤立，形成反共表象的低潮。

其二、是由於國家多難，民族感情易因現實環境的衝擊及毛共當前的假象所迷惑，共匪乃在海外施展所謂「回歸」、「認同」思想誘騙的統戰陰謀。

其三、是國家統一，原爲國民的願望；共匪則以「統一」爲誘騙，掩護其「和談」統戰陰謀、以期製造我海內外同胞的思想混亂。

其四、爲時代演進的刺激，易導致對傳統價值的懷疑與抗拒。

其五、是工業社會發展的影響，導致對人類意志力的輕估與意識型態的浮動，產生物質重於精神的錯誤觀念。

這個心理建設運動的目標，就是要使國人之一切思想、行動都團結於反共復國的目標下。其方案不僅目標顯明，而且提出了正確的方向和具體的方法。

原文指出現階段「心理建設」的基本認識與方向是：

「現階段心理建設，應基於三民主義的精神，以民族主義的倫理觀念，作爲發揚民族精神的基礎；以民權主義的民主觀念，作爲團結全民力量的基礎；以民生主義的科學觀念，作爲提高人民生活的基礎。

一、確立基本認識：

—愛國必須反共，反共必須團結。

—反共絕無妥協，奮鬪才能自由。

—誓復大陸河山，拯救苦難同胞。

—國家必須富强，民生必須均富。

二、確立建設方針：

——心理建設與物質建設，相輔並進。
——傳統文化與現代文化，融合發展。
——國家生存與國民生計，兼籌並顧。
三、確立奮鬥方向：
——一切行動對準敵人。
——一切力量投入反共。
——一切建設用於復國。
——一切成功操之在我。」
原文並講到心理建設策進應掌握當前反共戰鬪的現實形勢，地區要相互呼應，進程要確立重點，持續推進。策進地區分爲：
(一)自由地區：應激發全民力量，投入國家的各種建設，鑄成反共復國的合成心力。
(二)大陸地區：應繼續加强「討毛救國運動」，使自由地區與大陸地區民族精神相交流，相結合。
(三)海外地區：應繼續加强「自由民主救中國運動」，喚起僑胞熱愛自由祖國的精神與鞏固反共救國的必勝信念。
至於心理建設的重點則分爲：
(一)學校教育方面，要同時注重科學知識、民族精神、反共思想、倫理道德、現代生活等各項教育，使各級學校成爲文化精神堡壘。
(二)文化學術方面：要發揚中華文化，吸取現代文化，發揚三民主義的學術思想，訂定高效率的編譯計畫，提高國民文化水準，獎勵著作，倡導文學藝術活動，加强國際文化交流等。

㈢大衆傳播方面：要强化對大陸與海外的傳播功能，及國內進步的實況報導；提高大衆傳播者的社會責任心與道德感，以淨化報導與廣告，端正從業人員的生活及服飾，並加强評議組織的功能。

㈣社會運動方面：要激發國民愛國良知與道德天性，鞏固家庭制度，强化國民生活須知的推行，發揚仁愛精神，推進全民體育運動，倡導勤勞儉樸生活。

本方案對於現階段心理建設之目標、基本認識，建設方針、奮鬪方向，各地區應進行之工作，各方面應重視之要點，考慮周詳，面面顧到，可說是以往未曾有過之具體方案。其結論云：「總理嘗昭示國人：『事有順乎天理，應乎人情，適乎世界之潮流，合乎人群之需要，而爲先知先覺者決志行之，則斷無不成者也。』　總裁亦曾剴切曉諭：『革命戰力乃精神重於物質，而當前反共戰鬪，更是勝負決於思想。因爲革命黨的首要之圖，就在給予全民以統一的精神信仰，激發其自願效力之熱忱，與對國家前途的責任感。所以黨的基本考驗，乃端視其能否完成此一心理建設（精神工程）的使命以爲斷。』故現階段心理建設實關係反共復國大業的前途。當前我們的反共奮鬪，業已掌握了時代的主流，掌握了歷史的方向。只要我海內外全國軍民同胞，無分地域，無分職業，無分老幼，堅定反共復國必勝必成的信念，精誠團結，結合大陸反毛反共力量，共同奮鬪，堅信必能加速達成討毛救國的神聖使命，締結再一次革命歷史的新頁。」

我們今天檢討過去，策畫將來，可知　國父所提倡的心理建設，促進了黨的改組（民十三），東征及北伐的成功；　蔣總統所提倡的心理建設，完成了抗戰，廢除不平等條約的勝利；今天十屆五中全會的心理建設方案，實爲反共討毛，復國建國必勝必成的前奏。

本章小結

本章研究　國父哲學思想，計分四節：一爲概說，二爲宇宙論，三爲人生觀，四爲認識論（知行論）。

第一節　國父哲學思想概說中講到：

㈠　國父哲學思想的科學基礎：這裏先述哲學的定義、分類、起源，後論　國父哲學思想與科學的關係，曾從心物合一論、生元有知說、宇宙進化論、知難行易說，指出　國父哲學思想可說是以科學做基礎的。

㈡民生哲學的建立：內分⑴戴季陶先生的見解，⑵　蔣總統的見解。附錄：民生哲學研究者的著作提要。

第二節　宇宙論中講到：

㈠心物合一論：先述　國父對於心物合一論的見解，內分：⑴體用合一論與心物合一論，⑵生元有知說與心物合一論等。次述　蔣總統的見解，內分：⑴心物一體與心物合一，⑵宇宙本體與心物合一，⑶唯物論的破產等。註解中講到中西心物論，以資參考。

㈡宇宙進化論：一爲　國父對於達爾文的競爭論和克魯泡特金的互助論的看法，並述及各研究者對於「物質」、「太極」的詮釋。二爲　蔣總統對於進化論的看法，計有論太極，論「行」與宇宙進化，論互助與人類進化等。附錄中西各種進化論，以資比較。

第三節　人生觀中講到：

㈠民生史觀：先論唯心史觀、唯物史觀、社會史觀的要點，後論民生史觀的內容，計分：⑴社會進化的原動力是民生問題，不是物質問題，⑵精神與物質是社會進化的條件，不是動力；⑶社會進化的原因是經濟利益相調和，不是階級鬬爭；⑷進化的目的是世界大同，不是馬克思的新共產社會；⑸社會的中心是民生，不是物質等。

㈡人生觀：討論及⑴服務的人生觀，⑵創造的人生觀，⑶力行的人生觀，⑷革命的人生觀等，內中國父見解與　蔣總統見解先後並列，分開敍述。附錄有：⑴互助的人生觀，⑵樂觀的人生觀，⑶天人合一的人生觀。

第四節　認識論，實際上爲知行論，講到：

㈠知難行易學說：⑴論　國父提倡知難行易學說的動機，⑵以十事爲證，⑶論知行進化三時期，⑷論人類三系，⑸能知必能行，⑹不知亦能行等。

㈡力行哲學：⑴　蔣總統撰著行的哲學的動機，⑵行的意義，⑶行的眞諦與淵源，⑷行與動的區別，⑸行無分於動靜等。附錄：心理建設運動之回顧與前瞻。

最後要說的是，國父的哲學思想，雖不止上列四節所述，但重要論點，皆已談到。如欲研究　國父對於人性論、認識論、道德論、方法論、修養論等的進一步見解，可參閱拙著三民主義的哲學體系（黎明文化公司出版）及其他類似著作。

第六章　結　論

本章共分三節：一爲　國父思想的時代意義，二爲　國父思想與復國建國，三爲　國父思想與世界前途。

第一節　國父思想的時代意義

壹、從當前國家需要來認識

關於當前國家需要　國父思想，我們可從積極和消極兩方面來講。

(一) 積極方面——我們在臺、澎、金、馬之所以能獲得經濟繁榮，社會安定，文化建設進步，有賴於實行三民主義。如前各章所述，實行民生主義，得到了平均地權、耕者有其田，及各種經建的成果；實行民權主義，得到了地方自治、政治革新的成就；實行民族主義，得到了山地同胞歸心、國防充實、文化與科學建設的進步。今後仍需依照三民主義原理原則，去作推行十大經濟建設、加强自治基礎、復與民族文化的種種措施。

(二) 消極方面——當前因共匪在大陸所作所爲，造成了民族、民權、民生的嚴重問題，我們更需用三民主義去挽救與糾正。

(1)目前中國的民族問題，已面臨一個新的嚴重關鍵。共匪一方面自命爲馬克斯主義的正統——教條主義，跟馬克思一樣，提倡「工人無祖國」，提倡共產國際主義，蔑視民族主義；另一方面，又利用「認同」「回歸」「統一」等口號，在海外誘騙華僑返回大陸。我們應該揭穿其陰謀，洞悉其騙局。蔣總統說得好：「復興基地的不斷壯盛，就是海內海外，敵前敵後，以至一切從迷失中覺醒的人們，所「認同」「回歸」的中心磁極，亦就是我們革命復國再北伐、再「統一」的憑藉。」（蔣總統六十二年元旦文告）我們要用民族主義打倒共產帝國主義，提高民族意識打破階級意識，號召海內外同胞團結一心，以完成再北伐、再統一的目標。

⑵目前中國的民權問題，又遭遇到一個極權主義的衝擊。共匪奉行馬、列主義，假「無產階級專政」之名，行「共黨頭目獨裁」之實。生殺予奪，清算鬭爭，人民受盡壓迫和痛苦，以致毫無自由平等可言。我們要運用民權主義，提倡立足點平等與機會平等，保障人民自由，打倒極權共產主義。

⑶目前中國的民生問題，遇到一個極大的災難，就是共產主義的剝削。共匪在大陸沒收人民財產，先鬭爭資本家、地主，將他們掃地出門；次鬭爭富農、中農，令他們無地自容。後又實行「人民公社」，弄到人民缺衣缺食，陷於共貧的困境。我們要以在臺灣的平均地權與耕者有其田等實施成效爲號召，使大陸人民歸嚮，以利光復。

貳、從世界文化來認識

前面曾經提到，文化可分爲：⑴王道文化與霸道文化，⑵精神文化與物質文化等。

㈠王道文化與霸道文化——前在第二章講到了王道文化與霸道文化，並指出王道文化優於霸道文化，霸道文化應服從王道文化。這裏要補充的是：當年（民國十三年）國父講「大亞洲主義」是以日本聽衆爲對象。故說：「日本要作東方王道的干城，還是要作西方霸道的鷹犬？在乎自己選擇。」後來日本軍閥選擇了霸道文化的鷹犬，先發動九一八事變，繼發動珍珠港事件，終於自食其果，無條件投降，作城下之盟。今天我們要向世界窮兵黷武者警告：「要作王道文化的干城，還是要作霸道文化的鷹犬？」如果步武日本軍閥的後塵，亦必招致同樣的惡果。

(二)物質文化與精神文化——有人以物質文化與精神文化區分中西，即說西方文化爲物質文化，中國文化爲精神文化。其實就中國論，古代亦有很多發明顯示並不輕視物質文化，惟因古代學說思想尙德與尙行，以致偏向倫理（爲行道而求知）；且因科學專考書本智識，故走不上科學大道，結果是偏重精神文化。就西方論，希臘尙哲學文藝，並沒有忽視精神文化，惟因其學說思想尙智與尙知，以致偏向智識（爲智識而求智識）；又因歸納法的發明與「征服自然」主張的發達，故走上自然科學的途徑，結果突出者爲物質文化。雖然現代西洋物質文化突出，但基督教之注重精神文化與倫理道德，一直未曾放鬆。

當一九四五年第一顆原子彈落下日本時，愛因斯坦曾宣稱：「西方的物質文化已經登峯造極，今後要運用東方的精神文化來領導！」推其所言，就是應讓人類役使科學（人應役物），不讓科學役使人類（人不應役於物）。

總之，霸道文化應服從王道文化，物質文化應歸於精神文化來領導。國父的三民主義既是精神文化的結晶，又代表了王道主義，內中包含了倫理本質的民族學說，民族平等的文化理想，自由民主主義的政治觀念，民生幸福的經濟思想。這是世界人類應走的光明大道，亦是未來文化朝宗的圓滿大海。

第二節　國父思想與復國建國

國父思想既是反共復國的思想利器，又是建設新中國的指導原則，玆分論如下：

壹、反共復國的思想利器

思想武器有利鈍之分，亦就是有深淺之不同。推翻滿淸，以「驅除韃虜，恢復中華」爲口號足矣；討袁護法，以「維護約法，保障民國」爲口號足矣；北伐可以「打倒軍閥及其所賴以生存之帝國主義」爲號召；抗戰可以「反抗侵略，打倒日本帝國主義」爲號召。至於反共抗俄的思想武器則比較要深刻而廣泛。爲什麼呢？因爲馬克思主義本來就很複雜，加上了列寧以及毛匪的邪說和惡行，那就更複雜了。馬、列共產主義的主要內容爲：⑴辯證唯物論，⑵唯物史觀，⑶階級鬪爭論，⑷剩餘價値論（資本論），⑸唯物辯證法，⑹「工人無祖國」與國際共產主義。至於其演變的事實，則有：⑺暴力統治的極權主義，⑻經濟剝削的共產主義，還可加上⑼赤色帝國主義與新殖民主義等。內中含有哲學、政治學、經濟學、主義和政策等。現代的美國或其他民主國家，多未將哲學、政治學、經濟學、主義、政策等組成一條鞭以對付馬、列共產主義，尤其是哲學。因爲西方國家往往把哲學置於政治實施之外，許多政治領導人物多不注意哲學，對於唯物論與辯證法用作思想武器，不僅無法對付，甚至於無法瞭解。惟有我們的　國父思想加上　蔣總統言論與學者們數十年的闡揚與研究的結果，今天在中華民國的學說言論界已經造成一套理論與政策，可以對付並打擊馬、列共產主義，玆分列如下：

㈠以民生史觀打擊唯物史觀；

㈡以社會互助論（經濟利益相調和說）打擊階級鬬爭論；

㈢以社會價值論打擊剩餘價值論；

㈣以科學方法打擊唯物辯證法；

㈤以心物合一論打擊辯證唯物論；

㈥以民族平等的民族主義打擊共產國際主義——赤色帝國主義；

㈦以政治平等的民權主義打擊暴力政治的極權主義；

㈧以經濟平等的民生主義打擊經濟剝削的共產主義。

此外，還有：⑴以耕者有其田的土地政策打擊陷人民於赤貧的「人民公社」，以公私財產並存制打擊完全公有（或稱官有）的財產制，以公私營並存的經濟制度打擊取消私營的公占制度，以中華文化復興運動打擊破壞中華文化的「文化大革命」，以機會平等的教育制度打擊祇認階級不認才智的階級教育制度，以自由生活方式打擊奴役生活方式等等。

以上我們所有破馬、列共產主義的一套思想武器，不僅可以運用於中國，而且可以運用於世界，世界有心防共或反共的愛好自由民主國家，都亟應選用這一套有力的思想武器。

貳、建設新中國的指導原則（註一）

我們這裏首先要說明的要，國父思想是建設新中國（或稱三民主義新中國）的指導原則，其次要說明的是建國的目標和方略。

（一）建設新中國的指導原則——蔣總統說：「總理第一部最重要的遺教，當然是三民主義，三民主義乃革命建國的最高原則，諸如孫文學說，實業計畫，民權初步，建國大綱等等可說都不過是實現三民主義之具體方略。再就三民主義的內容分析起來，我們可以大概的說：民族主義爲心理建設與政治建設的原則；民權主義爲政治建設與社會建設的原則；民生主義則爲政治與物質建設的原則。綜而言之：三民主義卽爲統攝心理（包括倫理）、物質、政治、社會四大建設（如果把倫理建設自心理建設分開，則爲五大建設），以完成國家建設，卽整個國民革命的最高指導原則。」（國父遺敎概要，一名總理遺敎六講。）

上面提到政治建設甚多，亦可見其重要性。關於政治建設方面的依據，又以建國大綱爲最重要。蔣總統說：「政治建設以建國大綱爲……法典」，又說：「一切政治制度，必須以建國大綱爲基礎。」（三民主義之體系及其實行程序）特將建國大綱二十五條列爲附錄，以供參考。

㈡　建設新中國的目標和方略——關於「方略」，有幾種解釋，一爲國父所著的「建國方略」以孫文學說，民權初步，實業計畫爲範圍；二爲革命方畧，以同盟會所宣布之革命方略爲內容。這裏所講的「方略」，乃就建設三民主義新中國而言。

關於建設三民主義新中國的目標和方畧，以蔣總統講詞爲準，玆分爲下列：⑴建國的目標，⑵建國的步驟，⑶建設的內容各項。（註二）

㈠建國的目標

甲、遠程目標：

弘揚三民主義於世界；

實現禮運大同的政治境界。

保障全人類永久的自由、和平、福祉。

乙、中程目標：

實行三民主義於全國；

達成民族獨立，民權平等，民生康樂的境域；

儲備科學人才，提高教育質量，作育現代國民，建立現代社會；

使中國躋於有進而無退，一治而不復亂的境界。

丙、近程目標：

進一步擴建三民主義模範省；

隨軍事進展，推行以三民主義爲中心的戰地政務；

徹底摧毀匪僞組織，徹底消滅共產餘毒，徹底實現三民主義；

從頭做起，重新建設，奠立人民現代生活的基礎，預防共匪死灰復燃的禍因。

㈡建國的步驟

甲、新的教育——新的國民——新的鄉村——新的社會——新的國家（由內而外，逐層發展）。

乙、從民生安定的基礎上，實現健全的民主憲政（亦卽由光復初期的軍法之治，兼行地方自治，並達成憲法之治）。

丙、由戰地政務的管、教、養、衞，到全民政治的民有、民治、民享（亦卽由於金馬地區的政治形態，進於台灣地區的政治形態，再進而促致三民主義倫理、民主、科學的全部實現）。

㈢建設的內容

甲、現代化政治（實現有組織的民主、有紀律的自由、人民有權、政府有能的憲政體制）。
乙、現代化經濟（實現自由、樂利、均富的目標，貫徹利用、厚生、正德，以養育、保健爲主的民生經濟）。
丙、現代化社會和現代化生活（以育樂兩篇爲藍圖，以新生活爲起點，實現繁榮進步，禮節和樂的社會生活）。
丁、現代化教育（以民族精神教育爲基礎，作育智、德、體、羣的健全青年，貫徹倫理、民主、科學三民主義的文化建設）。
戊、現代化國防（擴展武力與國民結合，民生與國防合一的軍事建設）。（見　蔣總統講：「我們建設三民主義新中國的目標和方略」）

第三節　國父思想與世界前途

本節分爲：⑴中西文化的融會與創新、⑵三民主義世紀的展望。

壹、中西文化的融會與創新

國父的三民主義與哲學思想，既融會了中西文化，又有了自己的創新，下面分別加以研究。

㈠中西文化的融會——國父自云：「三民主義，實在是集合古今中外的學說，順應世界的潮流，在世界上所得的一個結晶品。」內中有因襲吾國固有之思想者，有規撫歐洲之學說事蹟者。現在讓我們來研究民族主義、民權主義、民生主義及　國父哲學思想與中西文化融會的關係。

㈠民族主義與中西文化的融會：國父的民族主義融會了下列中西文化：

1.中國方面 ⑴攘夷思想，⑵大同主義，⑶王道主義，⑷和平主義，⑸濟弱扶傾說，⑹固有道德、智識及能力；以及歷代民族英雄的禦侮復國思想。

2.西洋方面 ⑴民族主義，⑵反帝思想與反侵略思想，⑶民族自決說，⑷世界主義與國際主義，以及各國的民族統一復興運動。（以上各項詳見本書第一章第一、二節、下同）

㈡民權主義與中西文化的融會：國父的民權主義融會了下列中西文化：

1.中國方面 ⑴湯武革命思想，⑵共和政體思想，⑶民本主義，⑷伊、周訓政，⑸考、監制度，⑹賢能政治思想等。

2.西洋方面 ⑴自由主義，⑵三權分立說，⑶天賦人權說與「全民政治」，⑷三權分立說的補充學說。

㈢民生主義與中西文化之融會：國父的民生主義融會了下列中西文化：

1.中國方面 ⑴養民思想與厚生思想，⑵均產主義與均地主義，⑶井田制度，⑷王田制與均田制，⑸國營事業與「官山海」，⑹王道仁政與大同社會等。

2.西洋方面 ⑴自然科學思想，⑵工業革命，⑶土地單一稅，⑷國家社會主義，⑸土地增值稅，以及各國土地改革思想，合作制度與配給制度等。

㈣國父哲學思想與中西文化的融會：國父的哲學思想融會了下列中西哲學：

1.中國方面 ⑴倫理思想與仁愛思想，⑵道統思想，⑶太極思想，⑷孟子的「以大事小」說，⑸互助論，⑹行而不知說等。

2.西洋方面　⑴達爾文與克魯泡特金的進化論（競爭論與互助論），⑵威廉的社會史觀，⑶各家的博愛主義，⑷康德的星雲假說。

國父融會了上列中西學說思想，而組成了他的有系統的三民主義及哲學思想。但我們不要忘記，除融合外，還有他的獨見與創獲。

(二)中西文化的創新——國父在融會中西文化當中，推陳出新，而獲得了下列各種創見：

㈠在民族主義方面　計有：⑴以民族主義為世界主義的基礎說，⑵新八德說，⑶人口壓迫論，⑷次殖民地說。

㈡在民權主義方面　計有：⑴革命民權，⑵權能區分說，⑶五權憲法，⑷均權制度，⑸眞平等說。

㈢在民生主義方面　計有：⑴平均地權，⑵耕者有其田，⑶節制資本，⑷實業計畫與經濟援助說，⑸社會價值論，以及錢幣革命等。

㈣在哲學思想方面　計有：⑴心物合一論，⑵民生史觀，⑶知難行易學說，⑷社會互助論與經濟利益調和說，⑹革命的人生觀等。

國父自命要做到以西洋文化之長，補中國文化之短。我們認為　國父更已做到由中西文化之創新，補中西文化之融會。朱熹贈陸象山詩有云：「舊學商量加邃密，新知培養轉深沉。」國父可以當之而無愧。

關於中西文化融會與創新，我們本不以　國父生前為止境，要繼續不斷地融會，繼續不斷地創新。蔣總統與各　國父思想研究者，都在這方面有所成就。

貳、三民主義世紀的展望

由上面各章的分析，已知道世界思潮已趨向於三民主義，現再加歸納如下：

(一)關於民族主義者——國父在民族主義中指示：(1)國內各民族平等與自決自治，(2)世界被壓迫民族全體解放與民族自決，(3)濟弱扶傾與經濟援助，(4)民族同化與自由聯合等。

現在美國已訂定法案，實施黑白平等，就是國內各民族平等的實現。

第二次大戰後，亞、非各民族紛紛獨立，大有世界各壓迫民族全體解放之趨勢。

二次大戰末期起，美國實施軍經援外，又和各國聯合扶助以色列立國，都合乎「濟弱扶傾」的原則。

阿拉斯加與夏威夷自動加入美國聯邦，就是自願同化與自由聯合之表現。

此外，二次大戰後，英國自動放棄大部分殖民地，組織「國協」。葡萄牙亦宣布放棄莫三鼻克、安哥拉等殖民地與租借地，證明世界潮流趨向於民族主義。

(二)關於民權主義者——國父在民權主義中講到：(1)民權潮流不可遏止，(2)以革命民權許天賦人權，(3)以直接民權代間接民權，(4)提倡權能區分說。近數十年來各國雖有軍人政變，但大多數於政變之後，又舉行總選；至如埃及、希臘、衣索比亞等國皆由君主國變爲民主國，這證明了民權潮流是不可遏止的。

美國及其他國家雖沒有「革命民權」這個名詞，但事實上已運用過「革命民權」以對付顚覆本國的黨派。西班牙卽頒布一種反恐怖法以對付顚覆組織，至於其他國家如泰國、土耳其、巴拉圭等國公開禁止共黨活動，更是運用「革命民權」的表現。

直接民權之流行，現在已甚普遍，如法國戴高樂於二次大戰後，曾多次運用直接投票，最大一次卽決定准許阿爾及利亞獨立，英國亦於一九七五年直接投票決定不退出「共同市場」。

美國近來實施一種市經理制，市長有能，議會有權，可以看作 國父「權能區分」學說的在美施行。

㈢關於民生主義者——國父在民生主義中强調：⑴反對大資本壟斷，主張節制私人資本；⑵提倡國營事業，主張發達國家資本；⑶主張國家與人民協力解決食衣住行等民生問題；⑷ 蔣總統補述育樂兩篇，提出解決養老、育幼、醫病、喪葬等問題的辦法，强調社會福利事業。

美國近年來常通過反托辣斯的法案，防止私人壟斷，又加强所得稅征收，頗有節制私人資本之趨勢。

羅斯福總統實行「新政」，加强公共工程實施，卽有提倡國營事業之趨向，至此，美國的舊資本主義，轉向而走入新資本主義，或稱人民資本主義。

詹森總統宣布的「大社會」，含有向貧窮進軍，解決人民食衣住行等民生問題的意見。

英國工黨於第二次世界大戰後，一再登臺，推行費邊社會主義，實行一部分大企業國營，並推行社會安全制度，與民生主義育樂兩篇的精神相符。另一方面有經濟學家畢古 (Arthur Cecil Pigau)，提倡福利經濟學，重視人民就業與生活問題，亦與民生主義同其旨趣。

此外，非洲新興國家講究「開發經濟」，與 國父的實業計畫之精神不無切合之處。

由以上各項，可知世界思潮，趨向於三民主義。或許有人要問，蘇俄及共產集團不是朝着三民主義相反的途徑進行嗎？須知這是一時的逆流和倒車，不會長久的。單就蘇俄論（其他共產國家略同），它包含着三大矛盾：一爲蘇俄帝國主義（侵略民族）與各附庸國（被侵略民族）間的矛盾；二爲極權政體（壓迫階級）與被壓迫民衆間的矛盾；三爲大私有集團（剝削階級）與被剝削階級間的矛盾。如依他們自己慣用的辯證法術語來講，矛盾鬪爭到了最高峯的時候，這共產主義與極權主義的社會必定會分裂與崩潰。將來應運而出的社會是什麼社會呢？就是三民主義的社會。爲什麼知道呢？因爲被侵略民族反對侵略民族，其目的在求國際地位平等；被壓迫階級反對壓迫階級，其目的在求政治地位平等；被剝削階級反對剝削階級，其目的在求經濟地位平等。這三個目的實現的時候，便會走向民族、民權、民生的三民主義社會無疑。

蔣總統說：「不論國際政治潮流如何在衝擊，人權理想如何被戕賊，科學文明如何受濫用，在在都只有更加證明二十世紀乃是三民主義的世紀。尤其是在自由世界共產集團的鬪爭之中，特別顯示出惟有三民主義，才能洞燭此一矛盾衝突的根源；惟有三民主義才能提供澈底有效解決的方策，亦惟有三民主義才能撥亂世而反之正，以重建人類福祉的社會。所以二十世紀不得不爲三民主義擅場的世紀。」（復國建國的方向與實踐）

進一步說，三民主義不僅是二十世紀的思想主流，其最高原則是永遠爲世界人類的求生存的指導方針。

在另一篇專題的演講裡，　蔣總統說：「今天世界局勢的混亂，國際環境的複雜，業已到了微妙莫測，不可想像的地步；然而大家也可以認定，無論世界局勢臨到怎樣陰謀技術，變化無常的地步，然其最後澄清的途徑，必不能越出我們三民主義時代主流之外。今天資本主義和社會主義的流弊，特別是共產主義的罪惡，正成爲人類的浩刼，成爲戰爭、飢餓、死亡的魔咒。根據人性的發展和要求，只有三民主義才是人類幸福自由的惟一出路，亦是惟一的結局。不但今天的二十世紀，是三民主義的世紀，今後的世界，也將是三民主義燭照光輝的世界。」（黨員總登記的意義和黨革新的要務）

註一　照教育部所頒　國父思想講授大綱，原標題爲「建設三民主義新中國的指導原理」，茲爲與　蔣總統言論相配合，改爲「建設新中國的指導原則」。如果把原理原則合起來，亦及可改爲「建設新中國（或稱建設三民主義新中國）的指導原理原則」。

註二　這裏所列遠程目標，中程目標，近程目標，高中三民主義已經講過，本應避免重複；但在「建設新中國的指導原則」之後，不講建國目標建國步驟與建設內容，實屬不着實際，故仍加錄述。

附錄一：建國大綱（敬附　蔣總統對各條之解釋）

建國大綱發表於民國十四年，爲　國父親筆所書，全文計二十五條，　國父自云：「建國大綱第一條至第五條，宣布革命之主義及內容。第五條以下，則爲實行之方法與步驟。其在六七兩條，標明軍政時期之宗旨，務掃除反革命之勢力，宣傳革命之主義。其在第八條以至第十八條，標明訓政時期之宗旨，務指導國民從事於革命建設之進行，先以縣爲自治之單位，於一縣之內，努力除舊布新，以深植人民權利基本，然後擴而充之，以及於省。如是則所謂自治，始爲眞正之人民自治，異於託自治之名，以行其割據之實者。而地方自治已成，則國家組織始臻完密，人民亦可本其地方上之政治訓練以與聞國政矣。其在第十九條以下，則由訓政遞嬗於憲政所必備之條件與程序。總括言之，則建國大綱者，以掃除障礙爲開始，以完成建設爲依歸，所謂本末先後，秩然不紊者也。」（建國大綱序文）以下列述建國大綱原文，分爲：⑴革命的主義，⑵軍政時期，⑶訓政時期，⑷憲政時期。

（一）革命的主義（或稱建國的目標）及程序——建國大綱第一條至第五條，講建國的宗旨（或稱根據），三民主義的要點，及建國的三個程序，原文如下：

第一條：「國民政府本革命之三民主義、五權憲法，以建設中華民國。」

蔣總統解釋說：「我們要挽救危弱的國家，必須以三民主義爲最高的指導原則，……關於政府的組織，要以五權憲法爲根據。」（見 國父遺敎概要，下同。）

第二條：「建設之首要在民生。故對於全國人民食衣住行四大需要，政府當與人民協力，共謀農業之發展，以足民食；共謀織造之發展，以裕民衣；建築大計畫之各式屋舍，以樂民居；修造道路運河，以利民行。」

第三條：「其次爲民權。故對於人民之政治知識能力，政府當訓導之，以行使其選舉權，行使其罷免權，行使其創制權，行使其複決權。」

第四條：「其三爲民族。故對於國內之弱小民族，政府當扶植之，使之能自決、自治。對於國外之侵略强權，政府當抵禦之，並同時修改各國條約，以恢復我國際平等，國家獨立。」

以上三條，敍述三民主義的要點， 蔣總統視爲政治建設的三個目標。以下各條，是講實行三民主義的方法和步驟。

第五條：「建設之程序，分爲三時期：一曰軍政時期，二曰訓政時期，三曰憲政時期。」

著者按早在同盟會成立時，即宣布建國應分這三個時期，內中訓政時期，爲 國父所創，爲其他抄襲西洋政治制度者所未言。那時，民報與新民報打筆墨官司，新民報謂中國人民沒有民主的習慣，反對實行民主共和，只主張君主立憲。民報同仁一方面謂中國人民早知自治，可以實行民主共和；一方面提出訓政時期，以爲實行民主共和之過渡。

(二) 軍政時期——自第六條至第七條講軍政時期應做的工作。

第六條：「在軍政時期，一切制度悉隸於軍政之下，政府一面用兵力以掃除國內之障礙，一面宣傳主義以開化全國之人心，而促進國家之統一。」

蔣總統解釋說：「這是說明軍政時期的工作，在以革命武力掃除一切建設的障礙，打破分崩離析割據分爭的封建局面，完成國內的統一。凡是違反三民主義的一切習慣思想言論制度等等，都是我們革命的對象。我們要將這一切障礙掃除肅清之後，纔能重新建設起一個光明燦爛的新中國。」

第七條：「凡一省完全底定之日，則爲訓政開始之時，而軍政停止之日。」

蔣總統解釋說：「這一條是說明軍政訓政以一省爲單位。這實在是因時因地制宜的道理。那一省完全底定，那一省軍政的目的就算達到，就可以開始訓政，不必待全國軍政結束以後，纔各省同時開始訓政，如此就可以儘快推進革命的工作，而由訓政時期過渡到憲政時期。」

(三) 訓政時期——自第八條至十八條講訓政時期應做的工作，內容豐富，範圍甚廣。

第八條：「在訓政時期，政府當派曾經訓練考試合格之人員，到各縣協助人民籌備自治。其程序以全縣人口調查清楚，全縣土地測量完竣，全縣警衞辦理妥善，四境縱橫之道路修築成功，而其人民曾受四權使用之訓練，而完畢其國民之義務，誓行革命之主義者，得選舉縣官，以執行一縣之政事；得選舉議員，以議立一縣之法律；始成爲一完全自治之縣。」

第九條：「一完全自治之縣，其國民有直接選舉官員之權，有直接罷免官員之權，有直接創制法律之權，有直接複決法律之權。」

蔣總統解釋說：「這是說明一個縣達到完全自治的程度時，人民應當充分行使的四種民權。也就是說，人民要充分行使這四種民權，必須完成第八條所列舉的關於地方自治之義務，而能誓行革命之主義。」

第十條：「每縣開創自治之時，必須先規定全縣私有土地之價。其法由地主自報之，地方政府則照價征稅，並可隨時照價收買，自此次報價之後，若土地因政治之改良，社會之進步，而增價者，則其利益當爲全縣人民所共享，而原主不得而私之。」

蔣總統指出這一條是就平均地權而言，他說：「我們政治建設的第一個目標卽『平均地權』，所以 總理特別提出『土地』問題，爲一切建設之先。由此可見土地與國家和國民經濟的關係，非常重大。」

第十一條：「土地之歲收，地價之增益，公地之生產，山林川澤之息，鑛產水力之利，皆爲地方政府之所有，而用以經營地方人民之事業及育幼、養老、濟貧、救災、醫病與夫種種公共之需。」

著者按這裡所講社會福利事業，民十三中國國民黨政綱已經提到。其目的在使「老有所終，壯有所用，幼有所長，矜寡孤獨廢疾者皆有所養。」以期逐漸實現大同社會。

第十二條：「各縣之天然富源，及大規模之工商事業，本縣之資力不能發展與辦而須外資乃能經營者，當由中央政府爲之協助，而所獲之純利，中央與地方政府各佔其半。」

著者按講過了平均地權與社會福利事業，便接着講發展公營事業。發展公營事業的反面，就是節制私人資本。

第十三條：「各縣對於中央政府之負擔，當以每縣之歲收百分之幾爲中央歲費，每年由國民代表定之。

其限度不得少於百分之十，不得多於百分之五十。」

「這是規定地方政府對於中央政府繳納歲費最低與最高的限度，意思是要平衡國家與地方之負擔而使兩者均有合理的發展。」（蔣總統語）

第十四條：「每縣地方自治政府成立之後，得選國民代表一員，以組織代表會，參預中央政事。」

「這是規定國民行使民權與聞國家政事的辦法。」（同上）

第十五條：「凡候選及任命官員，無論中央與地方，皆須經中央考試銓定資格者乃可。」

第十六條：「凡一省全數之縣，皆達完全自治者，則為憲政開始時期。國民代表會得選舉省長，為本省自治之監督，至於該省內之國家行政，則省長受中央之指揮。」

著者以為這裡要特別說明是：「縣為自治單位，省不是自治單位」。

第十七條：「在此時期，中央與省之權限，採均權制度，凡事務有全國一致之性質者畫歸中央，有因地制宜之性質者畫歸地方，不偏於中央集權，或地方分權。」

第十八條：「縣為自治之單位，省立於中央與縣之間，以收聯絡之效。」

蔣總統解釋說：「這一條是規定自治以縣為單位，同時說明省政府之地位與責任。」

（四）憲政時期——自十九條至二十五條，說明憲政時期應做些什麼工作。

第十九條：「在憲政開始時期，中央政府當完成設立五院，以試行五權之治。其序列如下：曰行政院，曰立法院，曰司法院，曰考試院，曰監察院。」

第二十條：「行政院暫設如下各部：一、內政部，二、外交部，三、軍政部，四、財政部，五、農鑛部，六、工商部，七、教育部，八、交通部。」

「以上八部，是就一般情形言，至於增加或減少，自可因時制宜。」

第廿一條：「憲法未頒布以前，各院長皆歸總統任免而督率之。」

第廿二條：「憲法草案，當本於建國大綱，及訓政憲政兩時期之成績，由立法院議訂，隨時宣傳於民衆，以備到時採擇施行。」

第廿三條：「全國有過半數省分達至憲政開始時期，即全省之地方自治完全成立時期，則開國民大會，決定憲法而頒布之。」

第廿四條：「憲法頒布之後，中央統治權則歸於國民大會行使之，即國民大會對於中央政府官員，有選舉權，有罷免權；對於中央法律，有創制權，有複決權。」

第廿五條：「憲法頒布之日，即爲憲政告成之時，而全國國民則依憲法行全國大選舉，國民政府則於選舉完畢之後三個月解職，而授政於民選之政府，是爲建國之大功告成。」

「這最後兩條是規定憲法頒布後革命黨將政權交還全國國民的辦法和以後國家最高的權力機關——國民大會。則國民大會所產生的中央政府正式組織成立以後，國民政府所負之革命建國的使命就算完成，可以解職了。」（蔣總統語）

附錄二：民權初步（會議規範）要點

教育部前頒　國父思想講授大綱，第五章列有民權初步，新頒講授大綱未列，但高等考試與同類考試，則以　國父遺敎爲範圍，仍有出題之可能，故在此列爲附錄，內分：⑴民權初步的意義及譯著經過，⑵如何召開會議，⑶如何做主席，⑷如何處理動議（提案），⑸如何討論與修正，⑹如何表決，(7)如何處理復議，(8)如何處理權宜與秩序問題。

壹、民權初步的意義與譯著經過

(一)民權初步與社會建設的意義——何以稱會議規則爲民權初步？何以稱民權初步爲社會建設？現就　國父遺敎及　蔣總統言論加以說明。

㈠國父的見解：　國父何以將會議規則定名爲民權初步？他自己解釋云：「民權何由而發達？則從固結人心，糾合群力始；而欲固結人心，糾合群力，又非從集會不爲功。是集會者，實爲民權發達之第一步。」（民權初步序）這就是　國父所以將會議規則一書取名爲民權初步之理由。

㈡蔣總統的見解：　蔣總統著　總理遺敎概要（亦稱　總理遺敎六講），內中第五講稱：「今天要……和各位講『社會建設的要義』。　總理關於社會建設有一部最主要的遺敎就是『民權初步』。這部書的內容，就是專講集會議事之種種法則。其直接目的，當然是要敎一般國民能够熟悉這些法則，以完成民權初步的訓練；而且間接的作用，尤在藉此養成一般國民重秩序、守紀律、有組織之習性，從而團結人心，增强民力，發展民權，造成有組織的現代社會。」民權初步這本書的間接作用在建設有組織的現代社會，所以又名社會建設。

(二)民權初步與會議規範譯著的經過——下面將兩者分開說明：

㈠民權初步譯著的經過：　國父既認集會爲民權發達之第一步，爲了要實施民權主義，故特別重視議事規則。他曾找到一本西洋的「議事規則」，叫蔣夢麟先生翻譯，蔣氏轉請劉成禺先生動手，久未交卷，　國父乃於民國六年另行譯著。

美國沙德（Suattuck）夫人爲了推行婦女運動的方便，著了一本婦女議事手册。　國父認爲此手册淺鮮易明，故以此爲主譯成「民權初步」。其自序中云：「西國議學之書，不知其幾千百家也，而其流行常見者，亦不下百數十種，然皆陳陳相因，大同小異。此書所取材者，不過數種，而尤以沙德氏之書爲最多，以其淺鮮易明，便於初學，而適於吾國人也。」（註一）

㈡會議規範訂立之經過：民國四十二年，黃季陸先生任內政部長，鑒於民權初步一書，雖然內容豐富，但西方的會議規則時有改進，爲了適應世界潮流，實有根據民權初步再編一書之必要，乃召集專家多次商討，編就會議規範一冊，於四十三年五月由內政部通令試行。至五十四年又加以修正，於七月公布施行。這裡我們所研究的會議規則，即以會議規範一書爲主，但內中有不少材料還是來自民權初步。

貳、如何召開會議

（一）會議之定義及種類（範圍）——講會議規範之初，先要問何謂會議？

㈠會議的定義：關於何謂會議？計有兩個大同而小異的答案：⑴民權初步稱：「凡研究事理而爲之解決，一人謂之獨思，二人謂之對話，三人以上而循有一定之規則者謂之會議。」如國會立法，鄉黨修睦，學社講文，工商籌業，與夫一切臨時聚衆商量，都屬於會議。⑵會議規範一書中下了一個會議的定義云：「三人以上，循一定之規則，研究事理，達成決議，解決問題，以收群策群力之效者，謂之會議。」

㈡會議的範圍及種類：⑴民權初步談到會議的種類有三：一爲臨時集會；二爲委員會，受高級團體之命令，爲審查案件或籌備某事而成立者；三爲永久社會。⑵會議規範第二條稱，本規範於左列會議均適用之：

㈠議事在尋求多數意見並以整個會議名義而為決議者，如各級議事機關之會議，各級行政機關之會議，各種人民團體之會議，各種企業組織之股東大會及理監事會議等。

㈡議事在集思廣益提供意見而為建議者，如各種審查會，處理付委案件之委員會等。各機關對其首長交議或提供意見之幕僚會議，得準用前項之規定。

從以上各項，可知會議的種類，計有㈠各級民意機關之會議，㈡各級行政機關之會議，㈢各種人民團體之會議，㈣各種企業組織之會議，㈤各種審查會議，㈥各種幕僚會議。

㈢如何召集會議：會議規範規定各種會議召集的方式如下：

1. 各種永久性集會之成立會，及各種臨時性集會，由發起人或籌備人召集之。

2. 永久性集會之各次常會，或其臨時會議，由其負責人（如主席、議長、會長、理事長等）召集之。

3. 永久性集會每屆改選後之第一次會議，如議事機關之常設委員會，或各種企業組織及人民團體之理監事會等，由當選人中得票最多者，或前屆負責人召集之。

㈡如何處理額數問題——民權初步與會議規範對此問題均有規定。

㈠各種會議之額數：會議規範第四條，對於到會會員額數問題，計有下列之規定：

1. 永久性集會，得自定其開會額數。如無規定，以出席人超過應到人數之半數，始得開會。前款應到人數，以全體總數減除因公、因病人數計算之。

2. 處理議案之委員會，應有全體委員過半數之出席，始得開會。

3. 會員無定額者，不受開會額數之限制。

開會時間已至，不足開會額數者，得宣布延長之，延長兩次仍不足額時，主席應宣告延會，或改開談話會。

談話會開會時，得依出席人三分之二以上之同意，作成決議行之，但該項決議應於會後儘速通知未出席人，並須於下次正式會議，提出追認之。如遇有派別鬪爭或容易發生糾紛時，談話會最好愼重進行。

㈡不足額應否開會：正式宣布開會之先，如發現到會人數不足額，應如何處理呢？「因出席人缺席致未達開會額數者，如有候補人列席，應依次遞補。如遞補後仍不足額，影響成會連續兩次者，應於第二次延會前，由出席人過半數之決議，決定第三次開會日期，預先以書面加敘經過，通知全體出席人，第三次開會時，如仍未達開會額數，但實到人數已達三分之一以上者，得以實到人數開會，並得對無故不出席者，爲處分之決議。必要時得決議改組或改選前項候補人遞補後，得臨時行使第廿條出席人之權利。以上各項，各該會議另有規定者，從其規定。」（註二）因此，現在各種重要會議多事先自訂會議規則，規定開會額數及表決額數。

㈢不足額應否散會：正式宣布開會後，如發現缺額應如何處理呢？會議規範第七條規定：「會議進行中，經主席或出席人提出額數問題時，主席應立即按鈴，或以其他方法，催促暫時離席之人，回至議席，幷清點在場人數，如不足額，主席應宣布散會或改開談話會，但無人提出額數問題時，會議仍照常進行。在談話會中，如已足開會額數時，應繼續進行會議。」民權初步亦規定會議進行中，如無人提出會場不足法定人數時，會議照常進行，但有人提出，主席即應宣布檢查人數。因此，反對派常常運用「不足額」這一法寶，使會議陷於停頓。

參、如何做主席

㈠主席如何產生——⑴固定主席：如行政院會議，立法院會議，省政府會議，縣（市）政府會議，及其他常設會議，主席是固定的；⑵臨時的主席：各種臨時會議，如人民團體成立大會，其主席是臨時安排的。至於安排方式，有臨時請大會會員推選的，有由籌備會或預備會通過的。如果推選主席團的話，也有半數事先安排，半數臨時推選。會議規範第十五條規定：「如有必要，並得推選副主席一人或數人。」民權初步第七條規定，選舉主席時，如有幾個人先後被推爲候選人，表決時應按先後次序付表決。

㈡主席有何任務——會議規範第十七條規定主席之任務如左：

㈠依時宣布開會及散會或休息，暨按照程序，主持會議進行。

㈡維持會場秩序，並確保議事規則之遵行。

㈢承認發言人地位。（點首示意，或稱呼會員姓名，准其發言。）

㈣接述動議。（要簡明扼要，字句清晰。）

㈤依序將議案宣付討論及表決，並宣布表決結果。（最好主席自己勿計票）

㈥簽署會議紀錄及有關會議之文件。（要注意記錄有無錯誤）

㈦答覆一切有關會議之詢問，及決定權宜問題與秩序問題。

主席希望把會開好，除上述任務應認眞處理外，還要：①態度要公正超然，不可偏於一方，引起反感；②言語要婉轉和平，不可出言傷人，引起反對；③要使會場空氣和諧，防止爭吵；④要使會員熱烈發言，避免沉寂，但亦要防止冗長發言，如規定發言時間；⑤要嚴正的維持會場秩序，謙虛的接納會員建議；⑥要隨時記錄會員發言要點，以利接述或表決，必要時請人在旁幫忙；⑦要眼觀四方，耳聽八面，必要時請人代看代聽；⑧遇會場發生爭吵或打架，應敲桌制止，必要時宣布休會若干分鐘，或宣布散會，並下台疏導。

(三)主席有無發言權及表決權——主席如何使用發言權或表決權呢？會議規範規定如下：

(一)關於發言權者：當主席的以不參與發言或討論爲原則，如必須參與發言時，須聲明離開主席地位行之。如有副主席之設置，應由副主席暫代主席，如副主席亦須參與討論，應選舉臨時主席主持會議。但機關之幕僚會議，由首長主持者，不在此限。

(二)關於表決權者：當主席的以不參與表決爲原則，但：①主席於議案表決可否同數時，得加入可方，使其通過；或不加入，而使其否決。②主席於議案之表決，可否相差一票時，得參加少數方面，使同成數以否決之。③主席於議案可決，有特別規定之額數者，如相差一票，卽達規定額數時，得參加一票使其通過，或不參加使其否決。

這裡要補充說明的是：①一個動議之通過，必須過半數，如果這個動議的表決票數爲同票，不是擱置，乃是打消，因爲未過半數。詳民權初步七十一節。故主席於可否同數行將打消時，可加入可方，使案子通過，亦可於可否相差一票時，加入少數方面，使成爲同數，而予以打消，這是主席的特權，詳民權初步七十二條。②如屬唱名表決，主席如已應名，則不能再作左右袒；如未應名，仍可行使此項特權。詳民權初步七十三節。③如有會員不服主席之「判決」（有關秩序問題者），而提出「申訴」，表決的結果爲同數，則主席之「判決」成立，而不是「否決」。詳民權初步一百五十六節。

肆、如何處理動議

國父說：「議場每行一事，其手續有三：其一動議，其二討論，其三表決。此三手續，乃一線而來，無論如何複雜之程序，皆以此貫之。」（民權初步三十一節）請先論動議。

（一）**動議之種類**——依照會議規範，動議分為下列各種：

㈠主動議：一動議不附屬於任何動議而能獨立存在者，屬之。其種類如左：

⑴一般主動議　凡提出新事件於議場，經附議成立，由主席宣付討論及表決者，屬之。

⑵特別主動議　一動議雖非實質問題，而有獨立存在之性質者，屬之。其種類如下：

1.復議動議，2.取消動議，3.抽出動議，4.預定議程動議。

㈡附屬動議：一動議附屬於他動議，而以改變其內容或處理方式為目的者，屬之。其種類如下：

⑴散會動議（休息動議），⑵擱置動議，⑶停止討論動議，⑷延期討論動議，⑸付委動議，⑹修正動議，⑺無期延期動議。

㈢偶發動議：議事進行中偶然發生之問題，得提出偶發動議，其種類如下：

⑴權宜問題，⑵秩序問題，⑶會議詢問，⑷收回動議，⑸分開動議，⑹申訴動議，⑺變更議程動議，⑻暫時停止實施議事規則一部之動議，⑼討論方式動議，⑽表決方式動議。

（二）**動議之提出**——

㈠主動議：得於無其他動議或事件在場時提出之。一主動議在場待決時，不得再提另一主動議，如經提出，即為不合秩序，主席應不予接述。

㈡附屬動議：得於其有關動議，進行討論中提出之，並先於其所附屬之動議，提付討論或表決。

㈢偶發動議：得視各該動議之性質，於有關動議或事件在場時提出之。

㈢動議是否需要附議——凡正式會議，其動議必須有一人以上附議始得成立。如無人附議，卽不成立；主席如欲使其成立，得自爲附議。各種會議，對附議另有規定者，從其規定。左列事項不需附議：

㈠權宜問題，㈡秩序問題，㈢會議詢問，㈣收回動議。

㈣動議與提案——當場提案爲動議，書面動議爲提案。提案分個人提案與機關（團體）提案，個人提案須有附署，附署人數最少一人，大規模之會議，多規定附署須五人或十人以上。主席宣讀此項提案時，毋須在會場再徵求附議。

㈤動議與提案之程序——

㈠一般動議之程序如左：

1. 動議者向主席請求發言地位。
2. 主席承認動議者之發言地位。
3. 動議者發動議而坐。
4. 附議（少數以口呼附議爲之，多數以擧手爲之。）
5. 主席接述動議，並付討論。

㈡在他人討得發言地位，或進行表決或選擧時，除權宜問題、秩序問題、詢問及申訴外，不得提出動議。

㈢一般提案，多於事先依照規定，向籌備會或主席團或大會秘書處提出；臨時提案，則由提案人依照規定當場聯署送達。

（六）附屬動議之優先順序——附屬動議優先於主動議。其本身之優先順序如左：

㈠散會動議（休息動議）：（議案進行中，得提出散會動議，如得可決，應卽宣布散會。散會時未了之議案，應於下次會中繼續討論。）

㈡擱置動議：（如經通過，應將其所指之本題，及有關之附屬案件，一併擱置之。）

㈢停止討論動議：（議案討論中，得提出停止討論動議，如得可決，議案應立付表決。）

㈣延期討論動議：（議案進行中，得提出延期討論動議，如得可決，議案應俟指定時間重行處理。）

㈤付委動議：（如獲通過，卽付審查或研究。）

㈥修正動議：（另詳）

㈦無期延期動議：（議案進行中，得提出無期延期動議，卽長期保留，如得可決，議案視同打消。）

㈧抽出動議：何謂抽出動議？卽已將案件擱置於抽屜內，現欲提出再議，便叫抽出動議。抽出動議如經通過，卽將擱置案件重新付討論。

（七）收回、撤回與分開——

㈠動議之收回：⑴動議未經附議前，得由動議人收回之。如有人附議，須取得附議人同意。⑵動議經主席接述後，原動議人如欲收回，須經主席徵詢無異議後行之，如有異議，由主席逕付表決定之。⑶動議經修正者，不得收回。

㈡動議之分開：⑴一動議具有數段性質者，得由主席或出席人動議分開討論及表決。⑵動議經分開表決後，應將全案提付表決。⑶動議之各部均經否決者，該動議視爲整個被否決。

㈢提案之撤回：⑴提案在未經主席宣付討論前，得由提案人徵求附署人同意撤回之。⑵提案經主席宣付討論後，原提案人如欲撤回，除須徵得附署人同意外，並須由主席徵詢全體無異議後行之。⑶提案經修正者，不得撤回。

伍、如何討論（發言）與如何修正

（一）討論之程序——主席宣讀提案或動議後，徵求會員發言加以討論。

㈠一般程序：在同一時間內，不得提出兩個動議或提案，或會員於第一案未討論完畢時，即就第二案發言，主席應予制止。⑵內容複雜或條文甚多之議案，應分章分節逐步進行。⑶議案經廣泛交換意見後，大家認爲無成立必要，得由出席人提議，經多數表決通過，否決之。

㈡讀會：立法機關於法律規章及預算案之討論，以三讀會之程序爲之。

1.第一讀會　由主席宣讀議案標題行之，如全案內容有宣讀之必要，應指定秘書或紀錄爲之。議案於朗讀標題後，應交付有關委員會審查，或經大體討論後，決議不經審查，逕付二讀或撤銷之。

2.第二讀會　應將議案逐條明朗，提付討論，或就原案要旨，或委員會審查意見，先作廣泛討論。並得經出席人提議，參加表決之多數同意，將全案重付審查。

3.第三讀會　於第二讀會之下次會議行之，除發現議案有互相牴觸，或與憲法及其他法令規章相牴觸應修正者外，只得爲文字之修正，不得變更原意。議案全部處理完竣後，應將全案付表決。

（二）發言之程序——無論動議或討論，出席人均須發言，玆就發言之程序，發言先後之指定，分述如後：

㈠**一般之發言程序**：

1. 舉手並稱呼主席請求發言，或以書面請求，遞交主席，並註明姓名或議席號數。

2. 主席對前項請求，應點首示意，或稱呼會員，准其立即發言，或記錄各請求人之姓名席次，依次准其發言。

3. 發言人取得發言地位後，起立說明其發言性質，並對在場之問題，表示贊成、反對、修正、或為其他有關之動議；不得超出問題，不得超過規定時間。

4. 發言完畢，就座。

㈡發言先後之指定：二人以上同時請求發言者，由主席指定其先後次序。

1. 原提案人有所補充或解釋者，先行發言；

2. 發言次數少者或初次發言者，先行發言；

3. 男女同時請求，讓女性先行發言；

4. 視座位之遠近，讓座位遠者先行發言。

㈢特殊問題：出席人必先討得發言地位，然後可以發言，並不得間斷他人發言，惟下列各問題例外：⑴權宜問題，⑵秩序問題，⑶會議詢問，⑷申訴動議。

（三）不經討論之事項——普通動議，均須提付討論，惟下列各動議例外：⑴權宜問題，⑵秩序問題，⑶會議詢問，⑷散會動議，⑸休息動議，⑹擱置動議，⑺抽出動議，⑻停止討論動議，⑼收回動議，⑽分開動議，⑾暫時停止實施議事規則一部之動議等。

（四）如何修正——修正案極其複雜，玆簡述其要點，餘詳會議規範。

㈠甲式修正案：修正案分甲乙兩式，這裡先述甲式：

1.修正之方法：甲、加入字句，乙、刪除字句，丙、刪除並加入字句。

凡加入或刪除一「不」字之修正案，而有否決本題之效果者，不得提出。（例如：「響應提倡食用糙米」一本題，不得動議修正在「響應」之上，加入一「不」字是。）

2.修正之範圍：修正案得對本題一部分字句，或不限於一部分字句，予以增刪補充提出之。（例如：「設一圖書閱覽室供會員之用」一本題，得動議在「圖書」二字之下，加入「雜誌」二字，或同時將「會員」二字刪除，而加入「員工及其家屬」六字是。）

3.第一修正案及第二修正案本題進行討論中，正反兩方意見未決前，對本題提出之修正，稱第一修正案。第一修正案進行討論中，正反兩方意見未決前，針對第一修正案部分提出之修正，稱第二修正案。

表決時，先表決第二修正案，第二修正案如經否決，並無其他第二修正案提出時，即將第一修正案提付表決，第一修正案如經否決，並無其他第一修正案提出時，即將本題提付表決。

4.替代案：凡提出修正案以全部代替原案而仍與原案主旨有關者，稱替代案。（例如：「設立幼稚園一所，以供本會會員子女之用」之案，得提替代案爲「交由會長調查設幼稚園需費若干，並研議款項之來源」是。）

5.替代案之提出：替代案得於本題進行討論中，或於第一或第二修正案在場時提出之，並應優先處理，如被通過，其他案件一律打消，如被否決，恢復原狀。對於替代案得提修正案，其處理適用修正案處理之方式。

(二)乙式修正案：乙式修正案較甲式易於處理，玆分述要點如下：

1.修正案之提出：對於本題之一部分、數部分或全部得提出多數修正案。

2.委員會之整理：對同一本題之修正案，複雜繁多時，得由大會決議交特設委員會，綜合整理爲各種性質互異，界限分明之案，送還大會，討論表決。

3.修正案之討論及表決：修正案之討論，與本題同時行之，其表決應先於本題行之。對本題有兩個以上之修正案提出時，其討論之秩序，依提出之先後行之；其表決之次序，應就其與本題旨趣距離最遠者，最先付表決，次遠者次付表決，依此類推，直至所有修正案盡付表決爲止。

多數修正案之一，如獲通過，勢須否決另一修正案者，該另一修正案不再付表決。

4.本題之表決一項或數項修正案，如獲通過，應再將修正後之本題，提付表決。又修正案均被否決時，應將本題提付表決。

5.分部表決修正案之各部分，得分別付表決。

(三)修正案件之表決先後問題：關於人選、款項、時間、地點、數字等，依提出之先後順序，依次表決至通過其一爲止。

(四)不得修正之事項：①權宜問題，②秩序問題，③會議詢問，④申訴動議，⑤散會動議，⑥休息動議，⑦擱置動議，⑧抽出動議，⑨停止討論動議，⑩無期延期動議，⑪收回動議，⑫復議動議，⑬取消動議，⑭暫時停止實施議事規則一部之動議，⑮討論方式動議，⑯表決方式動議。

陸、如何表決

表決式應正反兩方面俱呈，尤其是重要會議，不可只顧一面。這裡講表決之方式、額數等。

（一）表決之方式——表決應由主席就左列方式之一行之，但出席人有異議時，應徵求議場多數之意見決定之：

1. 舉手表決（或用機械表決）
2. 起立表決
3. 正反兩方分立表決
4. 唱名表決。唱名表決之方式，如經出席人提議，並得五分之一以上之贊同，即應採用。出席人應名時，應起立答應「贊成」、「反對」或「棄權」。如未應名，再唱一次，但不得三唱。
5. 投票表決

前項第五款，除對人之表決應採無記名投票外，對事之表決，以記名投票表示負責爲原則。

（二）通過與無異議認可——何謂通過？何謂無異議認可？分述如下：

㈠通過：以表決之方式，獲得多數之贊同者，謂之通過。

㈡無異議認可：下列之事項，得由主席徵詢議場有無異議。稍待，如無異議，即爲認可，如有異議，仍須提付討論及表決。

1. 宣讀會議程序
2. 宣讀前次會議記錄
3. 依照預定時間宣布散會或休息
4. 例行之報告

經主席徵詢無異議并已宣布認可後，不得再行提出異議。無異議認可之效力與表決通過同。

(三) 表決之額數及重表決——一般會議之表決額，以獲得參加表決之多數爲可決，可否同數時爲否決。亦有規定以獲得出席人過半數之同意爲可決。此外，有些表決有特定之額數，詳會議規範五十七條。出席人對表決結果，發生疑問時，得提出權宜問題，經主席認可，重行表決，但以一次爲限。如對重行表決動議發生爭吵時，可作應否重行表決之表決。

(四) 鼓掌可否視爲通過——依照民權初步規定，鼓掌不能視爲表決，因鼓掌的人究竟是多數還是少數？無法計算。但現在各種會議，往往視鼓掌爲通過，尤其是宣讀致敬文電，宣讀預推之主席團姓名等。有時當主席的於宣讀應表決之案件後，看見有很多人鼓掌，便不擧行表決手續了。亦時有出席人提出反對，要求主張另付表決，以致引起爭論。究竟鼓掌能否代表決呢？著者以爲「不能」。如果當主席的想避免付表決之煩，亦應於案件宣讀後，聽到多數人鼓掌，估計無人反對，說一句本案「無異議認可」。如此進行，縱有人根據民權初步，說鼓掌不能代表表決，則可說「無異議認可」可以代表通過。

柒、如何處理復議

(一) 提請復議之條件——復議不可任意提出，應遵守下列各條件：

㈠原決議案尙未着手執行者。

㈡具有與原決議案不同之理由者。

㈢須提出於同次會或同一會期之下次會。提出於同次會，須有他事相間，提出於下次會，須證明提出人係屬於原決議案之得勝方面者，如不能證明，應得議決該案之會次出席人十分之一以上之附議，幷列入再下次會議事日程。前款附議人數，如另有規定者，從其規定。

（二）復議之限制——復議除提議外，尚有各種限制。

㈠復議動議之討論，僅須對原決議案有無復議之必要發言。其正反兩方之發言，各不得超過兩人。

㈡復議動議經否決案，對同一決議案，不得再爲復議之動議。

㈢左列各事項，不得復議：

1. 權宜問題。
2. 秩序問題。
3. 會議詢問。
4. 散會動議之表決。
5. 休息動議之表決。
6. 擱置動議之表決。
7. 抽出動議之表決。
8. 停止討論動議之表決。
9. 分開動議之表決。

10收回動議之表決。

11收回動議。

12預定議程動議。

（三）復議表決額數問題——過去有些人常稱復議之表決，應以獲得出席人或表決人三分之二之多數，方爲合法，其實民權初步與會議規範，都沒有這種規定。

（四）重提——左列動議如初次未獲通過，於議事情況改變後，可以重提。

1.權宜問題。

2.散會動議。

3.休息動議。

4.擱置動議。

5.抽出動議。

6.停止討論動議。

7.延期討論動議。

8.付委動議。

9.收回動議。

10預定議程動議。

捌、如何處理權宜問題秩序問題

（一）權宜問題——對於議場偶發之緊急事件，足以影響議場全體或個人權利者，得提出權宜問題。（例如：議場發生喧擾，妨礙出席人之聽覺，出席人得提請主席制止是。）

（二）**秩序問題**——對於議題進行中發生之錯誤，或其他事件，足以破壞議事之秩序者，得提出秩序問題。（例如：發言超出議題範圍，出席人得請求主席糾正是。）

（三）**處理之順序**——權宜問題之處理順序，最為優先，秩序問題次於權宜問題，而先於其他各種動議。

（四）**裁定及申訴**——權宜問題及秩序問題之當否，不經討論，由主席逕行裁定，不服主席之裁定者，得提出申訴。申訴須有附議，始得成立。成立後由主席提付表決，可否同數時為否決，因未超過半數。

註一　國父逝世後，三民主義學人多不詳沙德氏為何許人？久查未獲。政府遷臺後，經駐美文化參事在國會圖書館看到沙德氏所著婦女議事手冊原書，寄交內政部影印。著者主持政工幹部學校革命理論系時，曾將　國父遺敎分類施教，學生劉象文專研民權初步，彼後入臺大法律研究所獲得法學碩士學位，又考取高等考試議事科，被分發至內政部主管「會議規範」業務，曾告知　國父譯「民權初步」及查獲婦女議事手冊經過，並以沙德氏原著一冊相贈。

註二　一、英國上議院，開會額數為三人，如欲有所決議則需卅人。

二、我國立法院開會額數為總額五分之一以上出席。國民大會為三分之一以上出席。監察院每月擧行一次月會，須有全體五分之一以上之出席，始得開議，但每年五月份之會議作年度總檢討，須有全體委員三分之一以上出席。

重要參考書目

1 國父全書
2 蔣總統言論彙編
3 八、九全大會後，總裁對於黨的會議訓詞總編
4 國民革命史
5 中國國民黨八十年大事年表
6 高蔭祖編：中華民國大事記
7 戴季陶著：孫文主義之哲學的基礎　論精神總動員
8 胡漢民著：三民主義的心物觀　三民主義的歷史觀　三民主義的連環性　三民主義與中國革命　三民主義與世界革命
9 蔡元培著：中華民族與中庸之道　三民主義的中和性
10 林　森著：人類以互助爲原則　民生意義的闡釋
11 吳敬恒著：精神與物質應當並重說　人生以服務爲目的
12 陳果夫著：服務的觀念
13 邵元冲著：三民主義的人生觀　總理學記
14 張默君著：中國政治與民生哲學
15 朱執信著：國家主義之發生及其背景　瑞士之直接民權
16 王寵惠著：五權憲法之理論與實施

17 廖仲凱譯：威爾確斯著全民政治
18 馬君武譯：達爾文著天演論
18 劉盧隱等譯：威廉著社會史觀
20 禮記
21 書經
22 春秋公羊傳　左傳
23 詩經
24 論語
25 荀子
26 墨子
27 大學
28 中庸
29 孟子
30 老子
31 列子
32 陳大齊著：荀子學說
33 賈捐之撰：棄珠崖對
34 韓　愈撰：原道
35 黃宗羲撰：原君

36 桂崇基等著：國父思想與現代學術
37 崔書琴著：三民主義新論
38 林桂圃著：三民主義精論　民權主義新論　蔣總統的政治思想
39 葉守乾著：三民主義綜論
40 周世輔著：國父思想　中國哲學史　三民主義的哲學體系　國父思想與先秦學說　反共抗俄基本論研解　革命建國的政綱政策　三民主義之體系及其實行程序研解　解決共產主義思想與方法的根本問題研解
41 王　昇著：三民主義與其他主義的比較　國父思想
42 楊希震編著　國父思想輯要
43 吳寄萍編著：國父思想基本教材
劉　任著：國父思想理論與實踐
44 丁　迪著：國父思想研究
45 張遐民著：國父思想要論
46 中國國民黨歷屆代表大會宣言
47 胡睦臣著：中國國民黨政綱政策之研究
48 馬璧、涂子麟、熊彙萱著：三民主義課本
49 張宇美著：民權主義新論
50 蕭一山著：清史
51 王新命等撰：中國本位文化宣言
52 蒲薛鳳著：現代西洋政治思潮

國父思想新論

53 梁啓超著：先秦政治思想史　中國近三百年學術史

54 蕭公權著：中國政治思想史

55 陶希聖著：中國政治思想史

56 薩孟武著：中國政治思想史

57 張金鑑著：西洋政治思想史　中國政治制度史　各國政府

58 李方晨著：九國革命史

59 張鐵君著：國父思想概要　王學解數　民生史觀疏解

60 吳曼君著：民生史觀與唯物史觀

61 趙蘭坪著：馬克思主義批判

62 姜　琦著：三民主義哲學

63 胡一貫著：民生哲學之研究

64 張益弘著：孫學體系新論

65 管　歐著：中華民國憲法論

66 鄒文海著：比較憲法　政治學

67 高旭輝著：五權憲法之理論與制度

68 地方自治學會編：臺灣光復後之地方自治

69 中央月刊編：淺說現代社會科學

70 李玉彬著：民生主義經濟研究

71 崔垂言著　國父思想申論

72 周金聲著：中國經濟思想史　國父經濟思想
73 羅時實著：民生主義新論
74 周開慶著：國父經濟學說　中國經濟政策
75 薛純德著：民生主義與共產主義的比較
76 王　洸著：實業計畫交通論
77 葉尚志著：民生經濟學
78 羅敦偉著：計畫的自由經濟
79 何浩若著：民生主義與自由經濟
80 龍冠海著：社會思想史
81 張則堯著：西洋經濟思想史
82 張弦、吳演南著：西洋經濟思想史
83 趙鳳培著：凱因斯經濟學
84 謝君韜著：福利經濟學
85 賀　麟著：當代中國哲學
86 崔載陽著：國父哲學研究
87 任卓宣著：孫中山哲學原理　三民主義與其他主義之比較　國父思想新論
88 王覺源著：民生哲學申論
89 馬　璧著：國父學術思想新評價
90 蔣一安著：國父哲學思想概論

91 吳　康著：哲學大綱　宋明理學
92 方東美著：科學哲學與人生
93 黃建中著：比較倫理學
94 范　錡著：哲學大全
95 吳康、周世輔著：哲學概論
96 羅　素著：西方哲學史（鍾建閎譯）哲學問題（潘公展譯）
97 羅　光著：中國哲學大綱　歷史哲學
98 唐君毅著：中國哲學原論
99 李石岑著：中國哲學講話　西洋哲學史
100 楊幼炯著：中國文化史
101 陳廷璠著：世界文化史
102 羅家倫著：新民族觀　新人生觀
103 胡秋原著：一百三十年來中國思想史綱
104 沙德(Suattuck)夫人：婦女議事手册

中華民國憲法

（民國三十五年十二月二十五日國民大會制定）
（民國三十六年一月一日國民政府公布同年十二月二十五日施行）

中華民國國民大會受全體國民之付託，依據 孫中山先生創立中華民國之遺教，為鞏固國權，保障民權，奠定社會安寧，增進人民福利，制定本憲法，頒行全國，永矢咸遵。

第一章 總綱

第一條 中華民國基於三民主義，為民有民治民享之民主共和國。

第二條 中華民國之主權屬於國民全體。

第三條 具有中華民國國籍者為中華民國國民。

第四條 中華民國領土，依其固有之疆域，非經國民大會之決議，不得變更之。

第五條 中華民國各民族一律平等。

第六條 中華民國國旗定為紅地，左上角青天白日。

第二章 人民之權利義務

第七條 中華民國人民，無分男女，宗教，種族，階級，黨派，在法律上一律平等。

第八條 人民身體之自由應予保障。除現行犯之逮捕由法律另定外，非經司法或警察機關依法定程序，不得逮捕拘禁。非由法院依法定程序，不得審問處罰。非依法定程序之逮捕，拘禁，審問，處罰，得拒絕之。

人民因犯罪嫌疑被逮捕拘禁時，其逮捕拘禁機關應將逮捕拘禁原因，以書面告知本人及其本人指定之親友，並至遲於二十四小時內移送該管法院審問。本人或他人亦得聲請該管法院，於二十四小時內向逮捕之機關提審。

法院對於前項聲請，不得拒絕，並不得先令逮捕拘禁之機關查覆。逮捕拘禁之機關，對於法院之提審，不得拒絕或遲延。

人民遭受任何機關非法逮捕拘禁時，其本人或他人得向法院聲請追究，法院不得拒絕，並應於二十四小時內向逮捕拘禁之機關追究，依法處理。

第九條　人民除現役軍人外，不受軍事審判。

第十條　人民有居住及遷徙之自由。

第十一條　人民有言論，講學，著作及出版之自由。

第十二條　人民有秘密通訊之自由。

第十三條　人民有信仰宗教之自由。

第十四條　人民有集會及結社之自由。

第十五條　人民之生存權，工作權及財產權，應予保障。

第十六條　人民有請願，訴願及訴訟之權。

第十七條　人民有選舉，罷免，創制及複決之權。

第十八條　人民有應考試服公職之權。

第十九條　人民有依法律納稅之義務。

第二十條　人民有依法律服兵役之義務。

第二十一條　人民有受國民教育之權利與義務。

第二十二條　凡人民之其他自由及權利，不妨害社會秩序公共利益者，均受憲法之保障。

第二十三條　以上各條列舉之自由權利，除為防止妨礙他人自由，避免緊急危難，維持社會秩序，或增進公共利益所必要者外，不得以法律限制之。

第二十四條　凡公務員違法侵害人民之自由或權利者，除依法律受懲戒外，應負刑事及民事責任。被害人民就其所受損害，並得依法律向國家請求賠償。

第三章　國民大會

第二十五條　國民大會依本憲法之規定，代表全國國民行使政權。

第二十六條　國民大會以左列代表組織之：

一、每縣市及其同等區域各選出代表一人，但其人口逾五十萬人者每增加五十萬人，增選代表一人。縣市同等區域以法律定之。

二、蒙古選出代表，每盟四人，每特別旗一人。

三、西藏選出代表，其名額以法律定之。

四、各民族在邊疆地區選出代表，其名額以法律定之。

五、僑居國外之國民選出代表，其名額以法律定之。

六、職業團體選出代表，其名額以法律定之。

七、婦女團體選出代表，其名額以法律定之。

第二十七條　國民大會之職權如左：

一、選舉總統副總統。

二、罷免總統副總統。

三、修改憲法。

四、複決立法院所提之憲法修正案。

關於創制複決兩權，除前項第三第四兩款規定外，俟全國有半數之縣市曾經行使創制複決兩項政權時，由國民大會制定辦法並行使之。

第二十八條　國民大會代表每六年改選一次。

每屆國民大會代表之任期至次屆國民大會開會之日爲止。

現任官吏不得於其任所所在地之選擧區當選爲國民大會代表。

第二十九條　國民大會於每屆總統任滿前九十日集會，由總統召集之。

第三十條　國民大會遇有左列情形之一時，召集臨時會：

一、依本憲法第四十九條之規定，應補選總統副總統時。

二、依監察院之決議，對於總統副總統提出彈劾案時。

三、依立法院之決議，提出憲法修正案時。

四、國民大會代表五分之二以上請求召集時。

國民大會臨時會，如依前項第一款或第二款應召集時，由立法院院長通告集會。依第三款或第四款應召集時，由總統召集之。

第三十一條　國民大會之開會地點在中央政府所在地。

第三十二條　國民大會代表在會議時所爲之言論及表決，對會外不負責任。

第三十三條　國民大會代表，除現行犯外，在會期中，非經國民大會許可，不得逮捕或拘禁。

第三十四條　國民大會之組織，國民大會代表之選舉罷免，及國民大會行使職權之程序，以法律定之。

第四章　總統

第三十五條　總統爲國家元首，對外代表中華民國。

第三十六條　總統統率全國陸海空軍。

第三十七條　總統依法公布法律，發布命令，須經行政院院長之副署，或行政院院長及有關部會首長之副署。

第三十八條　總統依本憲法之規定，行使締結條約及宣戰媾和之權。

第三十九條　總統依法宣布戒嚴，但須經立法院之通過或追認。立法院認爲必要時，得決議移請總統解嚴。

第四十條　總統依法行使大赦，特赦，減刑及復權之權。

第四十一條　總統依法任免文武官員。

第四十二條　總統依法授與榮典。

第四十三條　國家遇有天然災害，癘疫，或國家財政經濟上有重大變故，須爲急速處分時，總統於立法院休會期間，得經行政院會議之決議，依緊急命令法，發佈緊急命令，爲必要之處置，但須於發佈命令後一個月內提交立法院追認。如立法院不同意時，該緊急命令立即失效。

第四十四條　總統對於院與院間之爭執，除本憲法有規定者外，得召集有關各院院長會商解決之。

第四十五條　中華民國國民年滿四十歲者得被選爲總統副總統。

第四十六條　總統副總統之選舉，以法律定之。

第四十七條　總統副總統之任期爲六年，連選得連任一次。

第四十八條　總統應於就職時宣誓，誓詞如左：

「余謹以至誠，向全國人民宣誓，余必遵守憲法，盡忠職務，增進人民福利，保衛國家，無負國民付託。如違誓言，願受國家嚴厲之制裁。謹誓。」

第四十九條　總統缺位時，由副總統繼任，至總統任期屆滿爲止。總統副總統均缺位時，由行政院院長代行其職權，並依本憲法第三十條之規定，召集國民大會臨時會，補選總統副總統，其任期以補足原任總統未滿之任期爲止。總統因故不能視事時，由副總統代行其職權。總統副總統均不能視事時，由行政院院長代行其職權。

第　五十　條　總統於任滿之日解職。如屆期次任總統尚未選出，或選出後總統副總統均未就職時，由行政院院長代行總統職權。

第五十一條　行政院院長代行總統職權時，其期限不得逾三個月。

第五十二條　總統除犯內亂或外患罪外，非經罷免或解職，不受刑事上之訴究。

第五章　行政

第五十三條　行政院爲國家最高行政機關。

第五十四條　行政院設院長副院長各一人，各部會首長若干人，及不管部會之政務委員若干人。

第五十五條　行政院院長由總統提名，經立法院同意任命之。

立法院休會期間，行政院院長辭職或出缺時，由行政院副院長代理其職務，但總統須於四十日內咨請立法院召集會議，提出行政院院長人選徵求同意。行政院院長職務，在總統所提行政院院長人選未經立法院同意前，由行政院副院長暫行代理。

第五十六條　行政院副院長，各部會首長及不管部會之政務委員，由行政院院長提請總統任命之。

第五十七條　行政院依左列規定，對立法院負責：

一、行政院有向立法院提出施政方針及施政報告之責。立法委員在開會時，有向行政院院長及行政院各部會首長質詢之權。

二、立法院對於行政院之重要政策不贊同時，得以決議移請行政院變更之。行政院對於立法院之決議，得經總統之核可，移請立法院覆議。覆議時，如經出席立法委員三分之二維持原決議，行政院院長應即接受該決議或辭職。

三、行政院對於立法院決議之法律案，預算案，條約案，如認為有窒礙難行時，得經總統之核可，於該決議案送達行政院十日內，移請立法院覆議。覆議時，如經出席立法委員三分之二維持原案，行政院院長應即接受該決議或辭職。

第五十八條　行政院設行政院會議，由行政院院長，副院長，各部會首長及不管部會之政務委員組織之，以院長為主席。

行政院院長，各部會首長，須將應行提出於立法院之法律案，預算案，戒嚴案，大赦案，宣戰案，媾和案，條約案及其他重要事項，或涉及各部會共同關係之事項，提出於行政院會議議決之。

第五十九條　行政院於會計年度開始三個月前，應將下年度預算案提出於立法院。

第　六十　條　行政院於會計年度結束後四個月內，應提出決算於監察院。

第六十一條　行政院之組織，以法律定之。

第六章　立法

第六十二條　立法院為國家最高立法機關，由人民選舉之立法委員組織之，代表人民行使立法權。

第六十三條　立法院有議決法律案，預算案，戒嚴案，大赦案，宣戰案，媾和案，條約案及國家其他重要事項之權。

第六十四條　立法院立法委員依左列規定選出之：

一、各省，各直轄市選出者，其人口在三百萬以下者五人，其人口超過三百萬者，每滿一百萬人增選一人。

二、蒙古各盟旗選出者。

三、西藏選出者。

四、各民族在邊疆地區選出者。

五、僑居國外之國民選出者。

六、職業團體選出者。

立法委員之選舉及前項第二款至第六款立法委員名額之分配，以法律定之。婦女在第一項各款之名額，以法律定之。

第六十五條　立法委員之任期爲三年，連選得連任，其選舉於每屆任滿前三個月內完成之。

第六十六條　立法院設院長副院長各一人，由立法委員互選之。

第六十七條　立法院得設各種委員會。

各種委員會得邀請政府人員及社會上有關係人員到會備詢。

第六十八條　立法院會期，每年兩次，自行集會，第一次自二月至五月底，第二次自九月至十二月底，必要時得延長之。

第六十九條　立法院遇有左列情事之一時，得開臨時會：

一、總統之咨請。

二、立法委員四分之一以上之請求。

第七十條　立法院對於行政院所提預算案，不得爲增加支出之提議。

第七十一條　立法院開會時，關係院院長及各部會首長得列席陳述意見。

第七十二條　立法院法律案通過後，移送總統及行政院，總統應於收到後十日內公布之，但總統得依照本憲法第五十七條之規定辦理。

第七十三條　立法委員在院內所爲之言論及表決，對院外不負責任。

第七十四條　立法委員，除現行犯外，非經立法院許可，不得逮捕或拘禁。

第七十五條　立法委員不得兼任官吏。

第七十六條　立法院之組織，以法律定之。

第七章　司法

第七十七條　司法院為國家最高司法機關，掌理民事，刑事，行政訴訟之審判，及公務員之懲戒。

第七十八條　司法院解釋憲法，並有統一解釋法律及命令之權。

第七十九條　司法院設院長副院長各一人，由總統提名，經監察院同意任命之。

司法院設大法官若干人，掌理本憲法第七十八條規定事項，由總統提名，經監察院同意任命之。

第八十條　法官須超出黨派以外，依據法律獨立審判，不受任何干涉。

第八十一條　法官為終身職，非受刑事或懲戒處分，或禁治產之宣告，不得免職。非依法律，不得停職，轉任或減俸。

第八十二條　司法院及各級法院之組織，以法律定之。

第八章　考試

第八十三條　考試院為國家最高考試機關，掌理考試，任用，銓敍，考績，級俸，陞遷，保障，褒奬，撫卹，退休，養老等事項。

第八十四條　考試院設院長副院長各一人，考試委員若干人，由總統提名，經監察院同意任命之。

第八十五條　公務人員之選拔，應實行公開競爭之考試制度，並應按省區分別規定名額，分區舉行考試。非經考試及格者，不得任用。

第八十六條　左列資格，應經考試院依法考選銓定之：

一、公務人員任用資格。

二、專門職業及技術人員執業資格。

第八十七條　考試院關於所掌事項，得向立法院提出法律案。

第八十八條　考試委員須超出黨派以外，依據法律獨立行使職權。

第八十九條　考試院之組織，以法律定之。

第九章　監察

第九十條　監察院爲國家最高監察機關，行使同意，彈劾，糾舉及審計權。

第九十一條　監察院設監察委員，由各省市議會，蒙古西藏地方議會，及華僑團體選舉之。其名額分配依左列之規定：

一、每省五人。

二、每直轄市二人。

三、蒙古各盟旗共八人。

四、西藏八人。

五、僑居國外之國民八人。

第九十二條　監察院設院長副院長各一人，由監察委員互選之。

第九十三條　監察委員之任期爲六年，連選得連任。

第九十四條　監察院依本憲法行使同意權時，由出席委員過半數之議決行之。

第九十五條　監察院爲行使監察權，得向行政院及其各部會調閱其所發布之命令及各種有關文件。

第九十六條　監察院得按行政院及其各部會之工作，分設若干委員會，調查一切設施，注意其是否違法或失職。

第九十七條　監察院經各該委員會之審查及決議，得提出糾正案，移送行政院及其有關部會，促其注意改善。

監察院對於中央及地方公務人員，認爲有失職或違法情事，得提出糾舉案或彈劾案，如涉及刑事，應移送法院辦理。

第九十八條　監察院對於中央及地方公務人員之彈劾案，須經監察委員一人以上之提議，九人以上之審查及決定，始得提出。

第九十九條　監察院對於司法院或考試院人員失職或違法之彈劾，適用本憲法第九十五條，第九十七條，及第九十八條規定。

第一〇〇條　監察院對於總統副總統之彈劾案，須有全體監察委員四分之一以上之提議，全體監察委員過半數之審查及決議，向國民大會提出之。

第一〇一條　監察委員在院內所爲之言論及表決，對院外不負責任。

第一〇二條　監察委員，除現行犯外，非經監察院許可，不得逮捕或拘禁。

第一〇三條　監察委員不得兼任其他公職或執行業務。

第一〇四條　監察院設審計長，由總統提名，經立法院同意任命之。

第一〇五條　審計長應於行政院提出決算後三個月內，依法完成其審核，並提出審核報告於立法院。

第一〇六條　監察院之組織，以法律定之。

第十章　中央與地方之權限

第一〇七條　左列事項，由中央立法並執行之：

一、外交。
二、國防與國防軍事。
三、國籍法，及刑事民事商事之法律。
四、司法制度。
五、航空，國道，國有鐵路，航政，郵政及電政。
六、中央財政與國稅。
七、國稅與省稅縣稅之劃分。
八、國營經濟事業。
九、幣制及國家銀行。
十、度量衡。
十一、國際貿易政策。
十二、涉外之財政經濟事項。
十三、其他依本憲法所定關於中央之事項。

第一〇八條　左列事項，由中央立法並執行之，或交由省縣執行之：

一、省縣自治通則。

二、行政區劃。

三、森林，工礦及商業。

四、教育制度。

五、銀行及交易所制度。

六、航業及海洋漁業。

七、公用事業。

八、合作事業。

九、二省以上之水陸交通運輸。

十、二省以上之水利，河道及農牧事業。

十一、中央及地方官吏之銓敍，任用，糾察及保障。

十二、土地法。

十三、勞動法及其他社會立法。

十四、公用徵收。

十五、全國戶口調查及統計。

十六、移民及墾殖。

十七、警察制度。

十八、公共衛生。

十九、振濟，撫卹及失業救濟。

二十、有關文化之古籍，古物及古蹟之保存。

前項各款，省於不牴觸國家法律內，得制定單行法規。

第一〇九條　左列事項，由省立法並執行之，或交由縣執行之：

一、省教育，衛生，實業及交通。
二、省財產之經營及處分。
三、省市政。
四、省公營事業。
五、省合作事業。
六、省農林，水利，漁牧及工程。
七、省財政及省稅。
八、省債。
九、省銀行。
十、省警政之實施。
十一、省慈善及公益事項。
十二、其他依國家法律賦予之事項。

前項各款，有涉及二省以上者，除法律別有規定外，得由有關各省共同辦理。
各省辦理第一項各款事務，其經費不足時，經立法院議決，由國庫補助之。

第一一〇條　左列事項，由縣立法並執行之：
一、縣教育，衛生，實業及交通。
二、縣財產之經營及處分。
三、縣公營事業。
四、縣合作事業。
五、縣農林，水利，漁牧及工程。
六、縣財政及縣稅。
七、縣債。
八、縣銀行。

九、縣警衛之實施。

十、縣慈善及公益事項。

十一、其他依國家法律及省自治法賦予之事項。

前項各款，有涉及二縣以上者，除法律別有規定外，得由有關各縣共同辦理。

第一一一條　除第一〇七條，第一〇八條，第一〇九條及第一一〇條列舉事項外，如有未列舉事項發生時，其事務有全國一致之性質者屬於中央，有全省一致之性質者屬於省，有一縣之性質者屬於縣。遇有爭議時，由立法院解決之。

第十一章　地方制度

第一節　省

第一一二條　省得召集省民代表大會，依據省縣自治通則，制定省自治法，但不得與憲法牴觸。

省民代表大會之組織及選擧，以法律定之。

第一一三條　省自治法應包含左列各款：

一、省設省議會。省議會議員由省民選擧之。

二、省設省政府，置省長一人，省長由省民選擧之。

三、省與縣之關係。

屬於省之立法權，由省議會行之。

第一一四條　省自治法制定後，須卽送司法院。司法院如認爲有違憲之處，應將違憲條文宣布無效。

第一一五條　省自治法施行中，如因其中某條發生重大障礙，經司法院召集有關方面陳述意見後，由行政院院長，立法院院長，司法院院長，考試院院長與監察院院長組織委員會，以司法院院長爲主席，提出方案解決之。

第一一六條　省法規與國家法律牴觸者無效。

第一一七條　省法規與國家法律有無牴觸發生疑義時，由司法院解釋之。

第一一八條　直轄市之自治，以法律定之。

第一一九條　蒙古各盟旗地方自治制度，以法律定之。

第一二〇條　西藏自治制度，應予以保障。

第二節　縣

第一二一條　縣實行縣自治。

第一二二條　縣得召集縣民代表大會，依據省縣自治通則，制定縣自治法，但不得與憲法及省自治法牴觸。

第一二三條　縣民關於縣自治事項，依法律行使創制複決之權，對於縣長及其他縣自治人員，依法律行使選舉罷免之權。

第一二四條　縣設縣議會。縣議會議員由縣民選舉之。

屬於縣之立法權，由縣議會行之。

第一二五條　縣單行規章，與國家法律或省法規牴觸者無效。

第一二六條　縣設縣政府，置縣長一人。縣長由縣民選舉之。

第一二七條　縣長辦理縣自治，並執行中央及省委辦事項。

第一二八條　市準用縣之規定。

第十二章　選舉　罷免　創制　複決

第一二九條　本憲法所規定之各種選舉，除本憲法別有規定外，以普通、平等，直接及無記名投票之方法行之。

第一三〇條　中華民國國民年滿二十歲者，有依法選舉之權。除本憲法及法律別有規定者外，年滿二十三歲者，有依法被選舉之權。

第一三一條　本憲法所規定各種選舉之候選人，一律公開競選。

第一三二條　選舉應嚴禁威脅利誘。選舉訴訟，由法院審判之。

第一三三條　被選舉人得由原選舉區依法罷免之。

第一三四條　各種選舉，應規定婦女當選名額，其辦法以法律定之。

第一三五條　內地生活習慣特殊之國民代表名額及選舉，其辦法以法律定之。

第一三六條　創制複決兩權之行使，以法律定之。

第十三章　基本國策

第一節　國防

第一三七條　中華民國之國防，以保衛國家安全，維護世界和平爲目的。

國防之組織，以法律定之。

第一三八條　全國陸海空軍，須超出個人、地域及黨派關係以外，效忠國家，愛護人民。

第一三九條　任何黨派及個人不得以武裝力量爲政爭之工具。

第一四〇條　現役軍人不得兼任文官。

第二節　外交

第一四一條　中華民國之外交，應本獨立自主之精神，平等互惠之原則，敦睦邦交，尊重條約及聯合國憲章，以保護僑民權益，促進國際合作，提倡國際正義，確保世界和平。

第三節　國民經濟

第一四二條　國民經濟應以民生主義爲基本原則，實施平均地權，節制資本，以謀國計民生之均足。

第一四三條　中華民國領土內之土地屬於國民全體。人民依法取得之土地所有權，應受法律之保障與限制。私有土地應照價納稅，政府並得照價收買。附着於土地之礦，及經濟上可供公衆利用之天然力，屬於國家所有，不因人民取得土地所有權而受影響。

土地價值非因施以勞力資本而增加者，應由國家徵收土地增值稅，歸人民共享之。

國家對於土地之分配與整理，應以扶植自耕農及自行使用土地人爲原則，並規定其適當經營之面積。

第一四四條　公用事業及其他有獨佔性之企業，以公營爲原則，其經法律許可者，得由國民經營之。

第一四五條　國家對於私人財富及私營事業，認爲有妨害國計民生之平衡發展者，應以法律限制之。

合作事業應受國家之獎勵與扶助。

國民生產事業及對外貿易，應受國家之獎勵，指導及保護。

第一四六條　國家應運用科學技術，以興修水利，增進地力，改善農業環境，規劃土地利用，開發農業資源，促成農業

第一四七條　中央為謀省與省間之經濟平衡發展，對於貧瘠之省，應酌予補助。
省為謀縣與縣間之經濟平衡發展，對於貧瘠之縣，應酌予補助。

第一四八條　中華民國領域內，一切貨物應許自由流通。

第一四九條　金融機構，應依法受國家之管理。

第一五〇條　國家應普設平民金融機構，以救濟失業。

第一五一條　國家對於僑居國外之國民，應扶助並保護其經濟事業之發展。

第四節　社會安全

第一五二條　人民具有工作能力者，國家應予以適當之工作機會。

第一五三條　國家為改良勞工及農民之生活，增進其生產技能，應制定保護勞工及農民之法律，實施保護勞工及農民之政策。
婦女兒童從事勞動者，應按其年齡及身體狀態，予以特別之保護。

第一五四條　勞資雙方應本協調合作原則，發展生產事業。勞資糾紛之調解與仲裁，以法律定之。

第一五五條　國家為謀社會福利，應實施社會保險制度。人民之老弱殘廢，無力生活，及受非常災害者，國家應予以適當之扶助與救濟。

第一五六條　國家為奠定民族生存發展之基礎，應保護母性，並實施婦女兒童福利政策。

第一五七條　國家為增進民族健康，應普遍推行衛生保健事業及公醫制度。

第五節　教育文化

第一五八條　教育文化，應發展國民之民族精神，自治精神，國民道德，健全體格，科學及生活智能。

第一五九條　國民受教育之機會一律平等。

第一六〇條　六歲至十二歲之學齡兒童，一律受基本教育，免納學費。其貧苦者，由政府供給書籍。
已逾學齡未受基本教育之國民，一律受補習教育，免納學費，其書籍亦由政府供給。

第一六一條　各級政府應廣設獎學金名額，以扶助學行俱優無力升學之學生。

第一六二條　全國公私立之教育文化機關，依法律受國家之監督。

第一六三條　國家應注重各地區教育之均衡發展，並推行社會教育，以提高一般國民之文化水準，邊遠及貧瘠地區之教育文化經費，由國庫補助之。其重要之教育文化事業，得由中央辦理或補助之。

第一六四條　教育，科學，文化之經費，在中央不得少於其預算總額百分之十五，在省不得少於其預算總額百分之二十五，在縣市不得少於其預算總額百分之三十五。其依法設置之教育文化基金及產業，應予以保障。

第一六五條　國家應保障教育，科學，藝術工作者之生活，並依國民經濟之進展，隨時提高其待遇。

第一六六條　國家應獎勵科學之發明與創造，並保護有關歷史文化藝術之古蹟古物。

第一六七條　國家對於左列事業或個人，予以獎勵或補助：

一、國內私人經營之教育事業成績優良者。

二、僑居國外國民之教育事業成績優良者。

三、於學術或技術有發明者。

四、從事教育久於其職而成績優良者。

第六節　邊疆地區

第一六八條　國家對於邊疆地區各民族之地位，應予以合法之保障，並於其地方自治事業，特別予以扶植。

第一六九條　國家對於邊疆地區各民族之教育，文化，交通，水利，衛生，及其他經濟，社會事業，應積極舉辦，並扶助其發展，對於土地使用，應依其氣候，土壤性質，及人民生活習慣之所宜，予以保障及發展。

第十四章　憲法之施行及修改

第一七〇條　本憲法所稱之法律，謂經立法院通過，總統公布之法律。

第一七一條　法律與憲法牴觸者無效。

法律與憲法有無牴觸發生疑義時，由司法院解釋之。

第一七二條　命令與憲法或法律牴觸者無效。

第一七三條　憲法之解釋，由司法院爲之。

第一七四條　憲法之修改，應依左列程序之一爲之：
一、由國民大會代表總額五分之一之提議，三分之二之出席，及出席代表四分之三之決議，得修改之。
二、由立法院立法委員四分之一之提議，四分之三之出席，及出席委員四分之三之決議，擬定憲法修正案，提請國民大會複決。此項憲法修正案應於國民大會開會前半年公告之。

第一七五條　本憲法規定事項，有另定實施程序之必要者，以法律定之。
本憲法施行之準備程序由制定憲法之國民大會議定之。

中華民國憲法增修條文

（第一條至第十條）

中華民國八十年四月二十二日第一屆國民大會
第二次臨時會第六次大會通過
中華民國八十年五月一日總統公布

為因應國家統一前之需要，依照憲法第二十七條第一項第三款及第一百七十四條第一款之規定，增修本憲法條文如左：

第一條　國民大會代表依左列規定選出之，不受憲法第二十六條及第一百三十五條之限制：

一、自由地區每直轄市、縣市各二人，但其人口逾十萬人者，每增加十萬人增一人。

二、自由地區平地山胞及山地山胞各三人。

三、僑居國外國民二十人。

四、全國不分區八十人。

前項第一款每直轄市、縣市選出之名額及第三款、第四款各政黨當選之名額，在五人以上十人以下者，應有婦女當選名額一人，超過十人者，每滿十人應增婦女當選名額一人。

第二條　立法院立法委員依左列規定選出之，不受憲法第六十四條之限制：

一、自由地區每省、直轄市各二人，但其人口逾二十萬人者，每增加十萬人增一人；逾一百萬人者，每增加二十萬人增一人。

二、自由地區平地山胞及山地山胞各三人。

三、僑居國外國民六人。

四、全國不分區三十人。

前項第一款每省、直轄市選出之名額及第三款、第四款各政黨當選之名額，在五人以上十人以下者，應有婦女當選名額一人，超過十人者，每滿十人應增婦女當選名額一人。

第三條　監察院監察委員由省、市議會依左列規定選出之，不受憲法第九十一條之限制：

一、自由地區臺灣省二十五人。

二、自由地區每直轄市各十人。

三、僑居國外國民二人。

四、全國不分區五人。

前項第一款臺灣省、第二款每直轄市選出之名額及第四款各政黨當選之名額，在五人以上十人以下者，應有婦女當選名額一人，超過十人者，每滿十人應增婦女當選名額一人。

省議員當選爲監察委員者，以二人爲限；市議員當選爲監察委員者，各以一人爲限。

第四條　國民大會代表、立法院立法委員、監察院監察委員之選舉罷免，依公職人員選舉罷免法之規定辦理之。

僑居國外國民及全國不分區名額，採政黨比例方式選出之。

第五條　國民大會第二屆國民大會代表應於中華民國八十年十二月三十一日前選出，其任期自中華民國八十一年一月一日起至中華民國八十五年國民大會第三屆於第八任總統任滿前依憲法第二十九條規定集會之日止，不受憲法第二十八條第一項之限制。

依動員戡亂時期臨時條款增加名額選出之國民大會代表，於中華民國八十二年一月三十一日前，與國民大會第二屆國民大會代表共同行使職權。

立法院第二屆立法委員及監察院第二屆監察委員應於中華民國八十二年一月三十一日前選出，均自中華民國八十二年二月一日開始行使職權。

第六條　國民大會爲行使憲法第二十七條第一項第三款之職權，應於第二屆國民大會代表選出後三個月內由總統召集臨時會。

第七條　總統爲避免國家或人民遭遇緊急危難或應付財政經濟上重大變故，得經行政院會議之決議發布緊急命令，爲必要之處置，不受憲法第四十三條之限制。但須於發布命令後十日內提交立法院追認，如立法院不同意時，該緊急命令立即失效。

第八條　動員戡亂時期終止時，原僅適用於動員戡亂時期之法律，其修訂未完成程序者，得繼續適用至中華民國八十一年七月三十一日止。

第九條　總統爲決定國家安全有關大政方針，得設國家安全會議及所屬國家安全局。

行政院得設人事行政局。

前二項機關之組織均以法律定之，在未完成立法程序前，其原有組織法規得繼續適用至中華民國八十二年十二月三十一日止。

第十條　自由地區與大陸地區間人民權利義務關係及其他事務之處理，得以法律爲特別之規定。

中華民國憲法增修條文（第十一條至第十八條）

中華民國八十一年五月二十七日第二屆國民大會臨時會第二十七次大會三讀通過
中華民國八十一年五月二十八日總統公布

第十一條　國民大會之職權，除依憲法第二十七條之規定外，並依增修條文第十三條第一項、第十四條第二項及第十五條第二項之規定，對總統提名之人員行使同意權。

前項同意權之行使，由總統召集國民大會臨時會爲之，不受憲法第三十條之限制。

國民大會集會時，得聽取總統國情報告，並檢討國是，提供建言；如一年內未集會，由總統召集臨時會爲之，不受憲法第三十條之限制。

國民大會代表自第三屆國民大會代表起，每四年改選一次，不適用憲法第二十八條第一項之規定。

第十二條　總統、副總統由中華民國自由地區全體人民選擧之，自中華民國八十五年第九任總統、副總統選擧實施。

前項選擧之方式，由總統於中華民國八十四年五月二十日前召集國民大會臨時會，以憲法增修條文定之。

總統、副總統之任期，自第九任總統、副總統起爲四年，連選得連任一次，不適用憲法第四十七條之規定。

總統、副總統之罷免，依左列規定：

一、由國民大會代表提出之罷免案，經代表總額四分之一之提議，代表總額三分之二之同意，即爲通過。

二、由監察院提出之彈劾案，國民大會爲罷免之決議時，經代表總額三分之二之同意，即爲通過。

副總統缺位時，由總統於三個月內提名候選人，召集國民大會臨時會補選，繼任至原任期屆滿爲止。

總統、副總統均缺位時，由立法院院長於三個月內通告國民大會臨時會集會補選總統、副總統，繼任至原任期屆滿爲止。

第十三條　司法院設院長、副院長各一人，大法官若干人，由總統提名，經國民大會同意任命之，不適用憲法第七十九條之有關規定。

司法院大法官，除依憲法第七十八條之規定外，並組成憲法法庭審理政黨違憲之解散事項。

政黨之目的或其行爲，危害中華民國之存在或自由民主之憲政秩序者爲違憲。

第十四條　考試院爲國家最高考試機關，掌理左列事項，不適用憲法第八十三條之規定：

一、考試。

二、公務人員之銓敍、保障、撫卹、退休。

三、公務人員任免、考績、級俸、陞遷、褒獎之法制事項。

考試院設院長、副院長各一人，考試委員若干人，由總統提名，經國民大會同意任命之，不適用憲法第八十四條之規定。

憲法第八十五條有關按省區分別規定名額，分區舉行考試之規定，停止適用。

第十五條

監察院爲國家最高監察機關，行使彈劾、糾擧及審計權，不適用憲法第九十條及第九十四條有關同意權之規定。

監察院設監察委員二十九人，並以其中一人爲院長、一人爲副院長，任期六年，由總統提名，經國民大會同意任命之。憲法第九十一條至第九十三條、增修條文第三條，及第四條、第五條第三項有關監察委員之規定，停止適用。

監察院對於中央、地方公務人員及司法院、考試院人員之彈劾案，須經監察委員二人以上之提議，九人以上之審查及決定，始得提出，不受憲法第九十八條之限制。

監察院對於監察院人員失職或違法之彈劾，適用憲法第九十五條、第九十七條第二項及前項之規定。

監察院對於總統、副總統之彈劾案，須經全體監察委員過半數之提議，全體監察委員三分之二以上之決議，向國民大會提出，不受憲法第一百條之限制。

監察委員須超出黨派以外，依據法律獨立行使職權。

憲法第一百零一條及第一百零二條之規定，停止適用。

第十六條

增修條文第十五條第二項之規定，自提名第二屆監察委員時施行。

第二屆監察委員於中華民國八十二年二月一日就職，增修條文第十五條第一項及第三項至第七項之規定，亦自同日施行。

增修條文第十三條第一項及第十四條第二項有關司法院、考試院人員任命之規定，自中華民國八十二年二月一日施行。中華民國八十二年一月三十一日前之提名，仍由監察院同意任命，但現任人員任期未滿前，無須重新提名任命。

第十七條　省、縣地方制度，應包含左列各款，以法律定之，不受憲法第一百零八條第一項第一款、第一百十二條至第一百十五條及第一百二十二條之限制：

一、省設省議會，縣設縣議會，省議會議員、縣議會議員分別由省民、縣民選舉之。

二、屬於省、縣之立法權，由省議會、縣議會分別行之。

三、省設省政府，置省長一人，縣設縣政府，置縣長一人，省長、縣長分別由省民、縣民選舉之。

四、省與縣之關係。

五、省自治之監督機關為行政院，縣自治之監督機關為省政府。

第十八條　國家應獎勵科學技術發展及投資，促進產業升級，推動農漁業現代化，重視水資源之開發利用，加強國際經濟合作。

經濟及科學技術發展，應與環境及生態保護兼籌並顧。

國家應推行全民健康保險，並促進現代和傳統醫藥之研究發展。

國家應維護婦女之人格尊嚴，保障婦女之人身安全，消除性別歧視，促進兩性地位之實質平等。

國家對於殘障者之保險與就醫、教育訓練與就業輔導、生活維護與救濟，應予保障，並扶助其自立與發展。

國家對於自由地區山胞之地位及政治參與，應予保障；對其教育文化、社會福利及經濟事業，應予扶助並促其發展。對於金門、馬祖地區人民亦同。
國家對於僑居國外國民之政治參與，應予保障。

中華民國憲法增修條文

民國八十年五月一日總統令公布第一～十條條文
八十一年五月二十八日總統令增訂公布第十一～十八條條文
八十三年八月一日總統令修正公布全文

為因應國家統一前之需要，依照憲法第二十七條第一項第三款及第一百七十四條第一款之規定，增修本憲法條文如左：

第一條 國民大會代表依左列規定選出之，不受憲法第二十六條及第一百三十五條之限制：

一、自由地區每直轄市、縣市各二人，但其人口逾十萬人者，每增加十萬人增一人。

二、自由地區平地原住民及山地原住民各三人。

三、僑居國外國民二十人。

四、全國不分區八十人。

前項第三款及第四款之名額，採政黨比例方式選出之。第一款每直轄市、縣市選出之名額及第三款、第四款各政黨當選之名額，在五人以上十人以下者，應有婦女當選名額一人，超過十人者，每滿十人應增婦女當選名額一人。

國民大會之職權如左，不適用憲法第二十七條第一項第一款、第二款之規定：

一、依增修條文第二條第七項之規定，補選副總統。

二、依增修條文第二條第九項之規定，提出總統、副總統罷免案。

三、依增修條文第二條第十項之規定，議決監察院提出之總統、副總統彈劾案。

四、依憲法第二十七條第一項第三款及第一百七十四條第一款之規定，修改憲法。

五、依憲法第二十七條第一項第四款及第一百七十四條第二款之規定，複決立法院所提之憲法修正案。

六、依增修條文第四條第一項、第五條第二項、第六條第二項之規定，對總統提名任命之人員，行使同意權。

國民大會依前項第一款及第四款至第六款規定集會，或有國民大會代表五分之二以上請求召集會議時，由總統召集之；依前項第二款及第三款之規定集會時，由國民大會議長通告集會，國民大會設議長前，由立法院院長通告集會，不適用憲法第二十九條及第三十條之規定。

國民大會集會時，得聽取總統國情報告，並檢討國是，提供建言；如一年內未集會，由總統召集會議爲之，不受憲法第三十條之限制。

國民大會代表自第三屆國民大會代表起，每四年改選一次，不適用憲法第二十八條第一項之規定。

國民大會第二屆國民大會代表任期至中華民國八十五年五月十九日止，第三屆國民大會代表任期自中華民國八十五年五月二十日開始，不適用憲法第二十八條第二項之規定。

國民大會自第三屆國民大會起設議長、副議長各一人，由國民大會代表互選之。議長對外代表國民大會，並於開會時主持會議。

國民大會行使職權之程序，由國民大會定之，不適用憲法第三十四條之規定。

第二條 總統、副總統由中華民國自由地區全體人民直接選舉之，自中華民國八十五年第九任總統、副總統選舉實施。總統、副總統候選人應聯名登記，在選票上同列一組圈選，以得票最多之一組為當選。在國外之中華民國自由地區人民返國行使選舉權，以法律定之。

總統發布依憲法經國民大會或立法院同意任命人員之任免命令，無須行政院院長之副署，不適用憲法第三十七條之規定。

行政院院長之免職命令，須新提名之行政院院長經立法院同意後生效。

總統為避免國家或人民遭遇緊急危難或應付財政經濟上重大變故，得經行政院會議之決議發布緊急命令，為必要之處置，不受憲法第四十三條之限制。但須於發布命令後十日內提交立法院追認，如立法院不同意時，該緊急命令立即失效。

總統為決定國家安全有關大政方針，得設國家安全會議及所屬國家安全局，其組織以法律定之。

總統、副總統之任期，自第九任總統、副總統起為四年，連選得連任一次，不適用憲法第四十七條之規定。

副總統缺位時，由總統於三個月內提名候選人，召集國民大會補選，繼任至原任期屆滿為止。

總統、副總統均缺位時，由行政院院長代行其職權，並依本條第一項規定補選總統、副總統，繼任至原任期屆滿為止，不適用憲法第四十九條之有關規定。

總統、副總統之罷免案，須經國民大會代表總額四分之一之提議，三分之二之同意後提出，並經中華民國自由地區選舉人總額過半數之投票，有效票過半數同意罷免時，即爲通過。
監察院向國民大會提出之總統、副總統彈劾案，經國民大會代表總額三分之二同意時，被彈劾人應即解職。

第三條 立法院立法委員依左列規定選出之，不受憲法第六十四條之限制：

一、自由地區每省、直轄市各二人，但其人口逾二十萬人者，每增加十萬人增一人；逾一百萬人者，每增加二十萬人增一人。

二、自由地區平地原住民及山地原住民各三人。

三、僑居國外國民六人。

四、全國不分區三十人。

前項第三款、第四款名額，採政黨比例方式選出之。第一款每省、直轄市選出之名額及第三款、第四款各政黨當選之名額，在五人以上十人以下者，應有婦女當選名額一人，超過十人者，每滿十人應增婦女當選名額一人。

第四條 司法院設院長、副院長各一人，大法官若干人，由總統提名，經國民大會同意任命之，不適用憲法第七十九條之有關規定。

司法院大法官，除依憲法第七十八條之規定外，並組成憲法法庭審理政黨違憲之解散事項。

政黨之目的或其行爲，危害中華民國之存在或自由民主之憲政秩序者爲違憲。

第五條 考試院爲國家最高考試機關，掌理左列事項，不適用憲法第八十三條之規定：

一、考試。

二、公務人員之銓敘、保障、撫卹、退休。

三、公務人員任免、考績、級俸、陞遷、褒獎之法制事項。

考試院設院長、副院長各一人，考試委員若干人，由總統提名，經國民大會同意任命之，不適用憲法第八十四條之規定。

憲法第八十五條有關按省區分別規定名額，分區舉行考試之規定，停止適用。

第六條 監察院爲國家最高監察機關，行使彈劾、糾舉及審計權，不適用憲法第九十條及第九十四條有關同意權之規定。

監察院設監察委員二十九人，並以其中一人爲院長、一人爲副院長，任期六年，由總統提名，經國民大會同意任命之。憲法第九十一條至第九十三條之規定停止適用。

監察院對於中央、地方公務人員及司法院、考試院人員之彈劾案，須經監察委員二人以上之提議，九人以上之審查及決定，始得提出，不受憲法第九十八條之限制。

監察院對於監察院人員失職或違法之彈劾，適用憲法第九十五條、第九十七條第二項及前項之規定。

監察院對於總統、副總統之彈劾案，須經全體監察委員過半數之提議，全體監察委員三分之二以上之決議，向國民大會提出，不受憲法第一百條之限制。

監察委員須超出黨派以外，依據法律獨立行使職權。

憲法第一百零一條及第一百零二條之規定，停止適用。

第七條 國民大會代表及立法委員之報酬或待遇，應以法律定之。除年度通案調整者外，單獨增加報酬或待遇之規定，應自次屆起實施。

第八條　省、縣地方制度，應包含左列各款，以法律定之，不受憲法第一百零八條第一項第一款、第一百十二條至第一百十五條及第一百二十二條之限制：

一、省設省議會，縣設縣議會，省議會議員、縣議會議員分別由省民、縣民選舉之。

二、屬於省、縣之立法權，由省議會、縣議會分別行之。

三、省設省政府，置省長一人，縣設縣政府，置縣長一人，省長、縣長分別由省民、縣民選舉之。

四、省與縣之關係。

五、省自治之監督機關爲行政院，縣自治之監督機關爲省政府。

第九條　國家應獎勵科學技術發展及投資，促進產業升級，推動農漁業現代化，重視水資源之開發利用，加強國際經濟合作。

經濟及科學技術發展，應與環境及生態保護兼籌並顧。

國家對於公營金融機構之管理，應本企業化經營之原則；其管理、人事、預算、決算及審計，得以法律爲特別之規定。

國家應推行全民健康保險，並促進現代和傳統醫藥之研究發展。

國家應維護婦女之人格尊嚴，保障婦女之人身安全，消除性別歧視，促進兩性地位之實質平等。

國家對於殘障者之保險與就醫、教育訓練與就業輔導、生活維護與救濟，應予保障，並扶助其自立與發展。

國家對於自由地區原住民之地位及政治參與，應予保障；對其教育文化、社會福利及經濟事業，應予扶助並促其發展。對於金門、馬祖地區人民亦同。

國家對於僑居國外國民之政治參與，應予保障。

第十條 自由地區與大陸地區間人民權利義務關係及其他事務之處理，得以法律為特別之規定。

中華民國憲法增修條文

民國八十年五月一日總統令制定公布第一～一〇條條文
八十一年五月二十八日總統令增訂公布第一一～一八條條文
八十三年八月一日總統令修正公布第一～一〇條條文
八十六年七月二十一日總統令修正公布第一～一一條條文

為因應國家統一前之需要，依照憲法第二十七條第一項第三款及第一百七十四條第一款之規定，增修本憲法條文如左：

第一條　國民大會代表依左列規定選出之，不受憲法第二十六條及第一百三十五條之限制：

一、自由地區每直轄市、縣市各二人，但其人口逾十萬人者，每增加十萬人增一人。

二、自由地區平地原住民及山地原住民各三人。

三、僑居國外國民二十人。

四、全國不分區八十人。

前項第一款每直轄市、縣市選出之名額，在五人以上十人以下者，應有婦女當選名額一人，超過十人者，每滿十人，應增婦女當選名額一人。

第三款及第四款之名額，採政黨比例方式選出之，各政黨當選之名額，每滿四人，應有婦女當選名額一人。
國民大會之職權如左，不適用憲法第二十七條第一項第一款、第二款之規定：
一、依增修條文第二條第七項之規定，補選副總統。
二、依增修條文第二條第九項之規定，提出總統、副總統罷免案。
三、依增修條文第二條第十項之規定，議決立法院提出之總統、副總統彈劾案。
四、依憲法第二十七條第一項第三款及第一百七十四條第一款之規定，修改憲法。
五、依憲法第二十七條第一項第四款及第一百七十四條第二款之規定，複決立法院所提之憲法修正案。
六、依增修條文第五條第一項、第六條第二項、第七條第二項之規定，對總統提名任命之人員，行使同意權。
國民大會依前項第一款及第四款至第六款規定集會，或有國民大會代表五分之二以上請求召集會議時，由總統召集之；依前項第二款及第三款之規定集會時，由國民大會議長通告集會，不適用憲法第二十九條及第三十條之規定。
國民大會集會時，得聽取總統國情報告，並檢討國是，提供建言；如一年內未集會，由總統召集會議爲之，不受憲法第三十條之限制。
國民大會代表每四年改選一次，不適用憲法第二十八條第一項之規定。
國民大會設議長、副議長各一人，由國民大會代表互選之。議長對外代表國民大會，並於開會時主持會議。
國民大會行使職權之程序，由國民大會定之，不適用憲法第三十四條之規定。

第二條　總統、副總統由中華民國自由地區全體人民直接選舉之，自中華民國八十五年第九任總統、副總統選舉實施。總統、副總統候選人應聯名登記，在選票上同列一組圈選，以得票最多之一組爲當選。在國外之中華民國自由地區人民返國行使選舉權，以法律定之。

總統發布行政院院長與依憲法經國民大會或立法院同意任命人員之任免命令及解散立法院之命令，無須行政院院長之副署，不適用憲法第三十七條之規定。

總統爲避免國家或人民遭遇緊急危難或應付財政經濟上重大變故，得經行政院會議之決議發布緊急命令，爲必要之處置，不受憲法第四十三條之限制。但須於發布命令後十日內提交立法院追認，如立法院不同意時，該緊急命令立即失效。

總統爲決定國家安全有關大政方針，得設國家安全會議及所屬國家安全局，其組織以法律定之。

總統於立法院通過對行政院院長之不信任案後十日內，經諮詢立法院院長後，得宣告解散立法院。但總統於戒嚴或緊急命令生效期間，不得解散立法院。立法院解散後，應於六十日內舉行立法委員選舉，並於選舉結果確認後十日內自行集會，其任期重新起算。

總統、副總統之任期爲四年，連選得連任一次，不適用憲法第四十七條之規定。

副總統缺位時，由總統於三個月內提名候選人，召集國民大會補選，繼任至原任期屆滿爲止。

總統、副總統均缺位時，由行政院院長代行其職權，並依本條第一項規定補選總統、副總統，繼任至原任期屆滿爲止，不適用憲法第四十九條之有關規定。

總統、副總統之罷免案，須經國民大會代表總額四分之一之提議，三分之二之同意後提出，並經中華民國自由地區選舉人總額過半數之投票，有效票過半數同意罷免時，即爲通過。

立法院向國民大會提出之總統、副總統彈劾案，經國民大會代表總額三分之二同意時，被彈劾人應即解職。

第三條　行政院院長由總統任命之。行政院院長辭職或出缺時，在總統未任命行政院院長前，由行政院副院長暫行代理。憲法第五十五條之規定，停止適用。

行政院依左列規定，對立法院負責，憲法第五十七條之規定，停止適用：

一、行政院有向立法院提出施政方針及施政報告之責。立法委員在開會時，有向行政院院長及行政院各部會首長質詢之權。

二、行政院對於立法院決議之法律案、預算案、條約案，如認為有窒礙難行時，得經總統之核可，於該決議案送達行政院十日內，移請立法院覆議。立法院對於行政院移請覆議案，應於送達十五日內作成決議。如為休會期間，立法院應於七日內自行集會，並於開議十五日內作成決議。覆議案逾期未議決者，原決議失效。覆議時，如經全體立法委員二分之一以上決議維持原案，行政院院長應即接受該決議。

三、立法院得經全體立法委員三分之一以上連署，對行政院院長提出不信任案。不信任案提出七十二小時後，應於四十八小時內以記名投票表決之。如經全體立法委員二分之一以上贊成，行政院院長應於十日內提出辭職，並得同時呈請總統解散立法院；不信任案如未獲通過，一年內不得對同一行政院院長再提不信任案。

國家機關之職權、設立程序及總員額，得以法律為準則性之規定。

各機關之組織、編制及員額，應依前項法律，基於政策或業務需要決定之。

第四條　立法院立法委員自第四屆起二百二十五人，依左列規定選出之，不受憲法第六十四條之限制：

一、自由地區直轄市、縣市一百六十八人。每縣市至少一人。

二、自由地區平地原住民及山地原住民各四人。

三、僑居國外國民八人。

四、全國不分區四十一人。

前項第三款、第四款名額，採政黨比例方式選出之。第一款每直轄市、縣市選出之名額及第三款、第四款各政黨當選之名額，在五人以上十人以下者，應有婦女當選名額一人，超過十人者，每滿十人應增婦女當選名額一人。

立法院經總統解散後，在新選出之立法委員就職前，視同休會。

總統於立法院解散後發布緊急命令，立法院應於三日內自行集會，並於開議七日內追認之。但於新任立法委員選舉投票日後發布者，應由新任立法委員於就職後追認之。如立法院不同意時，該緊急命令立即失效。

立法院對於總統、副總統犯內亂或外患罪之彈劾案，須經全體立法委員二分之一以上之提議，全體立法委員三分之二以上之決議，向國民大會提出，不適用憲法第九十條、第一百條及增修條文第七條第一項有關規定。

立法委員除現行犯外，在會期中，非經立法院許可，不得逮捕或拘禁。憲法第七十四條之規定，停止適用。

第五條　司法院設大法官十五人，並以其中一人為院長、一人為副院長，由總統提名，經國民大會同意任命之，自中華民國九十二年起實施，不適用憲法第七十九條之有關規定。

司法院大法官任期八年，不分屆次，個別計算，並不得連任。但並為院長、副院長之大法官，不受任期之保障。

中華民國九十二年總統提名之大法官，其中八位大法官，含院長、副院長，任期四年，其餘大法官任期為八年，不適用前項任期之規定。

司法院大法官，除依憲法第七十八條之規定外，並組成憲法法庭審理政黨違憲之解散事項。

政黨之目的或其行為，危害中華民國之存在或自由民主之憲政秩序者為違憲。

司法院所提出之年度司法概算，行政院不得刪減，但得加註意見，編入中央政府總預算案，送立法院審議。

第六條　考試院為國家最高考試機關，掌理左列事項，不適用憲法第八十三條之規定：

一、考試。

二、公務人員之銓敍、保障、撫卹、退休。

三、公務人員任免、考績、級俸、陞遷、褒獎之法制事項。

考試院設院長、副院長各一人，考試委員若干人，由總統提名，經國民大會同意任命之，不適用憲法第八十四條之規定。

憲法第八十五條有關按省區分別規定名額，分區舉行考試之規定，停止適用。

第七條　監察院為國家最高監察機關，行使彈劾、糾舉及審計權，不適用憲法第九十條及第九十四條有關同意權之規定。

監察院設監察委員二十九人，並以其中一人爲院長、一人爲副院長，任期六年，由總統提名，經國民大會同意任命之。憲法第九十一條至第九十三條之規定停止適用。

監察院對於中央、地方公務人員及司法院、考試院人員之彈劾案，須經監察委員二人以上之提議，九人以上之審查及決定，始得提出，不受憲法第九十八條之限制。

監察院對於監察院人員失職或違法之彈劾，適用憲法第九十五條、第九十七條第二項及前項之規定。

監察委員須超出黨派以外，依據法律獨立行使職權。

憲法第一百零一條及第一百零二條之規定，停止適用。

第八條　國民大會代表及立法委員之報酬或待遇，應以法律定之。除年度通案調整者外，單獨增加報酬或待遇之規定，應自次屆起實施。

第九條　省、縣地方制度，應包括左列各款，以法律定之，不受憲法第一百零八條第一項第一款、第一百零九條、第一百十二條至第一百十五條及第一百二十二條之限制：

一、省設省政府，置委員九人，其中一人爲主席，均由行政院院長提請總統任命之。

二、省設省諮議會，置省諮議會議員若干人，由行政院院長提請總統任命之。

三、縣設縣議會，縣議會議員由縣民選舉之。

四、屬於縣之立法權，由縣議會行之。

五、縣設縣政府，置縣長一人，由縣民選舉之。

六、中央與省、縣之關係。

七、省承行政院之命，監督縣自治事項。

第十屆臺灣省議會議員及第一屆臺灣省省長之任期至中華民國八十七年十二月二十日止，臺灣省議會議員及臺灣省省長之選舉自第十屆臺灣省議會議員及第一屆臺灣省省長任期之屆滿日起停止辦理。

臺灣省議會議員及臺灣省省長之選舉停止辦理後，臺灣省政府之功能、業務與組織之調整，得以法律爲特別之規定。

第十條

國家應獎勵科學技術發展及投資，促進產業升級，推動農漁業現代化，重視水資源之開發利用，加強國際經濟合作。

經濟及科學技術發展，應與環境及生態保護兼籌並顧。

國家對於人民興辦之中小型經濟事業，應扶助並保護其生存與發展。

國家對於公營金融機構之管理，應本企業化經營之原則；其管理、人事、預算、決算及審計，得以法律爲特別之規定。

國家應推行全民健康保險，並促進現代和傳統醫藥之研究發展。

國家應維護婦女之人格尊嚴，保障婦女之人身安全，消除性別歧視，促進兩性地位之實質平等。

國家對於身心障礙者之保險與就醫、無障礙環境之建構、教育訓練與就業輔導及生活維護與救助，應予保障，並扶助其自立與發展。

教育、科學、文化之經費，尤其國民教育之經費應優先編列，不受憲法第一百六十四條規定之限制。

國家肯定多元文化，並積極維護發展原住民族語言及文化。

國家應依民族意願，保障原住民族之地位及政治參與，並對其教育文化、交通水利、衛生醫療、經濟土地及社會福利事業予以保障扶助並促其發展，其辦法另以法律定之。對於金門、馬祖地區人民亦同。

國家對於僑居國外國民之政治參與，應予保障。

第十一條　自由地區與大陸地區間人民權利義務關係及其他事務之處理，得以法律為特別之規定。

三民大專用書書目——國父遺教

書名	作者		任職
三民主義	孫文	著	
三民主義要論	周世輔	編著	前政治大學
大專聯考三民主義複習指要	涂子麟	著	中山大學
建國方略建國大綱	孫文	著	
民權初步	孫文	著	
國父思想	涂子麟	著	中山大學
國父思想	涂子麟 林金朝	編著	中山大學 臺灣師大
國父思想新論	周世輔	著	前政治大學
國父思想要義	周世輔	著	前政治大學
國父思想綱要	周世輔	著	前政治大學
中山思想新詮 ——總論與民族主義	周世輔 周陽山	著	前政治大學 臺灣大學
中山思想新詮 ——民權主義與中華民國憲法	周世輔 周陽山	著	前政治大學 臺灣大學
國父思想概要	張鐵君	著	
國父遺教概要	張鐵君	著	
國父遺教表解	尹讓轍	著	
三民主義要義	涂子麟	著	中山大學
國父思想（修訂新版）	周世輔 周陽山	著	前政治大學 臺灣大學

三民大專用書書目——法律

書名	著者		服務單位
中華民國憲法與立國精神	胡佛 沈清松 石之瑜 周陽山	著	臺灣大學 政治大學 臺灣大學 臺灣大學
中國憲法新論	薩孟武	著	前臺灣大學
中國憲法論	傅肅良	著	前中興大學
中華民國憲法論	管歐	著	前東吳大學
中華民國憲法概要	曾繁康	著	前臺灣大學
中華民國憲法	林騰鷂	著	東海大學
中華民國憲法	陳志華	著	中興大學
大法官會議解釋彙編	編輯部	編	
中華民國憲法逐條釋義（一）～（四）	林紀東	著	前臺灣大學
比較憲法	鄒文海	著	前政治大學
比較憲法	曾繁康	著	前臺灣大學
美國憲法與憲政	荊知仁	著	政治大學
國家賠償法	劉春堂	著	輔仁大學
民法總整理	曾榮振	著	律師
民法概要	鄭玉波	著	前臺灣大學
民法概要	劉宗榮	著	臺灣大學
民法概要	何孝元著、李志鵬修訂		前大法官
民法概要	董世芳	著	實踐管理學院
民法概要	朱鈺洋	著	屏東商專
民法	郭振恭	著	東海大學
民法總則	鄭玉波	著	前臺灣大學
民法總則	何孝元著、李志鵬修訂		前大法官
判解民法總則	劉春堂	著	輔仁大學
民法債編總論	戴修瓚	著	
民法債編總論	鄭玉波	著	前臺灣大學
民法債編總論	何孝元	著	
民法債編各論	戴修瓚	著	
判解民法債篇通則	劉春堂	著	輔仁大學
民法物權	鄭玉波	著	前臺灣大學
判解民法物權	劉春堂	著	輔仁大學
民法親屬新論	陳棋炎、黃宗樂、郭振恭	著	臺灣大學
民法繼承論	羅鼎	著	

書名	作者	單位
民法繼承新論	陳棋炎、黃宗樂、郭振恭 著	臺灣大學
商事法新論	王立中 著	中興大學
商事法	編輯部 編	
商事法論（緒論、商業登記法、公司法、票據法）	張國鍵 著	前臺灣大學
商事法論（保險法）	張國鍵 著	前臺灣大學
商事法要論	梁宇賢 著	中興大學
商事法概要	張國鍵著、梁宇賢修訂	中興大學
商事法概要	蔡蔭恩著、梁宇賢修訂	中興大學
商事法	劉渝生 著	東海大學
商事法	潘維大、羅美隆、范建得合著	東吳大學
公司法	鄭玉波 著	前臺灣大學
公司法論	柯芳枝 著	臺灣大學
公司法論	梁宇賢 著	中興大學
公司法要義	柯芳枝 著	臺灣大學
稅務法規概要	劉代洋 林長友 著	臺灣工業技術學院 臺北商專
證券交易法論	吳光明 著	中興大學
票據法	鄭玉波 著	前臺灣大學
銀行法	金桐林 著	中興銀行
銀行法釋義	楊承厚編著	銘傳管理學院
國際商品買賣契約法	鄧越今編著	外貿協會
國際貿易法概要	于政長 著	東吳大學
國際貿易法	張錦源 著	政治大學
貿易法規	張錦源 白允宜 著	政治大學 中華徵信所
海商法	鄭玉波 著	前臺灣大學
海商法論	梁宇賢 著	中興大學
保險法論	鄭玉波 著	前臺灣大學
保險法規	陳俊郎 著	成功大學
國際商務契約——實用中英對照範例集	陳春山 著	中興大學
合作社法論	李錫勛 著	前政治大學
民事訴訟法	陳榮宗 林慶苗 著	臺灣大學 銘傳管理學院
民事訴訟法概要	莊柏林 著	律師
民事訴訟法釋義	石志泉原著、楊建華修訂	文化大學
民事訴訟法論（上）（下）	陳計男 著	司法院大法官
破產法	陳榮宗 著	臺灣大學

書名	作者	單位
破產法論	陳計男 著	司法院大法官
刑法總整理	曾榮振 著	律師
刑法總論	蔡墩銘 著	臺灣大學
刑法各論	蔡墩銘 著	臺灣大學
刑法特論（上）（下）	林山田 著	臺灣大學
刑法概要	周冶平 著	前臺灣大學
刑法概要	蔡墩銘 著	臺灣大學
刑法之理論與實際	陶龍生 著	律師
刑事政策	張甘妹 著	臺灣大學
刑事訴訟法論	黃東熊 著	中興大學
刑事訴訟法論	胡開誠 著	
刑事訴訟法概要	蔡墩銘 著	臺灣大學
行政法	林紀東 著	前臺灣大學
行政法	張家洋 著	政治大學
行政法之一般法律原則	城仲模 編	司法院大法官
行政法總論（增訂新版）	黃異 著	海洋大學
行政法概要	管歐 著	前東吳大學
行政法概要	左潞生 著	前中興大學
行政法之基礎理論	城仲模 著	司法院大法官
少年事件處理法	劉作揖 著	中華醫專
犯罪學	林山田、林東茂 著	臺灣大學等
監獄學	林紀東 著	前臺灣大學
交通法規概要	管歐 著	前東吳大學
郵政法原理	劉承漢 著	前成功大學
土地法釋論	焦祖涵 著	前東吳大學
土地登記之理論與實務	焦祖涵 著	前東吳大學
引渡之理論與實踐	陳榮傑 著	外交部
國際私法	劉甲一 著	前臺灣大學
國際私法論	劉鐵錚 陳榮傳 合著	司法院大法官 東吳大學
國際私法新論	梅仲協 著	前臺灣大學
國際私法論叢	劉鐵錚 著	司法院大法官
現代國際法	丘宏達 著	馬利蘭大學
現代國際法參考文件	丘宏達 編輯 陳純一 助編	馬利蘭大學 文化大學
國際法概要	彭明敏 著	
平時國際法	蘇義雄 著	中興大學
中國法制史概要	陳顧遠 著	

三民大專用書書目——經濟·財政

書名	作者		單位
經濟學新辭典	高叔康	編	
經濟學通典	林華德	著	國際票券公司
經濟思想史	史考特	著	
西洋經濟思想史	林鐘雄	著	臺灣大學
歐洲經濟發展史	林鐘雄	著	臺灣大學
近代經濟學說	安格爾	著	
比較經濟制度	孫殿柏	著	前政治大學
經濟學原理	歐陽勛	著	前政治大學
經濟學導論	徐育珠	著	南康乃狄克州立大學
經濟學概要	趙鳳培	著	前政治大學
經濟學	歐陽勛、黃仁德	著	政治大學
通俗經濟講話	邢慕寰	著	香港大學
經濟學（上）（下）	陸民仁	編著	前政治大學
經濟學（上）（下）	陸民仁	著	前政治大學
經濟學概論	陸民仁	著	前政治大學
國際經濟學	白俊男	著	東吳大學
國際經濟學	黃智輝	著	東吳大學
個體經濟學	劉盛男	著	臺北商專
個體經濟分析	趙鳳培	著	前政治大學
總體經濟分析	趙鳳培	著	前政治大學
總體經濟學	鍾甦生	著	西雅圖銀行
總體經濟學	張慶輝	著	政治大學
總體經濟理論	孫震	著	工研院
數理經濟分析	林大侯	著	臺灣綜合研究院
計量經濟學導論	林華德	著	國際票券公司
計量經濟學	陳正澄	著	臺灣大學
經濟政策	湯俊湘	著	前中興大學
平均地權	王全祿	著	考試委員
運銷合作	湯俊湘	著	前中興大學
合作經濟概論	尹樹生	著	中興大學
農業經濟學	尹樹生	著	中興大學
凱因斯經濟學	趙鳳培	譯	前政治大學
工程經濟	陳寬仁	著	中正理工學院

書名	作者	單位
銀行法	金桐林 著	中興銀行
銀行法釋義	楊承厚編著	銘傳管理學院
銀行學概要	林葭蕃 著	
商業銀行之經營及實務	文大熙 著	
商業銀行實務	解宏賓編著	中興大學
貨幣銀行學	何偉成 著	中正理工學院
貨幣銀行學	白俊男 著	東吳大學
貨幣銀行學	楊樹森 著	文化大學
貨幣銀行學	李穎吾 著	前臺灣大學
貨幣銀行學	趙鳳培 著	前政治大學
貨幣銀行學	謝德宗 著	臺灣大學
貨幣銀行學——理論與實際	謝德宗 著	臺灣大學
現代貨幣銀行學（上）（下）（合）	柳復起 著	澳洲新南威爾斯大學
貨幣學概要	楊承厚 著	銘傳管理學院
貨幣銀行學概要	劉盛男 著	臺北商專
金融市場概要	何顯重 著	
金融市場	謝劍平 著	政治大學
現代國際金融	柳復起 著	澳洲新南威爾斯大學
國際金融理論與實際	康信鴻 著	成功大學
國際金融理論與制度	歐陽勛、黃仁德編著	政治大學
金融交換實務	李麗 著	中央銀行
衍生性金融商品	李麗 著	中央銀行
財政學	徐育珠 著	南康乃狄克州立大學
財政學	李厚高 著	蒙藏委員會
財政學	顧書桂 著	
財政學	林華德 著	國際票券公司
財政學	吳家聲 著	財政部
財政學原理	魏萼 著	中山大學
財政學概要	張則堯 著	前政治大學
財政學表解	顧書桂 著	
財務行政（含財務會審法規）	莊義雄 著	成功大學
商用英文	張錦源 著	政治大學
商用英文	程振粵 著	前臺灣大學
商用英文	黃正興 著	實踐管理學院
國際商務契約——實用中英對照範例集	陳春山 著	中興大學

書名	作者		單位
貿易契約理論與實務	張錦源	著	政治大學
貿易英文實務	張錦源	著	政治大學
貿易英文實務習題	張錦源	著	政治大學
貿易英文實務題解	張錦源	著	政治大學
信用狀理論與實務	蕭啟賢	著	輔仁大學
信用狀理論與實務	張錦源	著	政治大學
國際貿易	李穎吾	著	前臺灣大學
國際貿易	陳正順	著	臺灣大學
國際貿易概要	何顯重	著	
國際貿易實務詳論（精）	張錦源	著	政治大學
國際貿易實務	羅慶龍	著	逢甲大學
國際貿易實務新論	張錦源、康蕙芬	著	政治大學
國際貿易實務新論題解	張錦源、康蕙芬	著	政治大學
國際貿易理論與政策	歐陽勛、黃仁德	編著	政治大學
國際貿易原理與政策	黃仁德	著	政治大學
國際貿易原理與政策	康信鴻	著	成功大學
國際貿易政策概論	余德培	著	東吳大學
國際貿易論	李厚高	著	蒙藏委員會
國際商品買賣契約法	鄧越今	編著	外貿協會
國際貿易法概要	于政長	著	東吳大學
國際貿易法	張錦源	著	政治大學
現代國際政治經濟學——富強新論	戴鴻超	著	底特律大學
外匯投資理財與風險	李麗	著	中央銀行
外匯、貿易辭典	于政長 張錦源	編著 校訂	東吳大學 政治大學
貿易實務辭典	張錦源	編著	政治大學
貿易貨物保險	周詠棠	著	前中央信託局
貿易慣例——FCA、FOB、CIF、CIP等條件解說	張錦源	著	政治大學
貿易法規	張錦源 白允宜	編著	政治大學 中華徵信所
保險學	陳彩稚	著	政治大學
保險學	湯俊湘	著	前中興大學
保險學概要	袁宗蔚	著	前政治大學
人壽保險學	宋明哲	著	銘傳管理學院
人壽保險的理論與實務（增訂版）	陳雲中	編著	臺灣大學
火災保險及海上保險	吳榮清	著	文化大學
保險實務	胡宜仁	主編	景文工商

書名	作者		單位
保險數學	許秀麗	著	成功大學
意外保險	蘇文斌	著	成功大學
商業心理學	陳家聲	著	臺灣大學
商業概論	張鴻章	著	臺灣大學
營業預算概念與實務	汪承運	著	會計師
財產保險概要	吳榮清	著	文化大學

教育叢書書目

西洋教育思想史	林玉体	臺灣師大	已出版
西洋教育史	林玉体	臺灣師大	撰稿中
教育社會學	宋明順	臺灣師大	撰稿中
課程發展	梁恒正	臺灣師大	撰稿中
教育哲學	楊深坑	臺灣師大	撰稿中
電腦補助教學	邱貴發	臺灣師大	撰稿中
教材教法	張新仁	高雄師大	撰稿中
教育評鑑	秦夢群	政治大學	撰稿中
高等教育	陳舜芬	臺灣大學	撰稿中

中國現代史叢書書目（張玉法主編）

中國托派史	唐寶林	著	中國社科院	已出版
學潮與戰後中國政治(1945～1949)	廖風德	著	政治大學	已出版
商會與中國早期現代化	虞和平	著	中國社科院	已出版
歷史地理學與現代中國史學	彭明輝	著	政治大學	已出版
西安事變新探 ——張學良與中共的關係	楊奎松	著	中國社科院	已出版
抗戰史論	蔣永敬	著	政治大學	已出版
漢語與中國新文化啟蒙	周光慶 劉　瑋	著	華中師大	已出版
美國與中國政治(1917～1928) ——以南北分裂政局為中心的探討	吳翎君	著	中央研究院	已出版
抗戰初期的遠東國際關係	王建朗	著	中國社科院	已出版
從接收到淪陷 ——戰後平津地區接收工作之檢討	林桶法	著	輔仁大學	已出版
中共與莫斯科的關係(1920～1960)	楊奎松	著	中國社科院	已出版
近代中國銀行與企業的關係 (1897～1945)	李一翔	著	上海社科院	排印中